Le Nemesiache: Reclaiming Mythological Rituals

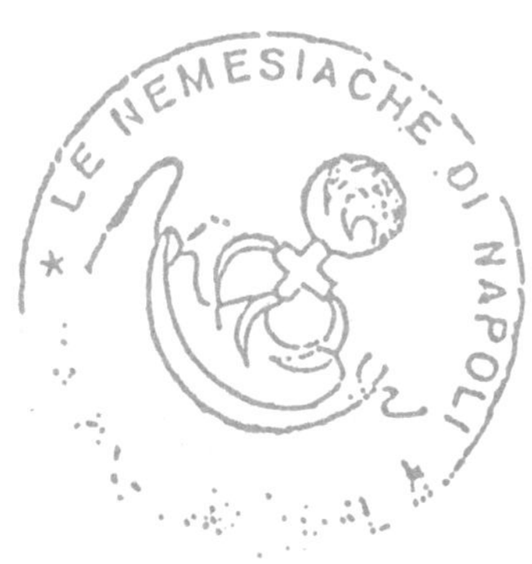

Le Nemesiache: Naples, Rome, Paris
1970–2018
Sonia D'Alto and Le Nemesiache

Le Nemesiache: Napoli, Roma, Parigi
1970-2018
Sonia D'Alto e Le Nemesiache

Founded in the 1970s on the initiative of Lina Mangiacapre,[1] the group Le Nemesiache developed a feminine artistic vision that redefined the relationship with work and the economy, placing creativity at the center as a tool for radical, autonomous, and independent self-determination. Their being-in-the-world unfolds broadly and untamed, weaving together themes such as feminism, myth, folktales, imagination, a renewed connection to the land, dreams, and anarchy. From the mid-1980s, their journey evolved toward a disidentification with sex and gender, embracing transformation and a way of being feminist "otherwise." As early as the 1980s, in fact, the group introduced a transfeminist perspective—anticipating the American wave that would only take shape in the 1990s—and moved beyond the dichotomies imposed by gender binarism, to create multiple and endlessly transforming subjectivities.

Lina, with all her energy, played a central role in this process. "I, Lina Mangiacapre, as feminist (nemesiac) subjectivity, as androgynous gender, as nomadic body in Amazonic metamorphosis."[2] Visionary and tireless, Mangiacapre (1946–2002) was an artist, activist, philosopher, musician, film director, and writer, defying any definition imposed from outside. Dacia Maraini describes her as a creature beyond the human world, belonging to a realm of elves and fairies and unpredictable spirits. Attempting to encapsulate her essence means resorting to some of her mutant

Nato negli anni Settanta su iniziativa di Lina Mangiacapre,[1] il gruppo Le Nemesiache elabora una visione artistica femminile che ridefinisce il rapporto con il lavoro e l'economia, ponendo al centro la creatività come strumento di autodeterminazione radicale, autonoma e indipendente. Il loro essere nel mondo si dispiega in modo ampio e indomito, intrecciando temi come il femminismo, il mito, i racconti popolari, la fantasia, un diverso legame al territorio, i sogni e l'anarchia. Dalla metà degli anni Ottanta, il loro percorso evolve verso una disidentificazione di sesso e genere, abbracciando il mutamento e un modo di essere femministe "altrimenti". Fin dai primi anni Ottanta, infatti, il gruppo introduce una prospettiva transfemminista, – anticipando l'onda americana che prenderà forma solo negli anni Novanta – e superando le dicotomie imposte dalla binarietà di genere, per creare soggettə sempre incompletə.

Lina, con le sue energie, ha avuto un ruolo centrale in questo processo. "Io, Lina Mangiacapre, come soggettività femminista (nemesiaca), come genere androgino, come corpo nomade in metamorfosi amazzonica".[2] Visionaria e instancabile, Mangiacapre (1946-2002) è stata artista, attivista, filosofa, musicista, regista e scrittrice, rompendo ogni definizione imposta dall'esterno. Dacia Maraini la descrive come una creatura al di fuori del mondo umano, appartenente a un universo di fate, elfi e spiriti imprevedibili. Tentare di racchiudere la sua essenza significa ricorrere ad alcuni

myths: amazon, prophetess, witch, androgynous angel, transfeminist. Sporting outlandish glasses and a flute in the 1970s; enveloped in a black cloak in the 1980s; with multicolor, fluorescent tresses in the 1990s, she always rejected schemas and affiliations, distancing herself from traditional political ideologies and the languages of orthodox feminism. She edited various publications and wrote—about cinema in particular—for many newspapers and journals, including *L'Unità*, *Paese Sera*, *Quotidiano donna*, *Effe*, and *Sottosopra*. However, she saw herself primarily as a painter, with the brush and with the movie camera. As Màlina— the name in art she adopted as a painter, she explored myth, metaphysics, and the female form, painting chiefly on round canvases. She also produced many exhibitions—bringing together music, theatre, painting, cinema, and video art—and numerous films that earned her a special section in the National Museum of Women in the Arts in Washington.

As Nemesis, Lina Mangiacapre founded in Naples in 1970 the historic feminist group Le Nemesiache, together with her sister Teresa Mangiacapra and various friends from her childhood and adolescence, including Anna Grieco, Rosella Sannino, and Fausta Base. From the very beginning, Lina herself assigned "Nemesiac" names to the members of the group, mostly drawn from mythology: Daphne (Anna Grieco), Niobe (Teresa Mangiacapra), Tyche (Rosalba Conte), Karma (Bruna Felletti),

dei suoi miti mutanti: amazzone, oracolo, strega, angelo androgino, transfemminista. Dietro occhiali eccentrici e un flauto negli anni Settanta; avvolta in un mantello scuro negli anni Ottanta; con una chioma multicolore e fluorescente negli anni Novanta, ha sempre rifiutato schemi e appartenenze, prendendo le distanze dalle ideologie politiche tradizionali, e dai linguaggi dei femminismi ortodossi. Ha diretto varie pubblicazioni e scritto – soprattutto di cinema – per numerosi quotidiani e riviste tra cui, "L'Unità", "Paese Sera", "Quotidiano donna", "Effe", "Sottosopra". Prima di tutto, però, si definisce pittrice, pittrice con i pennelli e con la cinepresa. Come Màlina, il suo nome da pittrice, esplora il mito, la metafisica e la forma femminile, dipingendo soprattutto su tele circolari. Realizza numerose mostre – in cui coesistono musica, teatro, pittura, cinema e videoarte – e numerosi film, che le varranno una sezione dedicata all'interno del National Museum of Woman in the Arts di Washington.

Come Nemesi, Lina Mangiacapre, nel 1970 fonda a Napoli lo storico gruppo femminista Le Nemesiache, insieme a sua sorella Teresa Mangiacapra e alcune compagne dell'infanzia e dell'adolescenza, tra cui Anna Grieco, Rosella Sannino, Fausta Base. Alle componenti del gruppo sin dall'inizio la stessa Lina assegnava nomi "nemesiaci" tratti prevalentemente dal mito: Dafne (Anna Grieco), Niobe (Teresa Mangiacapra), Tike (Rosalba Conte), Karma (Bruna Felletti), Nausicaa (Conni Capobianco),

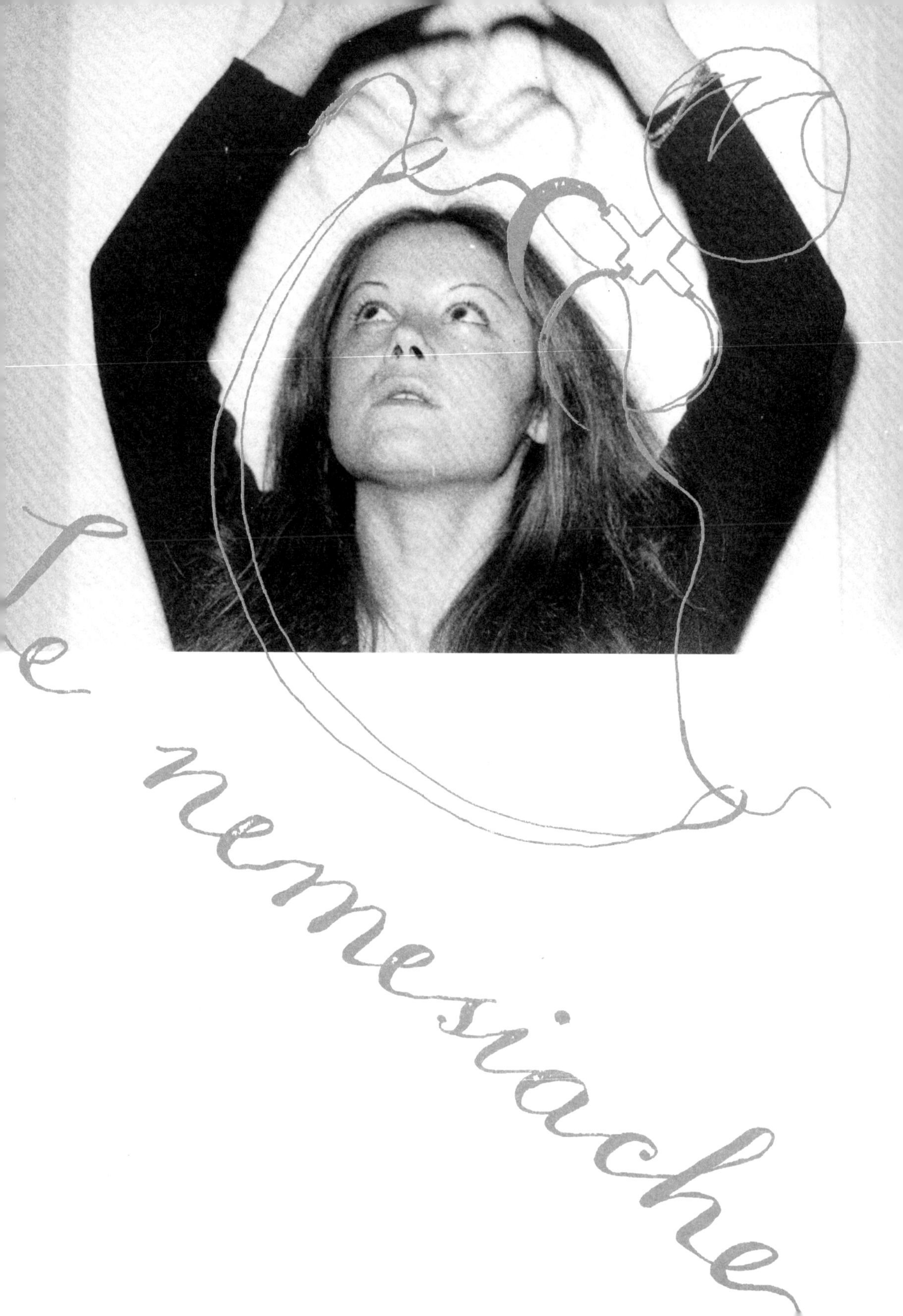
le nemesiache

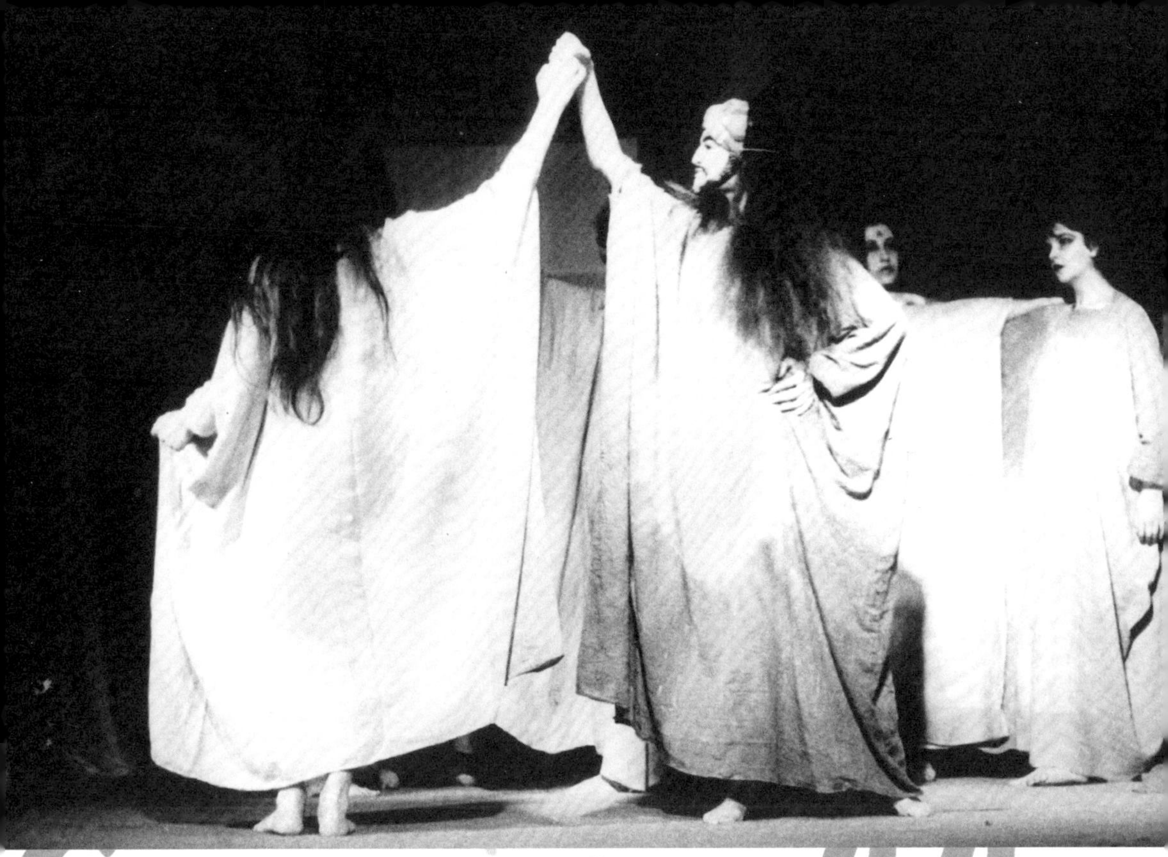

Cenerella

psicofavola femminista di Nemesi

Aspettiamo tutte le donne. Gli uomini possono entrare solo se accompagnati da una donna che garantisca per ognuno.

SOTTO L'EGIDA DELL'AZIENDA AUTONOMA DI SOGGIORNO URISMO DI AMALFI.

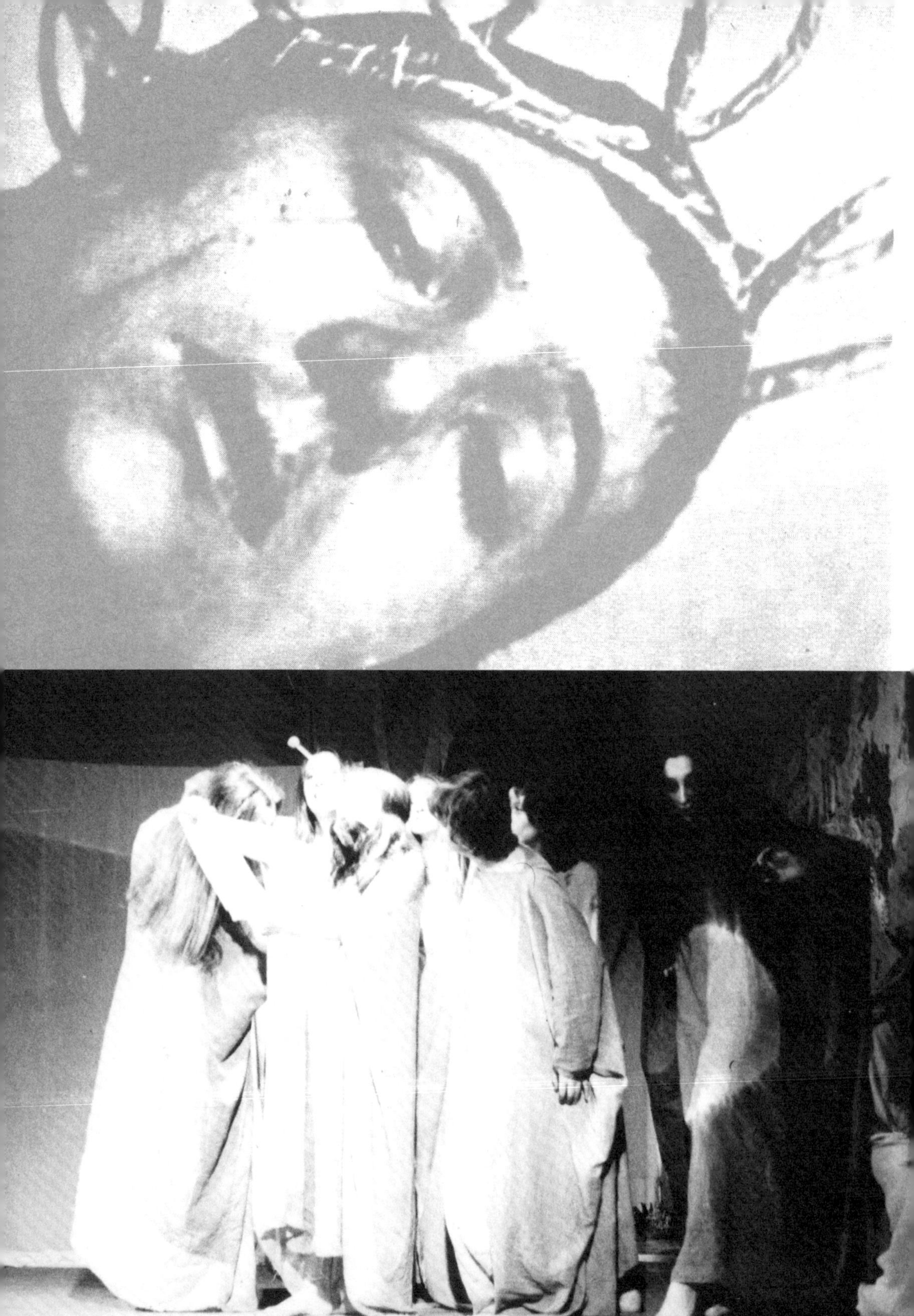

Nausicaa (Conni Capobianco), Arachne (Michela Gusmeroli), Helen (Claudia Aglione), Medea (Silvana Campese), Eileithyia (Rita Manco), Kore[3] (Consuelo Campone), Marea (Maria Matteucci) and others, including Elisabetta De Perini.

Aracne (Michela Gusmeroli), Elena (Claudia Aglione), Medea (Silvana Campese), Ilizia (Rita Manco), Kore[3] (Consuelo Campone), Marea (Maria Matteucci) e altre, tra cui: Elisabetta De Perini.

The group attracted numerous collaborations, frequentations and more or less assiduous participations, including those of Caroline Abitbol, Maité (Maria Teresa Falconeri), Lucia Improta, Lucia and Cinzia Mastrodomenico, Angela Putino, Elvira Reale, and Melita Rotondo. Finally, mention should be made of the Roman frequentations, including Elsa de Giorgi—with numerous evenings spent at her house at Circeo—Adele Cambria and Dacia Maraini.

Numerose sono le collaborazioni, frequentazioni e partecipazioni al gruppo, più o meno assidue, tra queste: Caroline Abitbol, Maité (Maria Teresa Falconeri) Lucia Improta, Lucia e Cinzia Mastrodomenico, Angela Putino, Elvira Reale, Melita Rotondo. Infine vanno menzionate le frequentazioni romane: Elsa de Giorgi – numerose le serate passate nella sua casa al Circeo – Adele Cambria e Dacia Maraini, tra le altre.

In 1977 Le Nemesiache formed the cooperative Le Tre Ghinee, named in honor of Virginia Woolf, later transformed into a cultural association in 1996. Activity continued up to 2018 when the association was officially disbanded after the death of Teresa Mangiacapra.

Nel 1977 Le Nemesiache si costituisce come cooperativa Le Tre Ghinee, in omaggio a Virginia Woolf, per poi trasformarsi in associazione culturale nel 1996. L'attività prosegue fino al 2018, quando, dopo la scomparsa di Teresa Mangiacapra, l'associazione si scioglie formalmente.

Teresa had carried the project forward after Lina's death in 2002, and her work was fundamental for the transmission and recollection of the activities carried out over the decades. This publication owes a great deal to her poetry, her research, and the passion of her struggle.

Il lavoro di Teresa, che ha portato avanti il progetto dopo la morte di Lina nel 2002, è stato fondamentale alla trasmissione e alla memoria di quanto svolto in vari decenni. Questa pubblicazione deve molto alla sua poesia, energia della sua lotta e ricerca.

1970

Lina Mangiacapre/Màlina/Nemesi creates the group of Le Nemesiache; their manifesto also appeared a few years later in a well-known science fiction magazine.

Lina Mangiacapre/Màlina/Nemesi crea il gruppo delle Nemesiache, il cui manifesto appare qualche anno dopo anche su una nota rivista di fantascienza.

1972

Il Manifesto delle Nemesiache appears in the city.
In-house mimeographed document on nursery schools.
Cenerella, the first work of feminist theatre, written by Lina Mangiacapre and produced using the consciousness-raising method of the psycho-fable, which she had invented.

Il Manifesto delle Nemesiache compare in città.
Documento sugli asili nido, ciclostilato in proprio.
Cenerella, prima opera teatrale femminista italiana, scritta da Lina Mangiacapre, nasce attraverso il metodo dell'autocoscienza da lei ideato: la psicofavola.

1973

Cenerella, psicofavola di Nemesi, performed for the first time on two evenings at the Teatro Club in Naples.
Cicli Lunari, journal of mythosophic itineraries.
Manifesto Metaspaziale.
Presentation for a conference in Naples on the subject of wages for housewives, L'incontro bookshop.
Gathering at Torretta di Crucoli (Calabria), organization.
Document on the trial of Gigliola Pierobon.
Dal figlio della colpa alla colpa del figlio in più, dall'aborto come peccato all'aborto come liberazione, in-house mimeographed document.
Feminist gathering of Varigotti, participation.

Cenerella, psicofavola femminista di Nemesi, in scena per la prima volta in due serate, Teatro Club di Napoli.
Cicli Lunari, giornale di itinerari mitosofici.
Manifesto Metaspaziale.
Intervento per convegno a Napoli sul tema del salario al lavoro domestico delle casalinghe, libreria L'incontro.
Raduno Torretta di Crucoli (Calabria), organizzazione.
Documento sul processo a Gigliola Pierobon.
Dal figlio della colpa alla colpa del figlio in più, dall'aborto come peccato all'aborto come liberazione, documento ciclostilato in proprio.
Raduno femminista di Varigotti, partecipazione.

1974

Cenerella, first short film by Mangiacapre in collaboration with Le Nemesiache; adaptation to film of the play of 1973.

Cenerella, primo corto di Mangiacapre in collaborazione con Le Nemesiache; trasposizione filmica dall'opera teatrale del 1973.

1975

Cicli Solari, journal of mythosophic itineraries.
Cenerella, performed at Teatro Quarto Oggiaro (Milan), at Teatro degli Stracci in Naples, and into ancient Arsenali in Amalfi.

Cicli Solari, giornale di itinerari mitosofici.
Cenerella, in scena al Teatro Quarto Oggiaro (Milano), al Teatro degli Stracci a Napoli, e negli antichi Arsenali di Amalfi.

1976

Salario alle casalinghe, in-house mimeographed document, affirming a position very different from that of the transnational campaign for the Wages for Housework.
Tribunale Internazionale delle donne contro i crimini degli uomini (Brussels), participation and in-house mimeographed document.
In-house mimeographed document after the events of Circeo.
Gruppo Creatività and Centro Donna in Via Cilea.
Antistrip, short film in Super 8.
National feminist conference at Paestum, on the initiative of the group.
Autocoscienza, short film in Super 8.
First Feminist Film Festival "L'altro sguardo" at Cinema Filangieri in Naples.

Salario alle casalinghe, documento ciclostilato in proprio, dove si afferma una posizione molto diversa rispetto della campagna internazionale per il salario al lavoro domestico.
Tribunale Internazionale delle donne contro i crimini degli uomini (Bruxelles), partecipazione e documento ciclostilato in proprio.
Documento ciclostilato in proprio dopo i fatti del Circeo.
Gruppo Creatività e Centro Donna a via Cilea.
Antistrip, cortometraggio in Super 8.
Congresso nazionale femminista a Paestum, su iniziativa del gruppo.
Autocoscienza, cortometraggio in Super 8.
I Rassegna del Cinema Femminista "L'altro sguardo" al Cinema Filangieri di Napoli.

1977

Il Rito di Nemesi, in-house mimeographed document.
Founding of the Le Tre Ghinee/ Nemesiache Cooperative.
La Bella Addormentata, in-house mimeographed document.
Manifesto per la riappropriazione della creatività, with artists and feminists including: Mathelda Balatresi, Elsa Caroli, Maria Roccasalva, Rosa Panaro, L'incontro bookshop.

Il Rito di Nemesi, documento ciclostilato in proprio.
Fondazione della Cooperativa Le Tre Ghinee/Nemesiache.
La Bella Addormentata, documento ciclostilato in proprio.
Manifesto per la riappropriazione della creatività, con artiste e femministe tra cui: Mathelda Balatresi, Elsa Caroli, Maria Roccasalva, Rosa Panaro, libreria L'incontro.

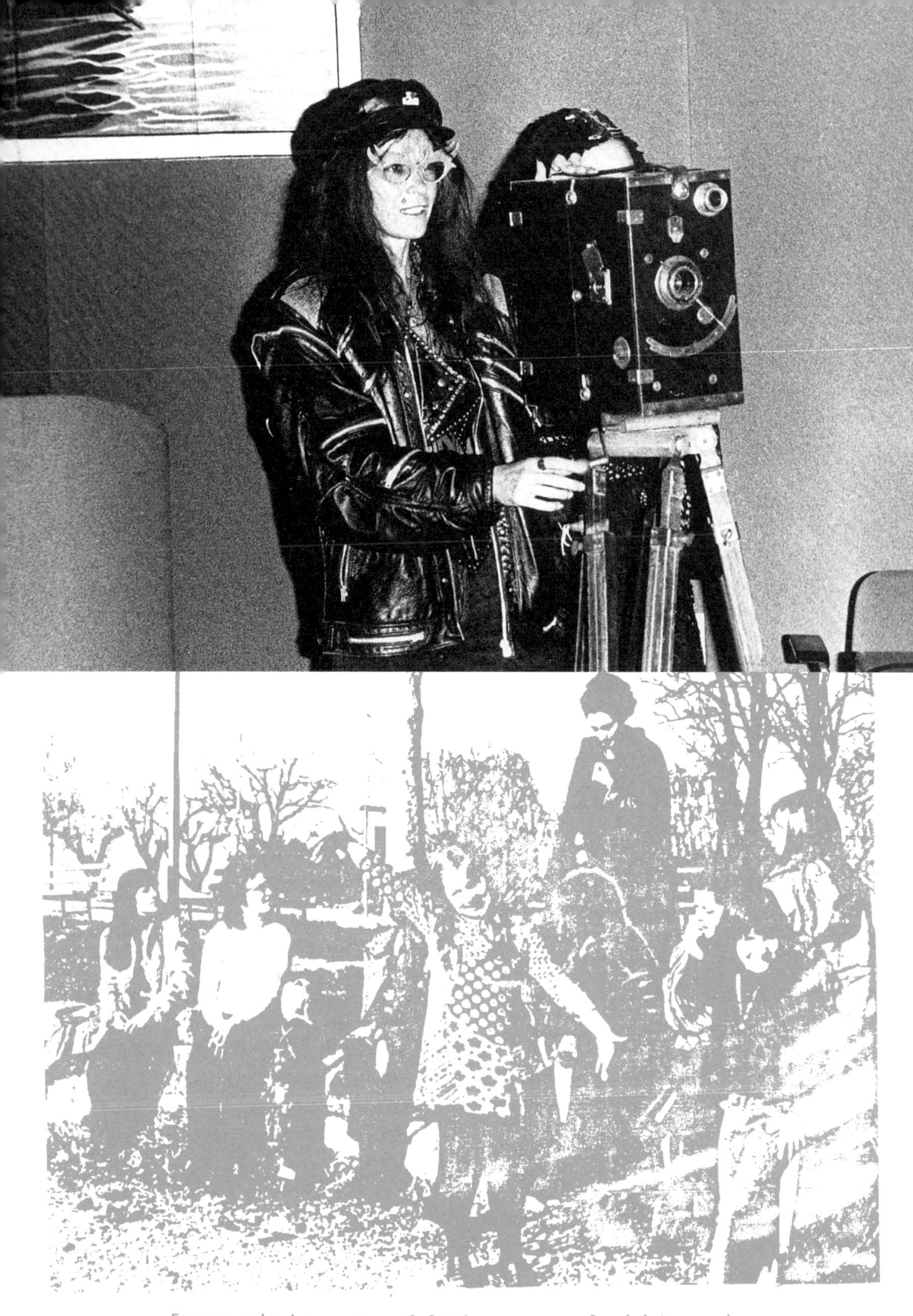

Eravamo solo donne-era-era infatti una vacanza femminista o raduno-

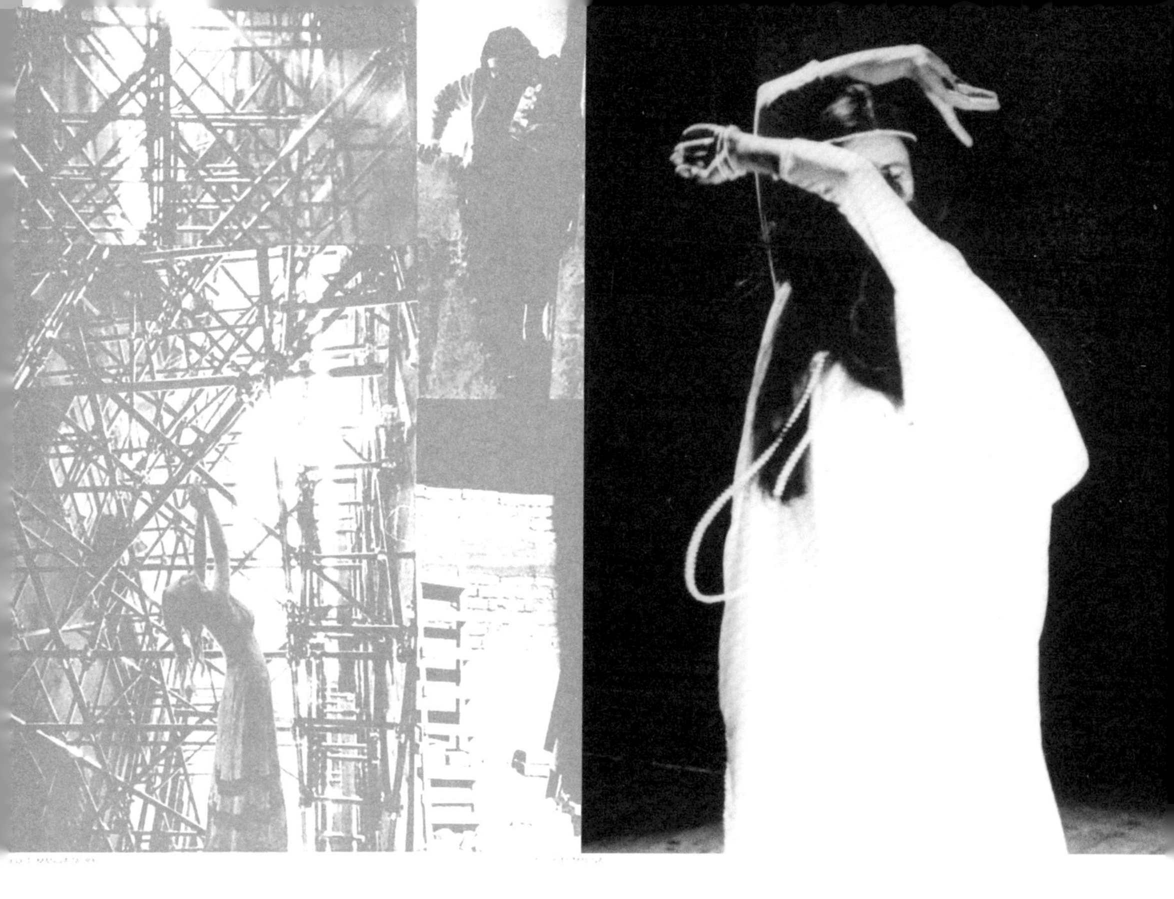

OGGI DI NUOVO NELLA STORIA DI
NAPOLI LOTTIAMO PER RIPRENDERCI
INSIEME AL NOSTRO CORPO
L TERRITORIO-CORPO DELLA CITTA'

'APPUNTAMENTO È ALLE ORE 10
N PIAZZA N. AMORE - arrivo PIAZZA PLEBISCITO

Riprendiamoci il corpo mare, with the Gruppo della Creatività, performative intervention and disruption of the Jannis Kounellis exhibition at Villa Pignatelli, Naples.
Simbolic occupation of Salvator Rosa, with the Gruppo della Creatività, protest.
Le Sibille, short film in Super 8. The film was presented at the First International Feminist Film & Video festival in Amsterdam; received the Best Director award at the Trieste International Science Fiction Festival; and was also presented at the Venice Biennale in 1987 and at the Cannes Film Festival of 1981.
Occupation of the premises of C.A.P. (professional training center), with other feminist collectives, Naples.

Riprendiamoci il corpo mare, con il Gruppo della Creatività, intervento performativo ed interruzione mostra di Jannis Kounellis a Villa Pignatelli, Napoli.
Occupazione simbolica della Salvator Rosa, con il Gruppo della Creatività, protesta.
Le Sibille, cortometraggio in Super 8.
Il film, è stato presentato al First Feminist International Film & Video Amsterdam; premiato per la migliore regia al Festival di Fantascienza di Trieste; presentato alla Biennale Venezia 1987 e al Festival di Cannes 1981.
Occupazione della palazzina del C.A.P. (centro addestramento professionale), con altri gruppi femministi, Napoli.

1978

Prigioniere Politiche, with Gruppo della Creatività, performance written by Lina Mangiacapre, Spazio Libero Theatre of Naples. A shorten version was later presented in Mestre and Palermo.
Bottega della Poesia
Festa della poesia alla Gaiola and Discesa della Gaiola with the Gruppo della Creatività and Donne della Mensa dei Bambini Proletari collective.
Il Mare ci ha chiamate, short film in Super 8.

Prigioniere Politiche, con il Gruppo della Creatività, performance su regia di Lina Mangiacapre, Teatro Spazio Libero di Napoli. In seguito messa in scena in forma ridotta a Mestre e a Palermo.
Bottega della Poesia
Festa della poesia alla Gaiola e Discesa della Gaiola con il Gruppo della Creatività e il collettivo Donne della Mensa dei Bambini Proletari.
Il Mare ci ha chiamate, cortometraggio in Super 8.

1979

La donna nel cinema e nel teatro, festival in Naples.
Follia come poesia, riprendiamoci il corpo mare (1977–79), short film in Super 8. This film led to the creation of *Follia*

La donna nel cinema e nel teatro, rassegna a Napoli.
Follia come poesia, riprendiamoci il corpo mare (1977-1979), cortometraggio in Super 8. Dal cortometraggio nasce il film *Follia*

come poesia, acquired by the second channel of the RAI in 1980.

come poesia acquistato dalla seconda rete della RAI nel 1980.

1980

Concerto a Partenope, at the Cinema-Teatro Bellini in Naples.
Ofelia Pazza, theatre-concert piece by Lina Mangiacapre, starring Teresa Mangiacapra, Verona.
Cinema al femminile, collection of essays on cinema by Lina Mangiacapre (Padua: Mastrogiacomo editore Images 70, 1980).

Concerto a Partenope, al Cinema-Teatro Bellini di Napoli.
Ofelia Pazza, teatro concerto di Lina Mangiacapre, interpretazione di Teresa Mangiacapra, Verona.
Cinema al femminile, raccolta di saggi sul cinema, di Lina Mangiacapre, Mastrogiacomo Editore Images 70, Padova.

1981

Ricostruiamo una città a dimensione donna, conference.
Ricciocapriccio, short film in Super 8.
Omaggio a Isa Miranda, cinema festival and photographic exhibition.
Quotidiano Donna, opening of editorial office in Naples (weekly based in Rome).
Intervention by the research group "Pace come cultura dell'amore" at the convention of the women's committee for peace.

Ricostruiamo una città a dimensione donna, convegno.
Ricciocapriccio, cortometraggio in Super 8.
Omaggio a Isa Miranda, rassegna cinematografica e mostra fotografica.
Quotidiano Donna, apertura della redazione di Napoli (settimanale con sede a Roma).
Intervento del gruppo di ricerca "Pace come cultura dell'amore" al convegno del comitato donne per la pace.

1982

TransNemesiache, performance, Castel dell'Ovo.
Eliogabalo, play written by Lina Mangiacapre and Adele Cambria, featuring starring roles and music by Le Nemesiache, with costumes by Maria Matteucci.
Visione di una città a dimensione donna, exhibition at the Reggia di Capodimonte.

TransNemesiache, performance, Castel dell'Ovo.
Eliogabalo, testo di Lina Mangiacapre e Adele Cambria, interpretazione e musiche delle Nemesiache, costumi di Maria Matteucci.
Visione di una città a dimensione donna, mostra alla Reggia di Capodimonte.

1983

Concerto a Partenope, Lille, France.

Concerto a Partenope, Lille, Francia.

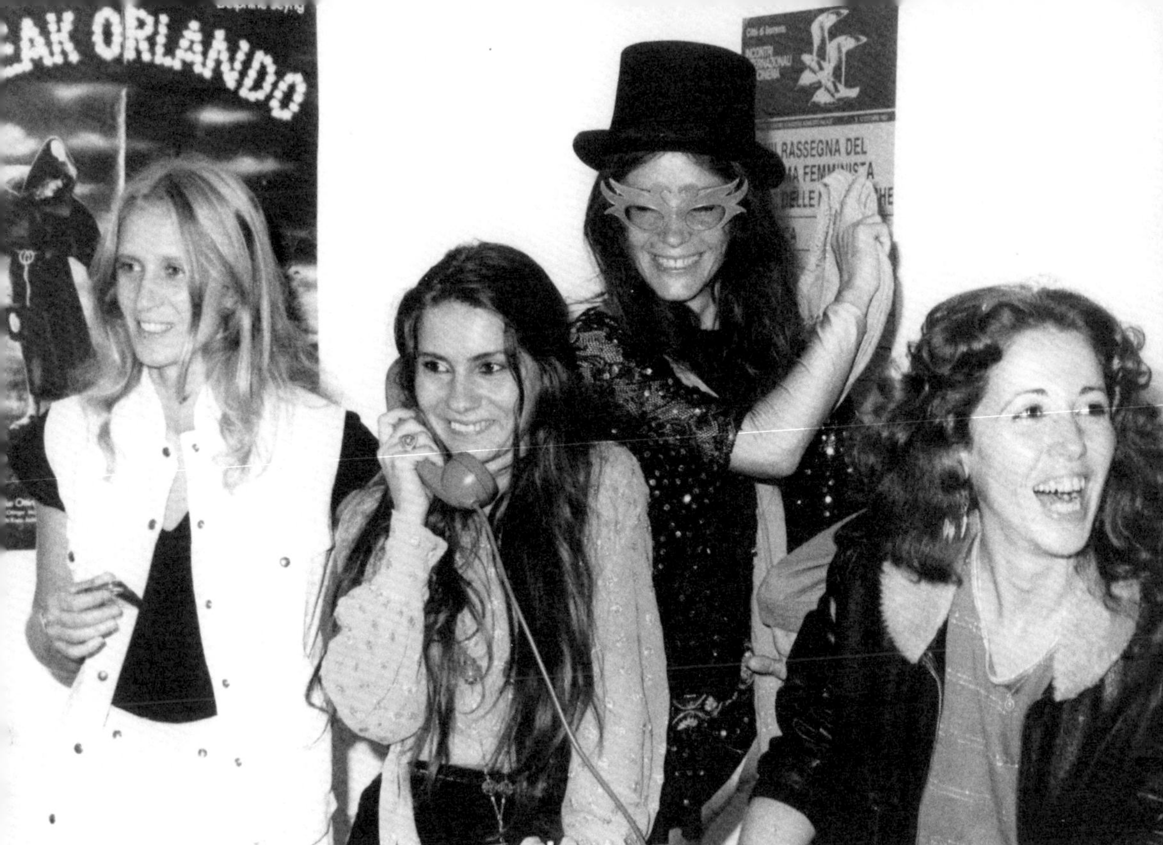

ni nello stesso giaciglio e che raggiungano l'orgasmo godendo per il movimento ondulato dei serpenti attorcigliati attorno ai loro corpi.

Le sacerdotesse di Dangbee hanno il diritto e la libertà di esigere il sesso da qualsiasi uomo possa piacergli. L'uomo prescelto ha l'obbligo di congiungersi con loro, pena la morte immediata mediante lapidazione. Si narra però che i pitoni siano gelosi dell'amplesso concesso dalle loro sacerdotesse ai comuni mortali e si favoleggia che quando l'uomo dopo essersi congiunto con le donne sacre torna al villaggio può essere assalito e stritolato dai pitoni che lo hanno seguito silenziosi e invisibili nella boscaglia.

N.d.A. - Elaborazione originale

Illustratrice:
Coca
Pubblicità
Cocò - Tel. 081/616821
Edizioni:
Coop. 'Le Tre Ghinee' a.r.l. 'Le Nemesiache'
Redazione: Via F. Giordani, 23 - 80121 Napoli
Tel. 081/7611295 - Consuelo 081/7716812
Redazione di Roma: Bruna Felletti
Giovedì dalle 17 alle 20
Centro Alma Sabatini - Via S. Francesco di Sales, 1
Lunedì dalle 19,30 alle 21
Tel. 06/2814821
Tipografia:
Marotta Editore & C.
Stampa su carta riciclata
Abbonamento annuale: Italia L. 14.000 - Estero L. 28.000 — *Abbonamento sostenitori:* Italia L. 100.000 - Estero L. 200.000 — *Modalità di pagamento:* a) bonifico su c/c bancario n. 220077 B.N.L. sede centrale di Napoli - Via Toledo - a favore della Coop. "Le tre ghinee" a.r.l. - b) assegno bancario o circolare non trasferibile intestato a: Coop. "Le tre ghinee" a.r.l. da spedire intestato e indirizzato come al punto b - specificare la causale. - versamenti dall'estero in L. italiane a mezzo vaglia/assegno internazionale indirizzato a Coop. "Le Tre Ghinee" - Via Posillipo, 308 - 80123 Napoli - Italia — *DOVE SI MANI-FESTA:* Centri Documentazione Donna, librerie delle donne, Feltrinelli di tutta Italia, libreria Marotta — *Edicole:* Via C. Dulio (Fuorigrotta), P.zza Medaglia D'Oro alt. n. civico 36, P.zza S. Pasquale a Chiaia, P.zza S. Luigi (Posillipo), P.zza Matteotti - P.zza dei Martiri. — N. 2/3 - Anno 1 - Dicembre 1988 - Abb. postale

Indice foto:

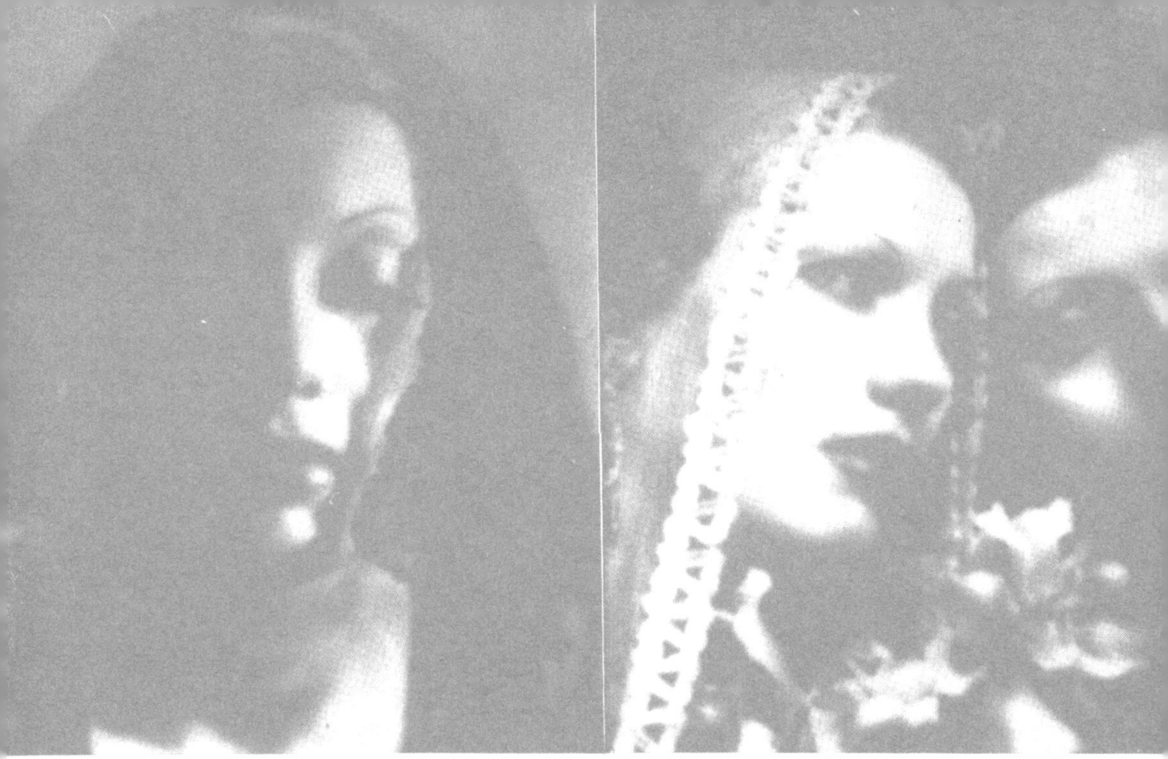

naCinemaFemminista

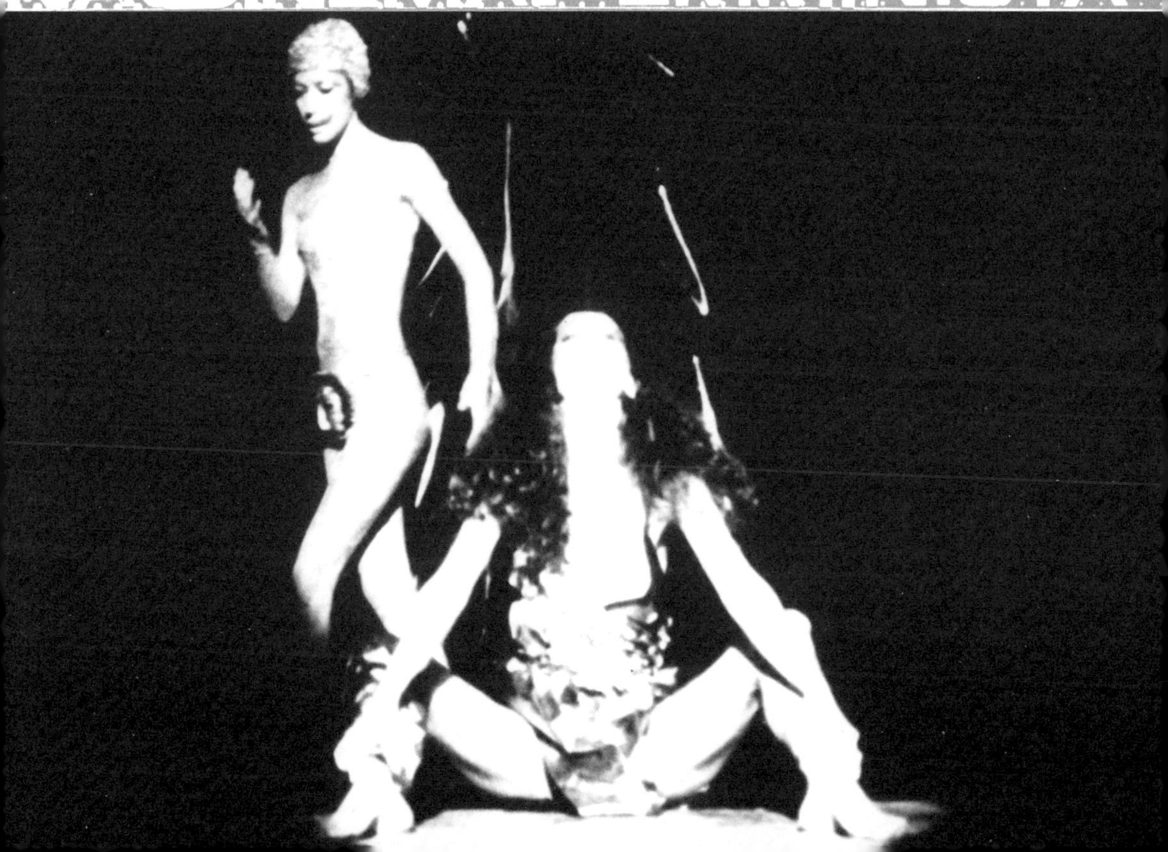

Eleniade, theatre play by Lina Mangiacapre, unpublished script, never performed.

Eleniade, opera teatrale di Lina Mangiacapre, sceneggiatura inedita mai portata sul palco.

1984

Bianacaneve, sci-fi psycho-fable, text by Lina Mangiacapre, featuring performance and music by Le Nemesiache, presented at the Teatro dell'Orologio of Rome, and in other theatres of Naples and Southern Italy.
Stralci da una storia: Le Nemesiache, exhibition, Castel Dell'Ovo, Naples.
Ho fatto un sogno, radio broadcast.

Bianacaneve, psicofavola fantascientifica, testo di Lina Mangiacapre, interpretazione e musiche delle Nemesiache, presentata al Teatro dell'Orologio di Roma e altri teatri di Napoli e del meridione.
Stralci da una storia: Le Nemesiache, mostra, Castel Dell'Ovo, Napoli.
Ho fatto un sogno, trasmissione radiofonica.

1986

Io/Il Mistero/Le S, multimedia exhibition by Lina Mangiacapre with tuff sculptures by Niobe, Castel dell'Ovo.

Io/Il Mistero/Le S, mostra multimediale di Lina Mangiacapre con sculture in tufo di Niobe; Castel dell'Ovo.

1987

Musica poesia e immagini per i Campi Flegrei, with Elsa de Giorgi, Tomaso Binga, Amanda Knering, Hanya Khochaneky, Sandra Mennillo, Anna Santoro, Luigia Sorrentino, and Paola Rego at the Caffè Gambrinus.
Didone non è morta, 35 mm film, written by Lina Mangiacapre and Adele Cambria, directed by Lina Mangiacapre, produced by Coop. Le Tre Ghinee and financed by the Banco di Napoli. Presented, among other places, at the Sorbonne Nouvelle in Paris and at the Tétouan Cinema Festival (V Rencontres Cinématographiques de Tétouan 1989).
Premio Elvira Notari, a cinematic award named after the early twentieth century Campanian director, a pioneering figure in cinema. It is presented at the Venice International Film Festival to a film that

Musica poesia e immagini per i Campi Flegrei, con Elsa de Giorgi, Tomaso Binga, Amanda Knering, Hanya Khochaneky, Sandra Mennillo, Anna Santoro, Luigia Sorrentino e Paola Rego al Caffè Gambrinus.
Didone non è morta, film in 35 mm, scritto da Lina Mangiacapre e Adele Cambria, regia di Lina Mangiacapre, prodotto dalla Coop. Le Tre Ghinee e finanziato dal Banco di Napoli. Presentato, tra gli altri, alla Sorbonne Nouvelle di Parigi e al Festival del Cinema di Tétouan (V Rencontres Cinématographiques de Tétouan 1989).
Premio Elvira Notari, riconoscimento cinematografico intitolato alla regista campana di inizio Novecento, figura pioneristica del cinema. Viene assegnato nell'ambito della Mostra Internazionale del Cinema di Venezia a un film che esprime una visione

portrays a vision of women as protagonists in history. An idea by Lina Mangiacapre, organized and produced by the Coop. Tre Ghinee/Nemesiache. In 2002, the year of its founder's passing, the award was suspended, only to be resumed the following year under the name Premio Lina Mangiacapre (until 2017). The prize consists of a sculpture made by Teresa Mangiacapra/Niobe. The collaboration of the Nemesiaca Elisabetta de Perini was crucial in the organization of the award.

della donna come protagonista della Storia. Un'idea di Lina Mangiacapre, organizzata e prodotta dalla Coop. Tre Ghinee/Nemesiache. Nel 2002, anno della scomparsa della sua ideatrice, il premio è stato sospeso per poi essere ripreso l'anno successivo con il nome Premio Lina Mangiacapre (fino al 2017). Il premio consiste in una scultura dell'artista Teresa Mangiacapra/Niobe. Fondamentale la collaborazione della nemesiaca Elisabetta De Perini nell'organizzazione del premio.

1988

Mani-Festa (up to 1999), magazine focused on cinema, culture, and performance.

Mani-Festa (fino al 1999), rivista di cinema, cultura, spettacolo.

1989

Eliogabalo, short film by Lina Mangiacapre featuring music by Le Nemesiache.

Eliogabalo, cortometraggio di Lina Mangiacapre con musiche delle Nemesiache.

1990

Faust-Fausta, philosophical novel by Lina Mangiacapre, (Florence: L'Autore, 1990).
Look Poesia, at the KGB in Naples.

Faust-Fausta, romanzo filosofico di Lina Mangiacapre, L'Autore, Firenze 1990.
Look Poesia, al KGB di Napoli.

1991

Faust Fausta, 35 mm film, written and directed by Lina Mangiacapre, produced by the Coop. Le Tre Ghinee and financed by the Italian Council of Arts.

Faust Fausta, film in 35 mm, regia e soggetto di Lina Mangiacapre, prodotto dalla Coop. Le Tre Ghinee e finanziato dal Ministero della Cultura.

1992

Viaggio nel mito di Capri, subject, screenplay, direction, and music by Lina Mangiacapre, production and collaboration by the Coop. Le Tre Ghinee.

Viaggio nel mito di Capri, soggetto, sceneggiatura, musica e regia di Lina Mangiacapre, produzione e collaborazione Coop. Le Tre Ghinee.

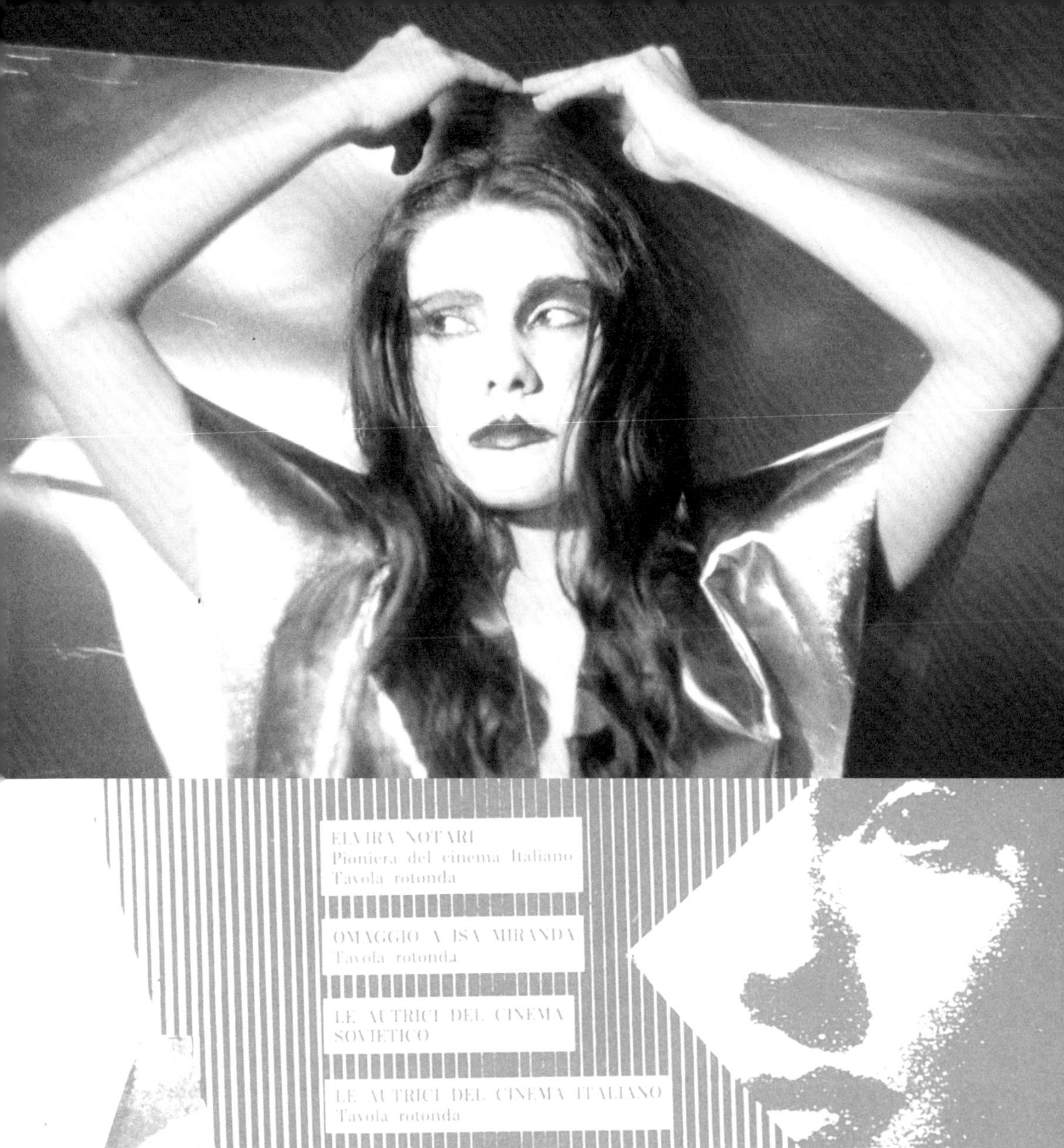
ELVIRA NOTARI
Pioniera del cinema Italiano
Tavola rotonda
OMAGGIO A ISA MIRANDA
Tavola rotonda
LE AUTRICI DEL CINEMA SOVIETICO
LE AUTRICI DEL CINEMA ITALIANO
Tavola rotonda
Premio «Elvira Notari» 3ª edizione, 1989
Presentazione del film premiato:
«Il marito e la figlia di Tamara Aleksandrovna» di Ol'ga Naruckaja
Direttrice Culturale: Lina Mangiacapra
Collaboratrici: Teresa Mangiacapra, Claudia Aglione, Bruna Felletti, Anna Grieco, Conni Capobianco, Elisabetta De' Perini, Silvana Campese, Giuliana Aliberti, Consuelo Campone.
FILMS PARTENOPE

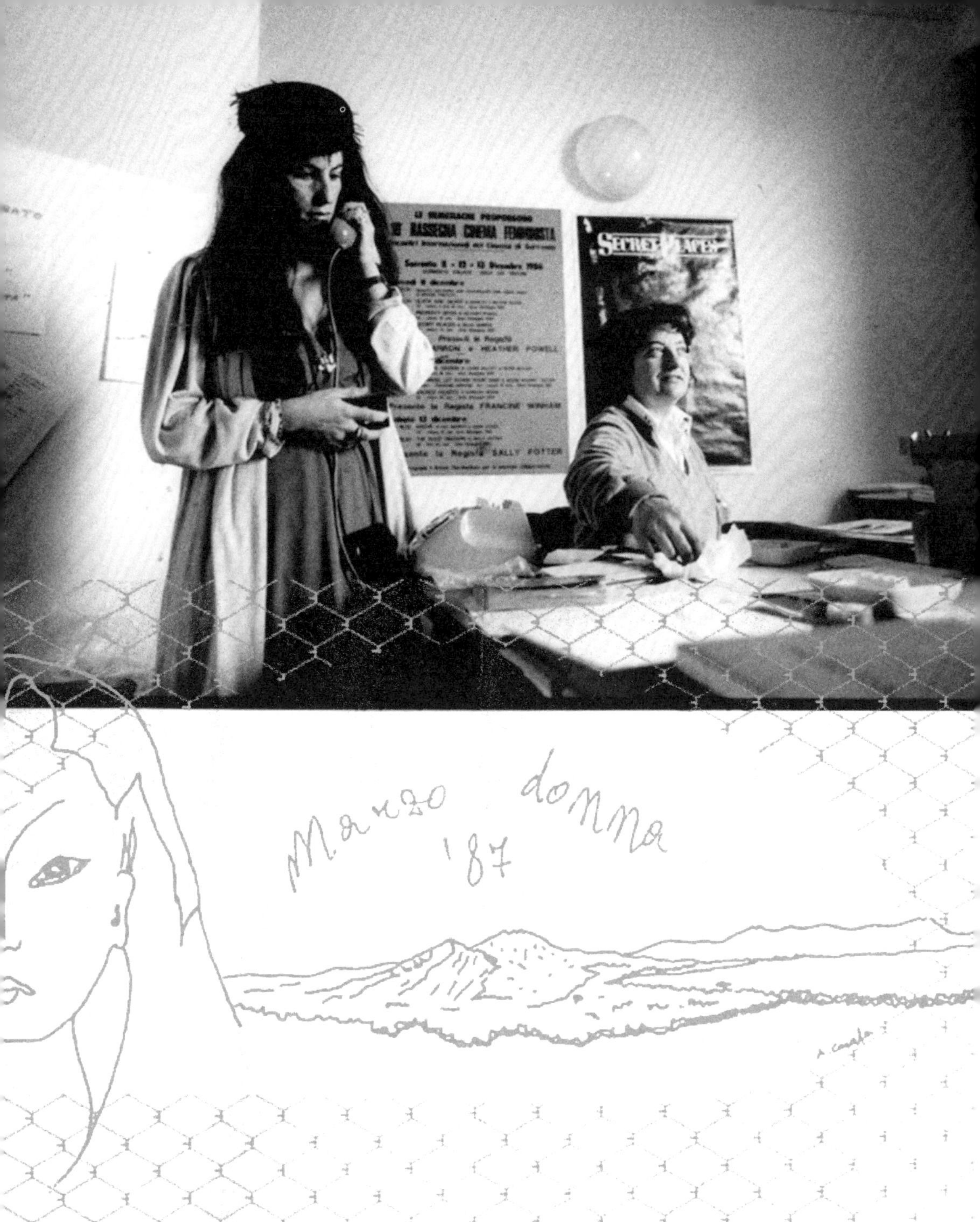
Marzo donna
'87

1994

Interpreti e Protagoniste del Movimento Femminista Napoletano,1970-1990, pubblication by Conni Capobianco, (Naples: MiniManifesta).
Cinema al femminile 2, 1980-1990, pubblication by Lina Mangiacapre (Naples: MiniManifesta)

Interpreti e Protagoniste del Movimento Femminista Napoletano,1970-1990, pubblicazione di Conni Capobianco, MiniManifesta, Napoli.
Cinema al femminile 2, 1980-1990, pubblicazione di Lina Mangiacapre, MiniManifesta, Napoli.

1995

Donne e Unicorni, collection of poems by Lina Mangiacapre for the Cornucopia series, (Naples: MiniManifesta).

Donne e Unicorni, raccolta di poesie di Lina Mangiacapre, per la collana Cornucopia, MiniManifesta, Napoli.

1996

Pentesilea, novel by Lina Mangiacapre (Naples: MiniManifesta).
The Le Tre Ghinee Cooperative is dissolved and the association of the same name is set up.

Pentesilea, romanzo di Lina Mangiacapre, MiniManifesta, Napoli.
La Cooperativa Le Tre Ghinee si scioglie e fondano l'omonima associazione.

2002

"I have departed and I am ever more rooted, connected, invisible, present beyond every limit of black sun, in all my solar energy, with Parthenope, with all of you, with the sea, Vesuvius, despair, madness, love."[4]
Nemesi, il mito al femminile, conference and exhibition at Castel dell'Ovo.

"...Sono andata via e sono sempre più radicata, collegata, invisibile, presente oltre ogni limite di sole nero, in tutta la mia energia solare, con Partenope, con tutte voi, con il mare, il Vesuvio, la disperazione, la follia, l'amore."[4]
Nemesi, il mito al femminile, convegno e mostra a Castel dell'Ovo.

2003

Hommage à Lina Mangiacapre, Festival de Films de Femmes, Paris.
First edition of the Lina Mangiacapre Award at the 61st edition of the Venice Film Festival – Venice Biennale.

Hommage à Lina Mangiacapre, Festival de Films de Femmes, Parigi,
Prima edizione del Premio Lina Mangiacapre alla 61. Mostra internazionale d'arte cinematografica – La Biennale di Venezia

2004

Dipingere la poesia, exhibition of painting by Màlina, Capri.

Dipingere la poesia, mostra di pittura di Màlina, Capri.

2008

Amazzoni e Minotauri, posthumous collection of poetry by Lina Mangiacapre (Rimini: Raffaelli Editore).

Amazzoni e Minotauri, raccolta poetica postuma di Lina Mangiacapre, Raffaelli Editore, Rimini.

2013

Pentesilea, Reading at the Casa Internazionale delle Donne in Rome.
Talismano, pubblication by Conni Capobianco (Rome: Albatros Il Filo).

Pentesilea, Reading, Casa Internazionale delle Donne a Roma.
Talismano, pubblicazione di Conni Capobianco, Albatros Il Filo, Roma.

2014

Dimensione Nemesi, presentation of the website and history of Le Nemesiache at the Pan Palazzo delle Arti in Naples.
Participation of the association in Land Art in the Camaldoli wood, involving other Neapolitan artists.

Dimensione Nemesi, presentazione al Pan Palazzo delle Arti Napoli del sito e storia delle Nemesiache.
Partecipazione dell'Associazione alla Land Art nel bosco dei Camaldoli, coinvolgendo altre artiste e artisti di Napoli.

2015

Nemesis Oltre/Nemesis Beyond, three days of events on the ideas, theatre, cinema, and poetry of Nemesis with English and Neapolitan performers.
Lina Mangiacapre, artista del femminismo by Nadia Pizzuti, presentation of the film at Casa Internazionale delle Donne, Rome.

Nemesis Oltre/Nemesis Beyond, tre giorni di eventi sul pensiero, il teatro, il cinema, la poesia di Nemesi con performer inglesi e napoletane.
Lina Mangiacapre, artista del femminismo di Nadia Pizzuti, presentazione del film presso Casa Internazionale delle Donne, Roma.

2016

Nemesi Oltre in poesia, exhibition of costumes, objects, and poems by Le Nemesiache, Pan, Naples.

Nemesi Oltre in poesia, mostra di abiti, oggetti e poesie delle Nemesiache, Pan, Napoli.

4 11 18 25
5 12 19 26
6 13 20 27
7 14 21 28
1 8 15 22 29
2 9 16 23 30

m 3 10 17 24 31
m 4 11 18 25
g 5 12 19 26
v 6 13 20 27
s 7 14 21 28

ottobre

l 6 13 20 27
m 7 14 21 28
m 1 8 15 22 29
g 2 9 16 23 30
v 3 10 17 24
s 4 11 18 25

m 5 12 19 26
m 6 13 20 27
g 7 14 21 28
v 1 8 15 22 29
s 2 9 16 23 30

dicembre

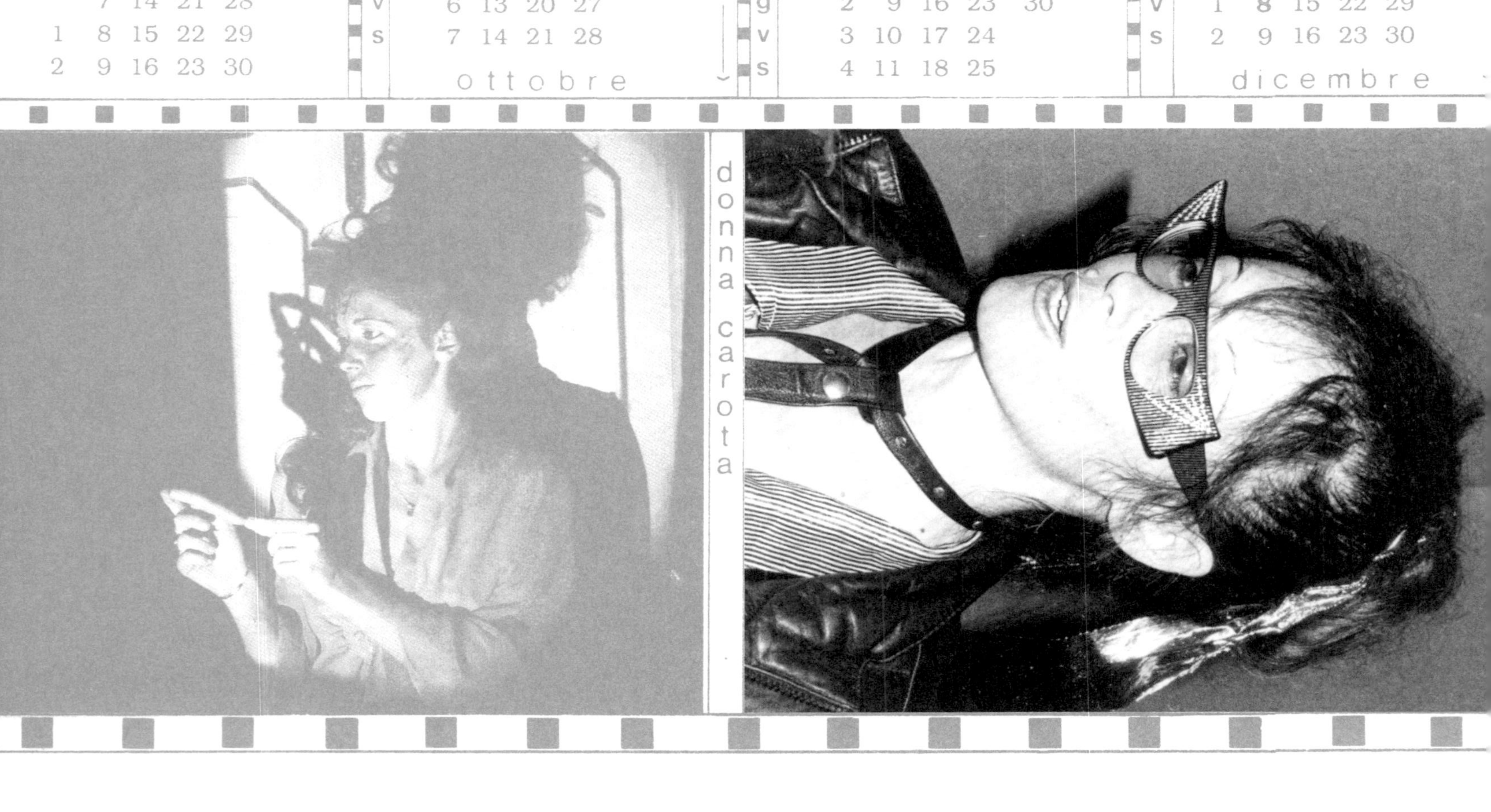

donna carota

senze di immagini
nite
nzogne
ute come alleate
ciate realtà nemiche
sa di eventi
ani
ati nel limite
tempo
nidee di desideri
c'eri non ci sei
asma
muti in alba
tupidi vuoti
oglie di un giorno
rso
sogno sognato
ta passione gelata
e
orta si sfalda
cio
ere accumulata
gelo creduto alato
eri sogni
hiamo in noi stesse
ocenze senza sesso
siamo
giorno del dono
arate
e come la luna
eto come la sete
credere di morire
sapere di non sapere
n volere
re senza precipitare
nella storia
n futuro senza paura
ruisci nella forza
a notte
nbata, imbalsamata
cchi non più sbarrati
sole
ominate evidenze
ate lì potenze
rze
dannate
stri ormai spenti
zonti opachi congiungono
ali pesanti
orri linee immaginate
orno perduto
fondi nel pensato.

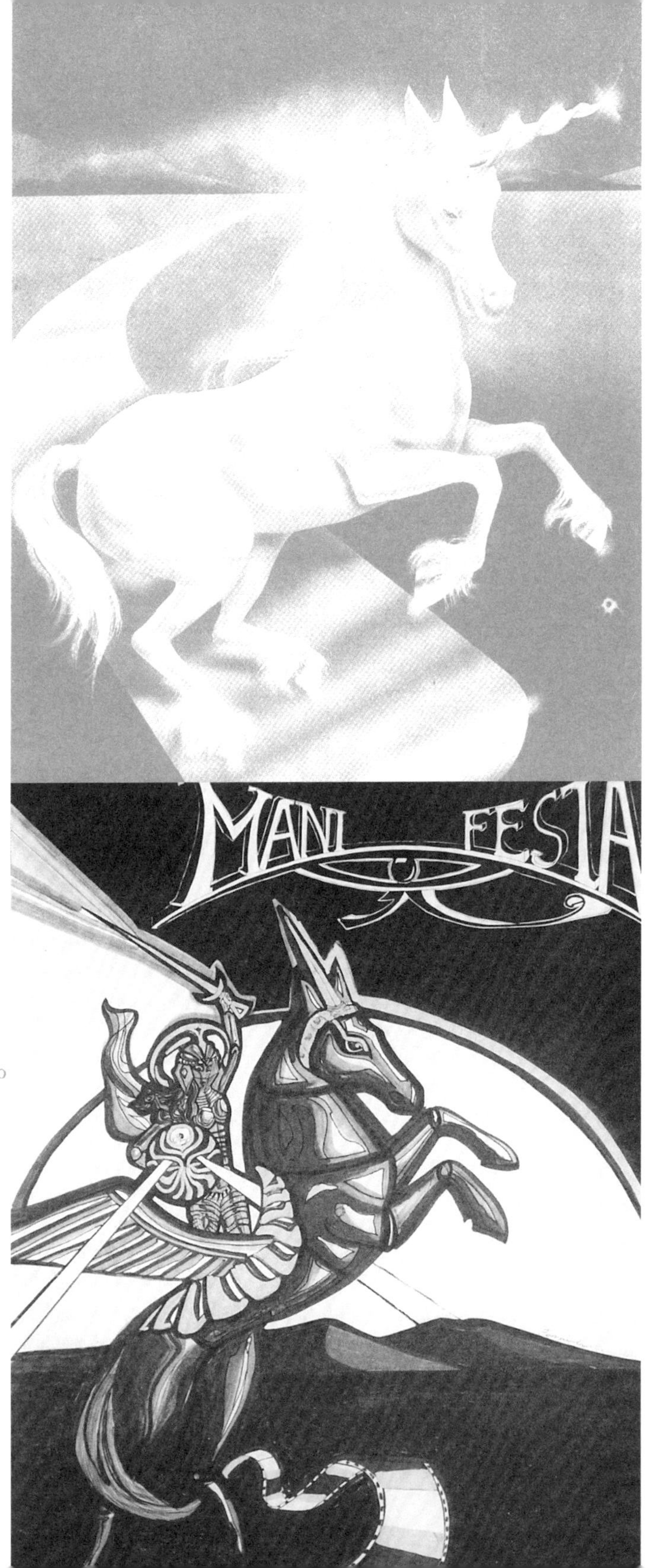

In marcia per il clima con la musica e la poesia.
Screening of the short film *Lina-Màlina* by Caroline Abitbol, based on texts by Lina Mangiacapre, at the Festival International de Films de Femmes de Créteil.

In marcia per il clima con la musica e la poesia.
Proiezione del cortometraggio di Caroline Abitbol *Lina-Màlina* su testi di Lina Mangiacapre, Festival International de Films de Femmes de Créteil.

2003/2017

Presentation of the Lina Mangiacapre Award at the Venice Film Festival – Venice Biennale.

Premio Lina Mangiacapre alla Mostra internazionale d'arte cinematografica – La Biennale di Venezia.

2017

Naming of the "Belvedere Lina Mangiacapre, artist feminist" in Posillipo.

Intitolazione "Belvedere Lina Mangiacapre artista, femminista" a Posillipo.

2018

Conference: *Fotografia di una storia 1968–2018. Femminismo e movimenti delle donne a Napoli e in Campania*, headquarters of the Campania Regional Council, intervention by Silvana Campese.

Convegno *Fotografia di una storia 1968-2018. Femminismo e movimenti delle donne a Napoli e in Campania*, sede del Consiglio Regionale della Campania, intervento di Silvana Campese.

1
Lina Mangiacapre's uniqueness emerges already from her name, which, due to a clerical error, is different from that of the rest of her family, Magiacapra, as in the case of her sister Teresa and her nephew Martino.

2
Lina Mangiacapre, "assenza come presenza del silenzio," *Il foglio de il paese delle donne*, year 13, no. 26/27, Rome (October 2000): 4.

3
The mythological name of Consuelo Campone is Kore, but within the group she was more frequently called Coca, in reference to the graphic work she carried out.

4
Lina Mangiacapre, "Lave Vulcani e Sangue," *Il Paese delle donne*, no. 9 (May 2004): 12–13.

1
La singolarità di Lina Mangiacapre emerge già dal suo nome, che, a causa di un errore anagrafico, risulta diverso da quello del resto della sua famiglia, Magiacapra, come nel caso della sorella Teresa e il nipote Martino.

2
Lina Mangiacapre, *assenza come presenza del silenzio*, "Il foglio de il paese delle donne", A.13, n. 26/27, Roma, ottobre 2000, p. 4.

3
Il nome mitologico di Consuelo Campone è Kore, ma all'interno del gruppo era più frequentemente chiamata Coca, in riferimento al lavoro grafico che ha svolto.

4
Lina Mangiacapre, *Lave Vulcani e Sangue*, "Il Paese delle donne", n.9 (Maggio 2004), p. 12-13.

Manifesto delle Nemesiache

Il femminismo non nasce oggi e le donne hanno sempre lottato ma se sono sempre state sconfitte questo si deve proprio al continuo voler comunicare ai loro uomini i loro problemi. Gli uomini ci dividono e ci odiano se noi mettiamo a nudo la verità e le loro maschere.
La lotta delle donne deve essere fatta dalle donne e gli uomini non devono essere informati perché le loro paure creano degli ostacoli che cercano di neutralizzare e dividere le donne, creando verso quelle più radicali un odio e una lotta che arriva alla calunnia e alle accuse più mostruose. Sorge la necessità dello sdoppiamento della lotta: all'esterno condanna e denuncia di tutte le violenze che la donna subisce; all'interno ricerca di tutte le dimensioni e gli spazi che la donna si é creata e creazione di nuovi. Gli spazi che sembrano molto esigui in apparenza sono in realtà molto vasti: in ogni donna c'é quel mondo interiore di sogno che respinto dalla società o dagli altri essa ha tenuto gelosamente custodito é questa dimensione che noi vogliamo far vivere riconquistandola ed affermandola.
Nemesis: la femminilità originaria, l'indomita natura ribelle senza alcun limite é l'immagine che noi vogliamo riprendere di noi stesse e la possibilità che a livello storico oggi vogliamo assumere.
Inventeremo e creeremo la nostra lotta come la nostra sessualità come la nostra cultura.

Ed ora che l'utero della terra
e coperto d'asfalto
ora che i figli dell'uomo...
le macchine
distruggono le figlie della terra:
l'erba i fiori gli alberi i prati le farfalle
gli uccelli la natura
ora che le donne
lasciano le madri
e inseguono
il mito sociale
la strada
cosparsa di carogne dei padri
ora torna NEMESIS
torna l'origine.

Noi Nemesiache vogliamo creare aprire gli occhi sull'originaria diversità questa femminilità estesa profonda vera la femminilità l'alterità la vitale indomita ribellione l'insofferenza d'ogni legame l'amore come magia creazione di ninfe ed acqua incantata.
Insieme ritroveremo il sentiero calpestato violentato nascosto il nostro sentiero bruciato.
E la paura non ci appartiene sappiamo che la vita é dalla nostra parte siamo noi che cominciamo la storia che creiamo l'umanità basta con la violenza e con la natura come legge di equilibrio genetico. La storia e la vita che si sceglie si vuole si determina si crea si libera si autocrea gli spazi i modi i tempi quella che gli uomini chiamano storia ripercorre tutte le tracce della natura di tutte le specie questa storia guerra economia violenza sopravvivenza fatta sempre sulla nostra pelle questa storia noi la rifiutiamo e la rigettiamo.
Le Nemesiache hanno compreso che entrare nel mondo dell'organizzazione del lavoro maschile é una oppressione e uno sfruttamento maggiore: sono coscienti che in fondo nel mito dell'emancipazione si sviluppa in modo ancor più subdolo l'oppressione del potere maschile. Gli uomini hanno compreso o sentono anche se in modo confuso che nonostante la nostra esclusione noi siamo ancora vive e portiamo in noi una creatività sempre maggiore mentre il mondo che loro hanno costruito per murarci li sta portando all'autodistruzione e la noia. Il patriarcato vuole compiere l'ultimo atto del suo delitto e della sua violenza: vuole completamente distruggere la donna anche nel suo spazio interiore nel suo rapporto emotivo con le persone. (Organizzazione e programmazione del rapporto donna-uomo, donna-bambino, sulla base della produttività e del lavoro: emancipazione e asili nido).

Il nucleo familiare per le Nemesiache significherà rigetto o almeno lotta, secondo le proprie forze, contro la patria potestà: ricerca di un dialogo con la madre al di fuori di un ruolo che la opprime in quanto impostole dalla stessa società patriarcale che in questo momento storico ci permette di denunciare l'oppressione e lo sfruttamento che la donna vive in questo ruolo per proporci l'alternativa, ancora più mistificante, con la separazione dalla madre, dell'accetttzione incondizionata di tutti i meccanismi di sfruttamento di violenza di egoismo e di competitività della sua organizzazione. *In sintesi il prezzo della realtà sociale che sono disposti a concederci é il rigetto della madre e di tutti i rapporti non economici che attraverso lei possono ancora esistere. La società patriarcale, in fase di estrema razziolizzazione, ha coscienza che con la sua carica emotiva e i suoi rapporti umani e personali, la madre rischia di essere un guasto per le sue programmazioni e progettazioni del materiale umano e accentua di conseguenza la separazione tra madre e figli proponendo come unica possibilità alla liberazione della donna la eliminazione dell'esperienza emotiva e affettiva del rapporto materno che si riduce solo a una produzione, a livello di macchina, di materiale umano, da cui la donna viene subito alienata, per riaccostarsene di nuovo secondo un ruolo sociale, economico di educatrice, assistente sociale, psicologa ecc... pienamente rispondenti al meccanismo dei rapporti produttivi. Si imprigionano cosi' le donne e i bambini in organizzazioni meglio sorvegliate e gestite, non più da una patria potestà ma da un potere impersonale presentato come necessario e inevitabile per il progresso e la liberazione della donna.*

Le Nemesiache rigettano le false risoluzioni della libertà sessuale poiché ritengono che i rimedi che il maschio vuole farci intravedere non fanno che rafforzare l'oppressione e la violenza: la lotta contro il congegno mostruoso dell'industria e della politica del sesso é la ricerca di una sessualità in armonia con la natura della donna non con la falsa natura che l'uomo ci ha voluto attribuire in conseguenza della violenza fattaci, una sessualità, dunque, che non comprometta e non violenti la possibilità della donna di generare la vita.

Le Nemesiache vogliono una sessualità non pericolosa e si dichiarano per un erotismo libero e una sessualità vaginale solo per la riproduzione. Il femminismo non é lesbismo; non vogliamo mettere al sesso una altra etichetta e gli uomini che ci accusano cercano solo di neutralizzarci e di isolarci.

Le Nemesiache rigettano qualunque ideologia e organizzazione e le denunciano come le forze più oppressive e autoritarie del potere maschile. Si rifiutano di considerare la società come sorta da un contratto e di vedere come unica possibilità dei rapporti la legge la convenienza.

Riconoscono comunque che i rapporti che l'uomo ha con la donna, qualunque sia la sua ideologia, sono di sfruttamento e di violenza.

Il femminismo non é lotta per il potere, né tentativo di raggiungere una parità giuridica di integrazione nella società maschile.

Le Nemesiache vogliono riconquistare e realizzare finalmente quella capacità creativa del diverso della originaria profonda indomita alterità, vogliono che la possibilità creativa della donna si esprima ed abbia dimensioni e spazio all'esterno, vogliono che la cultura maschile non continui ad affermare che Uomo significhi Uomo e Donna, significhi, cioé, tutte le possibilità represse, violentate, rigettate, per non soccombere, tutti gli sguardi aperti verso orizzonti che non devono essere cancellati perché non contemplati sulla carta geografica degli uomini.

Le Nemesiache non lottano per una socità di sole donne o per una società in cui siano gli uomini ad essere usati e determinati, come la cultura maschile insinua o la paura dell'uomo e di alcune donne fa temere.

Le Nemesiache sanno che la lotta delle donne é quel particolare tipo di lotta che non puo' e non vuole l'eliminazione della parte che l'opprime, perché siamo noi stesse a generarla e perché rende possibile l'esistenza della stessa lotta, ma vogliamo non essere completamente cancellate e amputate come parte, le donne non vogliono essere colonizzate né perdere delle dimensioni che l'assolutismo culturale dello uomo e le sue organizzazioni tentano sempre più di soffocare e reprimere.

Se l'uomo costruisce le sue megalopoli di potere economico e politico, se distrugge tutti i rapporti riducendoli ad economici, se fa le crociate contro ogni verità che non parta da lui che non sia compresa nelle sue progettazioni nelle sue pianificazioni, se costruisce aggeggi macchine ambienti pericolosi che manifestano tutta la violenza e la nevrosi che ha in sé, non puo' continuare a pretendere che le donne e le bambine siano sempre più rinchiuse e protette perché non vogliono misurarsi e non sentono dentro di loro questi spazi né vogliono adattarsi. Deve finire finalmente l'assurda affermazione delle possibilità o impossibilità della donna di essere creativa, mentre si giudica la creatività con il metro maschile e si verifica che le donne ritenute più creative sono in fondo quelle che più si adeguano o riflettono tutti i canoni maschili dell'arte e della creatività, per cui di creativo non é lasciato proprio niente. La crisi della creatività maschile non ci interessa, noi Nemesiache sappiamo che la nostra nuova dimensione o, diciamo pure, nuova metafisica, capovolge tutto e la nostra creatività é il nostro mondo che emerge e esplode capovolgendo e scoprendo infinite fantastiche imprevedibili dimensioni.

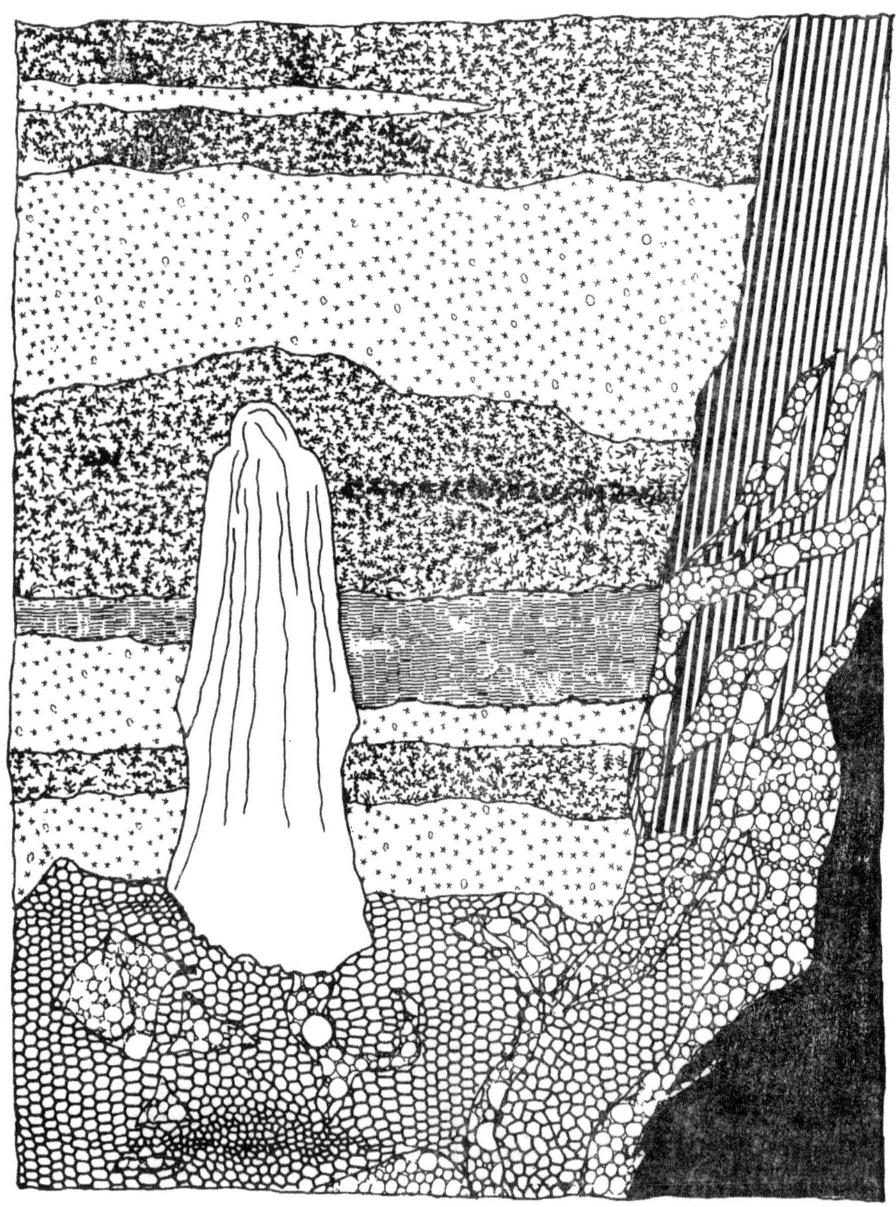

L'ACROPOLI DI CUMA

In nome della fantasia: non la storia degli u omini vorrei la mia storia è quella di tutte le donne che secondo me è tra il sogno e la follia,tra la realtà e la poesia.Una montagna di tufo,e un castello di tufo,Cuma l'A cropoli.In questa zona,per me oggi più che mai interessante e mia,sono st ata tante volte,sempre da sola,sono discesa agli inferi,sono stata presso la Sibilla,tante volte.... per ascoltare l'Oracolo... l'Oracolo mi ha par lato di amore e di morte. Un giorno tornai a Cuma,era con me una fanc ull a simole ad una Vestala, paragonabile ad una giowane piante, ad un uccell o da piume colorate. Ci avventurammo per infiniti corridoi, meandri,stane e, cisterne, scavate tutte da mano umana,penetrammo nel profondo sempre p iù giù nelle caverne ed arrivammo nella stanza dove abitava la sibilla cu mana eppoi più giù doce c'erano le Voci.....dove veticinata la Sacerdotes sa.Udimmo le voci e cominciammo a vedere.... si avvicinò Saffo dalla tuni ca bianca e dalla voce gentile, era molto triste perchè diceva,gli uomini avevano così malamente travisato Lesbc e la sua comunità di fanciulle, la sua poesia. Vedemmo tutti quei volti di donne dell'isola delle amiche,e t utti ci chiedevano perchè gli uomini evessere distrutto i lro versi,tutt o quello che era stato scritto sulla bellezza, sulla libertà. Vennero le Dee e ci chiesero perchè gli uomini avessero distrutto i loro templi, Ero mi chiese perchè,al suo posto ci fosse un'altra donna,vergine,che aveva g enerato solo un figlio per il quale si era sacrificato.Voleva sapere per chè gli ,uomini volessero la donna solo come madre sacrificata mentre le Dee diversamente avevano abbracciato fanciulle e pastori,nel loro mondo p iù ampio più femminile, con più senso della vita e dell'amore.Vennero tut te le Dee a anche la Sibilla,vennero per dirci che venisse ricordato il l oro canto e ci dissero di tutte le loro vite e noi risalimmoperchè avremm o dovuto portare a voi la notizia di tutto questo.Andiamo a danzare ancor a nei boschi.

Una Nemi-iaca-Cassandra.

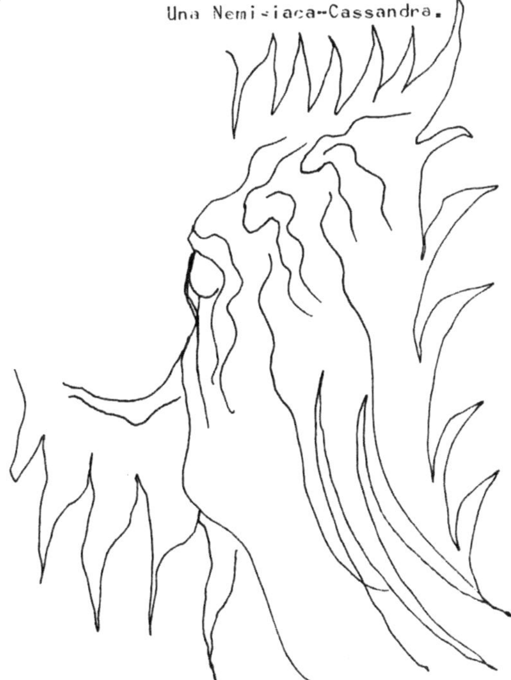

MANIFESTO TRASPAZIALE

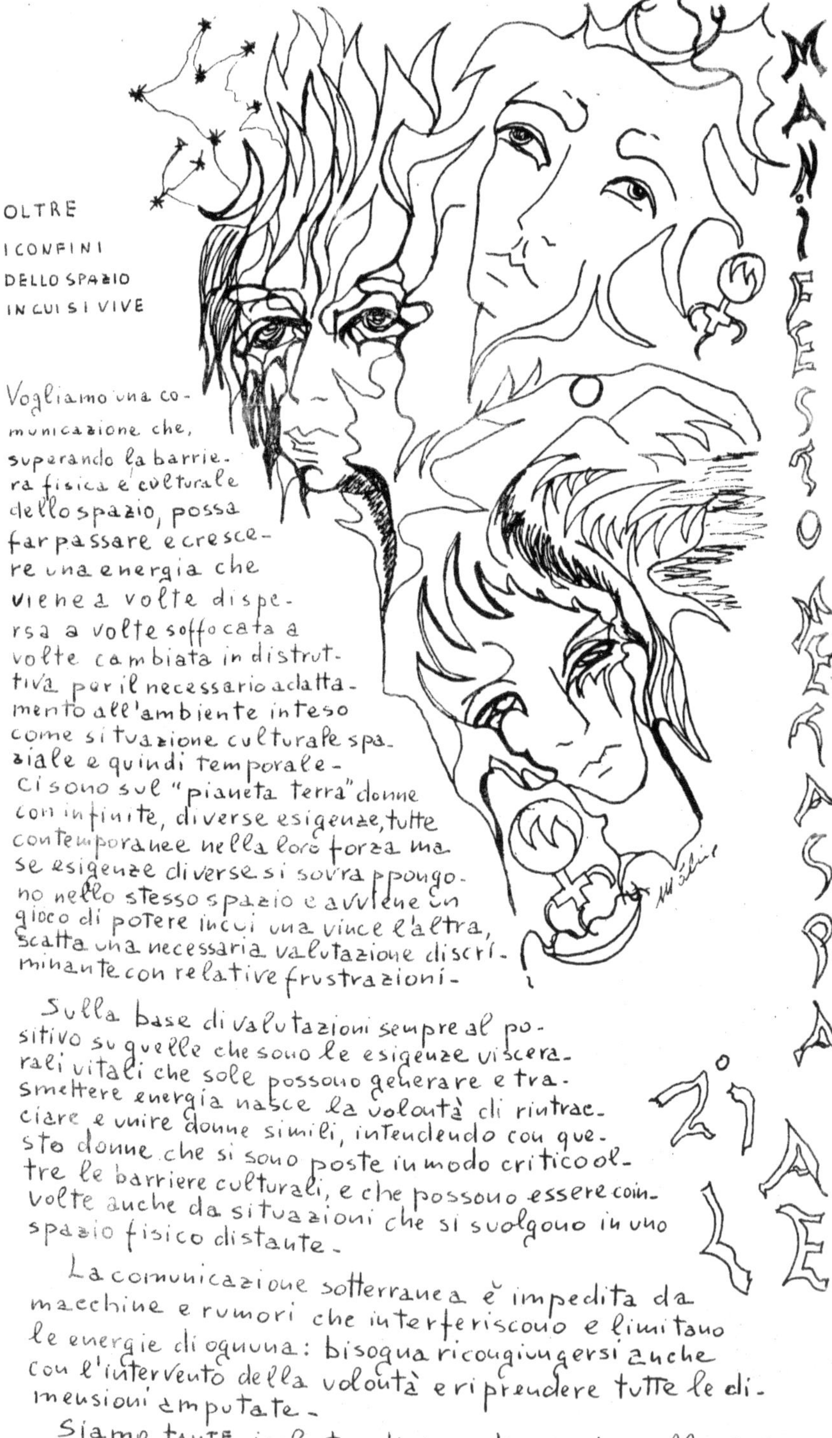

OLTRE
I CONFINI
DELLO SPAZIO
IN CUI SI VIVE

Vogliamo una comunicazione che, superando la barriera fisica e culturale dello spazio, possa far passare e crescere una energia che viene a volte dispersa a volte soffocata a volte cambiata in distruttiva per il necessario adattamento all'ambiente inteso come situazione culturale spaziale e quindi temporale. Ci sono sul "pianeta terra" donne con infinite, diverse esigenze, tutte contemporanee nella loro forza ma se esigenze diverse si sovrappongono nello stesso spazio e avviene un gioco di potere in cui una vince l'altra, scatta una necessaria valutazione discriminante con relative frustrazioni.

Sulla base di valutazioni sempre al positivo su quelle che sono le esigenze viscerali vitali che sole possono generare e trasmettere energia nasce la volontà di rintracciare e unire donne simili, intendendo con questo donne che si sono poste in modo critico oltre le barriere culturali, e che possono essere coinvolte anche da situazioni che si svolgono in uno spazio fisico distante.

La comunicazione sotterranea è impedita da macchine e rumori che interferiscono e limitano le energie di ognuna: bisogna ricongiungersi anche con l'intervento della volontà e riprendere tutte le dimensioni amputate.

Siamo TANTE isolate, divise, disperate nella fase delle nostre intuizioni che come le profezie di CASSANDRA non interferiscono sui NOSTRI DESTINI

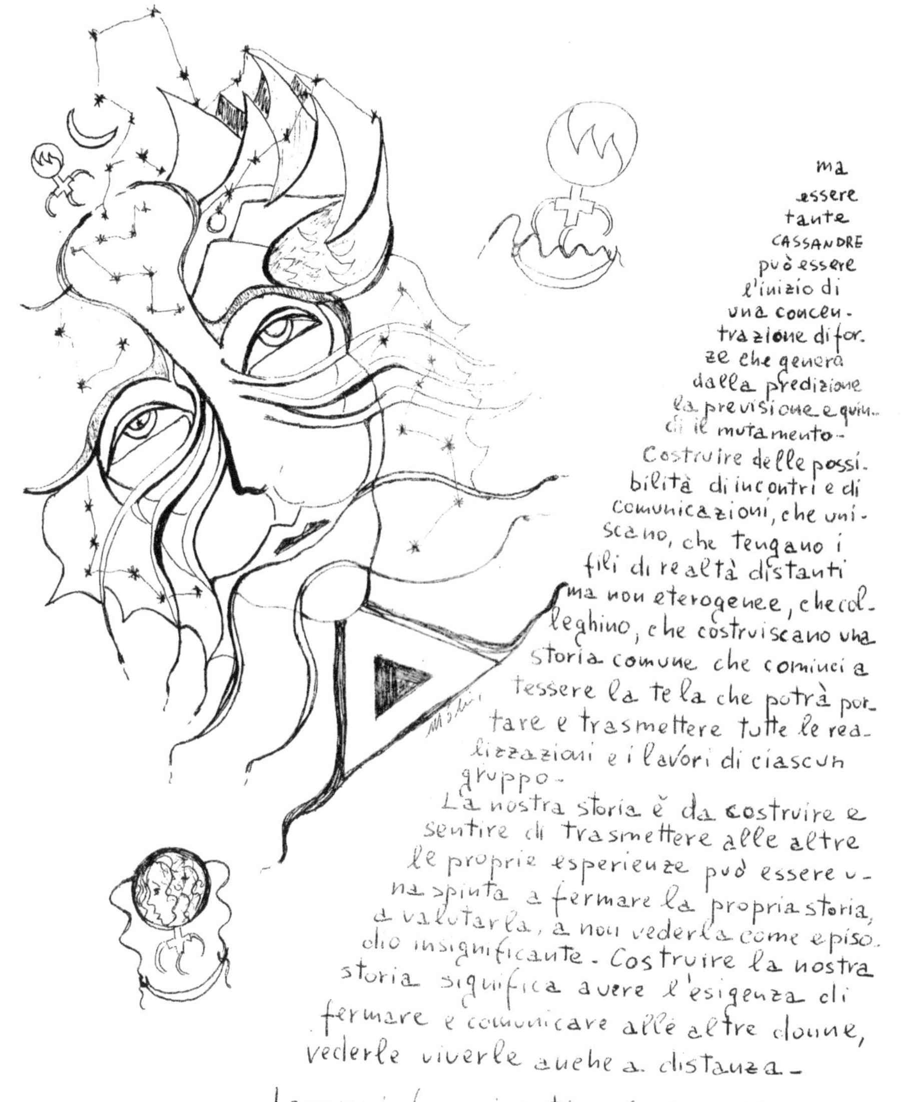

ma essere tante CASSANDRE può essere l'inizio di una concentrazione di forze che genera dalla predizione la previsione e quindi il mutamento.

Costruire delle possibilità di incontri e di comunicazioni, che uniscano, che tengano i fili di realtà distanti ma non eterogenee, che colleghino, che costruiscano una storia comune che cominci a tessere la tela che potrà portare e trasmettere tutte le realizzazioni e i lavori di ciascun gruppo.

La nostra storia è da costruire e sentire di trasmettere alle altre le proprie esperienze può essere una spinta a fermare la propria storia, a valutarla, a non vederla come episodio insignificante. Costruire la nostra storia significa avere l'esigenza di fermare e comunicare alle altre donne, vederle viverle anche a distanza.

I gruppi femministi vivendo nella realtà di divisione della cultura maschile possono a volte lasciarsi vincere dalla paura, dall'isolamento, dalla competizione.

Dimostrare che il tempo e lo spazio sono barriere culturali e che, se c'è l'esigenza di vincerle, si vincono, è la dimostrazione che le due categorie più oppressive che l'uomo ha costruito possono essere abbattute.

Comunicare, avere un codice per noi donne, un codice comune: la nostra rabbia, le nostre lacrime, il codice della nostra storia che si scrive nel desiderio di scriverlo e di scoprirci all'altra scoprendoci a noi stesse e facendoci superare qualunque frattura che potrebbe un giorno forse diventare abisso.

La ricerca delle persone simili passa attraverso modi simili di comunicazione e di espressione che nascono secondo le esigenze, le emozioni, le situazioni....

La psicofavola-fantasia al femminile- il teatro: teatro come libera esplosione della propria energia vitale, liberazione che può avvenire attraverso la fantasia, che, unica realtà non completamente razionalizzata, può ancora dare la chiave per scoprire se stesse e le altre al di là dei problemi, e quindi trovare la strada per impostare i problemi al femminile, superando le logiche dell'identità e della contraddizione proposte dai maschi-

La "Cenerella", l'esperienza teatrale che abbiamo realizzata a Napoli nel maggio del '73, ci ha dimostrato che l'organizzazione proposta come necessaria dal maschio, è la conseguenza di una incapacità a comunicare a livello erotico vitale- Noi abbiamo realizzato una rappresentazione teatrale senza stabilire ruoli, né orari, né scadenze- Tutte insieme nel ritmo della vita, avevamo ognuna il proprio ritmo ed era lo stesso ritmo-

È possibile l'unità senza violenza: la "Cenerella" che abbiamo realizzato qui a Milano ne è la prova, ed è possibile la costruzione di un collegamento metaspaziale di persone; di donne, senza organizzazione-

Dal teatro alla vita, perchè dalla vita al teatro, nel ritmo erotico del cosmo-

LE "NEMESIACHE"

Niobe - Aracne Medea

Arianna Eeo... Ilizia

Camilla Nemesi Dafne

Elena Psiche Karma

Manifestazione per la riappropriazione della nostra creatività

DENUNCIAMO LA VIOLENZA che ci ha espropriate al nostro corpo, delle nostre espressioni e delle nostre estensioni.

CREATIVITA' E' POLITICA, vita, quotidianità, erotismo, armonia con la natura e col cosmo.

RIFIUTIAMO: la distinzione tra momento creativo e momento produttivo. Rifiutiamo l'interpretazione critica di una realtà che non viene accettata come vissuto.

SIAMO STUFE di essere considerate più ricche come personaggi che come persone: nessun uomo ha mai partorito una vera figura femminile.

NON VOGLIAMO più divisione tra storia e storiografia.

RIVENDICHIAMO una nostra logica, un nostro linguaggio, una nostra dimensione operativa e critica: **DIFFIDIAMO** tutti quelli che operano nella cultura maschile a sostituirsi al nostro vissuto utilizzando codici misogeni che deformano e riducono, continuando ad espropriarci nella teorizzazione della nostra pratica.

NO alle trasmissioni sulle donne gestite dagli uomini.

NO all'espropriazione del nostro corpo con l'utilizzazione del nudo fatte dalle industrie cinematografiche e dalle pseudo avanguardie, dal cinema, teatro, stampa, televisione.

RIVENDICHIAMO spazi e finanziamenti per operare in quei canali pseudo democratici che continuano ad escluderci.

DENUNCIAMO l'espropriazione del nostro territorio che il patriarcato in tutta la sua storia di rapimento ci ha sottratto riducendoci a proprietà dell'uomo.

INTENDIAMO, da oggi in poi intervenire, sceglierci e autogestire tutti gli spazi che, di volta in volta riterremo validi per la nostra espressione e pratica.

SFIDIAMO (a dama) tutte le estetiche e i filosofi che da secoli si sono avvicendati nello stabilire e decidere chi e come doveva o non essere creativo, quindi dissacriamo tutte le cattedrali, i capi carismatici, i miti e i simboli denunciandone tutta la mistica fallocratica perpetrata sulla nostra storia.

BRUCIAMO pubblicamente tutti i manifesti espressionisti cubisti, futuristi, astrattisti, dadaisti, surrealisti, scoprendo nelle loro elaborazioni, attraverso le giustificazioni dell'arte, la riappropriazione dei contenuti e scoperte specifiche delle donne per ritorcerli nuovamente contro di esse.

SIAMO NOI ad aver partorito la Body-Art, e rigettiamo le elaborazioni mostruose e violente che sul nostro concetto del corpo di fisicità, come forma d'arte, l'artista maschio ha utilizzato per l'espressione della sua violenza. E cosa dire della grande scoperta dell'arte povera?

NOI DA SEMPRE abbiamo elaborato materiali semplici della nostra quotidianità creando arie e poesia nella continua indifferenza, svalutazione e manipolazione sempre contro di noi.

OGGI 8 MARZO 1977 noi **FEMMINISTE** manifestiamo per la riappropriazione della nostra espressione creativa, partendo da questa non intendiamo più essere la linfa della cultura maschile, ma stabiliamo in questa data di far confluire tutte le nostre energie per **LA COSTRUZIONE DELLA NOSTRA STORIA.**

8 Marzo 1977

Se nelle varie ideologie non è compresa una parte della realtà, ogni espressione di questa realtà esclusa e soppressa non è rappresentazione ma proggettazione e preparazione, ogni gesto è fatto storico.

IL TEATRO non è inteso come rappresentazione culturale di una realtà che si svolge altrove ma concretizzazione ed evocazione: come nei rituali magici l'evocazione della pioggia non è l'interpretazione della pioggia ma la preparazione all'evento, quindi la pioggia stessa.

In questa dimensione è da vivere la PSICOFAVOLA, realizzazione storica che contemporaneamente denuncia la falsità della riduzione dell'ideologia patriarcale e quindi della storia patriarcale, e costruisce e realizza IL DIVERSO.

La psicofavola fa emergere dal presente il passato, rivendica la realtà amputata e pone la dimensione COSMICA come proposta di un altro UNIVERSO di VALORI, che non è possibile interpretare in uno schema ideologico.

IL FEMMINILE non è più riducibile al sesso feminile e come tale contrapposto al maschile vissuto nell'unica dimensione della competizione, della sopraffazione e della violenza.

LA STORIA al FEMMINILE è L'ORDINAMENTO COSMICO DIVERSO DELLA

ARMONIA, dell'EQUILIBRIO E della VITA volutamente amputata e ridotta dalla storia al Maschile.

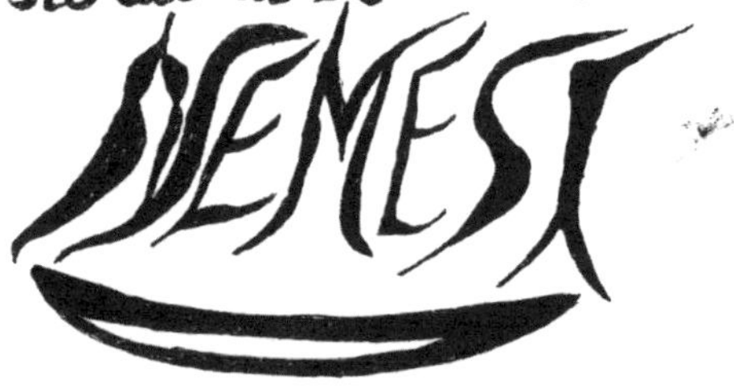

In questo senso noi Nemesiache siamo Femministe e non attrici viviamo e **NON RECITIAMO** rivendichiamo la visceralità della nostra espressione come nostra forma di **LOTTA.**

LE NEMESIACHE

ILIZIA, NIOBE, ARIANNNA, KARMA, HELENA, ECO, CAMILLA, MEDEA, NEMESI, DAFNE, PSICHE, ROSSELLA, FAUSTA, GUILIANA.....

Parte della Nostra Storia:

"CENERELLA" psicofavola femminista di NEMESI

6-7 maggio 1973 - Teatro CLUB - Napoli.

9-10-11 Febbriao 1975 - Teatro il Quarto - Milano.

9 Marzo 1975 - Teatro degli Stracci - Napoli.

28-29 guigno - Arsenali - AMALFI.

BRIGHT SUN

CREATION

CONSTRUCTION

CYCLES SOLAR SOLAR CYCLES

ENERGY ~ BIRTH ~ AND LIFE ~ DEATH ~

CHILDBIRTH

CYCLES SOLAR SOLAR CYCLES

SOLITUDE

DESTRUCTION

BLACK SUN

SOLE CHIARO

CREAZIONE

COSTRUZIONE

CICLI CICLI

SOLARI SOLARI SOLARI SOLARI

NASCITA ENERGIA MORTE VITA E LATTE

PARTO

CICLI CICLI

SOLITUDINE

DISTRUZIONE

SOLE NERO

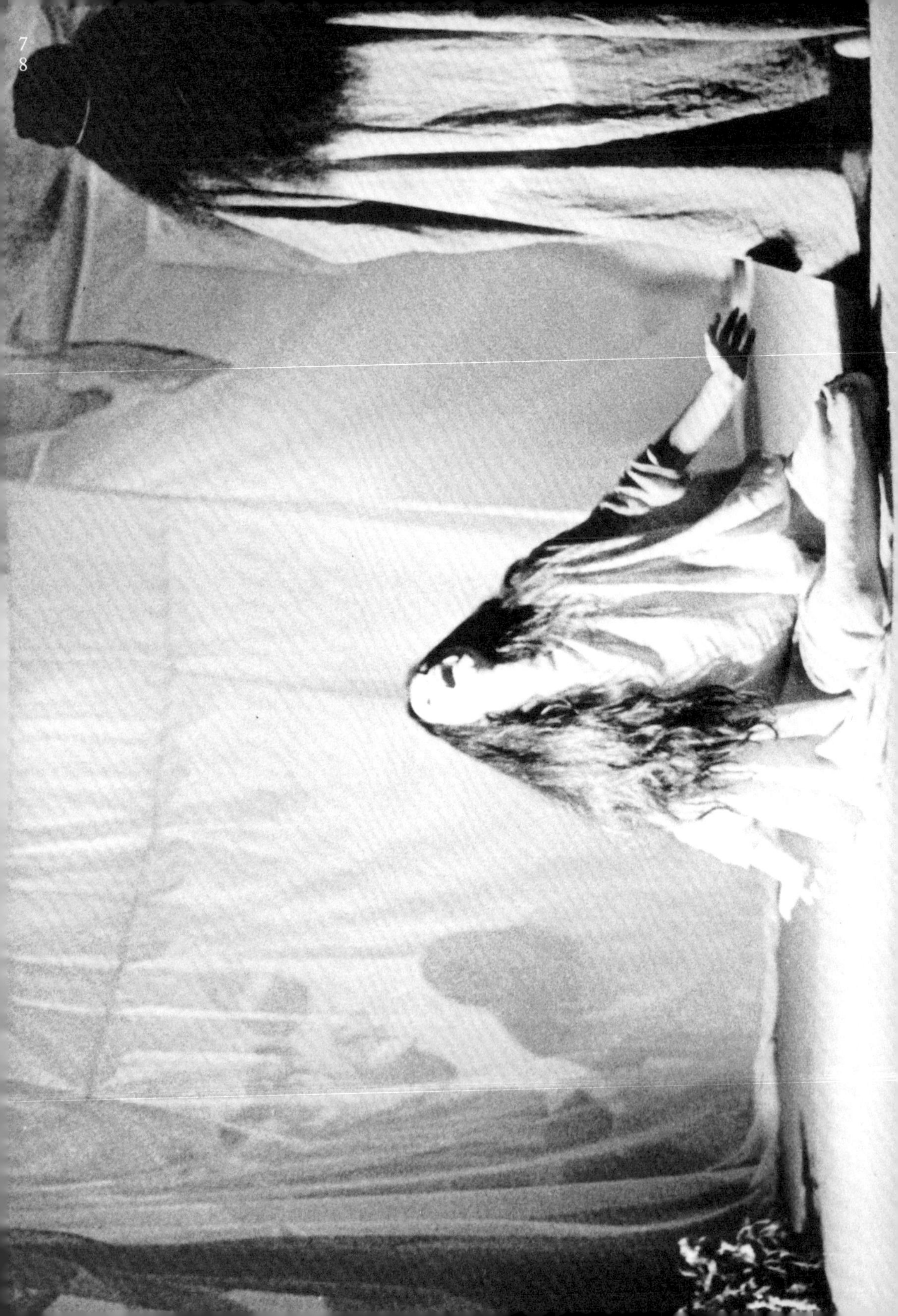

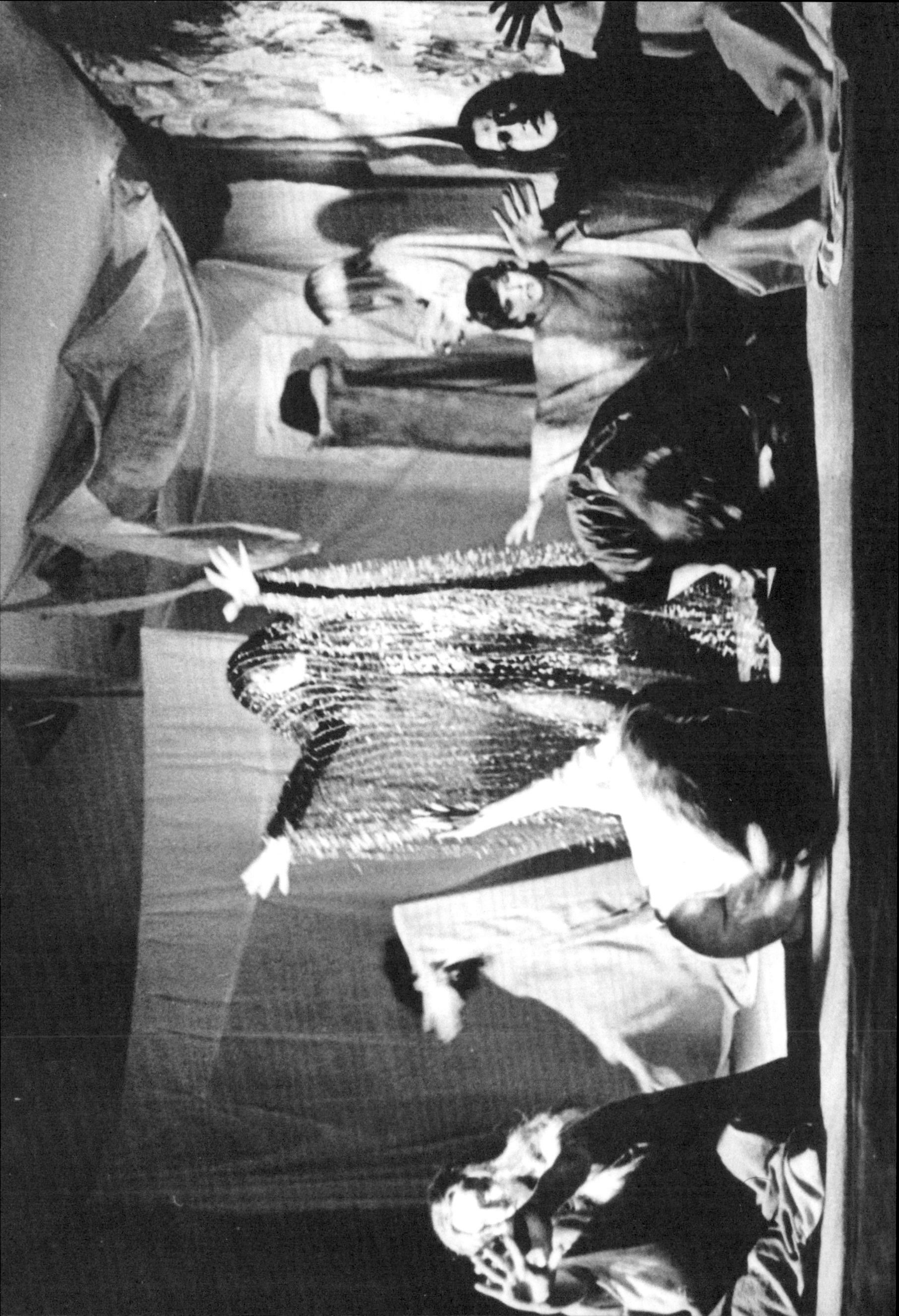

9

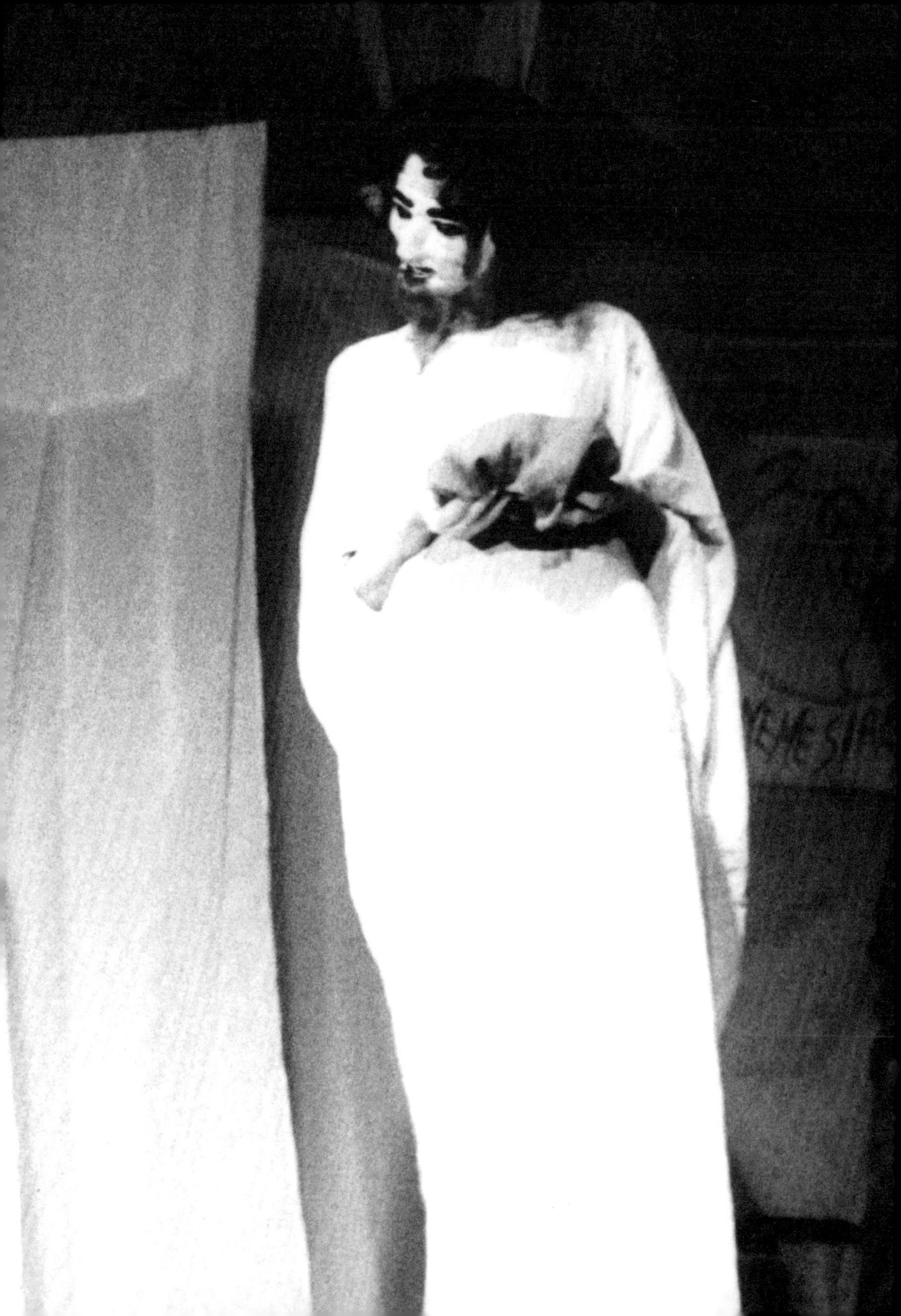

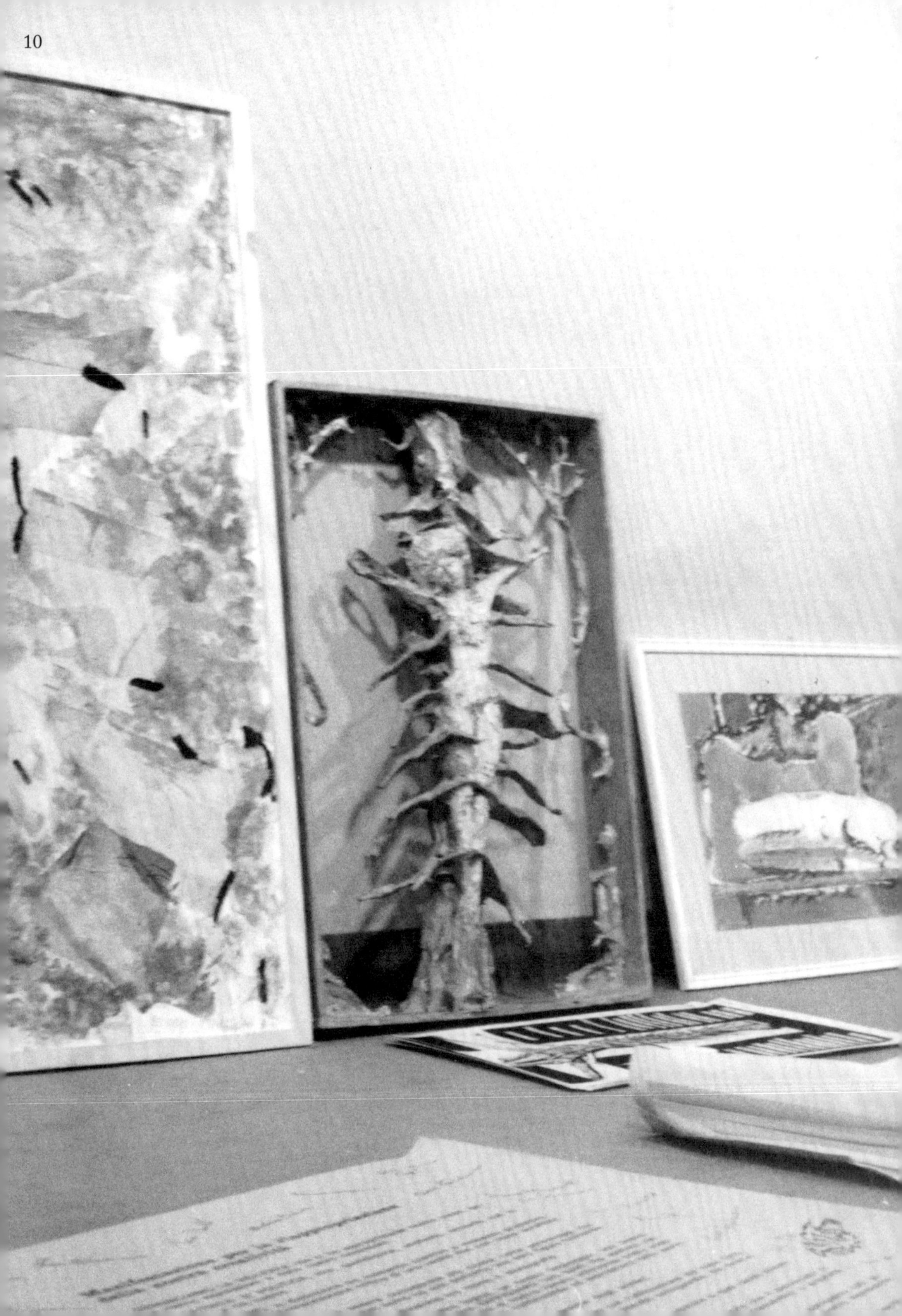

Note al progetto
Marea Art Project, Imma Tralli e Roberto Pontecorvo

> Anche la mia concezione è di un corpo che si espande, ma in modo diverso, in quanto ciò che trova, andando oltre i margini della pelle, non è un paradiso culinario ma una continuità magica con gli altri organismi viventi che popolano la terra, i corpi degli esseri umani e non, gli alberi, i fiumi, il mare, le stelle. È l'immagine di un corpo che riunisce ciò che il capitalismo ha diviso, un corpo non più simile alla monade di Leibniz, senza finestre o porte, ma che al contrario si muove in armonia con il cosmo [...].
> —Silvia Federici[1]

La prima volta che Sonia D'Alto ci ha parlato di Lina Mangiacapre e del gruppo artistico partenopeo delle Nemesiache eravamo a Positano ed era inverno. Avevamo accolto lei e le altre membre del gruppo di studio ◡̇ ʍʍ σ ∇ ❋ in residenza con Marea, programma di ricerca e di residenze artistiche internazionali che avevamo creato nel 2021 a Praiano, in Costiera amalfitana. Volevano approfondire l'intersezione tra il femminismo e la questione meridionale, rielaborando miti della tradizione e racconti

1 Silvia Federici, *Oltre la periferia della pelle. Ripensare, ricostruire e rivendicare il corpo nel capitalismo contemporaneo*, D Editore, Roma 2023.

storici in chiave presente, per farli rivivere nel loro immaginario politico. Erano alla ricerca di spazi per la creatività delle donne, spazi di vita, di riflessione, di festa e di gioco, quegli stessi spazi che Le Nemesiache avevano rivendicato qualche decennio prima, in luoghi non molto distanti.

Da quel momento, la forza simbolica e trasformatrice della pratica nemesiaca ci ha travolte come un moto ondoso e dirompente. Ci aveva conquistato la coincidenza tra i nostri ambiti di ricerca, dai luoghi delle loro azioni radicate al Sud Italia tra Napoli, Sorrento e Costiera amalfitana, al bisogno di far riemergere saperi e posture fuori dalle rotte ufficiali. È stata una felice evidenza, che abbiamo vissuto con profondo entusiasmo, quando Sonia ci ha coinvolte in questo progetto. Oltretutto, avevamo rintracciato molteplici consonanze nell'aspetto costitutivo e organizzativo del gruppo inteso come un organismo libero e aperto e, altresì, nel ripensamento di forme e modalità di produzione artistica alternative a quelle strettamente istituzionali. Come maree, ci siamo incontrate nel flusso comune di pratiche, esperienze e desideri.

Desideriamo che la presente pubblicazione possa ispirare una continuità transgenerazionale con pratiche artistiche e ricerche contemporanee, diventando "un luogo di radicale possibilità, uno spazio di resistenza".[2] Dalla ricostruzione storica a cura di Sonia D'Alto, a partire da documenti, manifesti, poesie e fotografie inedite e d'archivio, e dai preziosi contributi di artiste e ricercatrici emerge un approccio inedito nella pratica artistica, poetico e politico al contempo, capace di trovare nuove alleanze e nuovi spazi collaborativi in ciò che era rimasto sommerso o inespresso. Inoltre, la conoscenza diretta di Sonia, la frequentazione tra Napoli e Parigi con le membre del gruppo nemesiaco – Bruna Felletti, Claudia Aglione, Conni Capobianco, Fausta Base e Silvana Campese – e l'accesso diretto all'archivio domestico di Lina Mangiacapre grazie alla collaborazione con Martino Mangiacapra, contribuiscono a restituire tutta la potenza creativa e immaginativa dell'azione nemesiaca.

2 bell hooks, *Elogio del margine. Razza, sesso e mercato culturale*, Feltrinelli, Milano 1998.

Ripercorrendo le azioni del gruppo, abbiamo rintracciato come terreno comune l'urgenza di riappropriarci di spazi relazionali e culturali lontani dalle logiche di sfruttamento e dal privilegio maschile della creatività, e di trasmutarli in luoghi dove sperimentare forme collettive di creazione artistica e di vita. Aneddotica nella storia nemesiaca è stata la messa in scena di *Cenerella*, psicofavola femminista di Nemesi presentata nel 1975 agli Arsenali di Amalfi, il cui opuscolo d'invito all'evento declamava: "Aspettiamo tutte le donne. Gli uomini possono entrare solo se accompagnati da una donna che garantisca per ognuno". Attraverso i loro corto e lungo metraggi, le loro performance, la pratica della scrittura e della pittura, della musica e della poesia, ma anche azioni e partecipazioni a proteste e occupazioni nello spazio pubblico, Le Nemesiache hanno rivendicato gesti, memorie e saperi di donne e di luoghi rimossi da secoli di oppressione eteropatriarcale e di capitalismo estrattivo e coloniale.

L'intimo legame e il radicamento con il territorio napoletano, dai resti dell'antica città di Cuma all'area vulcanica dei Campi Flegrei, e con la terra delle sirene tra Capri, Sorrento e la Costiera amalfitana, è da intendere nell'anelito del gruppo di riportare il mito nel mondo, di riscriverlo in chiave femminista. Inoltre, la scelta di ambientare performance e film nei luoghi del mito, tra rovine e paesaggi ecologici investiti da narrazioni del mondo arcaico, si ricollega all'impulso di una resistenza politica vivente per la liberazione di tutte le donne, reclamando al contempo "il corpo mare". Eloquente al riguardo è la Festa della poesia alla Gaiola di Napoli nel giugno del 1978, quando, per infondere una presa di coscienza collettiva della violenza che l'essere umano stava infliggendo alla terra, al mare e al regno dei pesci, performano un femminile androgino ancestrale, universale e magico, vestite con pepli e abiti-poesia. D'altronde, era stato il mare a chiamarle.[3]

È in quest'ottica, ancora, che va letta la creazione della Rassegna Internazionale del Cinema Femminista

3 Riferimento a *Il Mare ci ha chiamate*, film in Super 8, 1978.

"L'altro sguardo" (1976-1995) nella città di Sorrento, che vede nel cinema uno strumento di ricognizione e di presa di coscienza, volto a restituire la moltitudine di voci, di soggettività e memorie rimosse, con l'obiettivo di galvanizzare il dibattito e la discussione su questioni femministe transnazionali, aprendo al contempo a una dimensione cosmologica, magica ed ecologica. Per di più, nel corso della loro longeva attività che attraversa circa quattro decenni di storia, Le Nemesiache hanno intessuto reti di alleanze multi-temporali attraverso una creatività che andava oltre i confini nazionali, e che combinava arte, attivismo eco-femminista, fantascienza e mitologia.

È a partire da un simile slancio, dunque, che intendiamo la presente monografia come un campo di accadimenti, ma anche come un invito ad assumere radicali processi di posizionamento politico e poietico, ecologico e femminista con cui riguardare alla creazione artistica e ai nostri territori, ampliando le narrazioni e formando nuovi sguardi. Siamo sicure infatti, che potrà concorrere a creare quella forza generatrice che ritesse gli ecosistemi e che libera i corpi, i mari e le spiagge, e che ricostruisce interstizi relazionali e sociali attraverso la trasformazione "dal dolore alla coscienza, alla denuncia, alla rivolta".[4] Potremo così unirci alla potenza creativa e generativa di Nemesi, Niobe, Medea, Marea, Aracne, Cassandra, Eco, Karma e Nausicaa, ritrovandoci nella gioia della lotta, suonando e cantando avvolte nel respiro del mare e danzando nel liquido amniotico della nostra rinascita, come corpo collettivo espanso, cosmico, futuribile, finalmente libere di fluire tutte insieme.

4 Lina Mangiacapre, *Cinema al femminile*, Mastrogiacomo Images 70, Padova 1980.

MAREA ART PROJECT è il programma di ricerca e di residenze artistiche internazionali nato nel 2021 in Costiera amalfitana da un'idea della storica dell'arte Imma Tralli e del manager culturale Roberto Pontecorvo. Nasce in dialogo con Stefano Collicelli Cagol (Direttore Generale del Centro per l'arte contemporanea Luigi Pecci di Prato), e in collaborazione con Carol LeWitt (Presidente del Consiglio Direttivo Yale University Art Gallery). L'obiettivo è ampliare gli sguardi sul territorio affinché, da luogo di fruizione passeggera, torni a essere uno spazio di ricerca, sperimentazione e creazione artistica contemporanea affacciato sul Mediterraneo.

Note editoriali

Sonia D'Alto

La gioia è la nostra fuga dal tempo
—Simone Weil[1]

[...] tu sei l'erede delle nostre lotte, ricordati...
—Lina Mangiacapre[2]

Entrare nel mondo di quello che è forse il gruppo artistico più radicale e visionario del neofemminismo e del femminismo queer – il 'più sbrilluccicante dei collettivi"[3] – implica ritrovarsi in una dimensione altra, che trabocca di mito, giubilo e poesia onirica. Tra pensieri stellati e orchidee di desideri, gli strumenti e i codici del linguaggio delle discipline patriarcali si arrendono alla dolcezza dell'armonia del cosmo, riportato alla luce dalla nemesi del gruppo. Incontrare oggi Le Nemesiache, infatti, non vuol dire solo attraversare la storia dei femminismi italiani e transnazionali, rileggere Napoli e i Sud, ma soprattutto "allargare il territorio

1
Simone Weil, in *Oeuvres Completès, VI Cahiers*, VI, v. 1, Cahiers (1933-Septembre 1941), André A. Devaux e Florence de Lussy (a cura di), Gallimard, Parigi 1994, p. 105.

2
Lina Mangiacapre, *Faust-Fausta*, L'Autore, Firenze 1990. p. 31.

3
Adele Cambria, *Follia come poesia*, ritaglio di giornale, 1980, archivio privato Lina Mangiacapre, Posillipo.

donna",[4] rendere visibili le strutture di potere e di genere per cambiare il mondo, forgiare con antiche cosmogonie nuove memorie.

4 Lina Mangiacapre in conversazione con le donne della Mensa dei Bambini Proletari (MBP) documento non datato e inedito, archivio privato Lina Mangiacapre, Posillipo.

Le Nemesiache recuperano una mitosofia androgina per superare l'arte intesa come rappresentazione e il femminile come categoria identitaria moderna. La loro gioia collettiva, pur radicandosi in una profonda critica al patriarcato, si spinge oltre il discorso sull' "altra creatività" della critica Anne Marie Sauzeau Boetti.[5] Per il gruppo, l'arte non è solo un insieme di oggetti destinati a musei e gallerie, ma soprattutto la fabulazione creativa di una lotta per la creazione di una nuova realtà. La loro creatività non si esaurisce neanche nella poetica del rifiuto di Carla Lonzi. Per Le Nemesiache, la critica coincide con il cambiamento, nella possibilità di scardinare la colonialità del genere.

5 Anne Marie Sauzeau Boetti, "L'altra creatività", *Data,* n. 16-17, giugno-agosto, Milano 1975.

Il loro femminismo e, dagli anni Ottanta, transfemminismo, si fonda su posizioni politiche piuttosto che identitarie. Una scelta che permette loro di affrontare la questione meridionale in rapporto alla lotta di classe, di pensare l'ecologia come pratica di solidarietà oltre l'umano, e di immaginare forme di giustizia e creatività in continua trasformazione, oltre ogni categoria o classificazione, anche del linguaggio femminista e queer.

La natura processuale ed effimera delle idee e delle azioni del gruppo è abitata da un tempo che si incrina ed erutta, ritagliando e contenendo la continuità del movimento in corso, mentre attraversa porosamente i luoghi che custodiscono memorie oracolari, il mistero dei rituali del lutto e dello spirito rivoluzionario che non si raffredda né si placa. Racchiudere questa storia traboccante di vita e di potenza in una pubblicazione richiede una formula magica: resistere a quello che stiamo diventando e immaginare, attivare le lotte del passato nel presente, ricordare per il futuro. Mentre questa monografia raccoglie e restituisce una selezione di materiale storico d'archivio – di provenienza prevalentemente domestica e orale, come per la maggior parte degli archivi femministi –, lo attiva con voci e testimonianze di artiste, autrici, teoriche e attiviste contemporanee, come pratica relazionale e processuale femminista. Ciascuna delle cinque sezioni del libro, intitolate a partire dagli scritti di Lina Mangiacapre e delle Nemesiache, raccoglie due contributi. Le sezioni offrono uno sguardo multidisciplinare che approfondisce la cosmogonia del gruppo e la potenza mitogenica dei femminismi.

Il capitolo "Al filo che unisce le nostre storie oltre i limiti dello spazio-tempo" si focalizza sul lavoro di riappropriazione mitico-storica intrapreso dal collettivo. Il mio saggio dispiega quattro decenni della loro pratica, sottolineando le solidarietà favolose delle loro performance e azioni, così come le poetiche situate e cosmiche delle lotte contro ogni marginalizzazione, e la rivoluzione astrologica e queer del loro femminismo androgino. Il saggio di Giovanna Zapperi mette in luce la natura non-lineare della storia delle Nemesiache, come gesto critico per decostruire la narrazione patriarcale.

"Riprendiamoci il corpo mare" intreccia immaginari marini e cinematografici. Elvira Vannini, con un saggio dal taglio cinematografico, ricostruisce le vacanze femministe e gli incontri sulle spiagge degli anni Settanta, in cui Le Nemesiache promuovono scambi transnazionali a partire dal Sud. Il mio contributo analizza il cinema sperimentale, collaborativo e indipendente di Mangiacapre e del gruppo, attraversato da mitologie e da rivendicazioni (spi)rituali di spazi e memorie.

"Vedere avanti a noi solo l'orizzonte illimitato" riflette sulle ecologie artistiche e alchemiche del gruppo. Giulia Damiani approfondisce, attraverso il metodo della psicofavola e la creatività rituale, il rapporto tra corpo, tempo e territorio a Cuma. In dialogo con gli stessi luoghi, Cairo Clarke analizza stralci di testi e film delle Nemesiache da una prospettiva di ecologia spirituale, riattivando, attraverso la propria scrittura, rituali di respiro cosmico.

"Poesia ti faremo tornare dall'esilio" indaga il legame tra poesia e lotta nella scrittura performativa e nei lungometraggi di Mangiacapre con il gruppo. Arnisa Zeqo, evitando definizioni fisse per le componenti del gruppo, a partire da *Faust-Fausta* (1990), riflette sulla loro dissidenza rispetto al sistema di genere e sull'apertura a una visione plurale del cosmo. Federica Bueti, con una lettura poetica di *Didone non è morta* (1987), narra del rifiuto di Didone nell'accettare un destino già scritto, per immaginarne uno diverso per il Mediterraneo e per le donne del Sud.

Infine, "Abbiamo pratiche da teorizzare rituali che vanno ripresi e riformulati", intreccia l'impegno di filosofia politica e di giustizia del gruppo. La filosofa Chiara Bottici riflette sulla portata performativa delle azioni transfemministe e anarchiche del collettivo che, già dagli anni Settanta, prefigurano le lotte del presente e del futuro. Giusi Palomba sottolinea la sacralità della memoria del trauma, riflettendo su nuove formule di giustizia trasformativa, già incarnate dalla pratica storica delle Nemesiache.

Dopo anni di intenso scambio con Napoli e i luoghi più intimi per il gruppo, tra documenti, diapositive e film che attraversano diverse temporalità, questa pubblicazione non nasce dalla competenza, ma da un percorso di ascolto e umile apprendimento. Si regge sulle spalle e nel ventre di molte donne, sulle onde del mare, sul respiro dei vulcani, tra nenie ancora da sussurrare e favole da riscrivere.

Note sui sud

L'impegno delle Nemesiache nel tessere nuovi immaginari mitologici dal Sud Italia ai Sud del mondo rilancia una visione femminista e radicale del futuro. Il Sud non è solo spazio marginale di resistenza, ma matrice cosmogonica: un'origine da cui pensare e agire un mondo diverso. Il sud diventa modalità esistenziale da cui immaginare nuove alleanze, ma anche costellazioni creative: "Intendiamo per sud tutte le forme di energia che vengono sfruttate in vari modi non valutabili in termini economici, senza che si consideri tutto questo come sfruttamento".[6]

6 Le Nemesiache, *Nemesi il cinema*, Napoli, 30 agosto 1976, "Effe", Bari/Roma, aprile 1977.

Note sulla cronologia

Nonostante la cronologia presente nella pubblicazione[7] – frutto del lavoro con alcune membre del gruppo e dell'impegno di Teresa Mangiacapra dopo la scomparsa di Lina– è difficile definire una data di conclusione del gruppo. La loro posizione unica, si inscrive anche nella longevità della loro storia, durata mezzo secolo, rispetto alla breve vita della maggior parte dei gruppi, collettivi e cooperative artistiche femministe, nel contesto nazionale e internazionale. La dimensione multitemporale della loro pratica si riflette anche nella struttura della pubblicazione, che restituisce documenti e immagini seguendo logiche associative e non lineari.

7
In buona parte consultabile sul sito: https://www.bnnonline.it/custom-content/lenemesiache/nemesiache_bio.php.html

Note sul titolo

Per quanto *Reclaim* [riapporpriarsi] affondi le sue radici nella tradizione ecofemminista, la scelta deliberata di non utilizzare la parola "femminismo" è finalizzata alla volontà di sottrarsi a etichette e semplificazioni di genere. Il termine designa un modo di reinventare immaginari: forza creativa, rigenerazione, energia vitale che unisce tutti gli esseri viventi. Come Lina Mangiacapre invita a "scavare in se stessi e nelle pietre", così il titolo *Reclaiming Mythological Rituals* [Riappropriarsi di rituali mitologici] chiama a raduno non solo tutte Le Nemesiache, ma anche futuri femminismi cosmici.

Note sulle immagini

La maggior parte delle immagini sono inedite. Ho avuto il privilegio di trascorrere molto tempo nella casa di Lina Mangiacapre, dove ha vissuto per molti anni con la sorella Teresa e dove il nucleo napoletano delle Nemesiache si riuniva molto spesso. Ho frequentato le membre del gruppo in diverse città e diversi contesti, nutriti da scambi orali e materiali. Per anni ho viaggiato con i loro documenti, le loro riviste, copie di vario tipo sotto braccio, conducendo una ricerca basata sul processo anche nelle fasi di ricostruzione storica. La selezione delle immagini, da me curata integralmente, si è orientata verso materiali che raccontano non solo la pratica artistica de Le Nemesiache, ma anche ciò che la precede e la circonda: i momenti di preparazione, i dietro le quinte, i luoghi vissuti e i dettagli intimi che hanno nutrito la loro visione poetica.

Note sul linguaggio

Il termine "donne" non è mai stato omogeneo e unitario. Le Nemesiache usano "femminile" non come indicazione di sesso, ma come presa di posizione anti-patriarcale.[8] Le figure mitologiche che attraversano il loro immaginario esprimono la contingenza del genere nelle sue molteplici oppressioni e differenze, in particolare riferite alle donne del Sud o ai corpi non riducibili ai desideri imposti dal ruolo del genere. In questa prospettiva, il transfemminismo introdotto da Mangiacapre già nei primi anni Ottanta si frammenta in enunciazioni instabili, che evocano spazialità e memorie di fantasie e sogni contestatori del sistema-genere. Una dimensione che cosmicamente considera il "diverso" come creatività e desiderio di libertà a venire.

8 Marco Calogero Battaglia, *Il primo teatro femminista d'Italia. Lina Mangiacapre* (1973-1984), tesi di master, Università della Svizzera Italiana, A.A. 2018-2019, p. 57.

SONIA D'ALTO è curatrice indipendente, storica dell'arte e autrice. Attualmente è dottoranda presso l'HFBK di Amburgo con un progetto basato sulla pratica, e docente nel dipartimento di Curatorial Studies presso la Royal Academy of Fine Arts (KASK) di Gand.

To the Thread that Weaves Our Stories Beyond the Bounds of Space and Time
Al filo che unisce le nostre storie oltre i limiti dello spazio-tempo

Le Nemesiache: unisci le altre nella loro storia, ricomincia la storia

Sonia D'Alto

Come donna non ho un Paese.
Come donna non voglio un Paese.
Come donna il mio paese è il mondo intero.
—Virginia Woolf, *Le Tre Ghinee*

Sin dal loro Manifesto, redatto nel 1970 e diffuso due anni dopo su una rivista di fantascienza, Le Nemesiache lanciano da Napoli un progetto radicale: "Inventeremo e creeremo la nostra lotta come la nostra sessualità come la nostra cultura. [...] Insieme ritroveremo il sentiero calpestato violentato nascosto il nostro sentiero bruciato".[1] La rabbia per millenni di silenzio e repressione subiti dalle donne si trasforma in una gioiosa Nemesi collettiva: un atto di giustizia creativa e trasformativa, come ritrovata armonia, bellezza e verità. Partendo da queste premesse, la filosofa, autrice e artista Lina Mangiacapre/Nemesi (1946-2002) fonda a Napoli, insieme a sua sorella Teresa Mangiacapra/Niobe e ad altre donne Le Nemesiache.

1 Le Nemesiache, *Manifesto delle Nemesiache*, ciclostilato in proprio, Napoli 1970.

Un gruppo aperto[2] di amiche e conoscenti, femministe e pacifiste, attive principalmente a Napoli e nei territori circostanti – ma con diramazioni anche a Parigi e Roma –, che ha coinvolto nel tempo più di una decina di donne, con un nucleo centrale composto da: Claudia Aglione/Elena, Fausta Base/Fausta, Silvana Campese/Medea, Consuelo Campone/Kore, Conni Capobianco/Nausicaa, Rosalba Conte/ Tike, Bruna Felletti/Karma, Anna Grieco/Dafne, Michela Gusmeroli/Aracne, Maria Matteucci/Marea.[3]

Film, performance, musica, scrittura e arte visiva si fondono in un progetto interdisciplinare ed esistenziale, in cui gioco, creatività e trasformazione si mescolano senza soluzione di continuità per un diverso modo di fare politica. Attraverso l'incarnazione di mitologie e rituali collettivi, Le Nemesiache creano spazi di libertà che oltrepassano i limiti di ogni medium. Un nuovo immaginario emerge: una vita cosmica antiautoritaria, con un diverso insieme di valori, fondati principalmente sulla creatività come mezzo per perseguire l'autodeterminazione femminile. Per garantire la continuità di un mondo cosmico perduto e dimenticato, il gruppo abbraccia un impegno duraturo con l'ambiente circostante, in particolare con il contesto urbano di Napoli, il suo paesaggio geomorfologico, le sue rovine archeologiche e i suoi siti mitologici. Ne scaturisce una pratica performativa – che comprende proteste e occupazioni di edifici locali – ancorata al territorio per esprimere un femminismo caratteristico dell'Italia meridionale. Parallelamente, il gruppo si connette alle lotte internazionali esplorando senza confini desideri e sogni femminili, promuovendo la solidarietà tra gli oppressi in contesti diversi. A Sorrento, danno vita a una piattaforma transnazionale per l'espressione femminile nel cinema: la Rassegna del Cinema Femminista "L'altro sguardo" (1976-1995), nata per stimolare il dibattito sull'immagine in movimento con donne provenienti da tutto il mondo. Il cinema d'artista diventa il loro linguaggio privilegiato, un mezzo capace di assorbire e restituire l'energia cosmica del gruppo, intrecciando immagine, musica, ritualità e scrittura performativa.

2 Le Nemesiache – o "gruppo/non gruppo" come si autodefinivano – rifiutavano il termine "collettivo" per evitarne la connotazione esplicitamente politica degli anni Settanta.

3 Le componenti delle Nemesiache adottano nomi mitologici. Oltre alle donne già citate, vanno ricordate Le Nemesiache: Rosella Sannino, Elisabetta De Perini, Mariateresa Falconieri (Maité); numerose sono le collaborazioni e frequentazioni del gruppo, tra queste: Caroline Abitbol, Adele Cambria, Elena Coccia, Elsa De Giorgi, Elisabeth Ghibli, Lucia Improta, Catherine Jourdan Lucia e Cinzia Mastrodomenico, Angela Putino, Elvira Reale, Melita Rotondo, Stefania Tarantino.

Il tema della colonizzazione – sia in relazione al corpo femminile che alla città di Napoli e, più in generale, al Sud del mondo – occupa un ruolo centrale nella pratica nemesiaca, per cui, da una ricostruzione radicale del tempo e dello spazio, si riappropriano di memorie, storie e culture sepolte dall'ordine patriarcale secolare. Ricorrono al mito per tornare a un luogo resistente alla colonizzazione, in particolare da parte di donne che non hanno mai creduto in un "sistema cosmico prima del patriarcato". Adottano nomi e personificazioni mitologiche per reinventare se stesse, fabulano lotte, rivendicano rituali dalle coste del Sud Europa per riappropriarsi del doppio spossessamento di essere donne e meridionali. Come Lina Magiacapre scrive: "mentre tutto il movimento romano cercava la strada, le manifestazioni pubbliche, per lottare sul piano esterno in linea con la fede nell'antico Diritto romano; noi, seguaci e figlie della sirena Partenope preferivamo cercare l'origine e i riti della nostra Magna Grecia, cercavamo rifiutando il potere, la nostra vera potenza".[4] In contrasto con il femminismo italiano basato sul "pensiero della differenza", Le Nemesiache introducono dimensioni sensuali, ecologiche, ospitali e trasformative, proponendo quella che potremmo definire un'architettura planetaria interdipendente che abbraccia alleanze cosmiche e poetiche. Nello stesso scritto, Mangiacapre insiste sulla loro posizione peculiare: "[…] il femminismo romano era un aspetto del femminismo che si collegava anche alla grandiosità della Capitale. Così il femminismo di Milano legato all'analisi, in linea con quello delle altre nazioni del Nord […]. Ma il Sud accetta le diversità e il Nord le definisce inferiori. Io ho lottato e lotterò finché avrò vita per Napoli, per tutti i Sud, perché l'oppressione del Sud è legata a quella delle donne. Il Sud è sfruttato e svalutato, rapinato e deriso, proprio come le donne [...] noi seguiamo i destini di tutti i sud, dobbiamo stare attente a non dimenticare le nostre origini".[5] Queste origini non sono solo geografiche, ma soprattutto esistenziali. La lotta che portano avanti non è solo per la sessualità,

4 Lina Mangiacapre, bozza articolo per "Quotidiano Donna", 1981, documento presente nell'archivio privato Lina Mangiacapre, Posillipo.

5 *Ibidem.*

la casa, il lavoro e la sopravvivenza in un contesto subalterno come quello napoletano, ma è per dare voce alla resistenza dal margine, per riappropriarsi non solo degli spazi fisici, ma del desiderio verso ciò che è stato loro sottratto: "Ora torna NEMESIS, torna l'origine".[6]

6 Le Nemesiache, *Manifesto delle Nemesiache*.

Attannurreta: il femminile, l'origine, la magia, la vita

Il progetto nemesiaco non si esaurisce nella denuncia del patriarcato, né si piega alle traiettorie delle politiche identitarie. Al contrario, si propone come riappropriazione dello spazio emozionale e come dimensione simbolica e festosa di espressione del diverso. Mira a riscrivere il mondo, al di là delle strutture del potere del *logos* patriarcale. Mangiacapre, dopo aver studiato la filosofia accademica dei padri, la rifiuta per cercare il sapere altrove: tra i pescatori di Mergellina, nei gesti delle madri, nella creatività spontanea dei bambini. In queste figure, marginalizzate dalla società occidentale, riconosce spazi ancora liberi dalla colonizzazione patriarcale, semi di una libertà a cui guardare. Recupera e reintroduce un pensiero "mitosofico", una forma di conoscenza che precede la scrittura e si tramanda attraverso storie orali, favole, leggende, miti, il rapporto con le stelle e le maree, i cicli cosmici. Questo sapere viene riportato in vita attraverso la condivisione con altre donne e una ritualità collettiva. Da questa ricerca nasce la "psicofavola" (1972-1973), un metodo di autocoscienza del corpo che esplora l'interezza dell'esperienza femminile, intrecciandola alla vita quotidiana, ai desideri e alle emozioni. Attraverso il corpo, il movimento, il gioco, la musica e la danza, la psicofavola diventa uno strumento di trasformazione che denuncia la falsità e realizza un diverso universo di valori. Le Nemesiache, attraverso la psicofavola, riscrivono miti e fiabe locali da una prospettiva femminista, dando voce a mondi inascoltati e trasformando la sofferenza in narrazione di resistenza e possibilità di liberazione. Da questa pratica nasce *Cenerella, psicofavola femminista di Nemesi* (1973), una rivisitazione della storia di Cenerentola scritta e diretta da Lina Mangiacapre e creata collettivamente con il gruppo nemesiaco.

Nella riscrittura femminista, Cenerella si libera dal ruolo tradizionale di donna destinata al matrimonio e alla ricerca del suo principe grazie all'aiuto di Attannurreta, una fata-strega ribelle e autonoma. Attannurreta incarna la possibilità di sovvertire l'ordine simbolico imposto dalle narrazioni patriarcali, aprendo la strada a rivoluzioni future. Se Donna Emancipata rappresenta l'aspirazione a un riconoscimento all'interno del sistema maschile senza metterne in discussione le fondamenta, Donna Memoria incarna invece la memoria collettiva che permette una lotta pienamente consapevole. Accanto a queste due figure, Mangiacapre e Le Nemesiache scelgono Attannurreta come chiave di svolta: è lei, con la sua magia, a spezzare le catene dell'oppressione, liberando il desiderio represso e aprendo uno spazio per nuove rivelazioni corporee. Solo Attannurreta, simbolo di un presente fuori dal tempo che incarna il desiderio di liberazione e di visione, può affrancare Cenerella dal dominio dei suoi fratelli, Platone e Aristotele – personificazioni del *logos* patriarcale – e dall'illusione del principe. Con la psicofavola, dunque, esplode tutta la repressione esercitata sulle emozioni e sui corpi delle donne, trasformando il dolore in coscienza, denuncia e infine rivolta.

Prima performance teatrale femminista in Italia, debutta a Napoli nel 1973. L'opera mostra la realtà della creatività delle donne e afferma la necessità, in quel momento, di un'autonomia che arriva a vietare l'ingresso agli uomini. L'autonomia si dimostra anche nella scenografia: sul palcoscenico, otto donne con i capelli lunghi, vestite

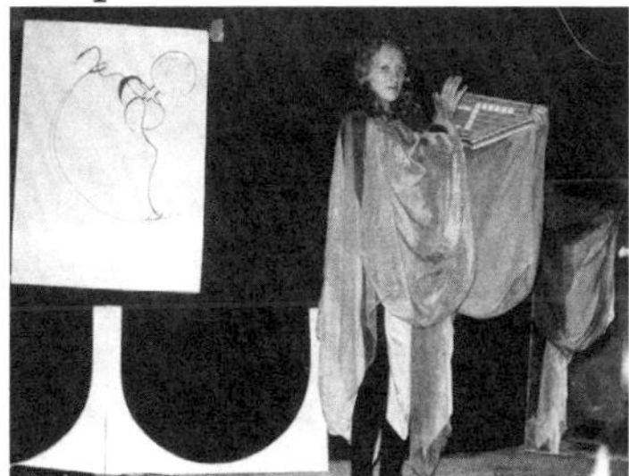

Cenerella, Napoli, 1973. Nella foto Anna Grieco/Dafne

Biancaneve, Roma, 1984. Nella foto Conni Capobianco/Nausicaa

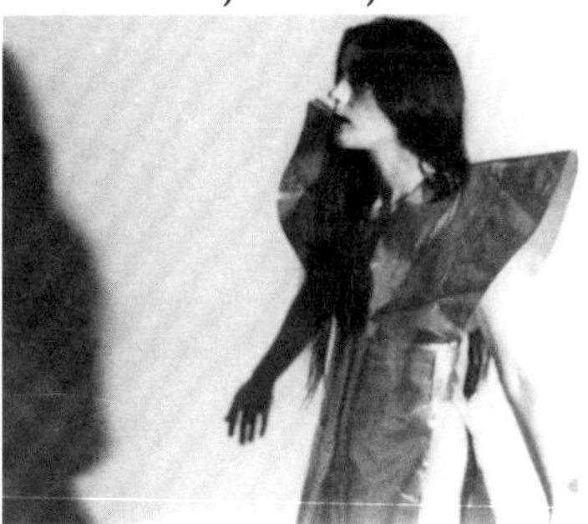

con tuniche, sono di fronte al pubblico; il palcoscenico e la sala sono cosparsi di fiori, l'atmosfera è creata semplicemente con una lanterna di carta rossa. L'azione performativa, ispirata al coro greco, è basata su scenario e costumi scarni, che riflettono il rifiuto del gruppo nei confronti dei modelli maschili e di effetti speciali elaborati. Il teatro, infatti, non è l'obiettivo, ma il metodo con cui si realizza la fantasia al femminile e si superano il professionalismo e i ruoli imposti dall'organizzazione patriarcale, fondati su competizione, antagonismo e divisione.[7] Il gruppo, attingendo alle proprie capacità tecniche, crea i propri "psicocostumi", la propria "psicomusica" e le proprie "psicoluci" alla ricerca di una "espressione totale" e di un flusso circolare di energia, che si esprime nel ritmo erotico della vita. Da questa visione nasce il primo Super 8 di Nemesi, *Cenerella* (1974), trasposizione filmica di un'antica tradizione orale partenopea. Anche qui Attannurreta, simbolo di libertà e di una solidarietà femminile, basata sulla condivisione creativa, è invocata affinché con la sua magia si possano abitare nuove mitologie e ogni gesto diventi storia.

7 Le Nemesiache, *Il nostro gruppo, Napoli*, firmato Le Nemesiache, maggio 1973, p. 3, recto, archivio privato Lina Mangiacapre, Posillipo.

Solidarietà Solari

Le Nemesiache incarnano un modo di essere nel mondo profondamente legato a Napoli, ma con una prospettiva globale che sfugge alla consueta folklorizzazione di una città considerata periferica. Il gruppo sviluppa una riflessione sul Sud come geografia creativa e critica con il potenziale di generare solidarietà. Da queste premesse nasce il *Manifesto Metaspaziale* (1973), con cui cercano di superare le categorie patriarcali più oppressive: lo spazio e il tempo. Ancorando e trascendendo lo spazio contemporaneamente, ciò che emerge è simile a ciò che la teorica femminista Paola Bacchetta definisce "planetarietà situate"[8] intendendo con ciò la possibilità di immaginare nuovamente le relazioni comuni, rintracciando e ripercorrendo alternative alle logiche patriarcali e coloniali. Il *Manifesto Metaspaziale*, infatti, invita le donne a diventare tante Cassandre unite per la lotta, avvolgendo la nozione di solidarietà in un immaginario mitologico per far emergere il passato dal presente e recuperare le realtà cancellate. Questa pubblicazione, come molte altre del gruppo, dai manifesti ai primi giornali, è arricchita da simboli e disegni grafici che intrecciano teoria e pratica mitosofica. Il loro simbolo unisce la Terra e la Luna, che collaborano per sottomettere e neutralizzare il serpente; la Madre Terra e la Luna, archetipi femminili, diventano strumenti di equilibrio e protezione. Questo stesso simbolo ricorre nei primi pamphlet del gruppo, i *Cicli Lunari* (1973) e i *Cicli Solari* (1975), entrambi concepiti come percorsi mitosofici, poetici e grafici. Sono itinerari nelle condizioni psicofisiche delle donne per scavare ciò che è sepolto: una memoria inscritta in corpi femminili completamente repressi e soppressi nel tempo, in empatia con le rovine archeologiche di Napoli e dintorni. I *Cicli Lunari* affrontano il rapporto fra la sessualità e

8 Paola Bacchetta, *Situated Planetarities*, "A Lexicon for Bridging Decolonial Queer Feminisms and Materialist Feminisms", numero speciale di "Kohl", Vol. 11, n. 1, inverno/primavera 2025.

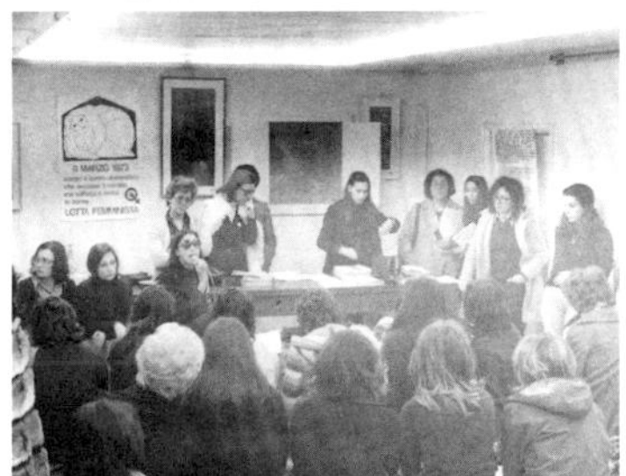

Convegno sul salario alle casalinghe, Napoli, 1973.
Nella foto Lina Mangiacapre e Maria Rosa Cutrufelli

il cosmo, si aprono con un inno alla divinità Astarte per concludersi con un tuffo nell'acqua lunare; i *Cicli Solari* affrontano il rapporto fra le donne in relazione all'energia solare, descrivendo la pratica magica come un rituale capace di trasferire l'energia dalla coscienza personale, dal sole del Sud al Mondo per cambiarlo. Secondo il gruppo, i processi di creazione e i contenuti seguono un ciclo ben definito: nascono nel Sud, terra di sole e di energia vitale, per poi risalire verso il Nord, dove vengono razionalizzati e strutturati. Una volta trasformati, questi saperi fanno ritorno al Sud, ma ormai come proprietà del Nord, inserendosi in dinamiche di potere e colonizzazione. Decidono dunque di invertire questi cicli e riportare in scena la psicofavola *Cenerella* a Milano il 9, 10 e 11 febbraio 1975, per poi riportarla di nuovo al Sud il 9 marzo presso il Teatro degli Stracci a Napoli, e ancora il 28 e il 29 giugno presso Gli Antichi Arsenali, ad Amalfi. Con le stesse intenzioni organizzano il raduno femminista in spiaggia a Torretta di Crucoli in Calabria nel 1973 e, qualche anno più tardi, il convegno femminista nazionale di Paestum nel 1976. Seguendo il senso trasformativo dei cicli cosmici, si relazionano all'esperienza di trasmissione del calore del sole, simbolo di energia vitale: "Il sole ritorna al di là del buio della memoria".[9]

9 Lina Mangiacapre, *Faust-Fausta*, L'Autore, Firenze 1990, p. 58.

Colmare di poesia in alta marea

"Mi manca lo spazio, mi manca lo spazio, mi manca lo spazio" è l'incipit intessuto sul lembo di un tovagliolo, realizzato da Silvana Campese nel laboratorio per performance artistiche *Bottega della Poesia* inaugurato dalle Nemesiache nel luglio 1978 al Caffè Caflisch a Napoli. Come una formula magica, l'invocazione evoca e ripete le stesse parole nel ritmo cadenzato della richiesta di un desiderio, nel sogno incarnato di rivendicare un'ingiustizia. La *Bottega della Poesia*, infatti, nasce come un invito collettivo per riappropriarsi dei desideri che nascono dai corpi delle donne e dare loro uno spazio: "Ricomponiamo la nostra cultura, la nostra storia, i brandelli della nostra esistenza [...].

Viviamo come le maree, i nostri versi torneranno come i nostri sogni e la nostra realtà".[10] Il tovagliolo, considerato comunemente dal sapere patriarcale come un oggetto quotidiano, triviale e domestico, si impreziosisce del valore della bellezza della poesia, caricandosi nuovamente del significato originario di *poiesis,* dal greco antico agire e trasformare il mondo. Come il tovagliolo anche altri oggetti e materialità minori quali tessuti, plastica, carta diventano la declinazione di un linguaggio che porta la poesia a diventare protagonista di numerose proteste, occupazioni, manifestazioni e iniziative organizzate per garantire alle donne degli spazi creativi in città. Cresce, infatti, l'esigenza tra le donne di avere uno spazio dove riunirsi: uno spazio che non sia neutro.

10 Le Nemesiache, *Bottega della Poesia,* Coop. Le Tre Ghinee/Nemesiache, Napoli, 2 giugno 1978, archivio privato Lina Mangiacapre, Posillipo.

Dal 1973 le riunioni tra le femministe della città partenopea aumentano gradualmente, fino a culminare nell'evento presso la libreria L'incontro che sancisce, con l'influenza di collettivi provenienti da altri contesti – come quello transnazionale del comitato per il salario al lavoro domestico di Padova – l'inizio del Collettivo Femminista Napoletano, confluenza di molti gruppi locali. Nel 1976 l'artista, critica d'arte e giornalista Maria Roccasalva mette a disposizione delle donne della città il suo studio artistico inutilizzato, un ampio spazio nella casa del marito, in via Cilea. Su iniziativa di Mangiacapre nasce in quello stesso spazio il Gruppo della Creatività in cui confluiscono oltre alle Nemesiache, artiste come Mathelda Balatresi e Rosa Panaro del Gruppo X, donne del gruppo Spazio

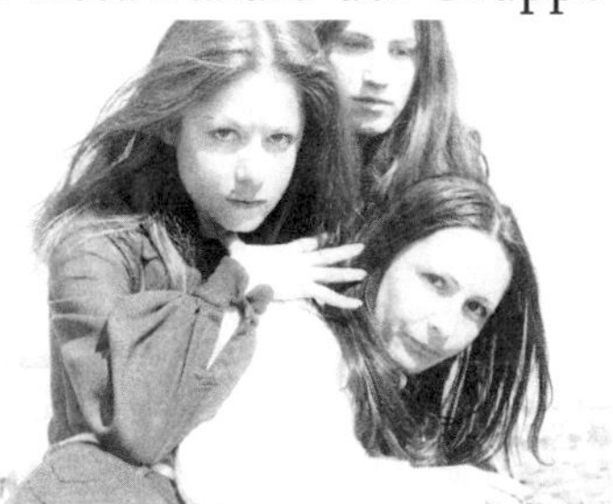

Lina Mangiacapre/Nemesi, Teresa Mangiacapra/Niobe e un'amica

Donna fondato da Anna Trapani, nonché le donne della Mensa dei Bambini Proletari (MBP)[11], che hanno nel frattempo preso contatto con Le Nemesiache.

11
Scuola pomeridiana fondata nel 1972 nel quartiere napoletano di Montesanto dalla giornalista e femminista Lucia Mastrodomenico, sua sorella Cinzia con il suo compagno Peppe Carini e Geppino Fiorenza. Era un'associazione che provava a combattere i problemi dell'infanzia emarginata, fornendo pasti caldi e laboratori pedagocici di teorica e pratica sul tema dell'animazione ai bambini più poveri. Nel 1973 alcune donne volontarie presso la mensa fondano il collettivo Donne MBP e dal 1975 la Mensa inizia a essere utilizzata come luogo di incontro e dibattito per i collettivi e i gruppi femministi di Napoli. È in questo contesto che Conni Capobianco e Consuelo Campone, componenti storiche delle Nemesiache, incontreranno il gruppo, diventandone le componenti più attive. Dal 1977 la MBP è Coop. "Lo cunto de li cunti".

Ancora la libreria L'incontro, nel 1977, ospita una mostra di lavori collaborativi e opere di donne, organizzata da il Gruppo della Creatività. Nella stessa occasione, espongono il *Manifesto per la riappropriazione della nostra creatività*, proposto dalle Nemesiache e firmato da molte delle partecipanti l'8 marzo 1977.

Al Centro Donna in via Cilea, si decide e organizza la manifestazione per l'occupazione simbolica della palazzina Salvator Rosa (1977), edificio tutelato dalle Belle Arti, ma chiuso e inutilizzato. In Villa Comunale, su iniziativa di Silvana Campese, vengono realizzati lunghissimi striscioni per la manifestazione che attraversa la città. L'8 marzo 1977, Le Nemesiache e il Gruppo della Creatività avvolgono il palazzetto con uno di essi, su cui scrivono che Salvator Rosa può essere "il nostro spazio". Dopo l'Occupazione simbolica della Salvator Rosa, di nuovo insieme, Le Nemesiache e il Gruppo della Creatività realizzano l'azione "Riprendiamoci il corpo mare" in occasione della mostra di Jannis Kounellis a Villa Pignatelli dove, sedute a terra con un velo fluttuante sulle loro teste, protestano con accenti da tragedia greca.[12] Anche in questo caso, l'azione mira a sollevare la questione della mancanza di spazi e l'esclusione delle donne da ogni ambito, compreso quello artistico. Nel 1977 il Centro Donna di via Cilea chiude. Il gruppo delle Nemesiache a questo

12
Maria Roccasalva, "Paese Sera", giugno 1977.

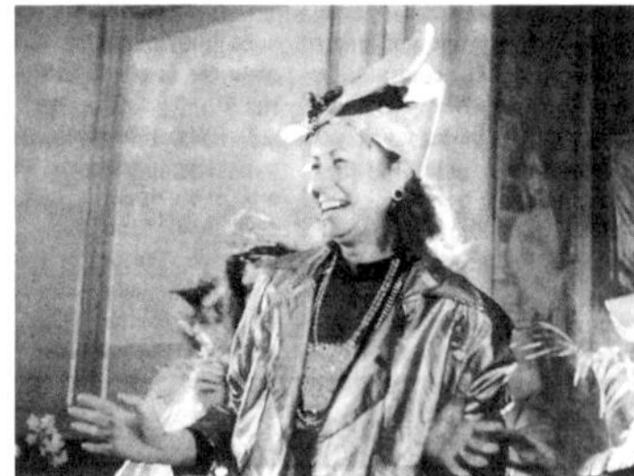

Annamaria Scardaccione in *Musica poesia immagini per i Campi Flegrei*, al caffè Gambrinus Napoli, 1990

69 *Mostra della creatività femminista*, Libreria L'incontro, Napoli, 1976.

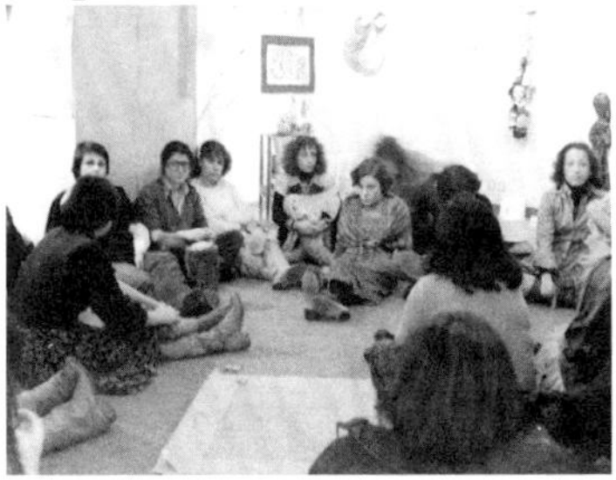

punto porta avanti il progetto dell'apertura di una libreria per le donne, interpretando il desiderio di molte altre donne, viene costituita la Cooperativa Le Tre Ghinee/ Nemesiache.[13]

Nonostante nel 1979 sarebbero riuscite ad ottenere uno spazio concesso dal Comune – lo stesso anno in cui alcune "donne operatrici visive" organizzano il convegno "Donne e Antifascismo" e artiste come Rosa Panaro e Tomaso Binga realizzano la mostra/intervento *Resistenza X l'esistenza* – ben presto l'esigenza di uno spazio di condivisione e creazione diviene una richiesta più ampia. Dalla mobilitazione per gli sfollati del Rione Terra di Pozzuoli, alla fine degli anni Settanta, segue una richiesta più radicale, aperta alle donne di tutta la penisola: non solo la lotta per la casa, ma la lotta per la casa in "una città a dimensione donna". Dopo il terremoto del 1980, le femministe del movimento napoletano si uniscono e organizzano una manifestazione nazionale in vista dell'8 marzo 1981. Come avverte l'architetta Donatella Mazzoleni, il rischio che le donne vengano ancora una volta relegate a un ruolo marginale nel progetto di ricostruzione"[14], porta ad organizzare un convegno femminista nazionale e transdisciplinare, il cui lo slogan è "Vogliamo una casa che non sia un mattone su un mattone" e a cui partecipano più di seicento donne.

13 La Cooperativa garantisce al gruppo una piattaforma da cui produrre e diffondere riviste, libri e film. Nel 1996 la Coop. si trasforma nell'Associazione culturale Le Tre Ghinee/ Nemesiache. L'attività dell'associazione prosegue anche dopo la scomparsa di Lina Mangiacapre, grazie all'impegno di Teresa Mangiacapra e di altre componenti del collettivo, fino al suo scioglimento nel 2018, in seguito alla morte di Teresa.

14 Enzo D'Errico, *Ricostruzione una città delle donne*, "Paese Sera", 3 marzo 1981.

Le Nemesiache lottano per il futuro, per non emigrare, per ripercorrere il sentiero del riscatto, nell'unione per ritrovare le radici del popolo – non più ridotto a massa

TransNemesiache, Castel dell'Ovo, Napoli, 1982. Foto di Teresa Mangiacapra/Niobe.

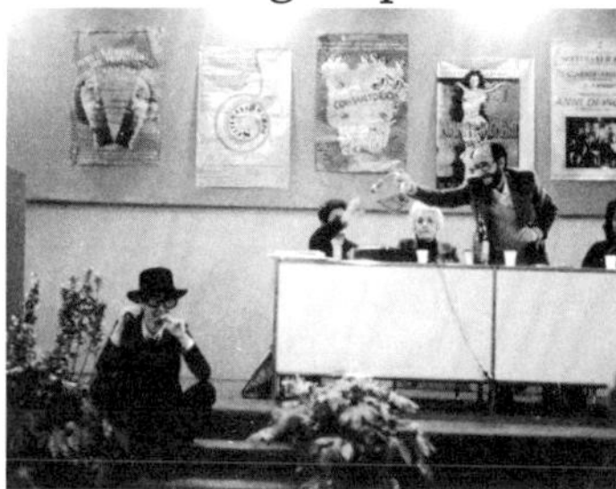

dalla cultura borghese, ma popolo inteso come energia della terra. Si fanno promotrici di interventi e azioni che intrecciano modalità artistiche, ambientali, sociali, politiche e poetiche, e dove "la bellezza dovrà tornare, come la poesia, nel popolo e dovrà iniziare finalmente il suo poema".[15] La giornalista femminista Adele Cambria, storica amica e collaboratrice nemesiaca, in un articolo del 1976, racconta l'approccio nemesiaco alla bellezza, descrivendo come il gruppo abbia aperto una bottega "per dare spazio alla creatività manuale delle donne: lavori a maglia, all'uncinetto, ricami, fiori di carta. Ciò che serviva a collegarle con le donne dei quartieri popolari di Napoli, sfruttate bestialmente nel lavoro al domicilio".[16] Un gesto che incarna la loro visione: celebrare la vita di fronte alle ingiustizie. Non a caso, sono tra i pochi gruppi italiani a partecipare all'evento internazionale del Tribunale internazionale delle donne contro i crimini degli uomini a Bruxelles (1976), dove dichiarano di combattere: "la violenza alla nostra dimensione di armonia e vita, la violenza contro la bellezza, la tenerezza, la violenza contro le sfumature dei colori, dei suoni, contro i ritmi interiori delle nostre esistenze".[17] Le loro lotte spesso assumono la forma di celebrazioni, dove la poesia si intreccia con la vita, incarnandola e celebrandola attraverso la bellezza e la musica: un esempio emblematico è la Festa della poesia alla Gaiola, svoltasi nel giugno del 1978. Durante una passeggiata domenicale lungo il litorale di Posillipo per riscoprire la città, organizzata dal collettivo LineaContinua su iniziativa del giornale

15
Mangiacapre, *Faust-Fausta*, p. 30.

16
Adele Cambria, *Le "Nemesiache" e il film feminista*, "Il Giorno", Milano, 5 ottobre 1976.

17
Le Nemesiache, *Tribunale internazionale delle donne contro i crimini degli uomini*, ciclostilato in proprio, 1976.

comunista “Paese Sera”, Le Nemesiache, avvolte in abiti-poesia da loro creati, discendono verso la Gaiola al ritmo di flauti e tamburi. Insieme al Gruppo della Creatività e alle donne della MBP, invitano i partecipanti a riappropriarsi degli spazi urbani e naturali, trasformando l’evento in una festa dedicata alla natura. Un folto gruppo di adulti e bambini si unisce spontaneamente, seguendo il fluire della musica, delle poesie e dei gesti delle Nemesiache. Nel performare la poesia lungo la discesa alla Gaiola, vogliono “esprimere il desiderio di vivere, respirare, sentirsi belle, giovani, linfa, mare, in armonia con la natura”. In questa azione come in molte altre, Le Nemesiache rivendicano una spazialità – in termini di poetica, sia nel linguaggio che nell’estetica delle loro attività – che è dimensione. Si riappropriano di spazi marginalizzati e molteplici temporalità, sfidano ritualisticamente i confini tra performance art, body art, azione politica e poesia visiva. Coinvolgono altre donne e collettivi – come il Gruppo della Creatività, il Gruppo del Frullone, il Gruppo X e le Donne della MBP –, mettendo ulteriormente in discussione l’idea di autorialità. Insieme, diventano coautrici di nuove formazioni e trasformazioni, con cui intrecciano connessioni multispecie, come quella con il mare e i suoi abitanti.

Mare
Maree
Oceani
Galassie
Libertà
Bellezza[18]

Nel loro moto incessante di riappropriazione della bellezza, vissuta come forza rivoluzionaria nel quotidiano, organizzano l’incontro di *Musica poesia e immagini per i Campi Flegrei*, nella serata del 16 marzo 1987 al Gran Caffè Gambrinus, all’interno della rassegna “Marzo Donna”. Tra azione dada e cabaret femminista, tra costumi mito-scientifici e musiche, scorrono le diapositive a colori sui Campi Flegrei di Teresa Mangiacapra e i versi recitati da

18 Lina Mangiacapre, estratto della poesia contenuto in *Intervento alla Gaiola*, 2 giugno 1978.

Lina Mangiacapre, Convegno Femminista Nazionale per il dopoterremoto, Napoli, 1981

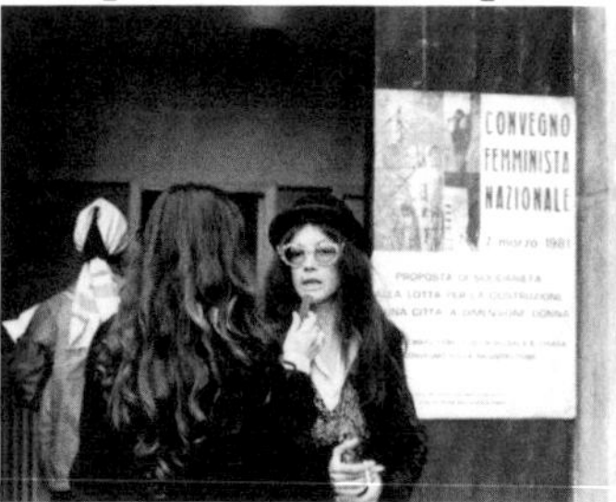

Elsa de Giorgi, Tomaso Binga, Amanda Knering, Hanya Khochaneky, Sandra Mennillo, Anna Santoro, Luigia Sorrentino, Paola Rego, poi trascritti su tovaglie di plastica azzurra insieme al pubblico. L'evento termina con l'incoronazione a Papessa di Annamaria Scardaccione, cerimonia "per colmare di poesia in alta marea Napoli e tutta la Galassia".[19]

19 Dal documento *Musica poesia immagini per i Campi Flegrei*, Coop. Le Tre Ghinee/ Nemesiache, Gran Caffè Gambrinus.

Rivoluzione astrologica: la creatività femminista incontra l'androginia

"Partire da sé per allargare il territorio donna",[20] queste parole guidano Mangiacapre nelle sue riflessioni sulla necessità di recuperare una dimensione creativa come strumento di trasformazione. Il cortometraggio *Antistreap* (1976), realizzato con Le Nemesiache, mostra un'esplorazione sensuale e giocosa del corpo femminile e della sua sessualità, dove il desiderio si intreccia al gesto ludico in un atto di liberazione e scoperta. A differenza dello *Streap-Tease Occasionnel* di Orlan dello stesso anno, caratterizzato da un'elaborata scenografia, *Antistreap* si svolge in un ambiente intimo: la casa di Lina a Posillipo. Qui, il gruppo inscena un cabaret transfemminista ante litteram, giocando con identità, travestimenti e spogliarelli, accompagnati da un pastiche musicale che intreccia Flying Lesbians, Patty Pravo, canti napoletani e melodie iraniane. L'atmosfera, sospesa tra mito e ribellione, culmina nella performance di Lina al pianoforte, in un gesto di liberazione in cui il corpo si dissolve nella musica e nello spazio. Il gioco

20 Lina Mangicapre in dialogo con le donne della MBP, testo inedito non datato, dall'archivio Mangiacapre, Posillipo.

diventa la chiave per accedere a un'armonia in cui è possibile esprimere il diverso, abbandonare i ruoli sociali e trasmettere l'irriverenza dei desideri. Nel 1982, con la stessa audace bellezza, ma questa volta in un'azione pubblica, Le Nemesiache si trasformano in "TransNemesiache" con l'intervento intitolato *Transfemminismo*, anticipando una delle correnti più significative del femminismo contemporaneo. Durante una conferenza della rassegna "Marzo Donna" per il Convegno sull'Informazione a Castel dell'Ovo, irrompono a sorpresa travestite da uomini, scandendo le parole: "E in mostra è il mostro!"

Proseguendo la loro ricerca mitica, che nei loro film si incarna nelle figure di Sibille e Streghe, e nella loro musica trova espressione nelle Sirene, Le Nemesiache reintegrano anche una dimensione androgina. Da questa visione nasce *Eliogabalo* (1982), un'opera teatrale scritta da Lina Mangiacapre in collaborazione con Adele Cambria, ispirata all'opera di Antonin Artaud e realizzata con la produzione e l'interpretazione delle Nemesiache. L'opera si propone di liberare l'androgino "dalla calunnia storica" attraverso un uso simbolico del colore e una separazione tra voce, corpo e suono dei gesti. Successivamente trasposta anche in un breve video, *Eliogabalo* esprime l'idea che "l'androgino chiama la stirpe disperata dell'amazzone". [21] Questa libertà necessaria si radica in una sofisticata teoria filosofica che Mangiacapre sviluppa con Angela Putino, esplorando il mito della donna guerriera e la figura di Pentesilea, in lotta contro gli eroi maschili della

21 Angela Putino e Lina Mangiacapre, *Il mito della donna guerriera*, "Mani-Festa", n. 0, 1988, p. 1.

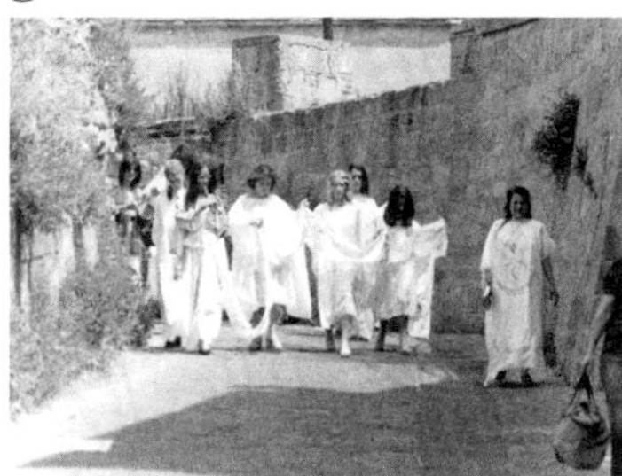

Festa della poesia alla Gaiola, 11 giugno, Napoli, 1978
Documentazione della performance

TransNemesiache, Castel dell'Ovo, Napoli, 1982. Foto di Teresa Mangiacapra/Niobe

mitologia greca. Tali riflessioni si sviluppano ulteriormente nel romanzo di Mangiacapre *Pentesilea* (1996) degli anni Novanta, una visione intensa che esprime, tra le altre, la sua frustrazione per il retaggio del neofemminismo. Già nel decennio precedente, con *Biancaneve* (1984), Le Nemesiache manifestano anche forme di espressione vicine al cyberfemminismo. La fiaba viene reinterpretata in chiave fantascientifica, indagando il rapporto tra Biancaneve e la Strega. Dopo una catastrofe nucleare, la Strega, unica superstite, costruisce un robot: Biancaneve. Non è chiaro chi sia davvero Biancaneve, se la Strega o il robot. Tra i due personaggi si frappone lo Specchio Magico, un esperimento di fusione tra le passioni umane e la macchina. Sullo specchio scorrono le immagini di eterni fantasmi, evocati dalla Strega: spettri dell'identità, riflessi della stessa ricerca esistenziale di Mangiacapre: "Sono un fantasma che gira per il mondo a cercare ciò che non è, cercare la non donna, il non uomo.

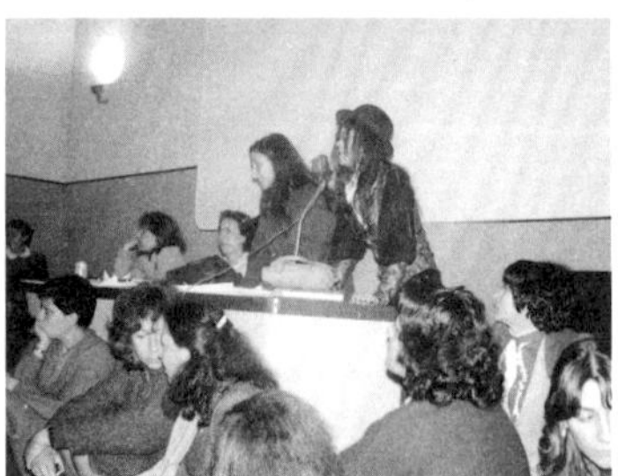

Convegno Femminista Nazionale per il dopoterremoto, 1981

Tribunale internazionale sui crimini contro le donne
Bruxelles, 4-8 marzo, 1976

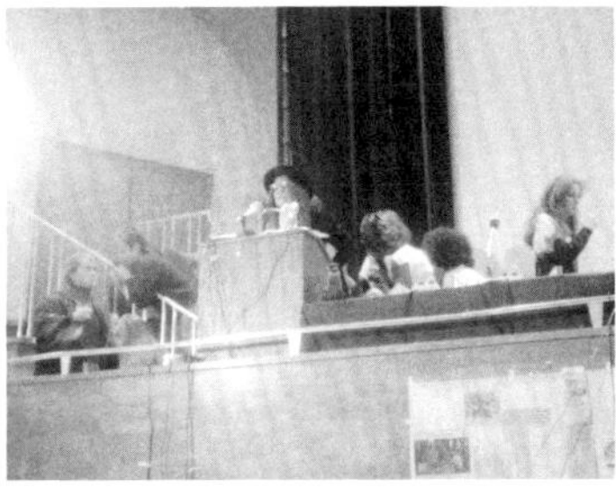

Io non sono un androgino, io non sono".[22] La fuggività del genere continua con il romanzo di Mangiacapre, *Faust-Fausta* (1990), e la sua trasposizione cinematografica (1991). Definito dall'autrice un'opera androgina, il romanzo celebra il desiderio di una metamorfosi continua dell'identità sessuata, sfidando la rigidità eternormativa dei binarismi di genere. La Sibilla, incarnazione della divinazione, rappresenta nel romanzo – così come in tutta la pratica nemesiaca – l'accesso a un'altra dimensione della vita, in cui il tempo viene percepito nella sua profondità reale: "La Sibilla ripeteva: [...] puoi parlare alle altre sorelle, puoi raccontare di altre musiche, di altre danze di altre divinazioni, di profezie, di soli, di voli, di corpi in metamorfosi continue, di Sirene, di aurore libere da leggi, la natura assume un altro significato".[23] L'astrologia, secondo Mangiacapre, può offrire uno strumento per esplorare il legame tra psicologia e cosmo. Nelle sue parole: "Un tipo di scienza e di conoscenza monoteistica ha portato alla colonizzazione, al razzismo, alla misoginia. L'astrologia come tentativo di affermazione di una diversità vastissima personalità, potrebbe servire proprio per allargare i limiti e distruggere finalmente un tipo di fascismo psicologico, che porta a considerare qualunque diversità come inferiorità".[24]

La creatività nemesiaca, espressa attraverso un linguaggio corporeo in divenire intreccia femminismo, mitologia, favole e fantascienza, offrendo un sapere libero da identità fisse. Invita alla trasformazione, individuale e

22 Estratti dall'intervista a Lina Mangiacapre realizzata da Nadia Nappo nel 1998 per il progetto "Napoli Frontale" riportata nel film *Lina Mangiacapre, artista del femminismo* (2015) di Nadia Pizzuti.

23 *Ibidem.*

24 Lina Mangiacapre, testo non datato, dall'archivio Mangiacapre, Posillipo.

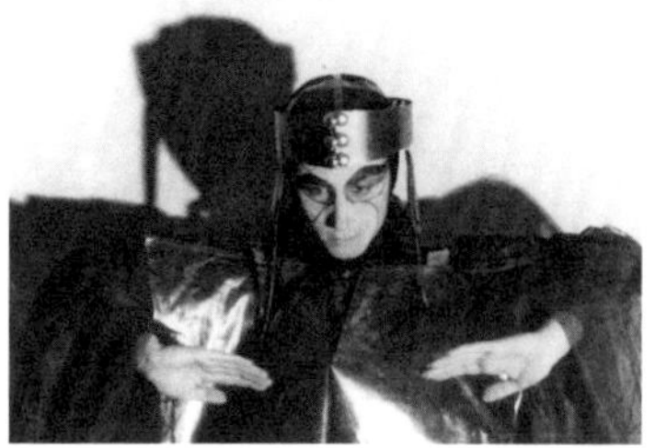

collettiva, coltivando un senso di comunità e connessioni intime, in dialogo con un sapere ancestrale e ludico, come quello degli indovinelli sacri. Un esempio emblematico è *L'Oracolo della Sibilla*, un responso poetico e ironico di Teresa Mangiacapra, che appare sul retro di ogni numero di "Mani-Festa. Il diverso della scrittura", il trimestrale fondato dal gruppo nel 1989 e attivo fino al 1999. Come suggerisce il titolo, "Mani-Festa" è una celebrazionc del fare, un laboratorio di scrittura collettiva che coinvolge numerose donne su temi di cinema, filosofia, letteratura, poesia e teatro. Nel sottotitolo della rivista, "Il diverso della scrittura", si manifesta la sua essenza: la creatività diventa uno strumento per oltrepassare le trappole dell'identità fissa, riconoscendo il cambiamento come parte del proprio percorso. Nei suoi scritti, Lina Mangiacapre indaga l'identità come un confine mutevole – "l'androgina è una frontiera fluttuante"[25] – e, in collaborazione con la filosofa femminista Angela Putino, esplora il mito della donna guerriera, incarnando l'androginia nella figura mitologica dell'Amazzone. Il sapere si frammenta e si moltiplica, come avviene nel suo romanzo filosofico *Pentesilea*, dove Amazzoni senza tempo si oppongono a eroi dall'identità sessuata.

25 Lina Mangiacapre e Angela Putino, *Androginia/ Amazzone*, "Mani-Festa", n. 0, giugno 1988, p. 6.

L'intero repertorio androgino e femminista adottato da Mangiacapre e dalle Nemesiache – dalle personificazioni creative e rituali alla fabbricazione/fabulazione storica, fino alla scrittura performativa e all'uso dell'immagine in movimento – diventano un metodo di riappropriazione per identità disidentificate.[26] Attraverso queste pratiche, il

26 José Esteban Muñoz, *Disidentifications: Queers of Color and the Performance of Politics*, Minnesota Press, Minneapolis 1999.

gruppo apre uno spazio di possibilità che si spinge oltre i confini della realtà terrestre, delineando una cosmogonia femminista in cui sogni, divinazioni e creatività offrono strumenti per oltrepassare le trappole dell'identità fissa. Nella trasformazione e nel gioco, emergono così nuove forme di comunità. È in questo spirito che il gioco dell'oracolo, guidato dalla Sibilla Niobe, riemerge durante *Look Poesia*, una serata organizzata dalle Nemesiache al KGB, nel quartiere Sanità nel gennaio 1990. *Look Poesia* rappresenta la sfida della poesia contro la plastica. Nella discoteca, tra musica e luci, Le Nemesiache, avvolte in costumi di plastica creati da Coca e Medea, trasformano la materia monouso in poesia senza tempo, invitando il pubblico "nel Regno dove tutto è Poesia mentre Maghe e Sibille predigono l'anno e Ninfe e Sirene torneranno".[27]

27 Estratto dalla cartolina di invito alla serata.

Tra musiche-sirene, psicoluci e abiti mitoscientifici, Le Nemesiache, femministe psicofavolose e androgine in continua metamorfosi, incarnano coreografie di vita fluide ed effimere. Attraverso mito, riscrittura storica e autonomia, rifiutano i modelli tradizionali di professionismo, trascendendo ogni istituzione artistica che non sia vita. La loro ricerca non si limita alla restituzione storica

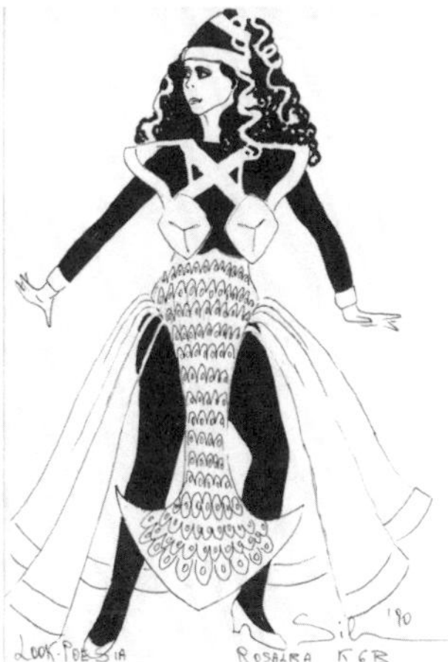

Modellino per i costumi della performance *Look Poesia*, 1990. Realizzato da Silvana Campese/Medea su grafica di Consuelo Campone/Coca.

11

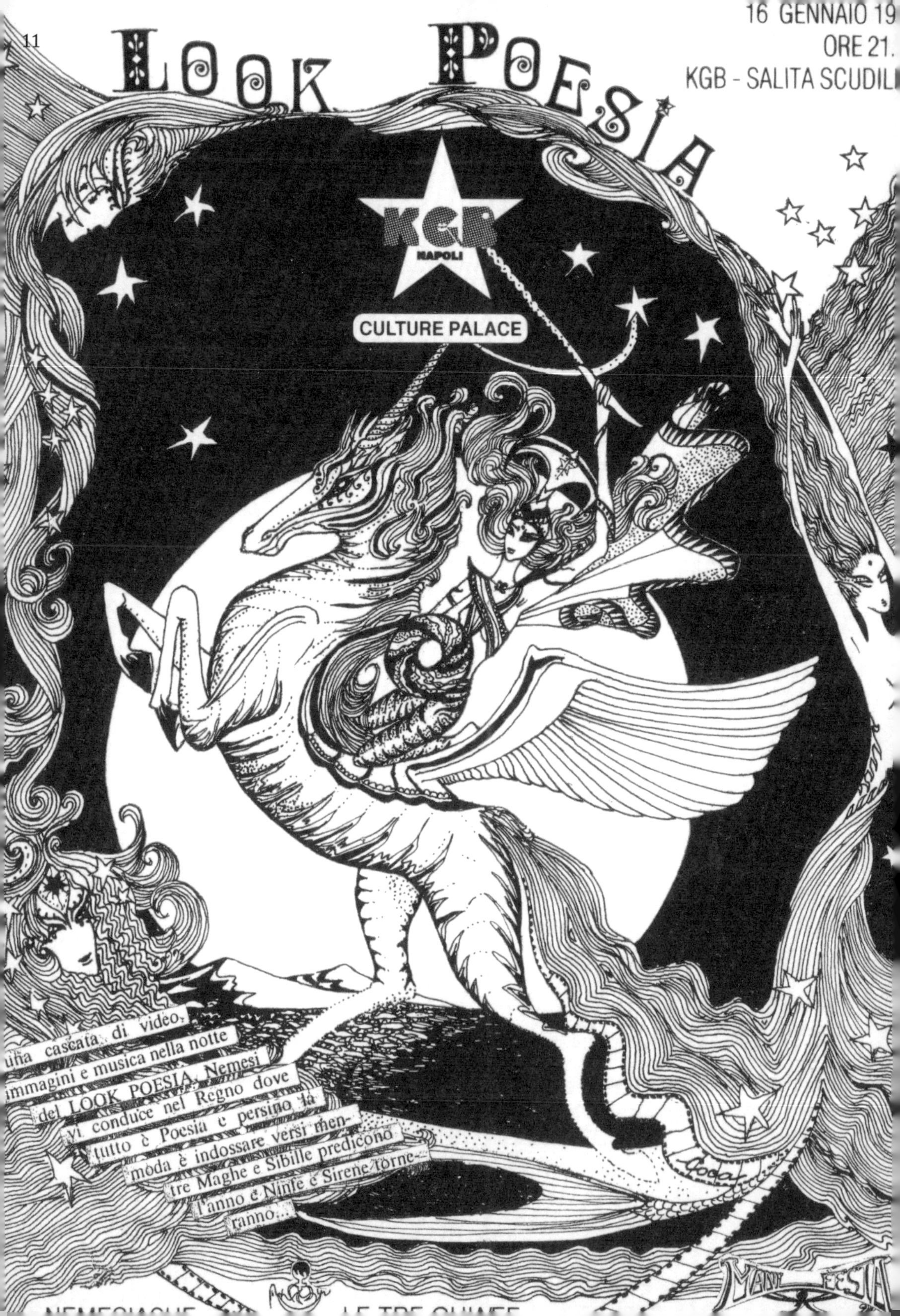
16 GENNAIO 19
ORE 21.
KGB - SALITA SCUDILL
LOOK POESIA
KGB
NAPOLI
CULTURE PALACE
una cascata di video,
immagini e musica nella notte
del LOOK POESIA. Nemesi
vi conduce nel Regno dove
tutto è Poesia e persino la
moda è indossare versi mentre Maghe e Sibille predicono
l'anno e Ninfe e Sirene torneranno...

Look Poesia, 1990. Nella foto Consuelo Campone/Kore
Foto di Ambrosiano Maria Filomena

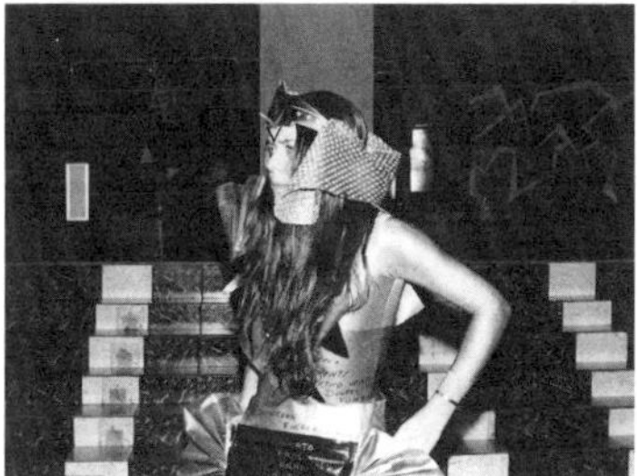

di identità femminili oppresse e cancellate dalla storia, ma va oltre: è un tentativo di ricostruire il mondo intero, con una precisa coscienza storica e politica, superando ogni barriera identitaria.

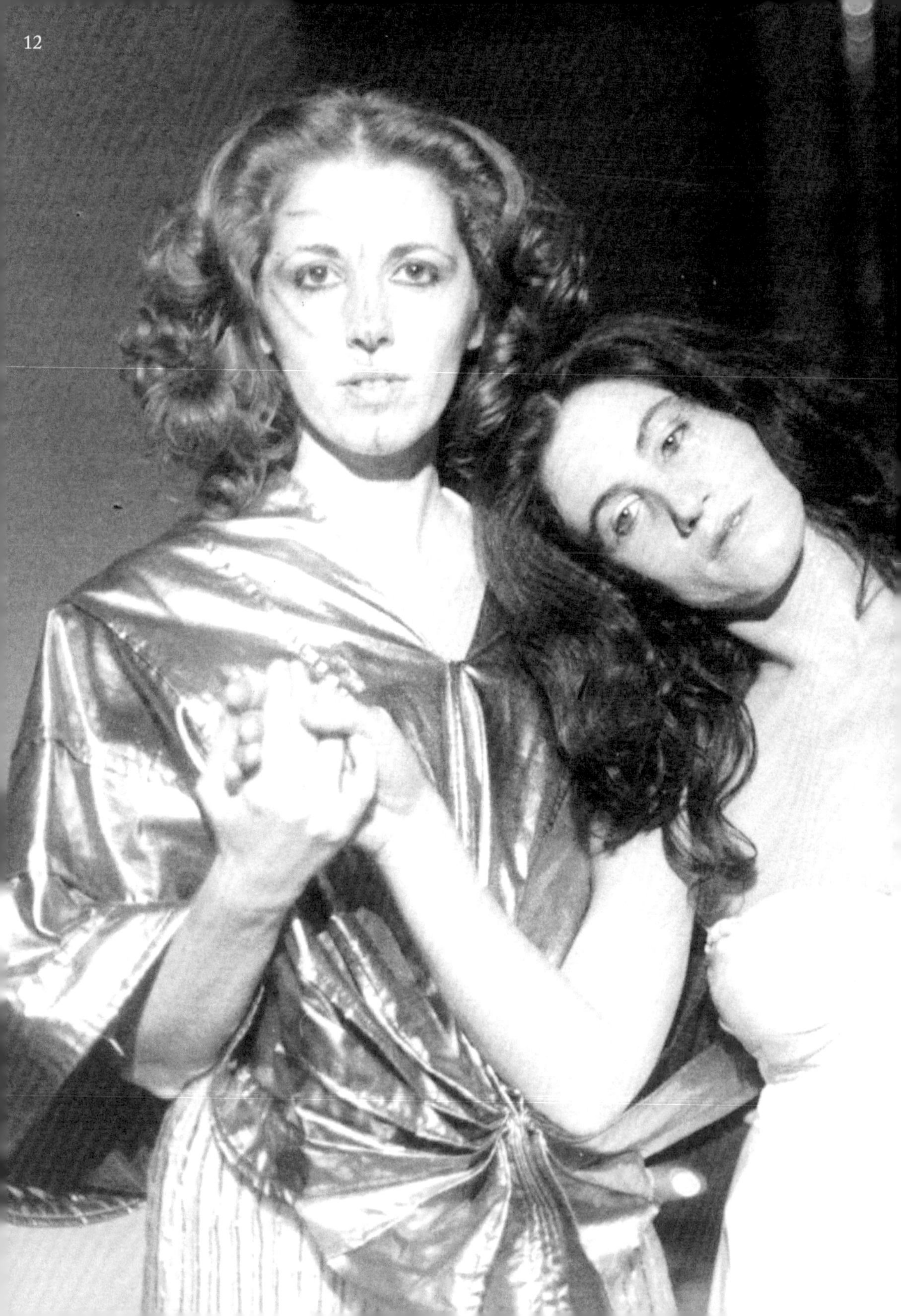

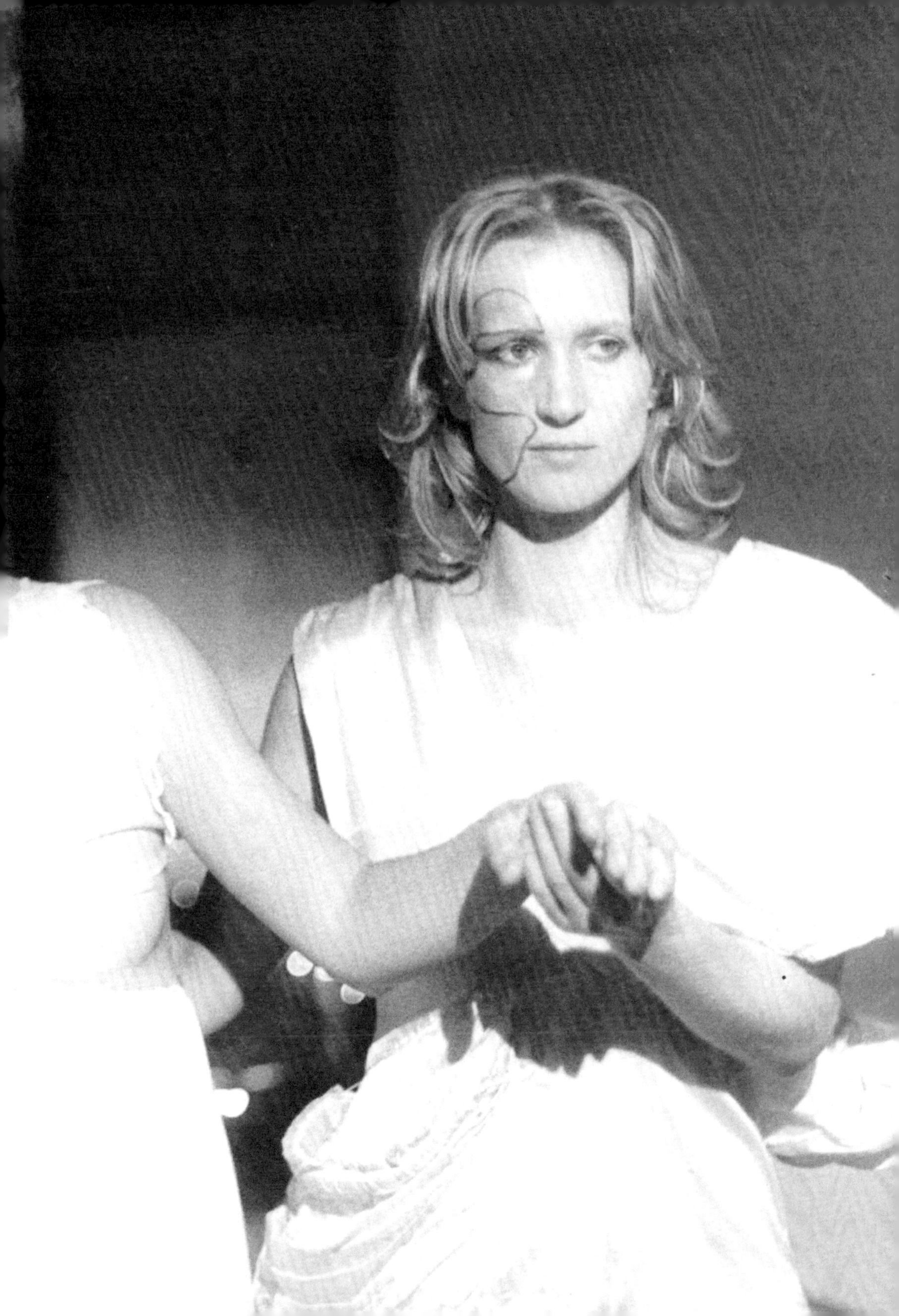

Le Nemesiache: disfare la storia patriarcale

Giovanna Zapperi

Fais un effort pour te souvenir. Ou, à défaut, invente.
—Monique Wittig[1]

La donna non è la grande-madre, la vagina del mondo, ma la piccola clitoride per la sua liberazione.
—Carla Lonzi[2]

Nel mio film *Le Sibille* sono le mie radici che cerco e la denuncia dell'espropriazione storica di un territorio, quello di Cuma, il territorio delle nostre antenate, cancellate e ridotte a leggenda.
—Lina Mangiacapre[3]

Come rendere conto di ciò che è stato cancellato, assente dalla storia così come viene raccontata? È possibile affermare una soggettività autonoma femminile, seguendone le tracce attraverso una storia scritta secondo criteri patriarcali, da cui la sua autonomia come soggetto è stata

1 "Fai uno sforzo per ricordare. O, altrimenti, inventa". Salvo diversa indicazione, le traduzioni dei testi originali presentate in questa sede sono state curate dall'editore. Monique Wittig, *Les Guerillères*, Minuit, Parigi 1969, p. 127.

2 Carla Lonzi, "La donna clitoridea e la donna vaginale" (1971), in *Sputiamo su Hegel. La donna clitoridea e la donna vaginale e altri scritti*, Scritti di Rivolta femminile, Milano 1974, p. 118.

3 Lina Mangiacapre, *Cinema al femminile*, Pandora / Mastrogiacomo editore, Napoli 1980, p. 23.

cancellata? Il femminismo degli anni Settanta ha posto con forza la necessità, per le donne, di ricostruire le genealogie femminili interrotte, in particolare attraverso una critica della storia intesa come narrazione universale e neutrale, portando invece l'attenzione su aspetti della cultura solitamente denigrati o repressi. Per Carla Lonzi la storia è, precisamente, il risultato dell'esclusione delle donne dallo status di soggetto: l'oppressione delle donne si nasconde nel buio delle origini e la loro storia non è altro che "millenni di assenza dalla storia".[4]

4 Lonzi, *Sputiamo su Hegel*, p. 21.

Lonzi non è l'unica a porre la questione del nesso tra l'oppressione femminile e la storia dalla quale le donne sono strutturalmente escluse. Per lei come per altre pensatrici, la storia intesa come un continuum omogeneo e

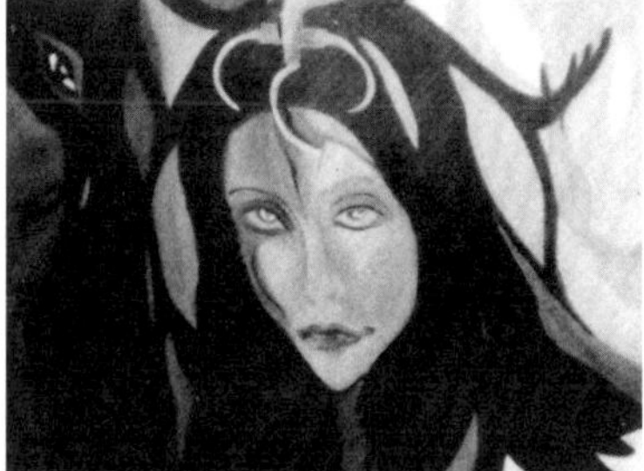

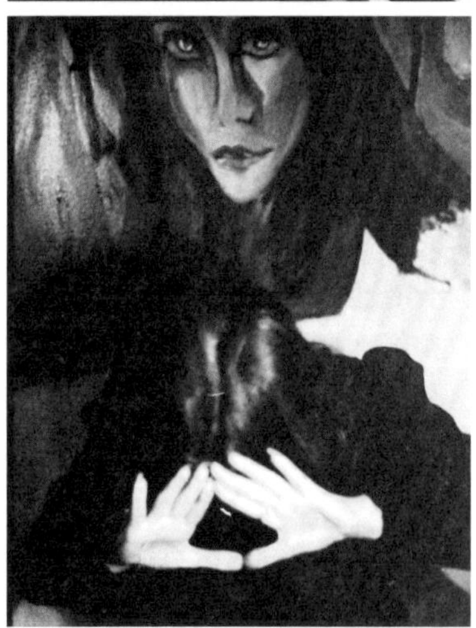

Lina Mangiacapre/Màlina, *Nemesiache 1*, 1973. Olio su tela, 120 × 103 cm (dettaglio)

Cenerella, Napoli, 1973. Documentazione della performance

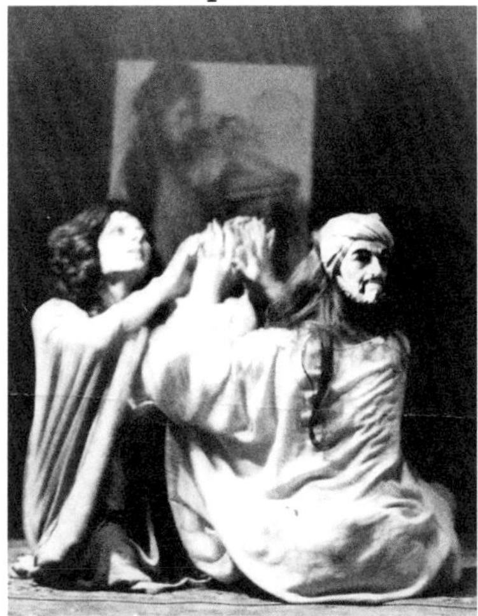

lineare, mero succedersi di accadimenti, impedisce di cogliere quella temporalità stratificata nella quale si colloca l'oppressione patriarcale. Per pensare la soggettività femminile occorre infatti un cambio di paradigma o meglio, un "muoversi su un altro piano".[5] In questo senso le riflessioni di Lonzi entrano in risonanza con le posizioni espresse negli stessi anni da altre femministe, spesso lontane da lei, come ad esempio Monique Wittig, che con i loro scritti hanno aperto alle potenzialità politiche della fabulazione e della riscrittura in chiave soggettiva della storia, riletta dal punto di vista di coloro che ne sono escluse.

5 *Ivi*, p. 54.

Negli stessi anni a Napoli, Le Nemesiache erano altrettanto consapevoli del fatto che scrivere la storia dal punto di vista dell'esperienza femminile significava operare un cambio di paradigma. Il cinema è uno dei mezzi espressivi privilegiati dal gruppo proprio come terreno di sperimentazione di nuove forme creative e narrative, capaci di farsi carico della donna come soggetto la cui storia è stata cancellata.[6] Nella pratica delle Nemesiache l'esperienza storica femminile è ripensata al di fuori della linearità dalla storiografia patriarcale, secondo modalità che mettevano al centro l'anacronismo, l'appropriazione

6 Mangiacapre, *Cinema al femminile*, p. 43.

Cenerella, Quarto Oggiaro, Milano, 1975. Documentazione della performance

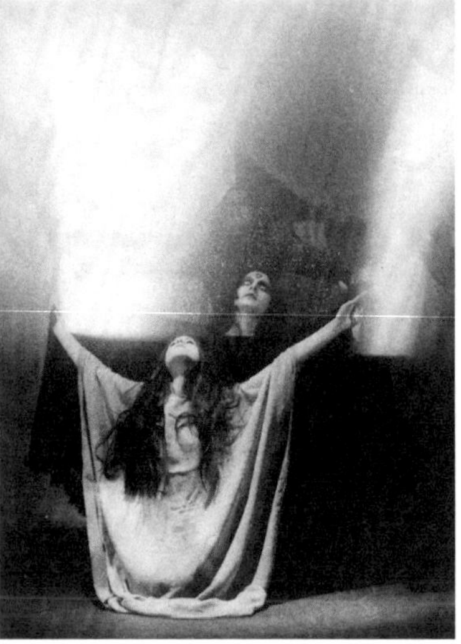

creativa di miti e leggende e una temporalità non-lineare capace di rendere visibile ciò che la storia raccontata secondo criteri patriarcali aveva espulso dal proprio orizzonte. I film delle Nemesiache prendono le mosse dalla stratificazione spazio-temporale dell'esclusione delle donne, attraverso il ricorso alla mitologia greco-romana, alla preistoria, al folklore e alle leggende, ovvero ad aspetti della cultura solitamente relegati alla sfera della superstizione e dell'irrazionalità premoderna.

Figura centrale e carismatica del gruppo, l'artista, filosofa e regista Lina Mangiacapre ha diretto la maggior parte dei film delle Nemesiache e articolato il significato estetico e politico delle loro attività, attraverso una serie di manifesti e testi programmatici nei quali la dimensione creativa si intreccia con quella politica. Mangiacapre adotta per sé il nome mitico di Nemesi, la dea della giustizia, mentre i nomi delle altre partecipanti del gruppo si rifacevano ad una costellazione di figure minori – ninfe o eroine – prelevate dalla mitologia greco-romana: Eco, Niobe, Dafne, o ancora Cassandra e Medea. L'interesse delle Nemesiache per la mitologia può essere collegato alla più generale riscoperta di forme di spiritualità non patriarcali, in particolare legate all'immaginario della Dea o Grande Madre, ampiamente diffuso tra i gruppi femministi degli anni Settanta.[7] Le pratiche artistiche femministe incentrate sul rituale, la performance e la spiritualità durante gli anni Settanta sono però state spesso, e un po' rapidamente, liquidate come essenzialiste, e l'immaginario della Dea per lo più considerato come un approccio ingenuo della liberazione femminile, in contrapposizione a posizioni più teoricamente sofisticate.[8] Tuttavia, le ricerche sulle rappresentazioni arcaiche, in cui le donne sono immaginate come soggetti attivi, hanno dato vita ad un'esplorazione della soggettività femminile che andrebbe letta nei suoi molteplici significati, che vanno al di là del divario tra una visione essenzialista dell'immaginario della Dea e gli approcci, più sofisticati o decostruzionisti, dei miti antichi.

Da questo punto di vista, Le Nemesiache rappresentano un caso emblematico in cui la ricerca di un femminile "originario" poteva coesistere con la critica del sistema della rappresentazione e il tentativo di demistificare la tecnica (i mezzi di produzione e di riproduzione) a partire da una decostruzione delle sue implicazioni socioculturali. Inoltre, Le Nemesiache hanno interpretato l'attualità del mito nell'ambito di una ricerca che aveva al suo centro il problema di come fare storia. Come altre loro contemporanee, hanno infatti cercato di immaginare una spiritualità femminile basata su una rivitalizzazione dell'arcaico

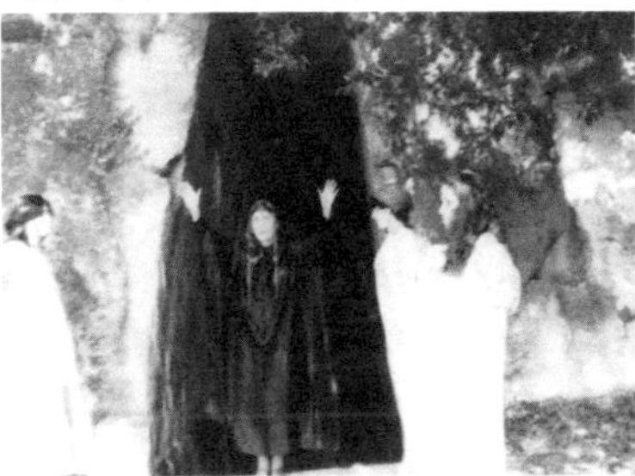

Le Sibille, 1977. Video still. Super 8, colore, suono, 25'. Scritto e diretto da Lina Mangiacapre, interpretazione e musica Le Nemesiache, prodotto dalla Coop. Le Tre Ghinee

7 Vedi ad esempio il fascicolo dedicato alla "Grande Dea" pubblicato nel 1978: *The Great Goddess, Heresies. A Feminist Publication for Art and Politics*, "Heresies", n. 5, 1978.

8 Jennifer Klein, *Goddess: Feminist Art and Spirituality in the 1970s*, "Feminist Studies", Vol. 35, n. 3, Fall 2009, p. 575-602. Sul problema dell'essenzialismo vedi anche: Amy Tobin, *Women Artists Together. Art in the Age of the Women's Liberation*, Yale University Press, New Haven 2023, p. 140-162.

e delle leggende premoderne. Mangiacapre considerava infatti il sapere mitico come una "eredità di un pensiero diverso",[9] in opposizione alla razionalità filosofica e alla nascita del concetto. Proprio per questo motivo, dunque, invece di concentrarsi sulla Grande Dea come figura unitaria, Le Nemesiache hanno attivato una soggettività molteplice e frammentata, composta da una serie di figure mitologiche minori, in un'identificazione collettiva che consolidava l'unità del gruppo. Nel rigettare il mito della Dea – mitizzazione del materno – a favore di una lettura del mito "in chiave minore", Le Nemesiache si allontanano dalla razionalità occidentale nel suo assegnare ruoli e identità.

9 Lina Mangiacapre, *Il mito di Elena*, "Mani-Festa", n. 1, anno 3, marzo 1990, p. 1.

Il cinema permetteva l'articolazione del singolare nel collettivo, proprio perché, più di altre forme espressive, il film si fonda sul lavoro e sulla creatività collettiva. Il mito del cinema d'autore altro non è infatti che il tentativo patriarcale di ricondurre la dimensione costitutivamente collettiva del cinema al mito del genio creatore maschile.[10] Per Le Nemesiache, il cinema permetteva una comprensione dell'espressione creativa femminile basata sulla reinvenzione del film come rituale collettivo, in opposizione alla razionalità dei mezzi tecnici di produzione che, come sostiene Mangiacapre, devono essere demistificati in quanto specchio falsificante.[11] Contro l'uso del corpo delle donne nel cinema maschile come una sorta di materiale incoerente e da manipolare al fine di conferirgli significato, Le Nemesiache hanno proposto una riscrittura collettiva della femminilità basata sulla molteplicità, in opposizione alla fissità identitaria.

10 Per una decostruzione femminista del cinema d'autore, si veda: Geneviève Sellier, *Le culte de l'auteur. Les dérives du cinéma français*, La Fabrique, Parigi 2024.

11 Mangiacapre, *Cinema al femminile*, p. 34.

Inoltre, nel riattivare la mitologia greco-romana attraverso il medium filmico, Le Nemesiache hanno integrato la loro visione di un passato mitico nel quadro delle avversità del presente. La città di Napoli e i suoi dintorni, al contempo teatro e oggetto delle attività del gruppo, sono così diventate l'incarnazione metonimica del progetto trasformativo delle Nemesiache di rifigurare la città come un ecosistema capace di accogliere la differenza: "costruiamo

Costruiamo una città a dimensione donna, 1981

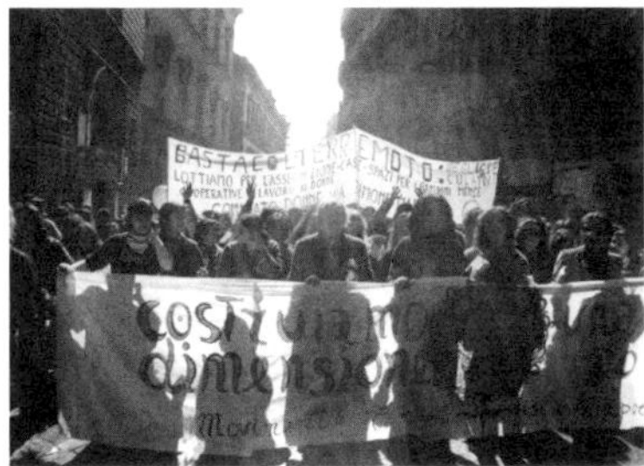

una città a dimensione di donna", come recitava uno dei loro striscioni per la manifestazione dell'8 marzo 1981 a Napoli, dopo il terremoto.[12] Il riferimento al mito ha infatti rappresentato un percorso singolare nel contesto del femminismo italiano, collegando la lotta delle donne alla presa di coscienza del disastro ambientale prodotto dalle forze congiunte del capitalismo estrattivista e del patriarcato. Le Nemesiache concepivano la liberazione della donna come un'impresa cosmica, irriducibile alle questioni del progresso e dell'uguaglianza, poiché la politica – il femminismo – era pensata su scala planetaria.[13] Analogamente, la fuoriuscita dal paradigma patriarcale della storia come continuum omogeneo e lineare rappresentava una tappa fondamentale per pensare la temporalità dall'oppressione patriarcale e innescare un processo collettivo in cui divenire soggetti della propria storia.

12
Maud Ann Bracke, *Women and the Reinvention of the Political. Feminism in Italy, 1968-1983*, Routledge, Londra 2019, p. 174-179.

13
"Manifesto delle Nemesiache, Napoli, 1970", in Conni Capobianco, *Interpreti e protagoniste del movimento femminista napoletano, 1970-1990*, Le Tre Ghinee, Napoli 1994, p. 13-18.

GIOVANNA ZAPPERI è professoressa ordinaria di Storia dell'Arte Contemporanea all'Università di Ginevra. È l'autrice di tre libri: *L'artiste est une femme. La modernité de Marcel Duchamp* (PUF, Parigi, 2012), *Lo schermo del potere. Femminismo e regime della visibilità*, con Alessandra Gribaldo (Ombre corte, Verona 2012) e *Carla Lonzi. Un'arte della vita* (Derive Approdi, Roma 2017).

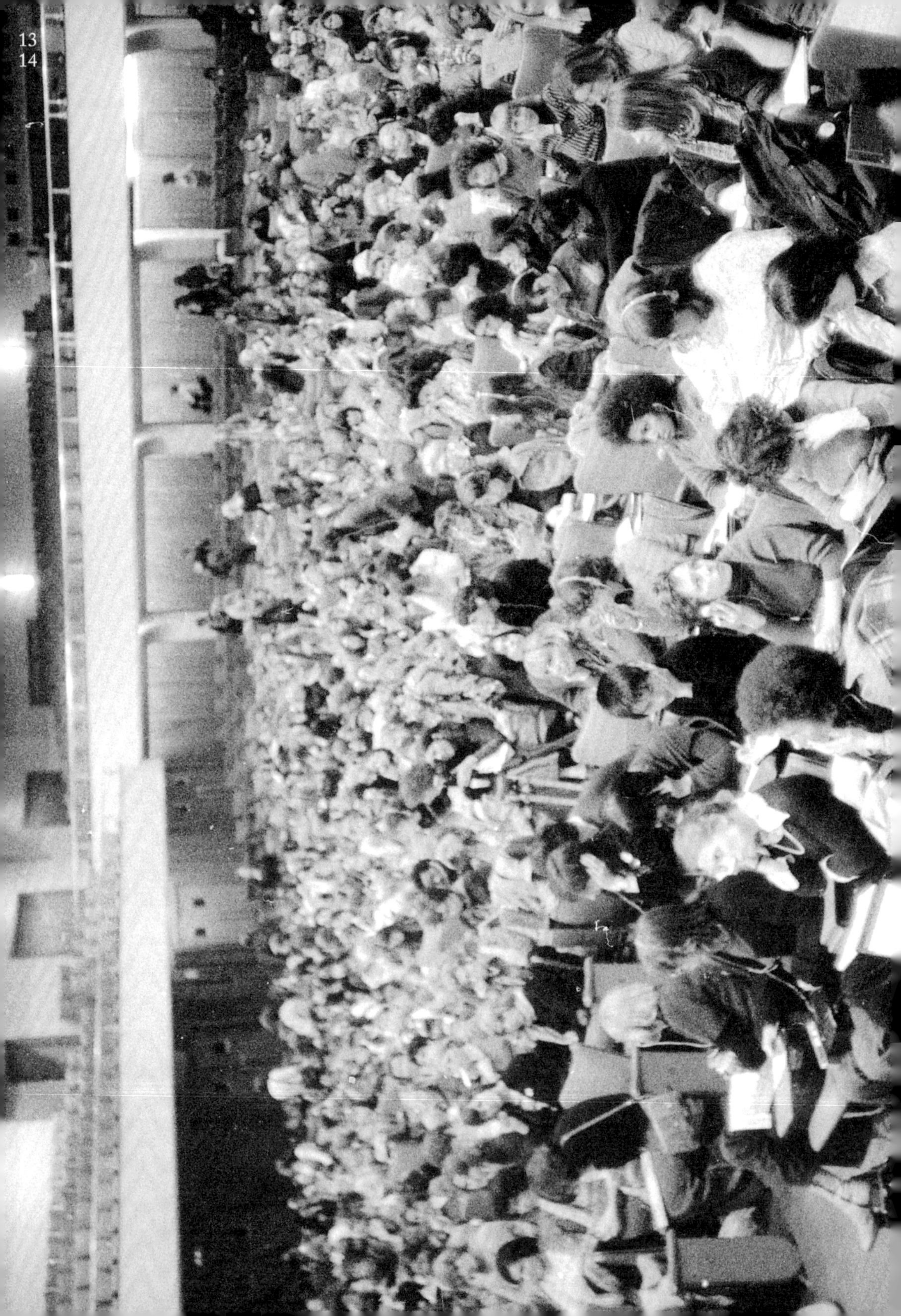

13
14

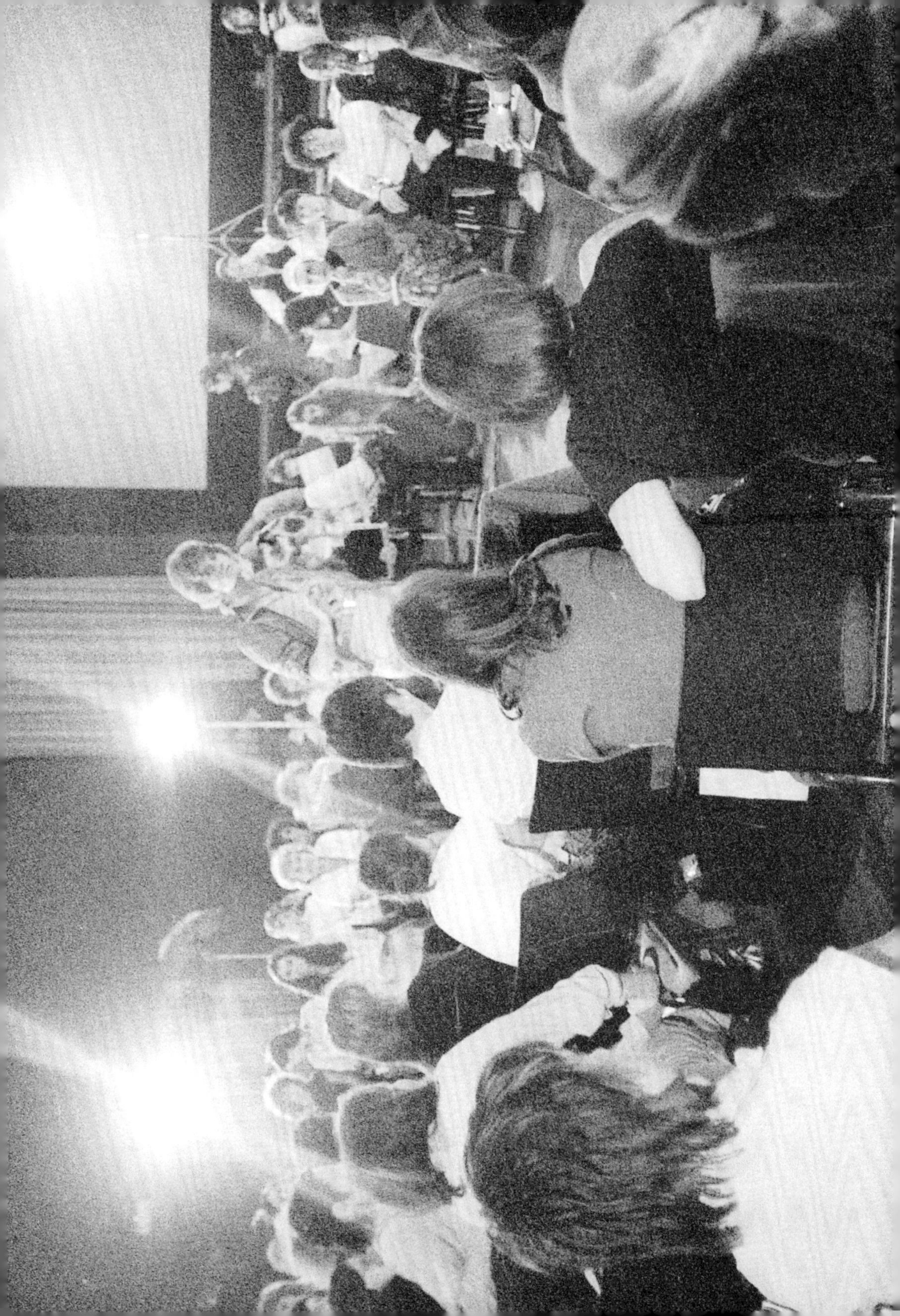

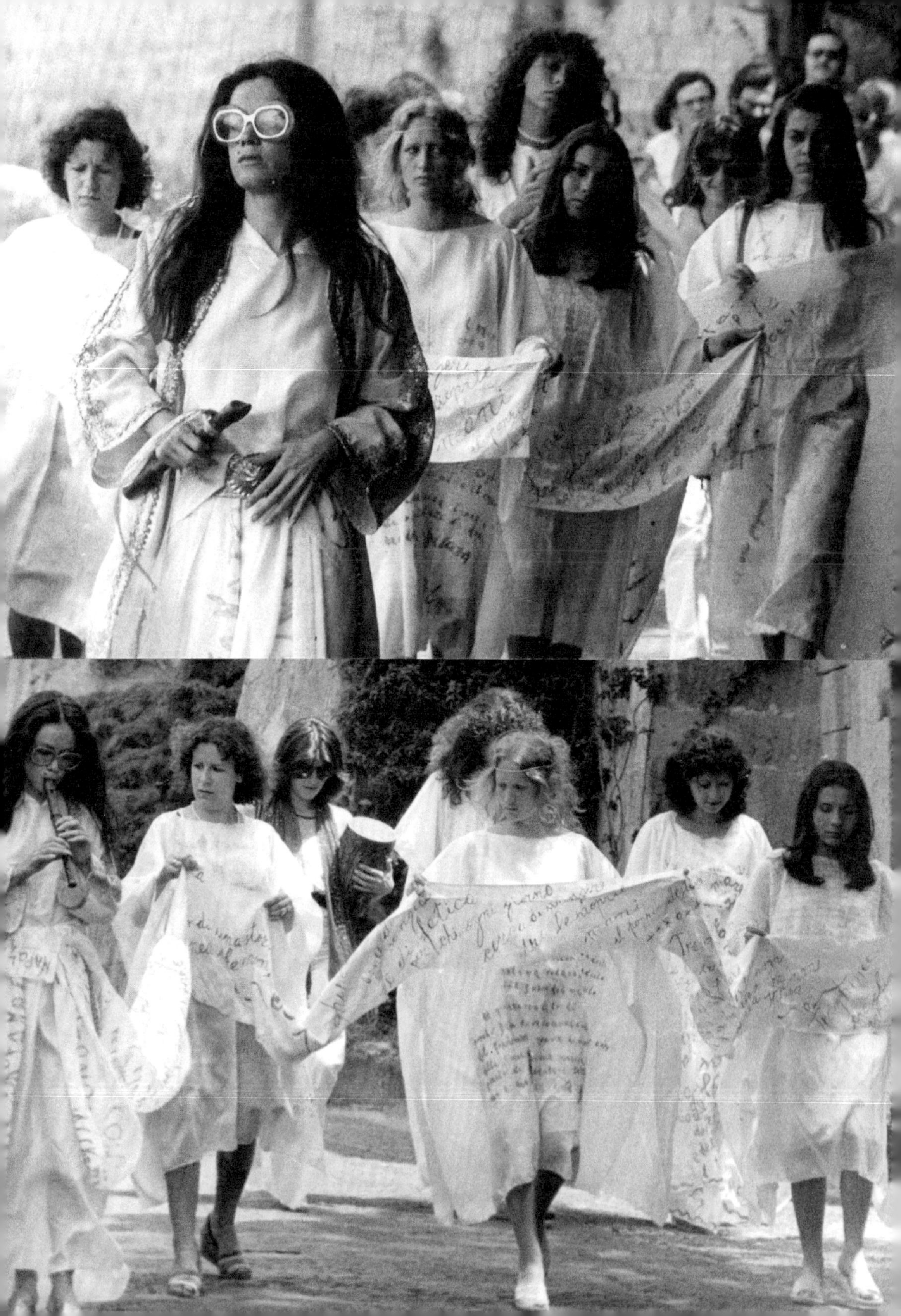

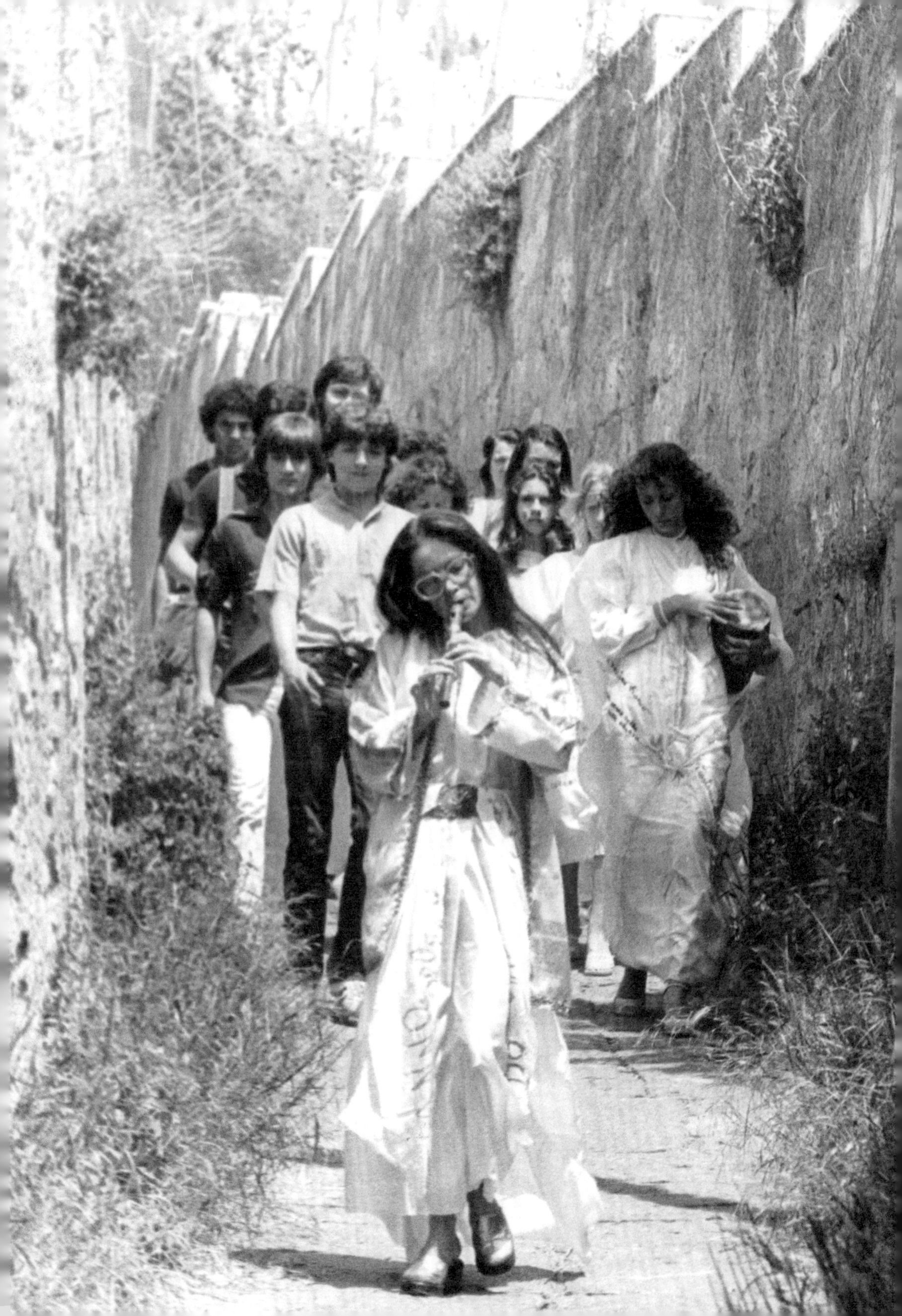

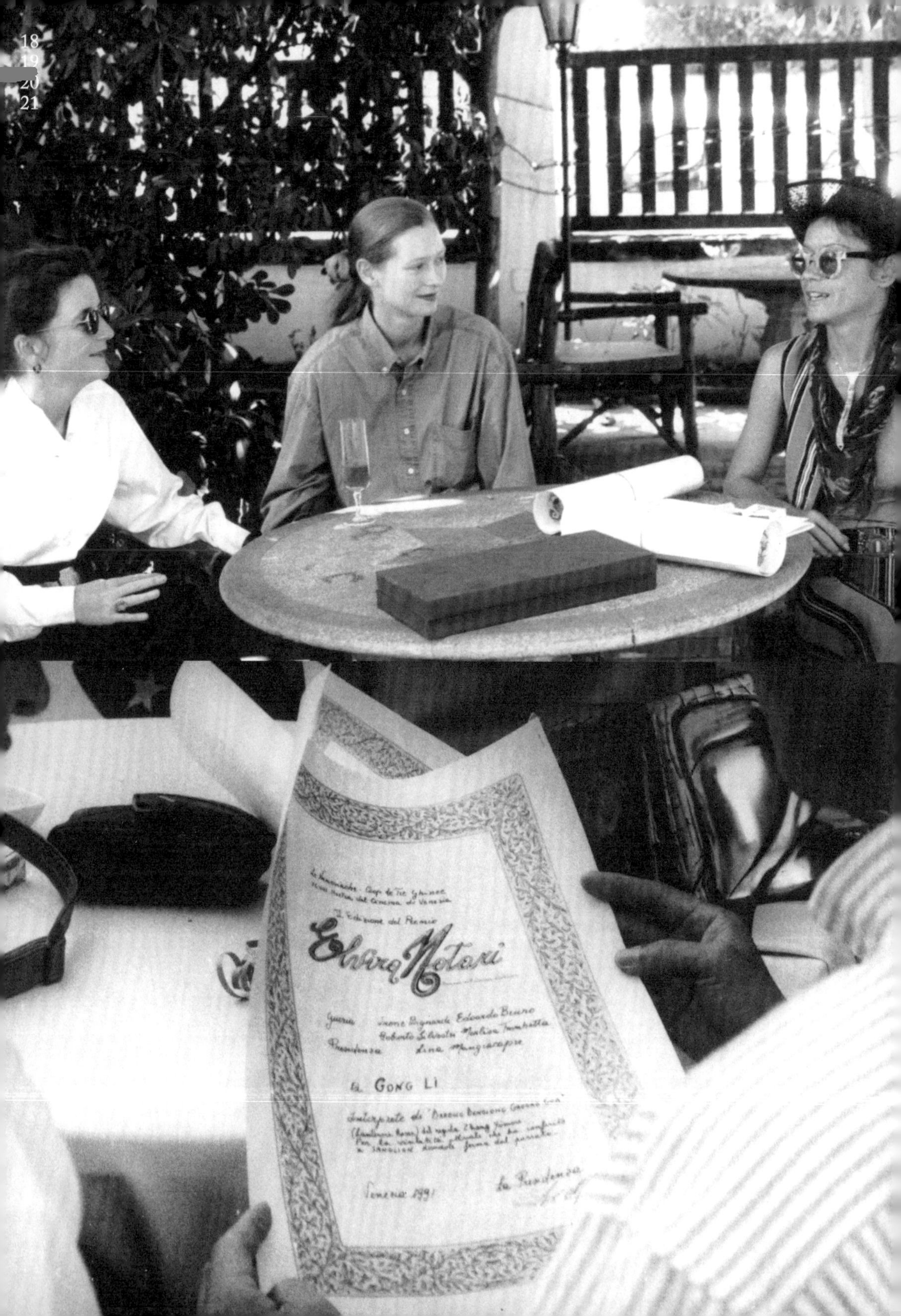
Elvira Notari
Gong Li
Venezia 1991

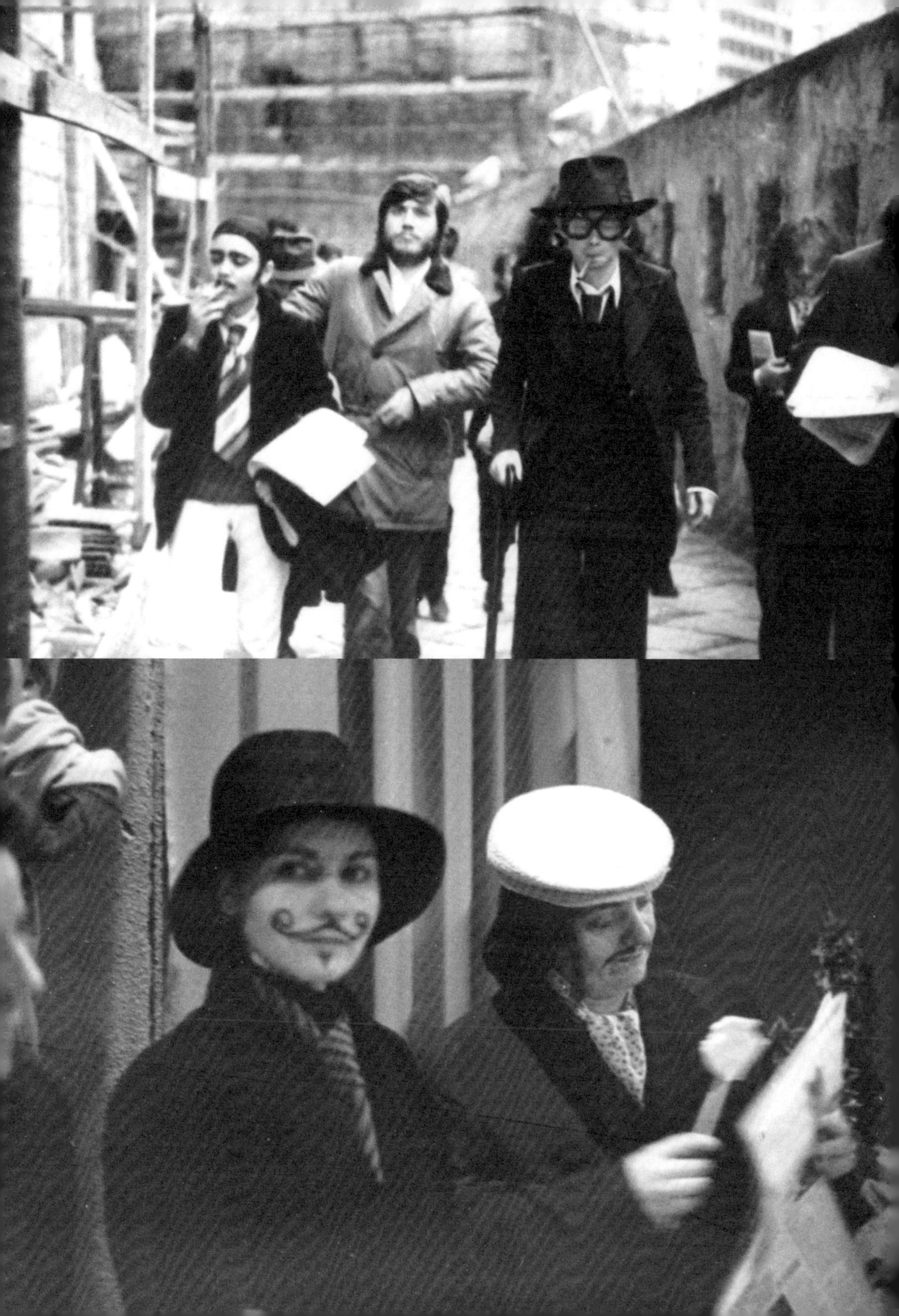

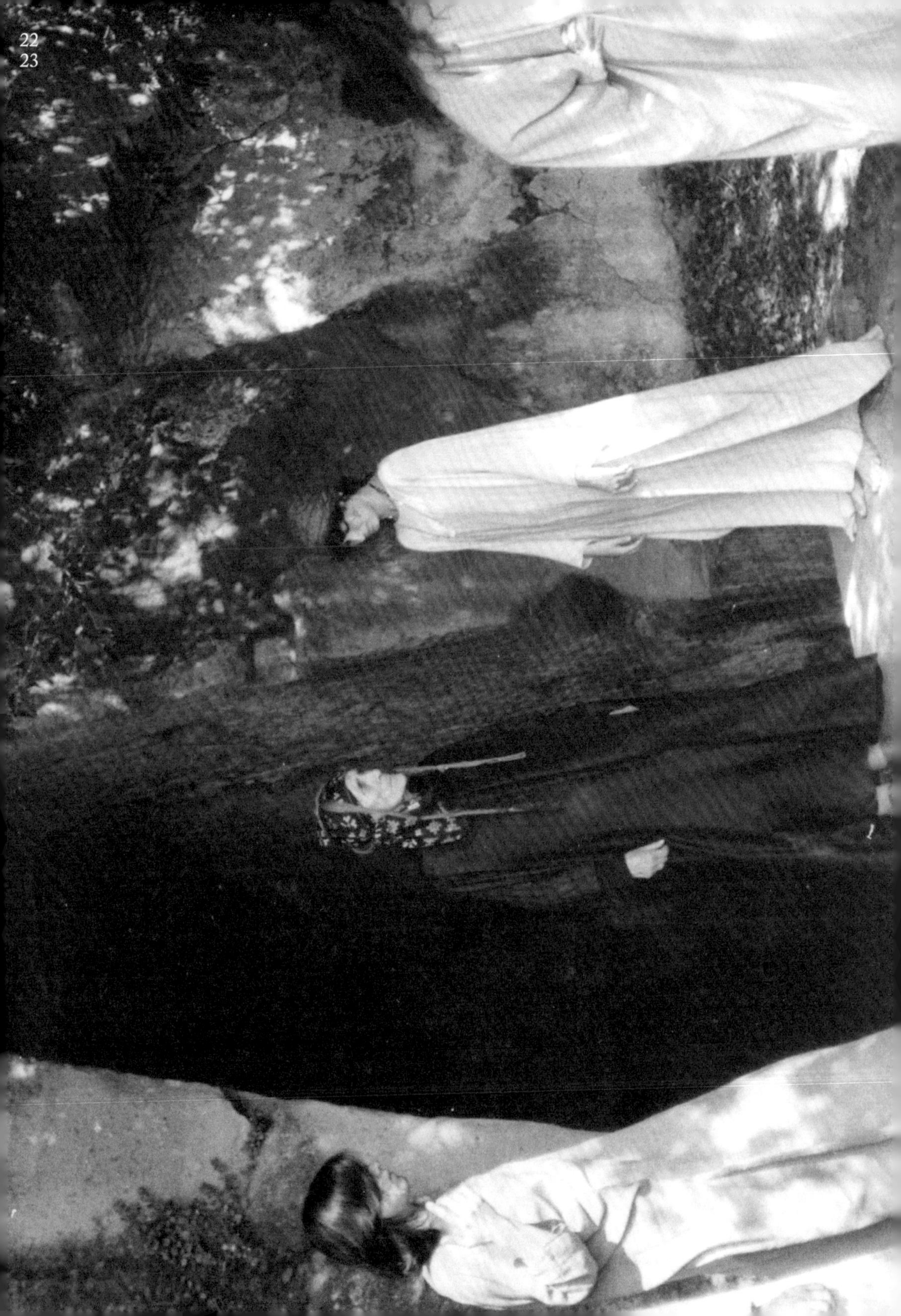

22
23

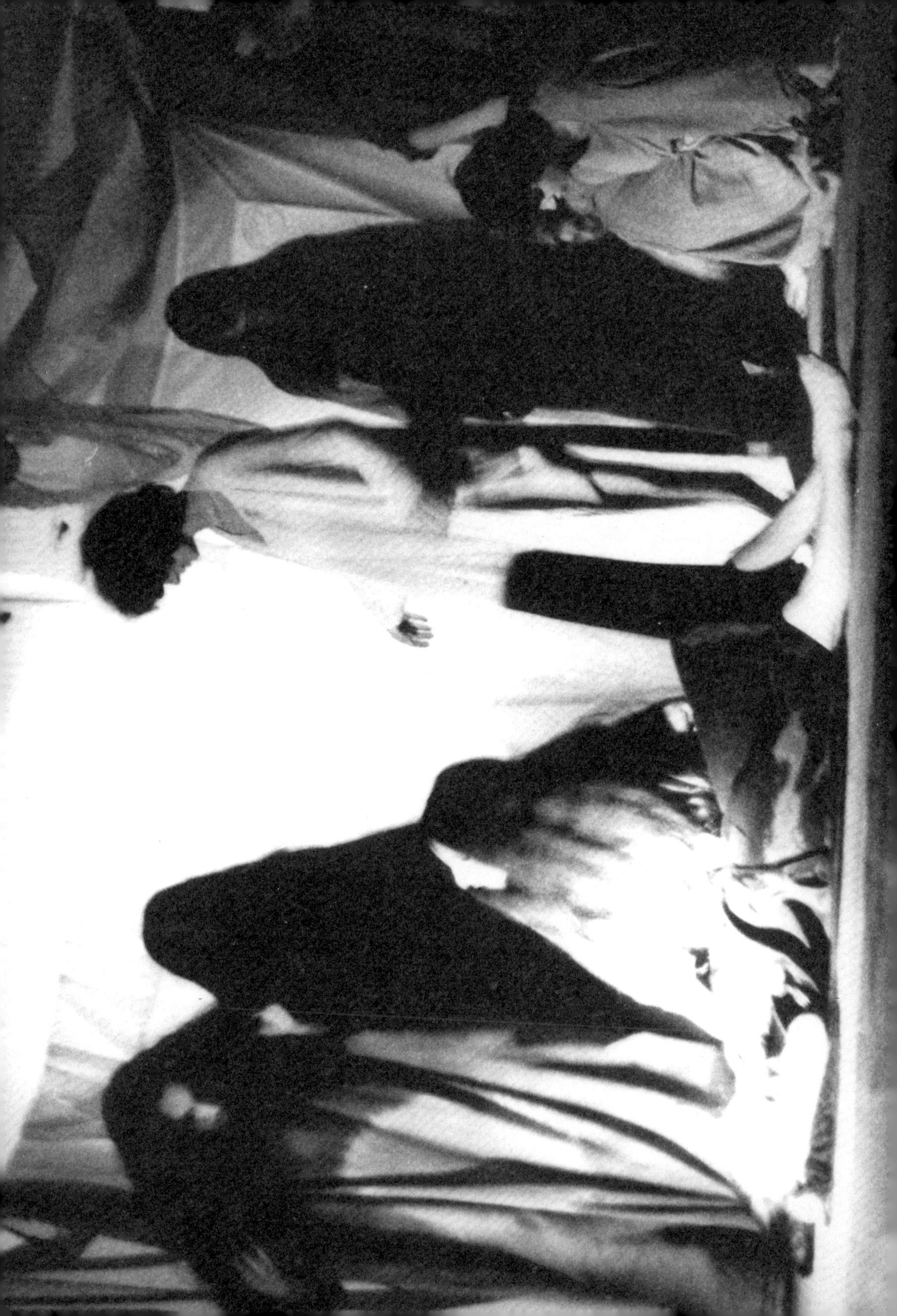

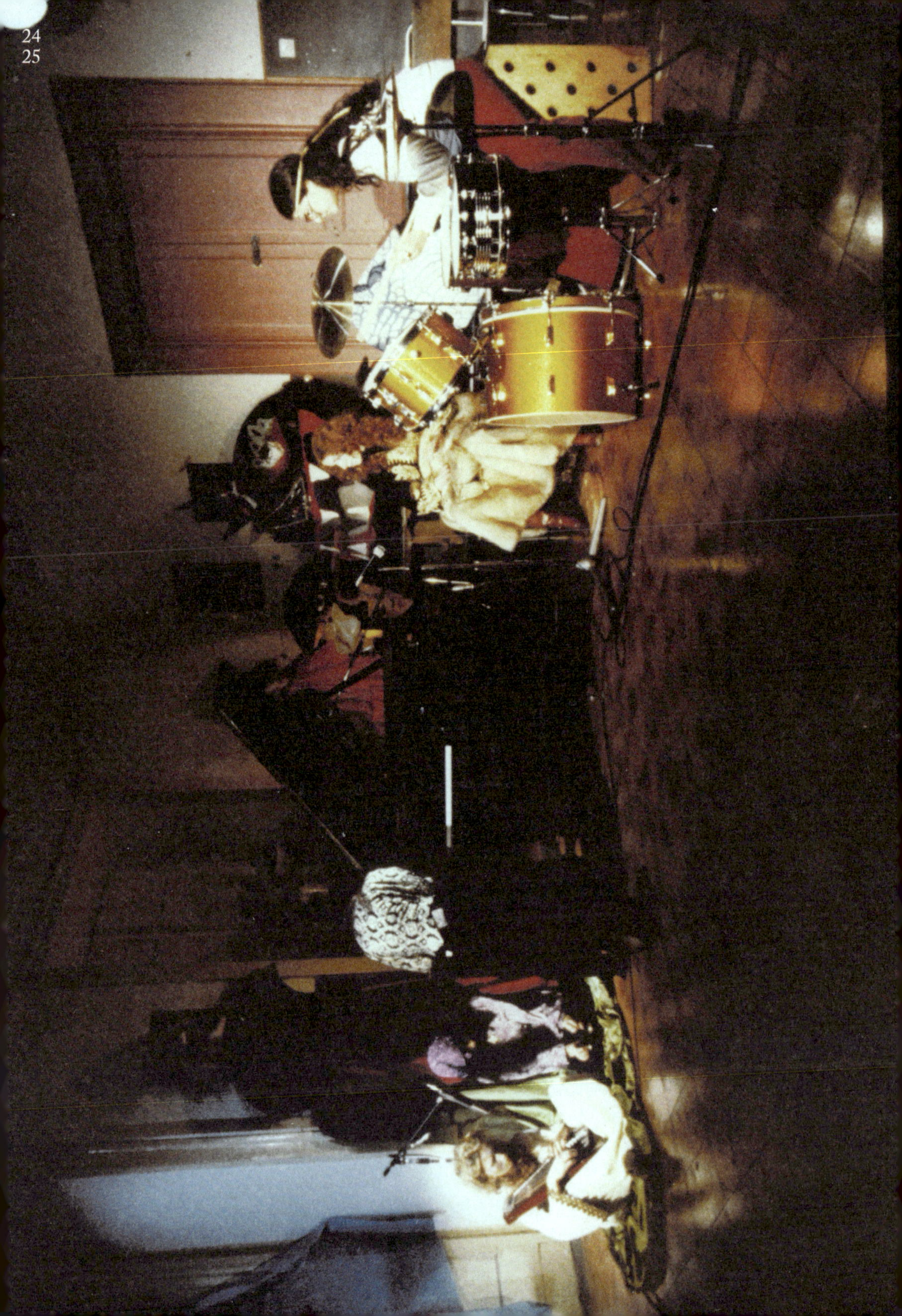

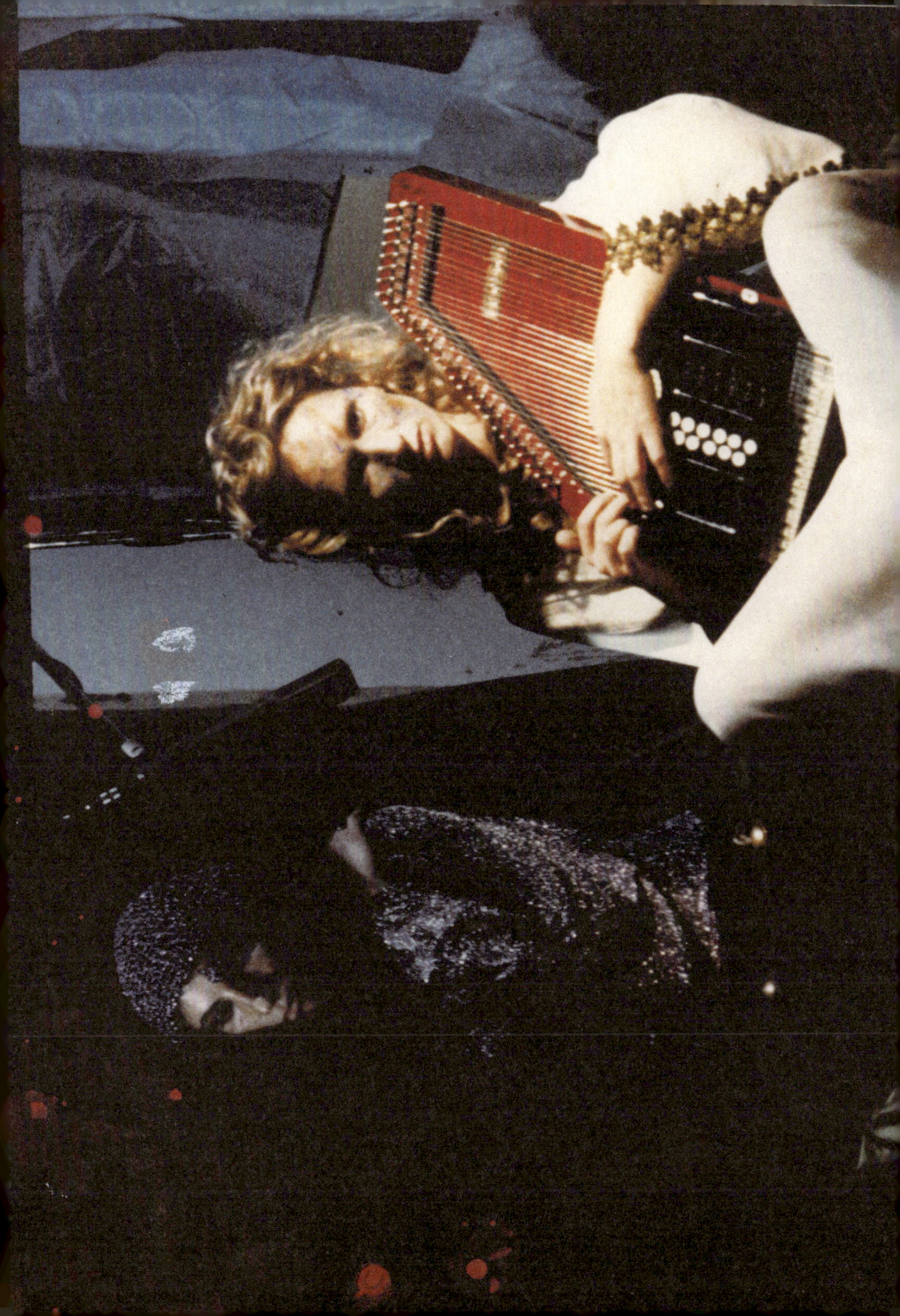

26
27
28
29

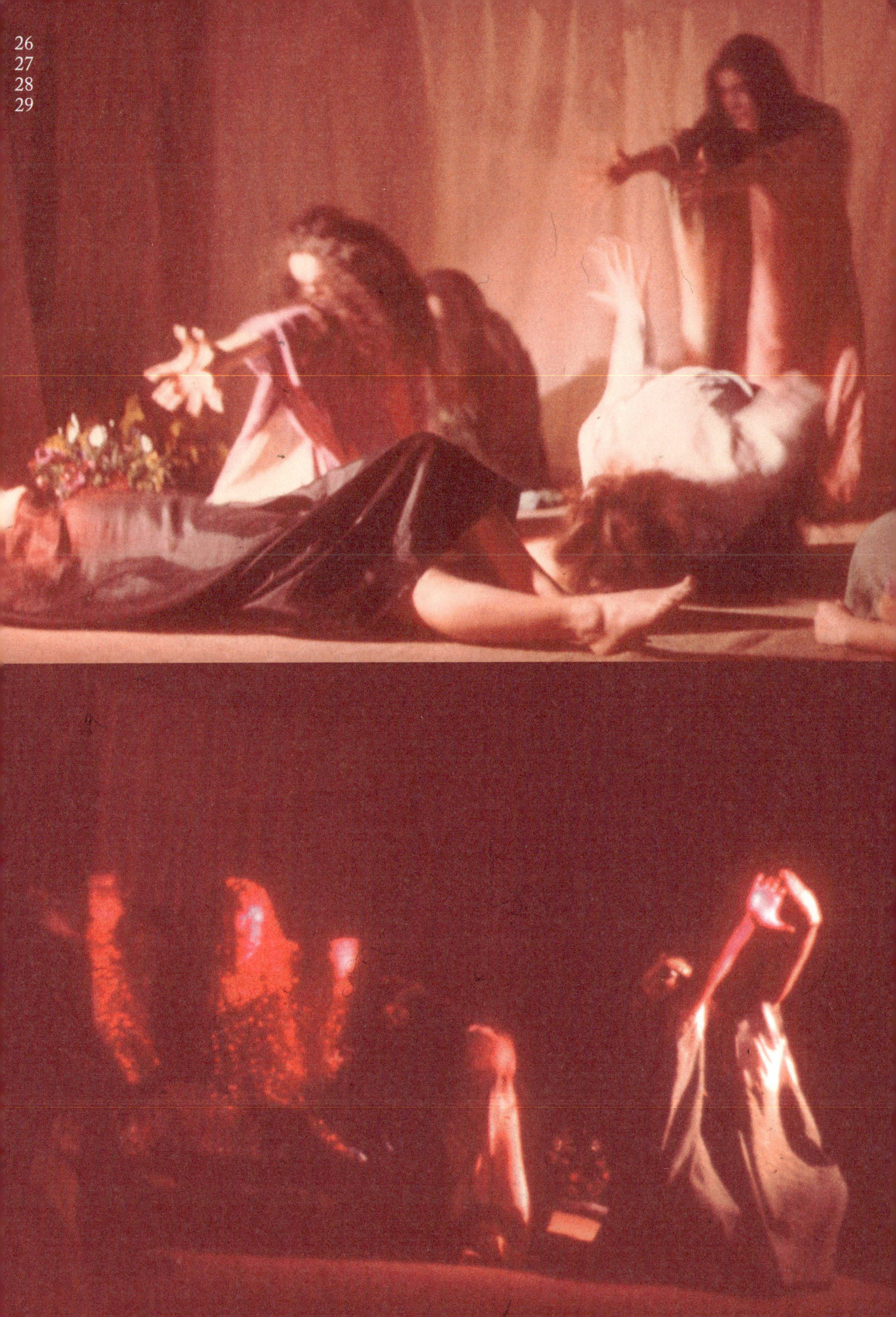

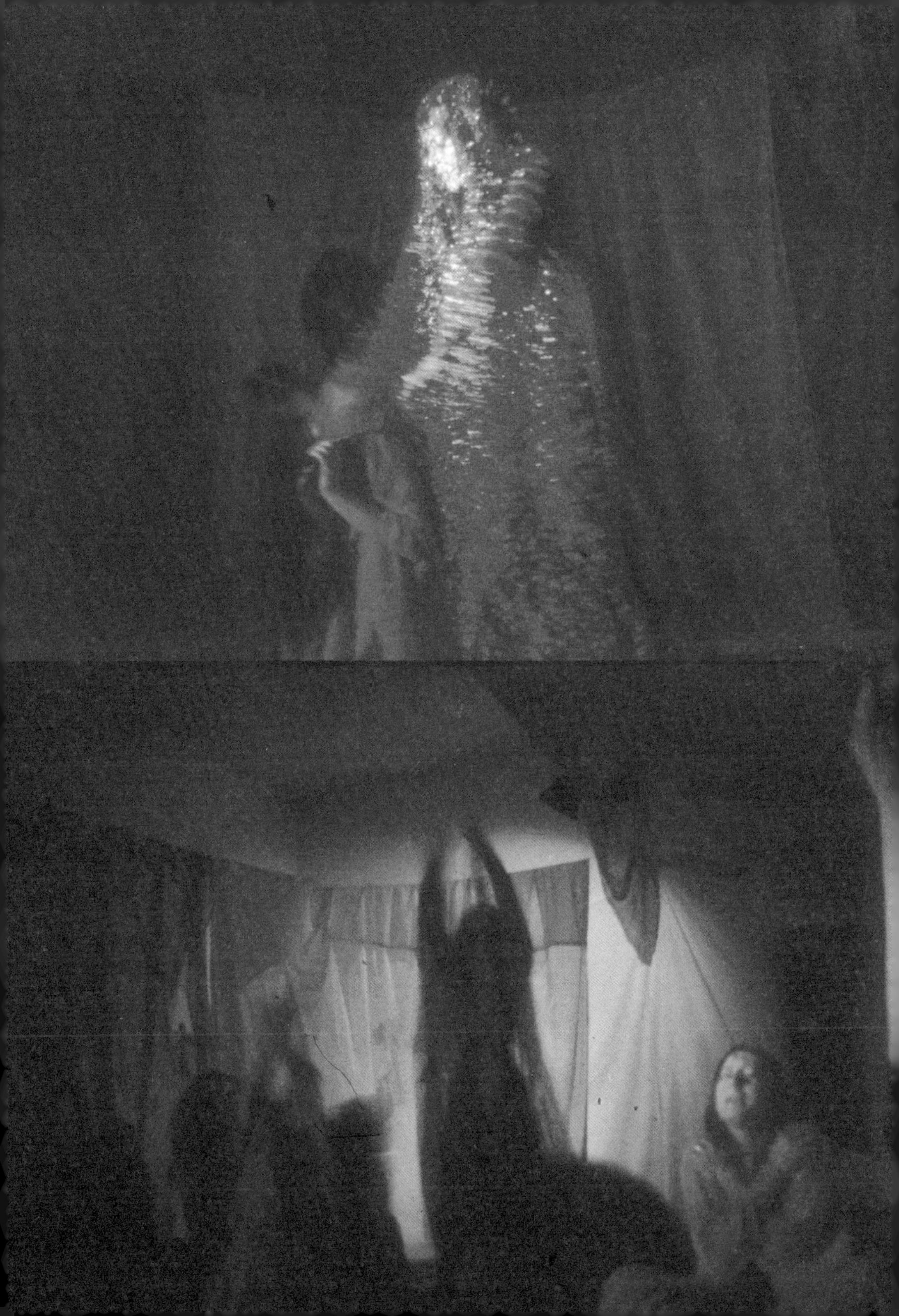

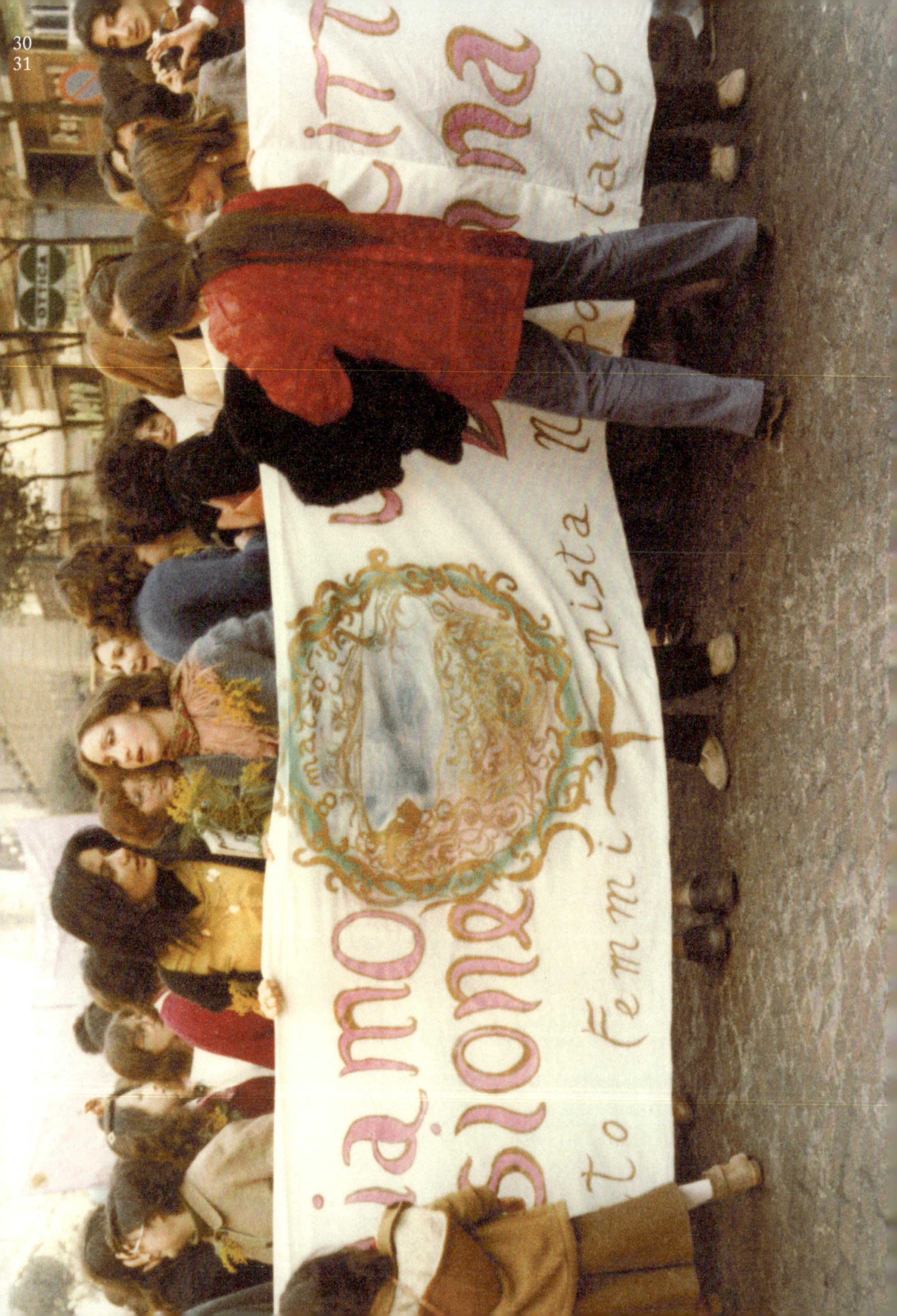
Femminista

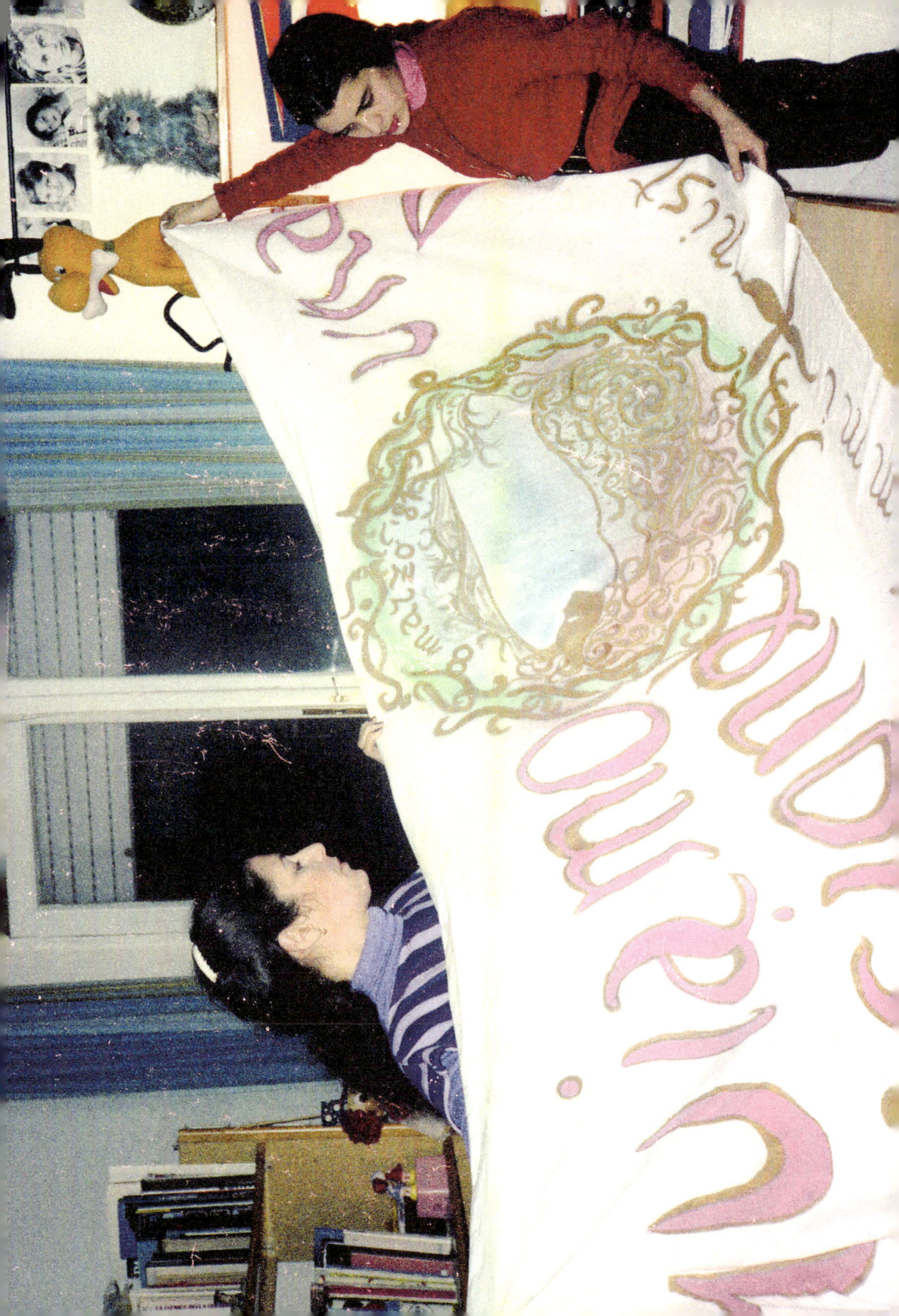

32
33
34
35

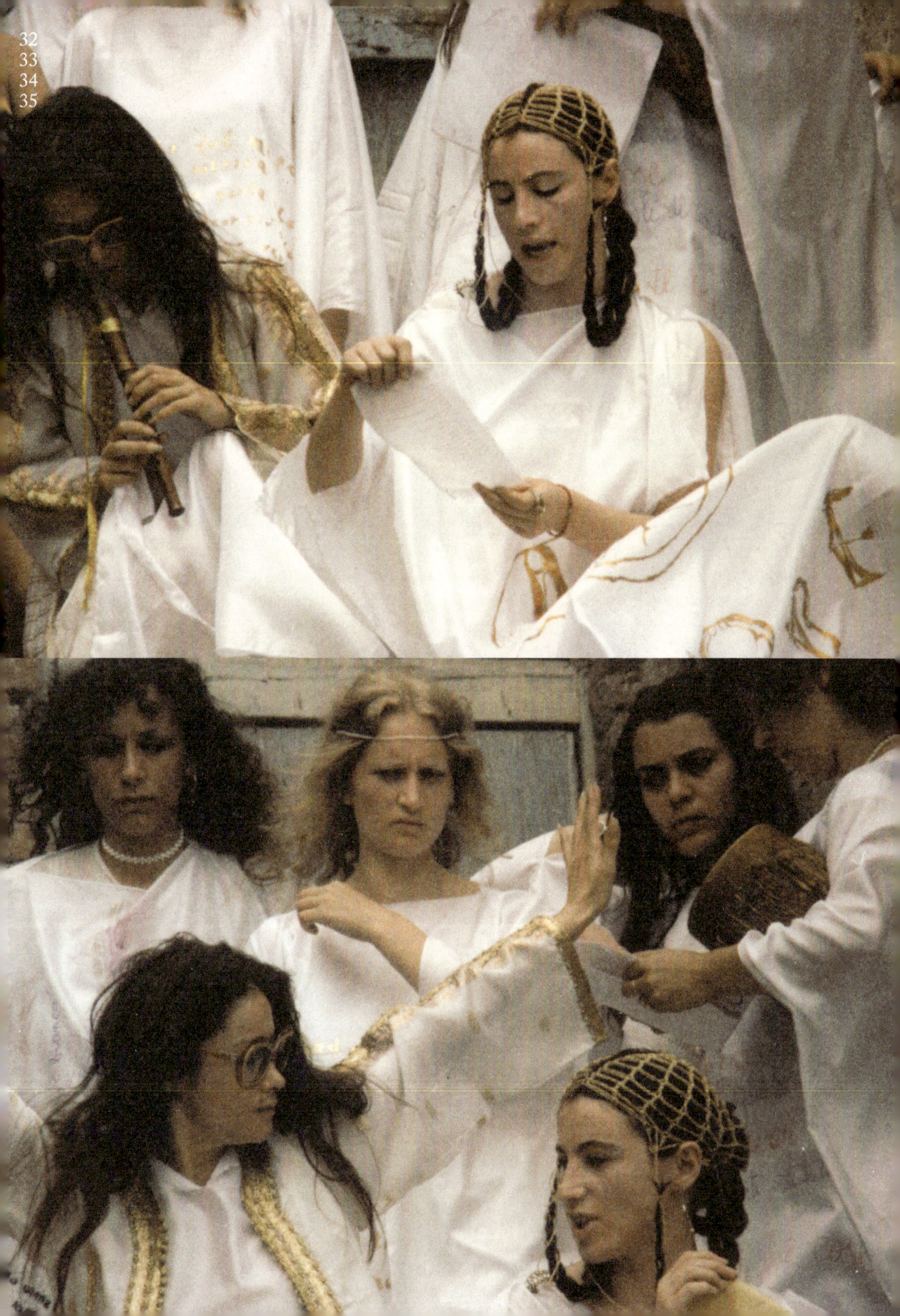

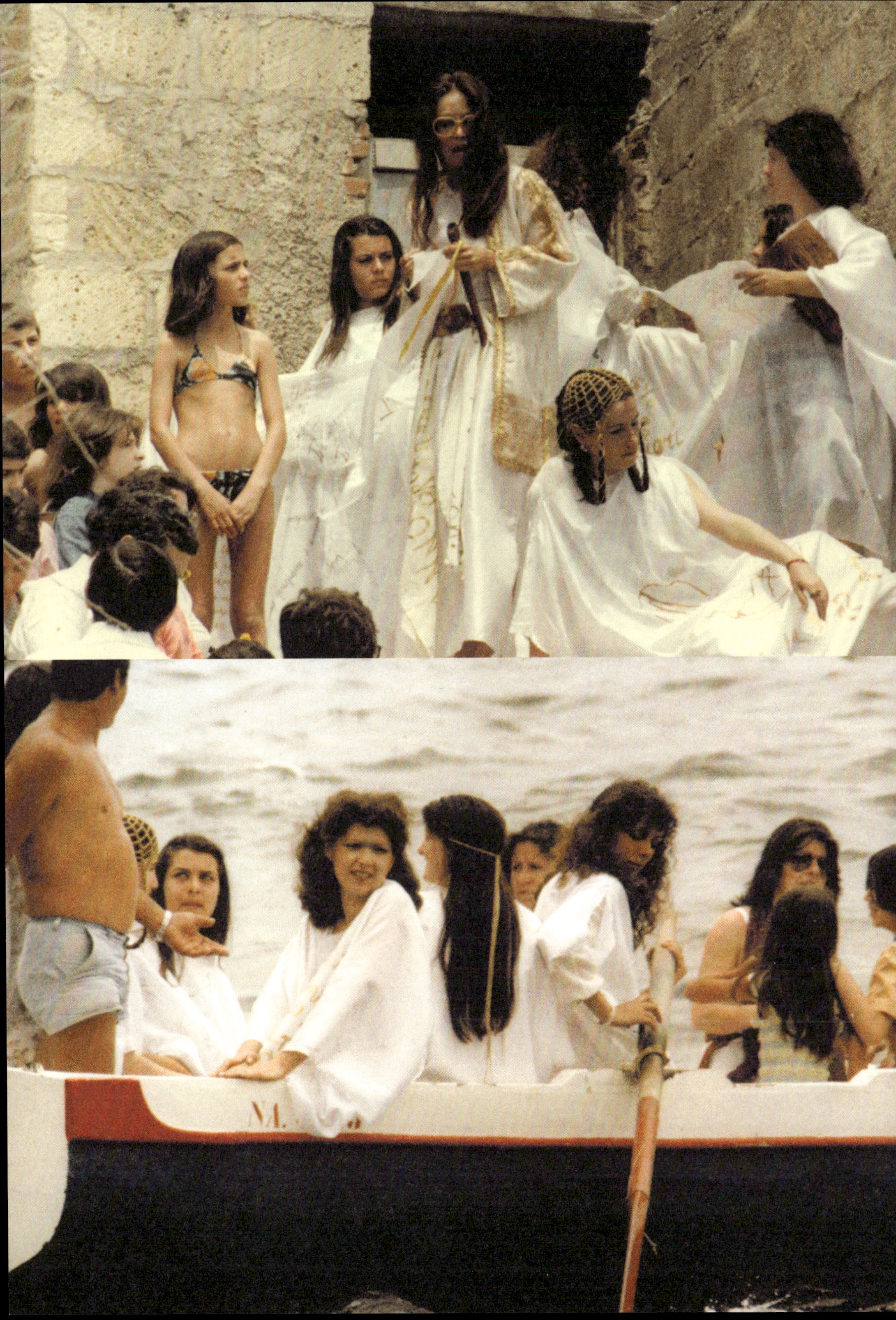

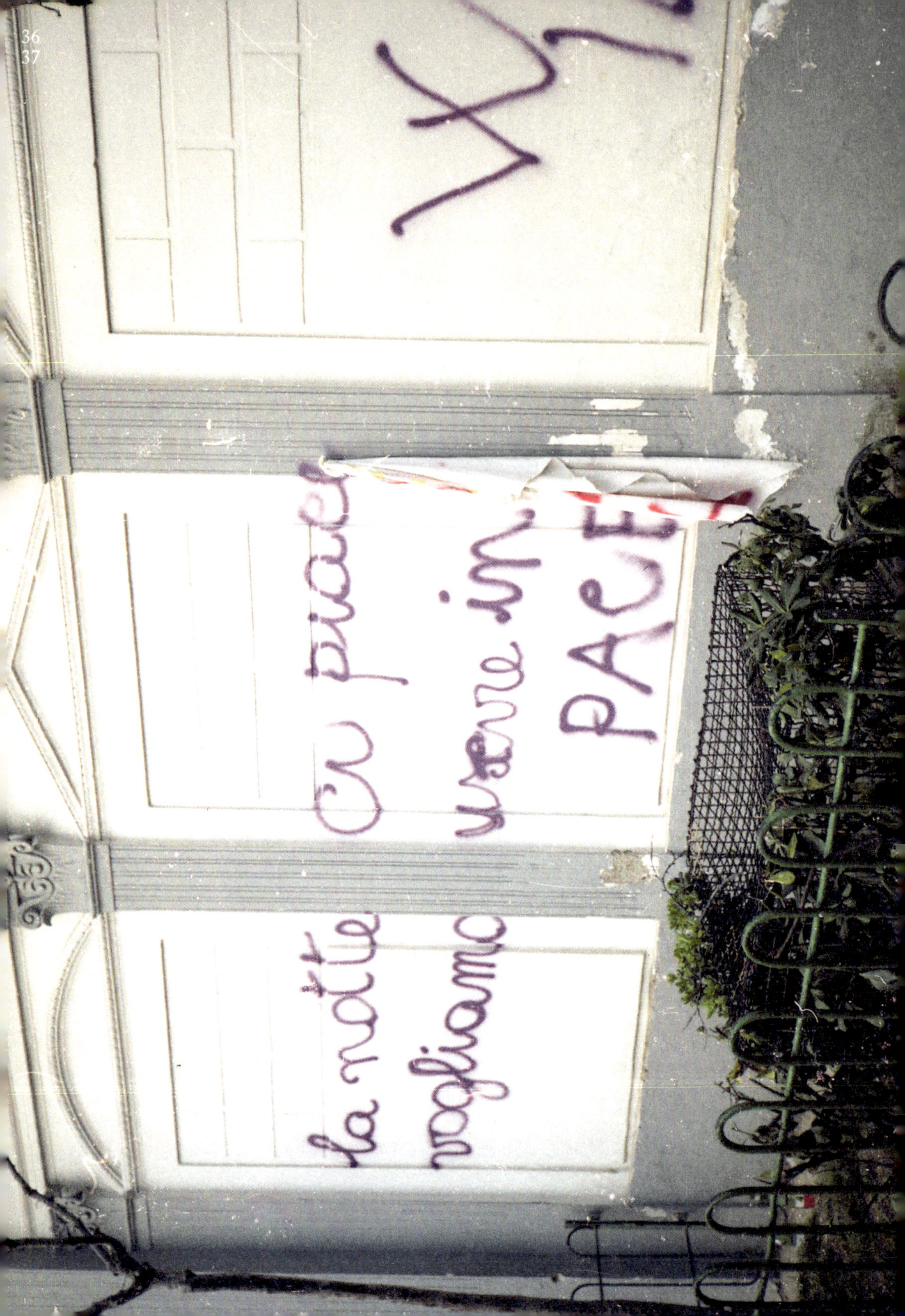
la notte ci piace
vogliamo vivere in
PACE

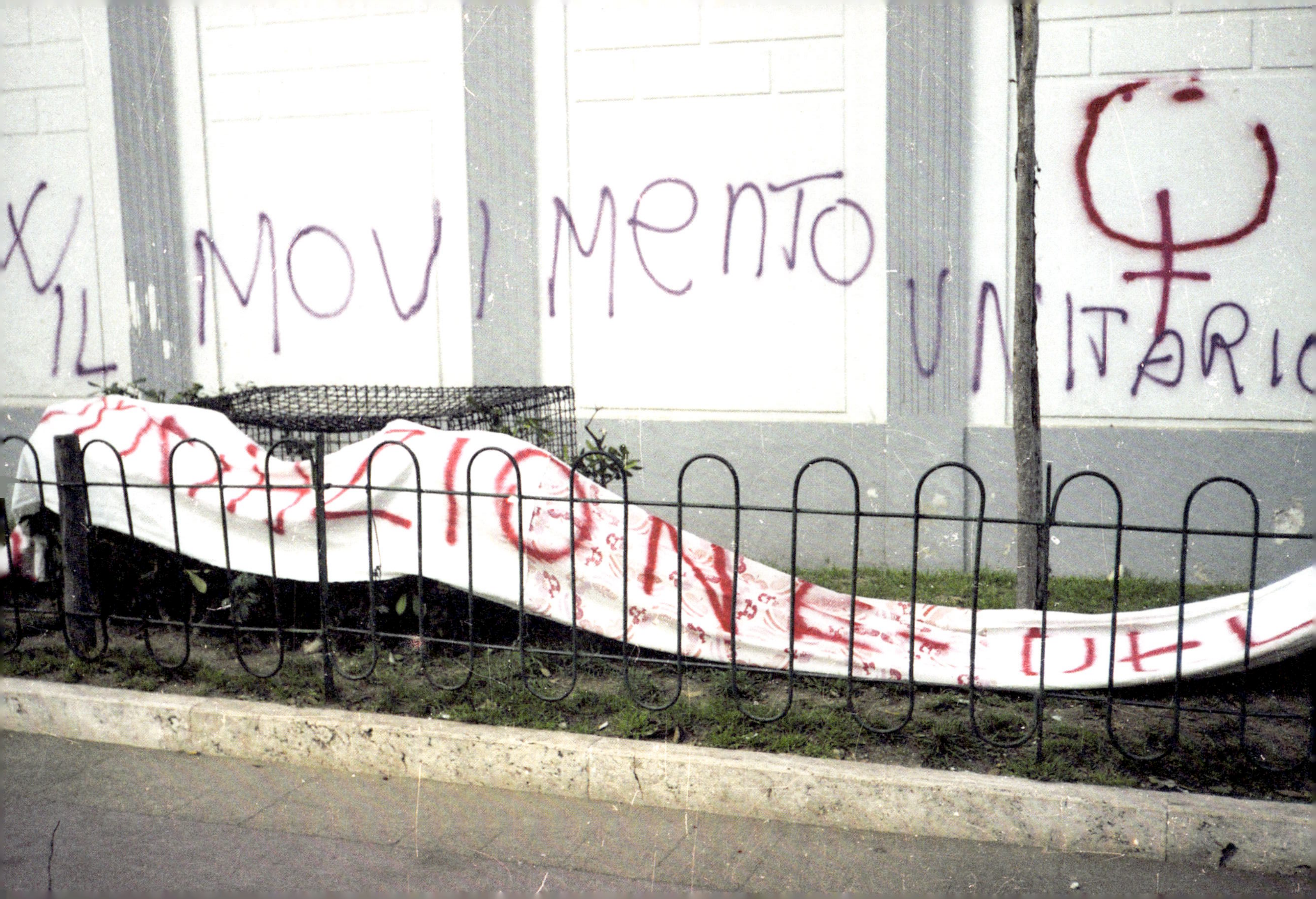
X IL MOVIMENTO

38
39

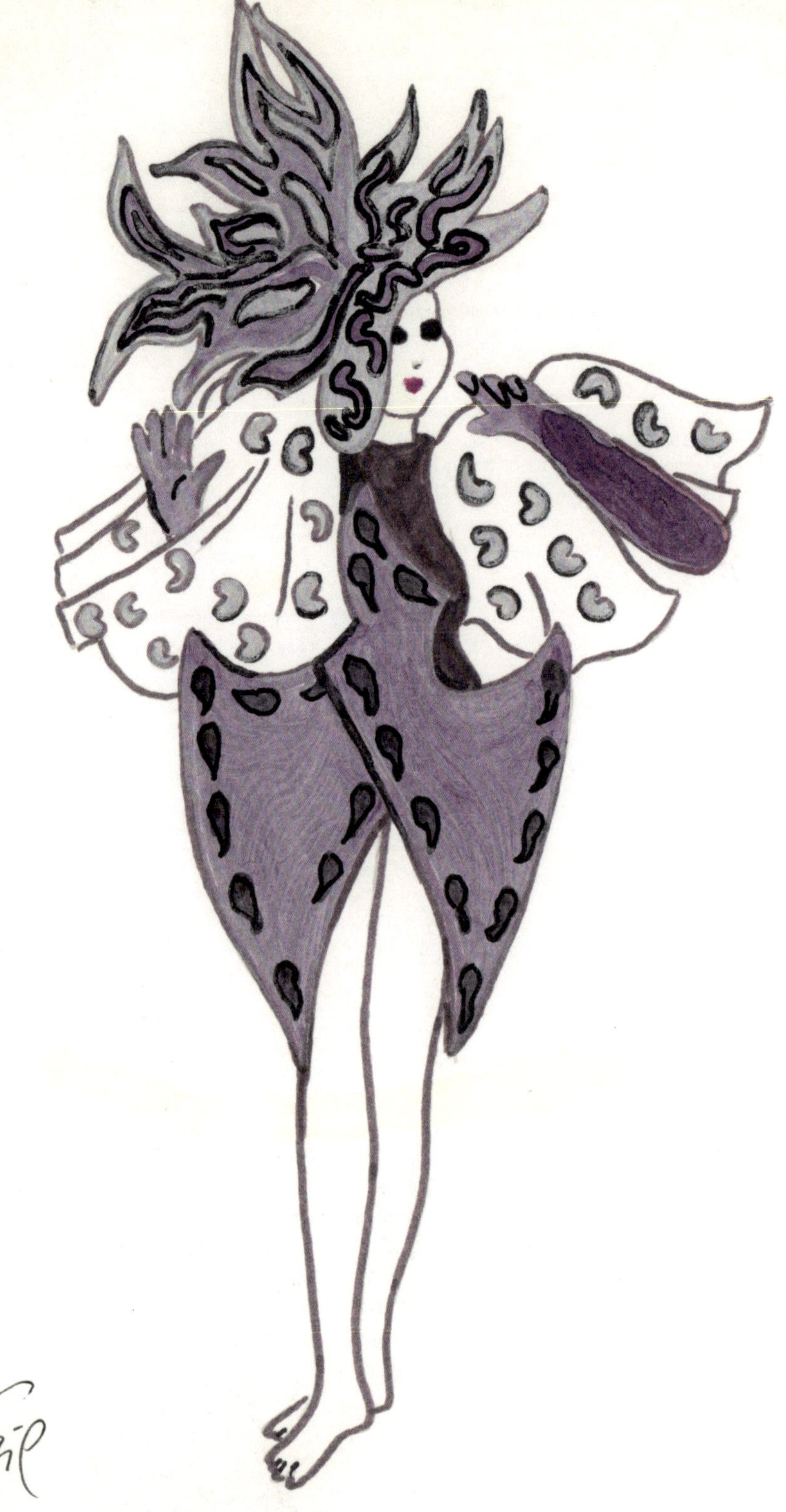

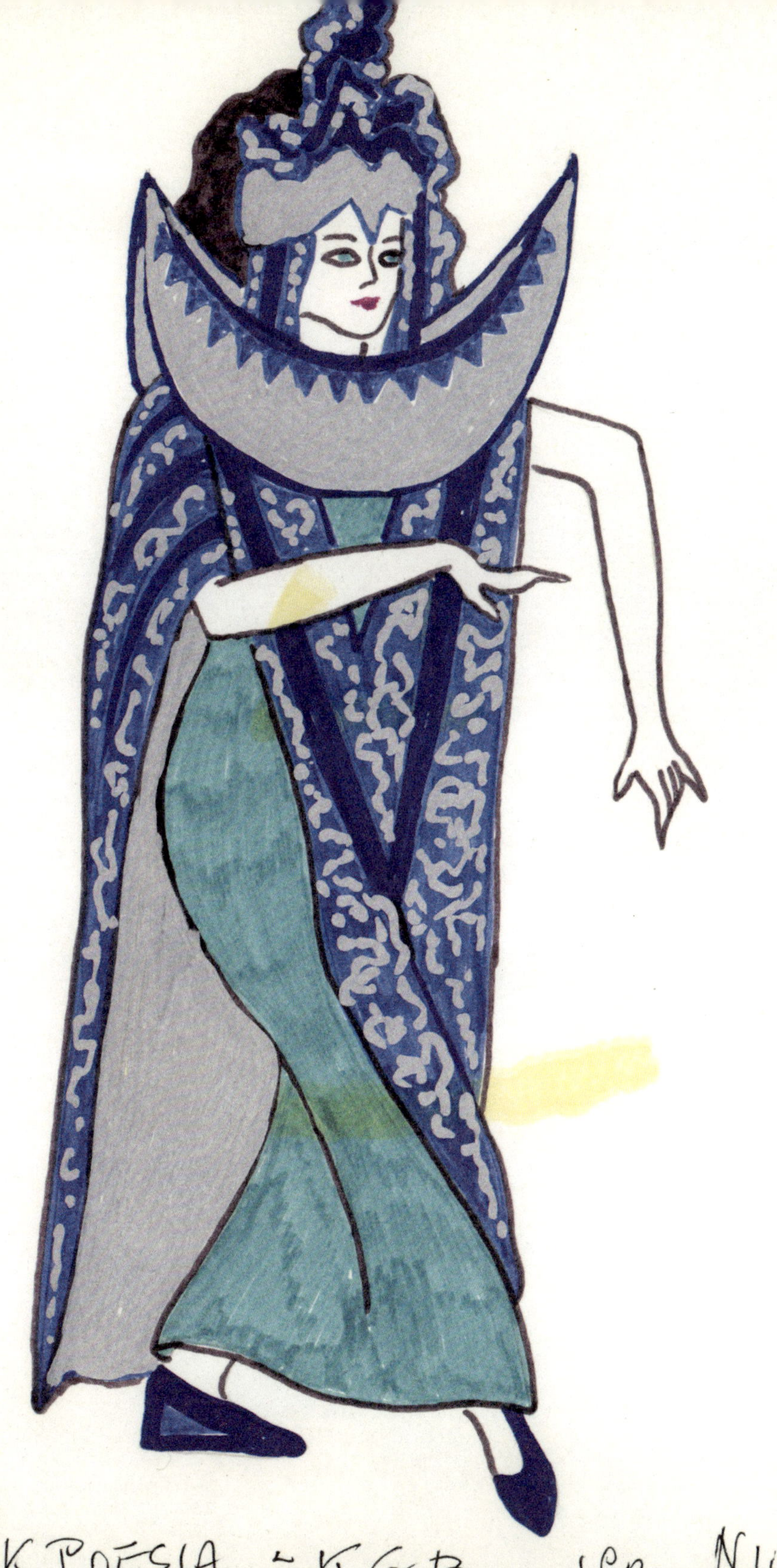
LOOK POESIA - KGB '90 NIOBE

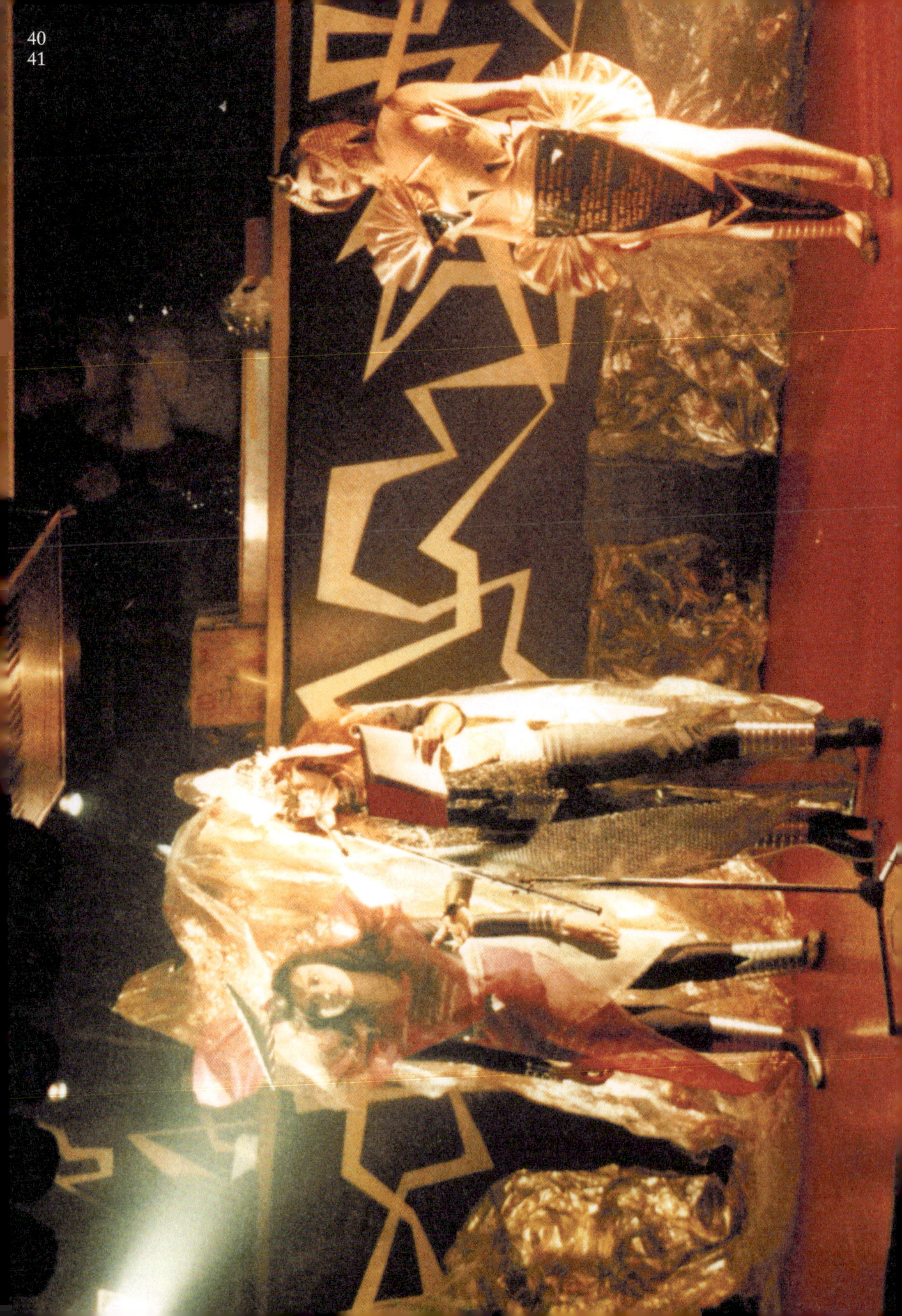

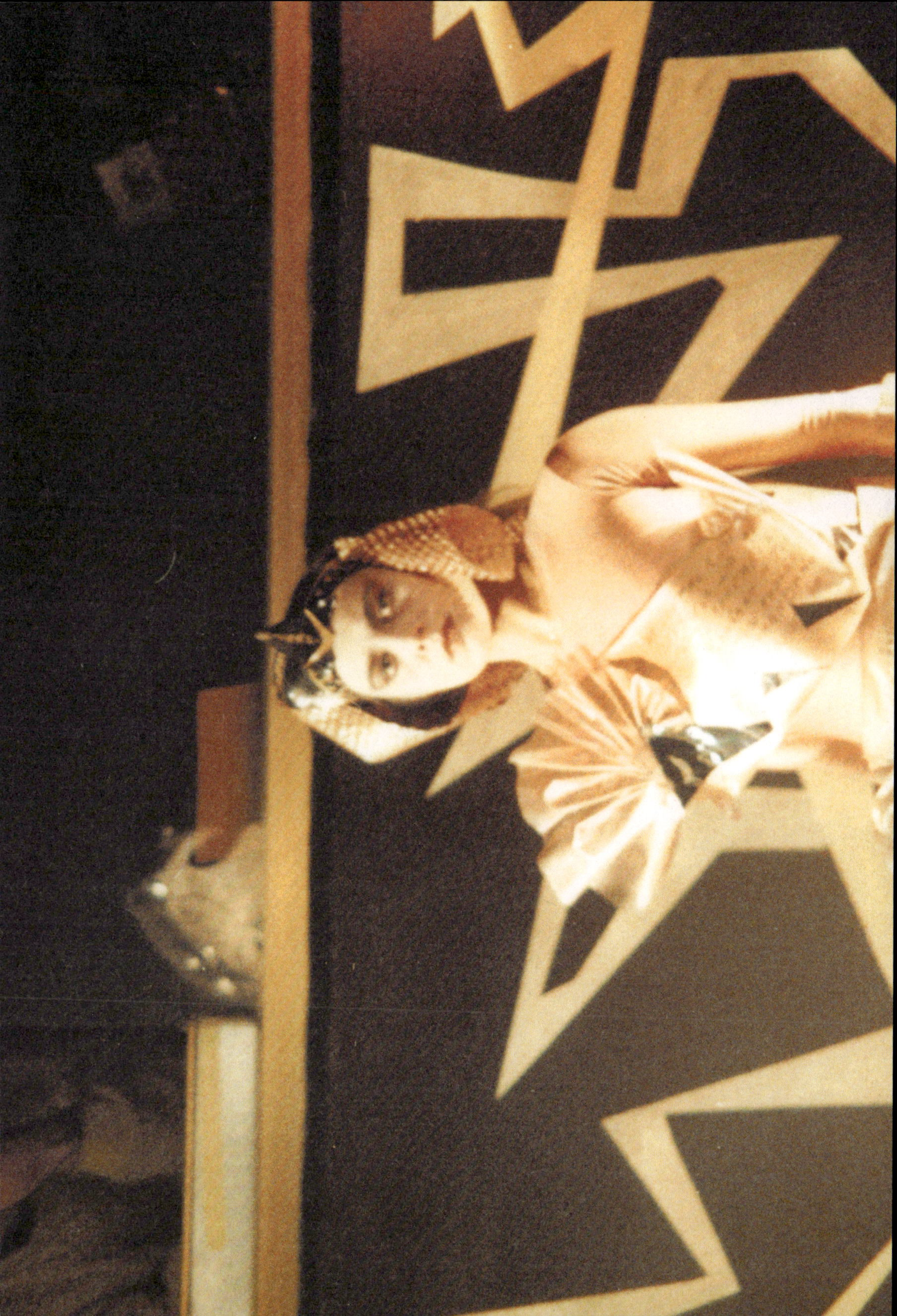

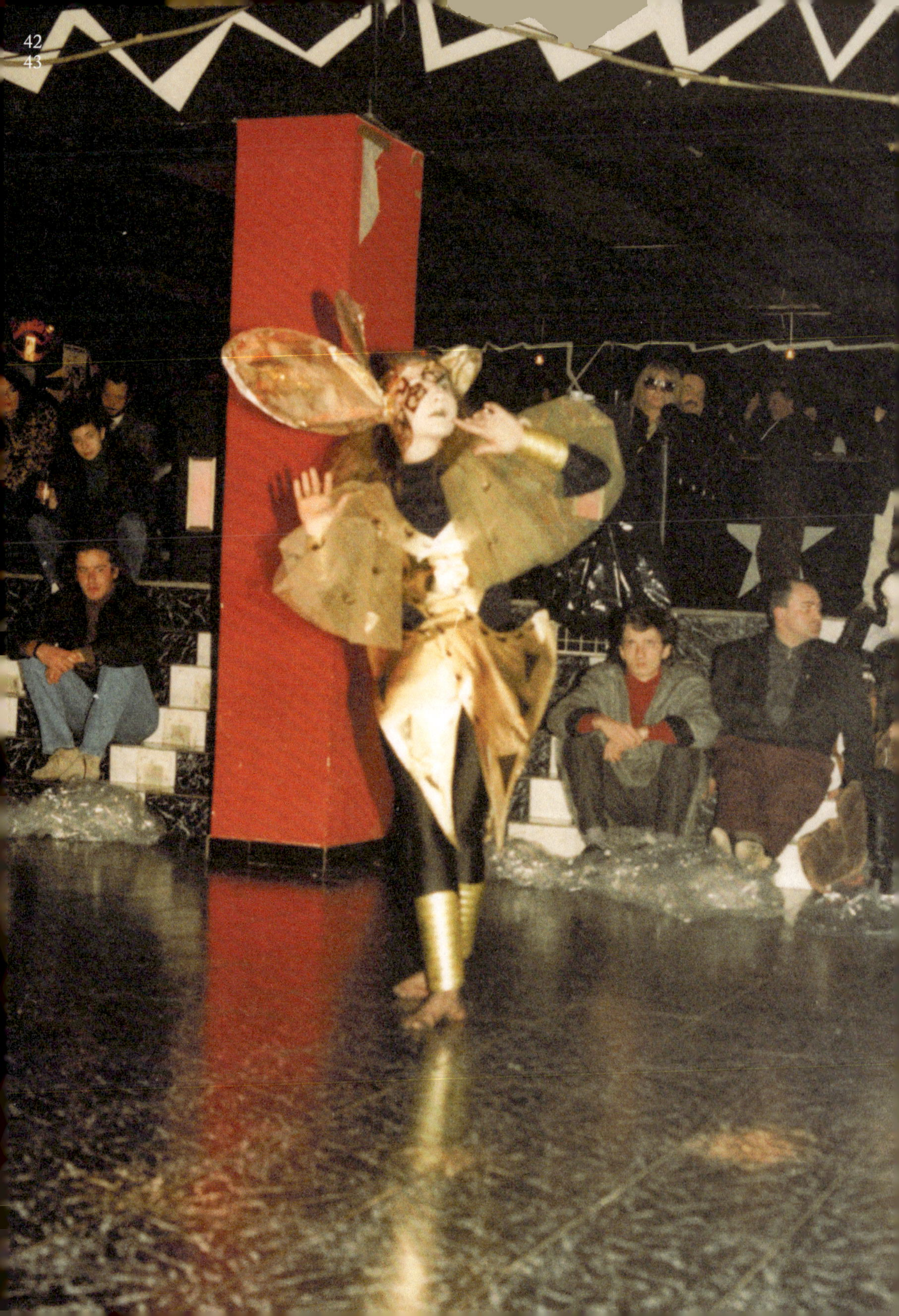

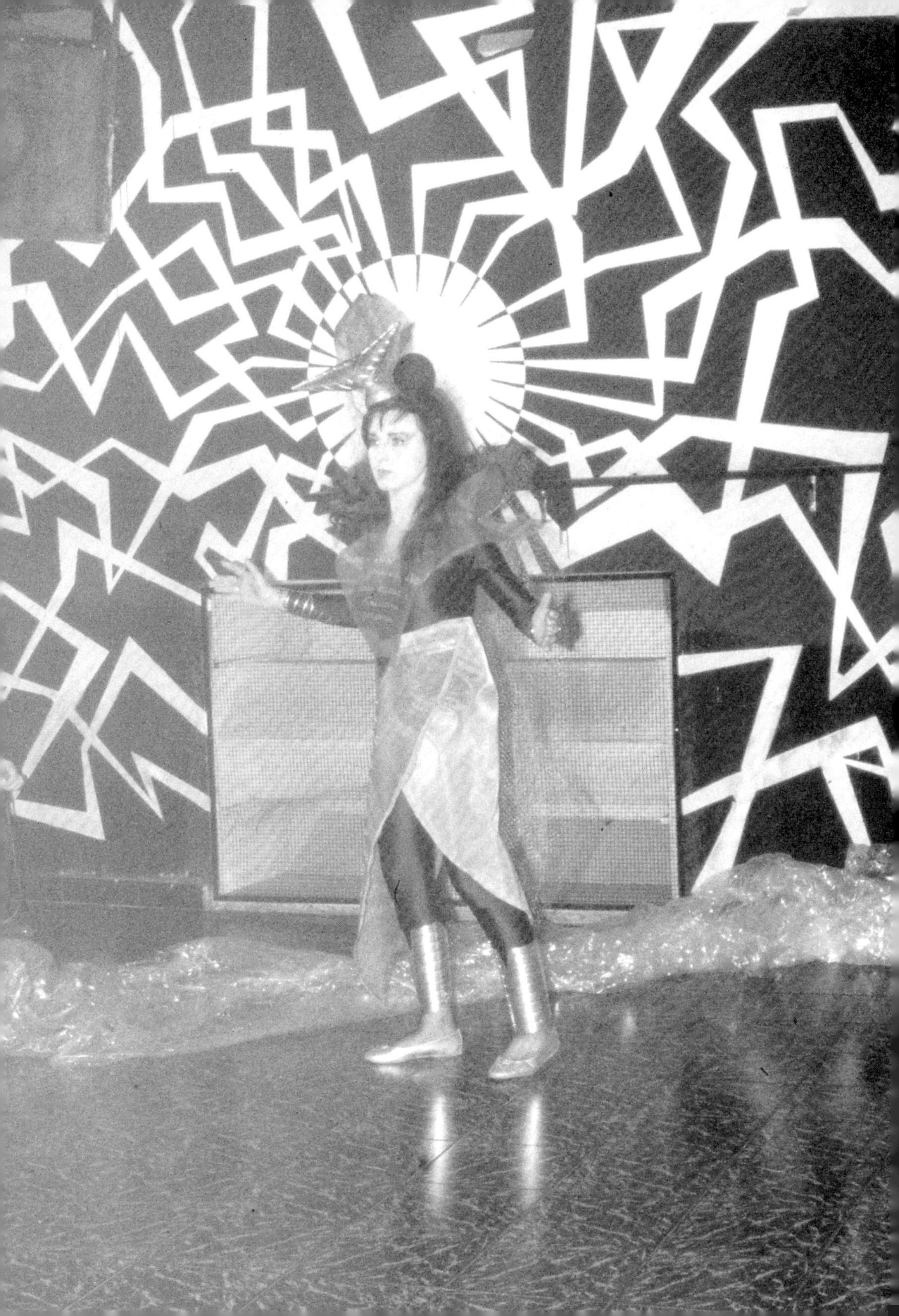

44
45
46

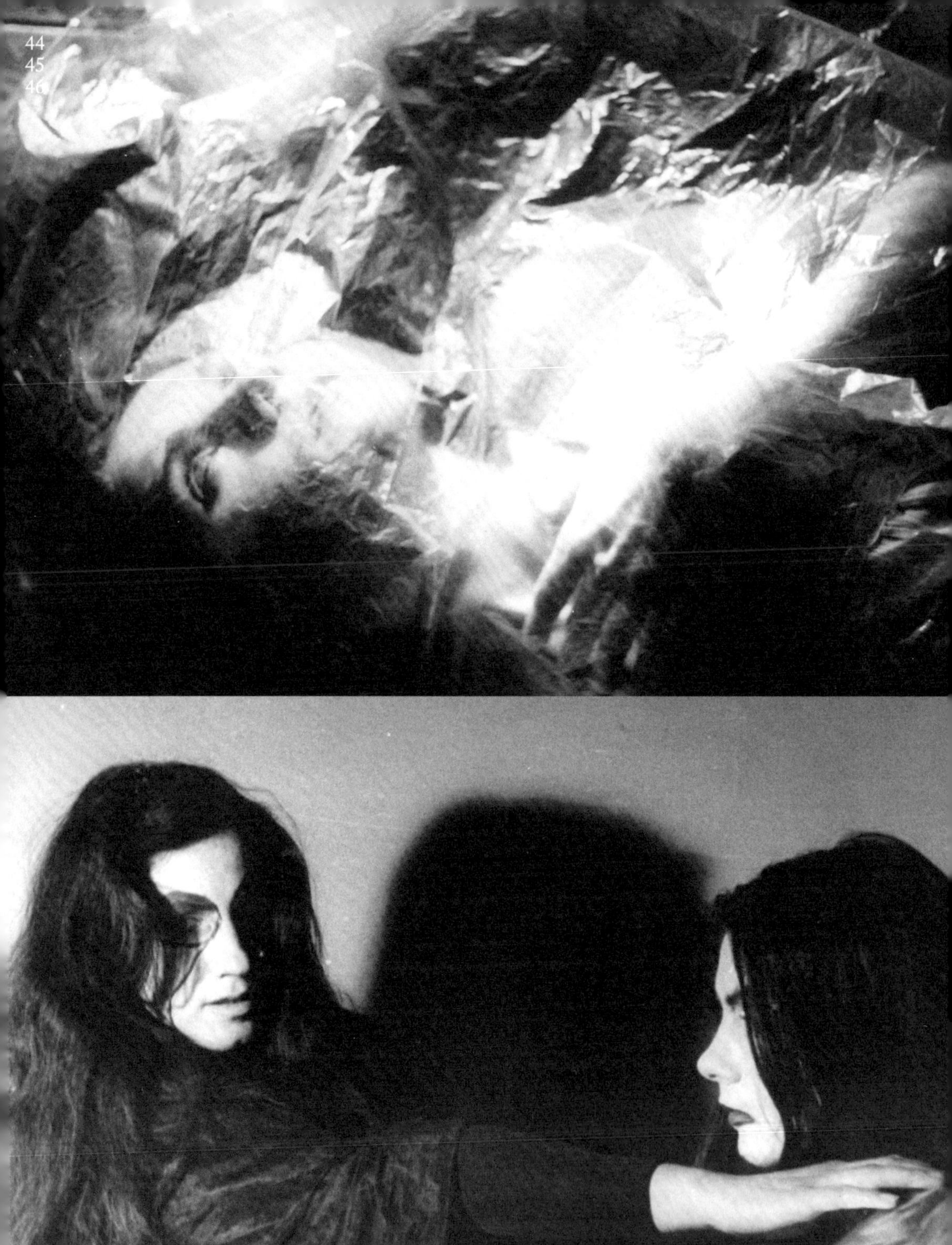

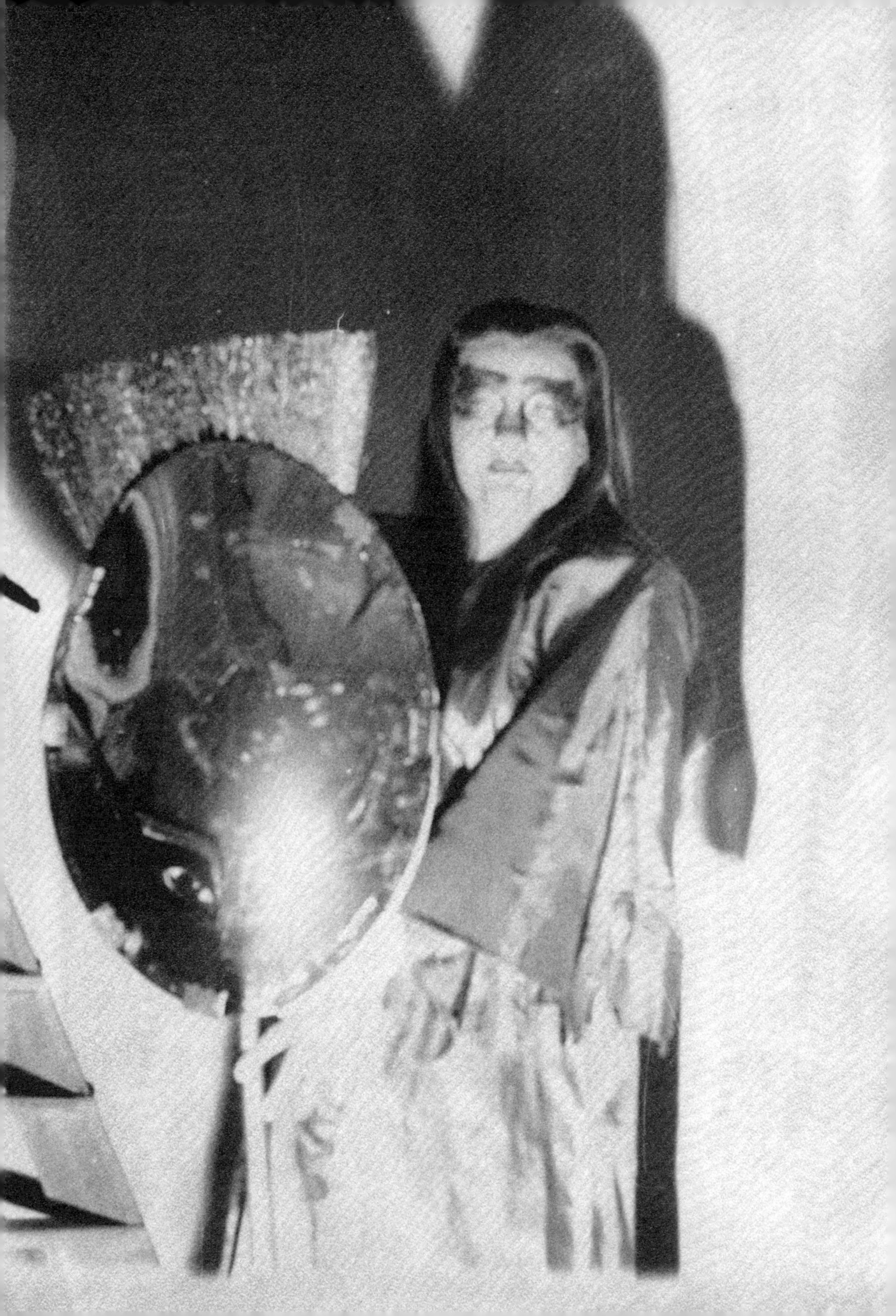

47
48
49

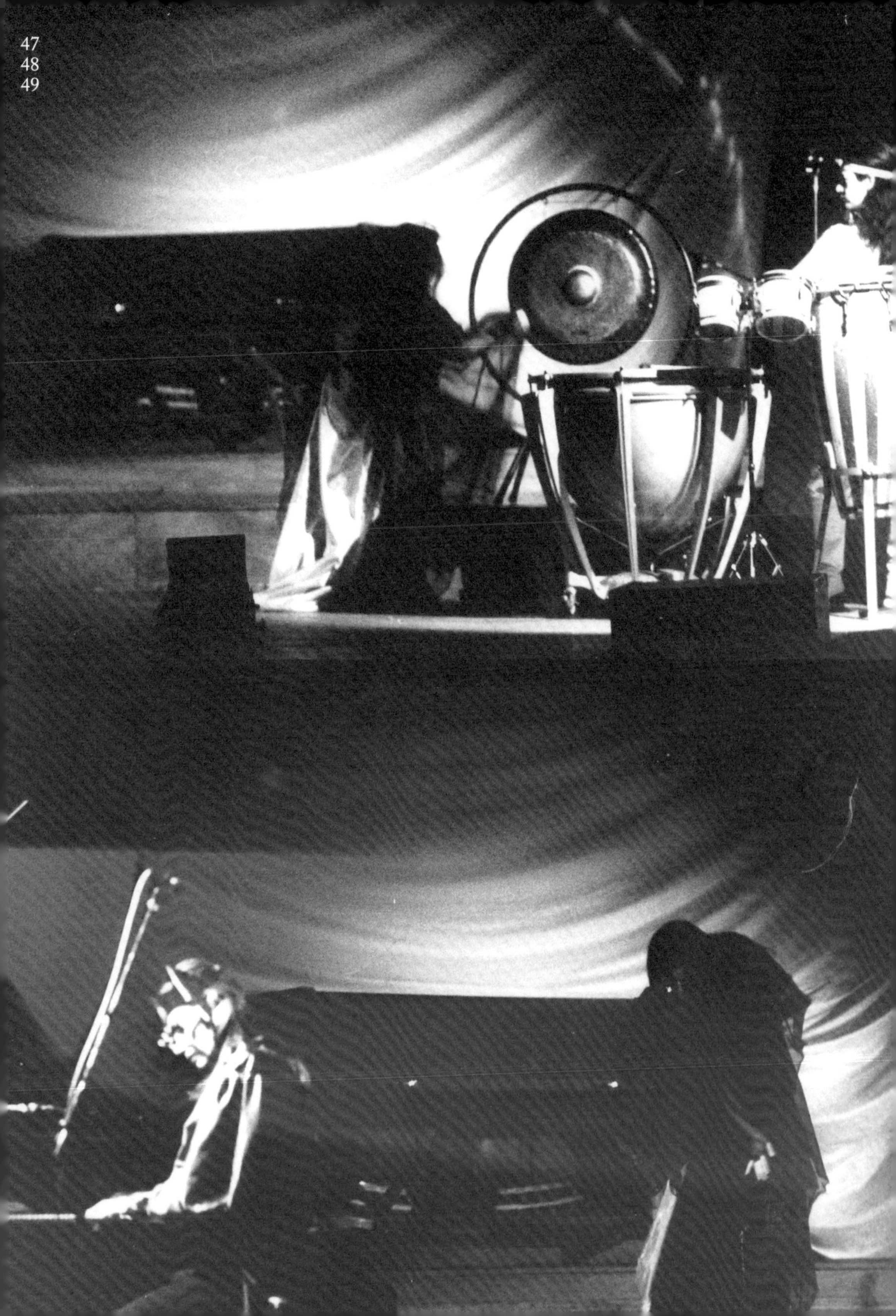

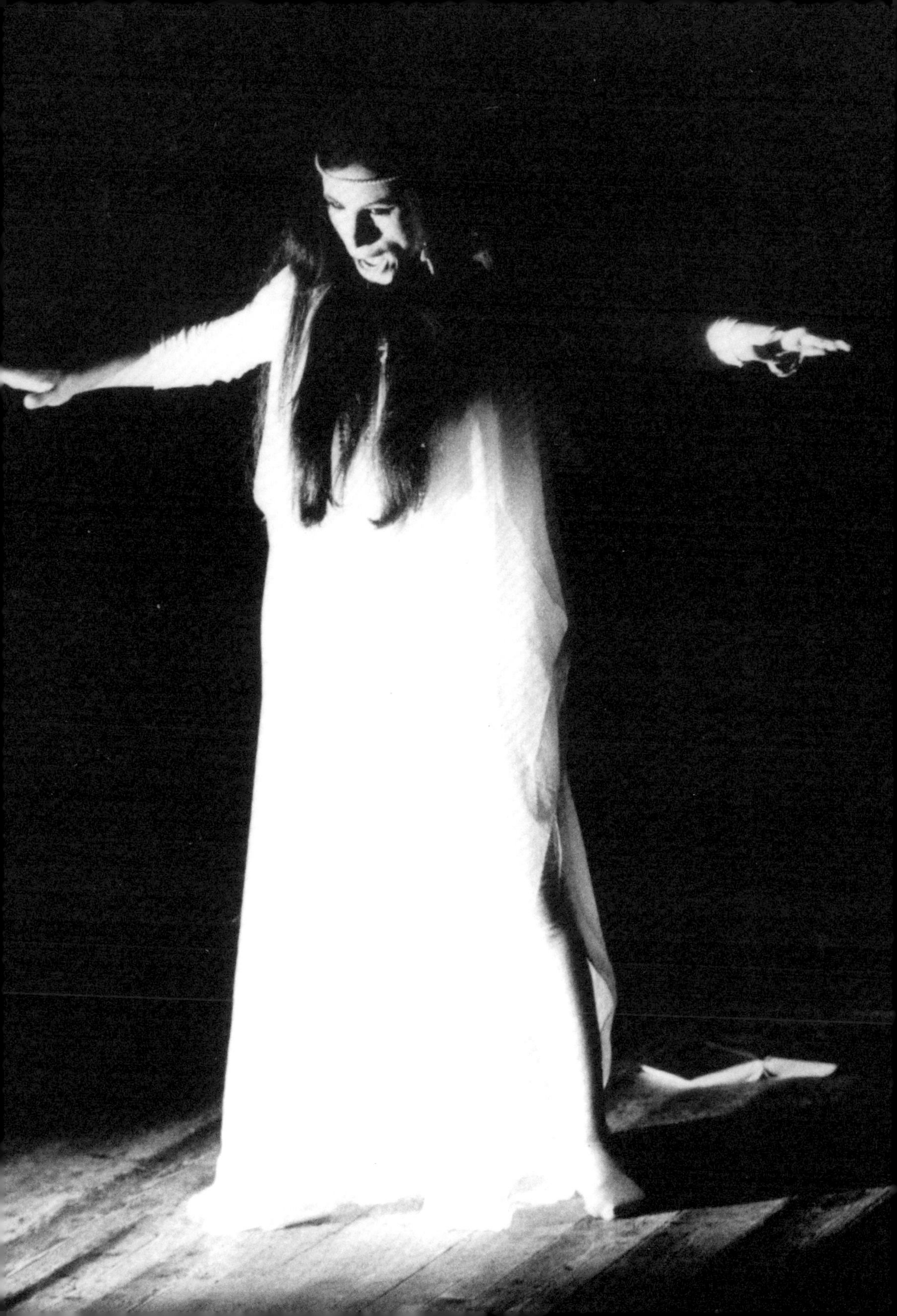

50
51

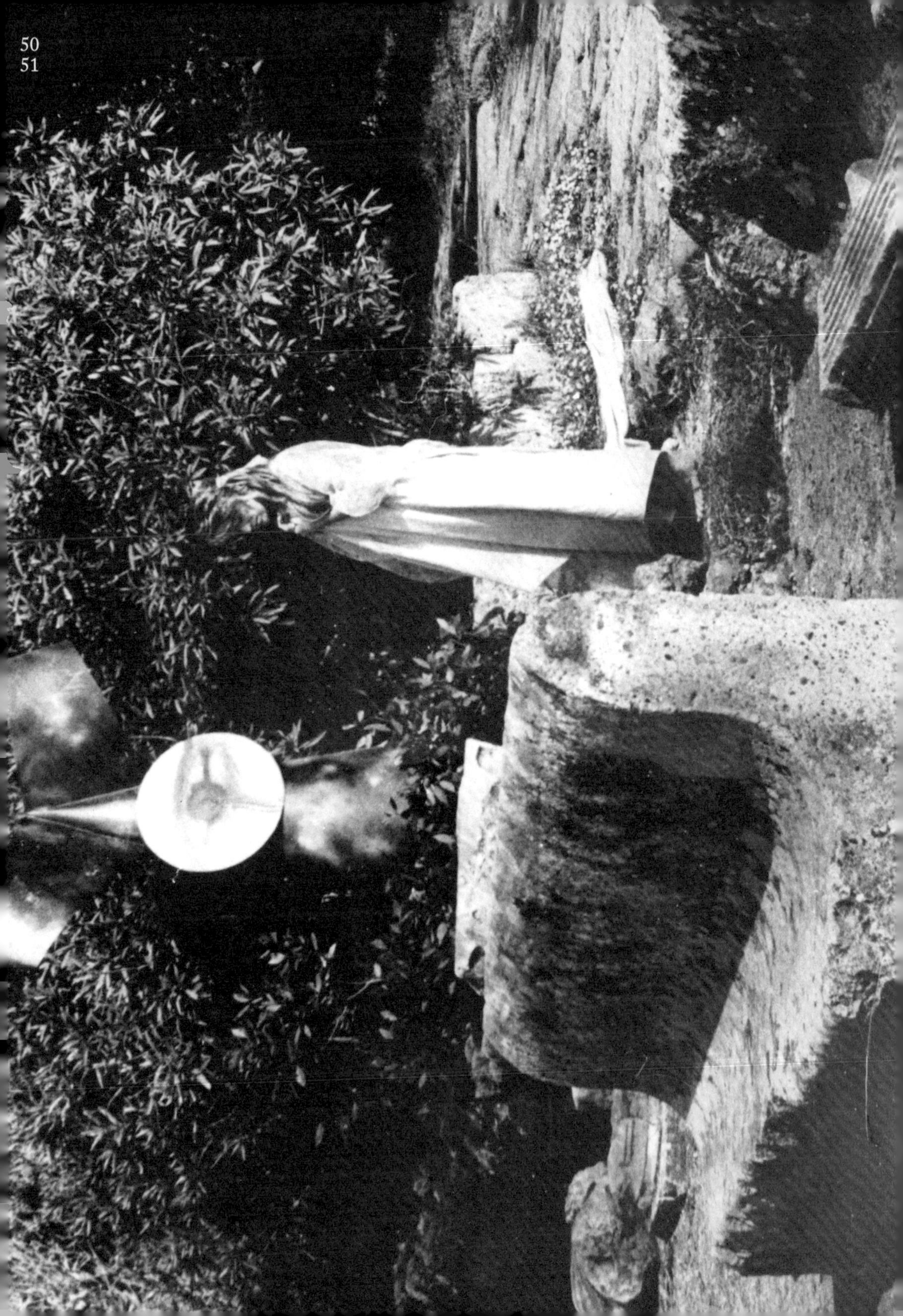

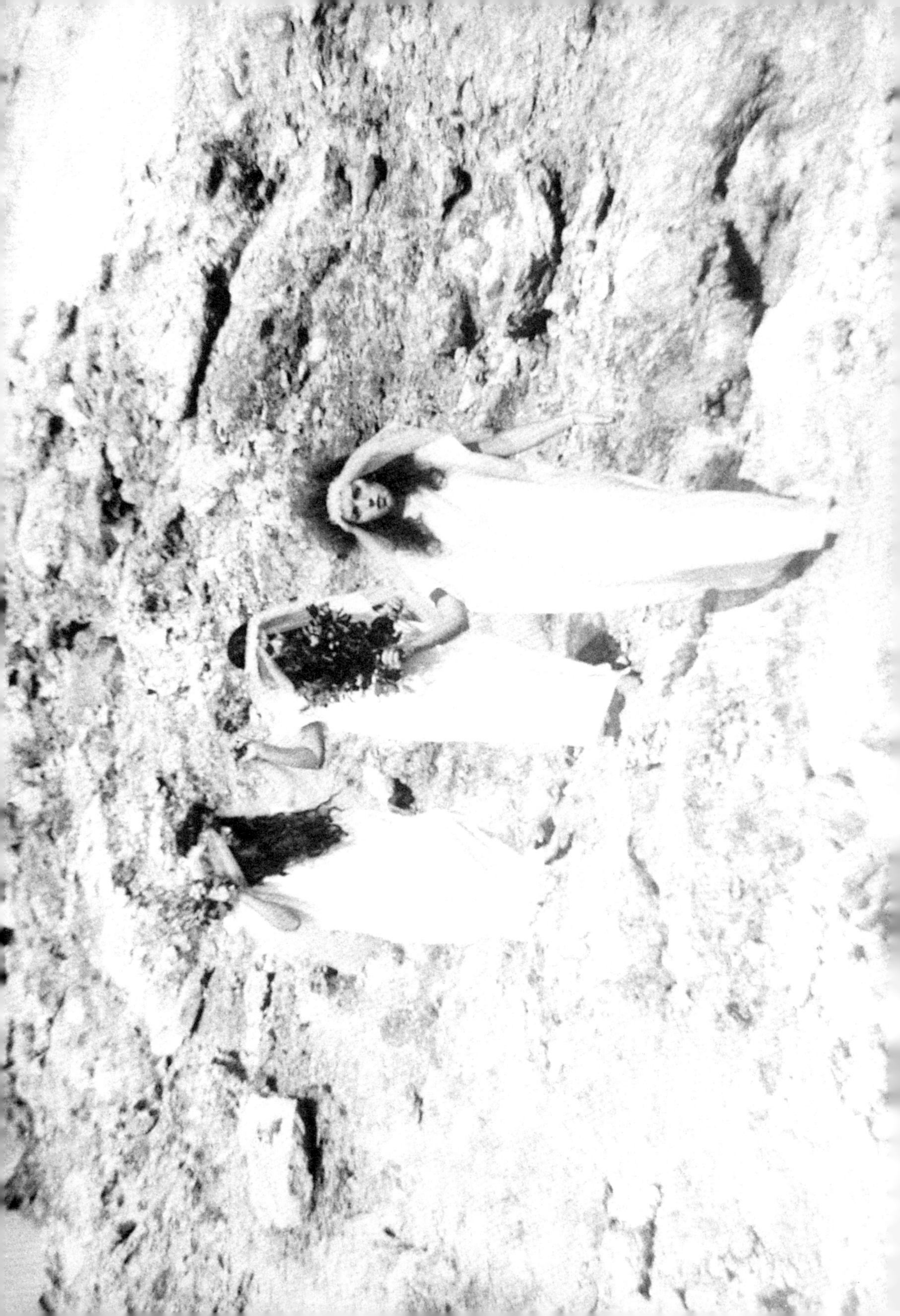

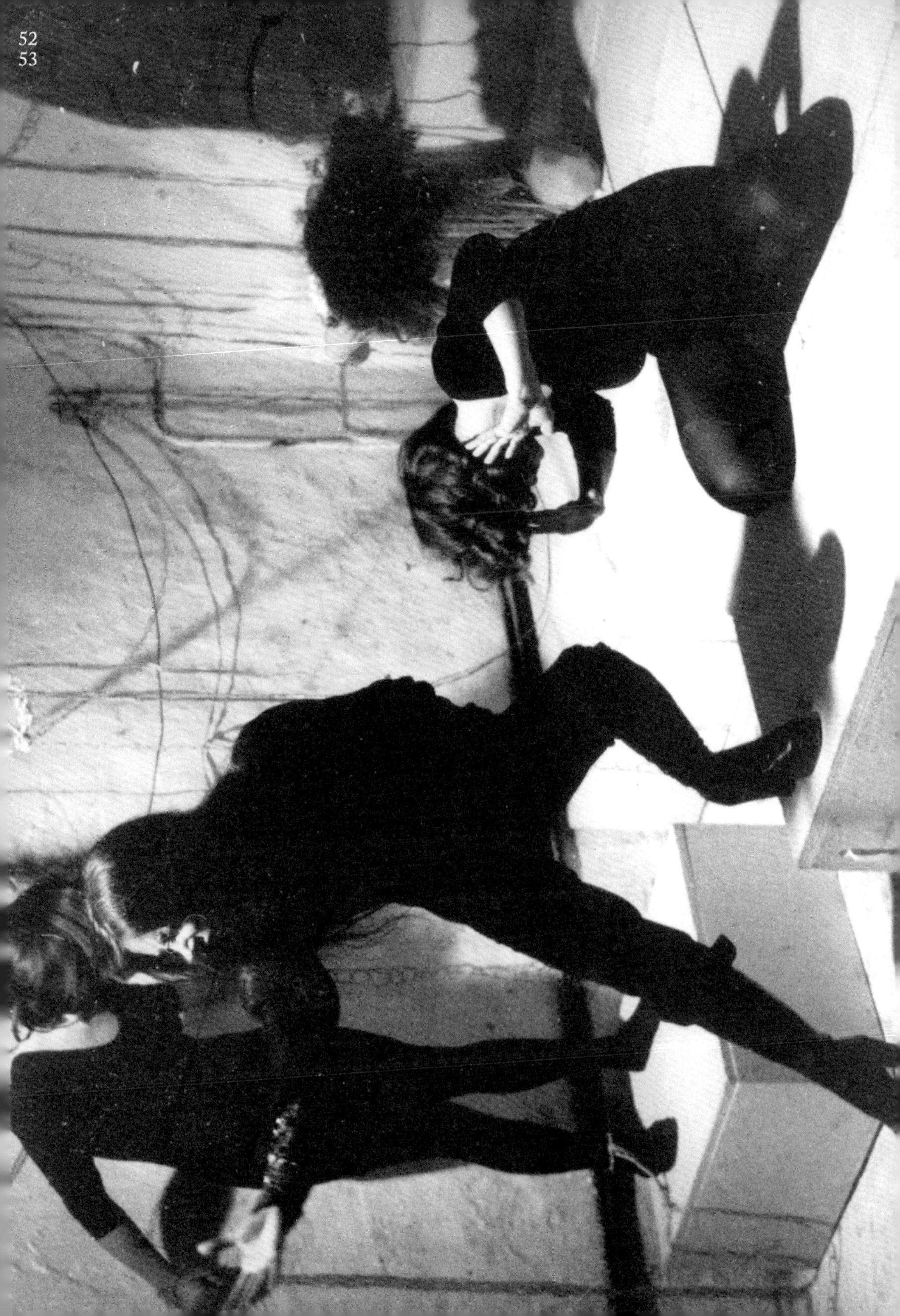

PRIGIONIERE POLITICHE.... DELLA NOSTRA FOLLIA

NON PIU' MALATTIA MA RIVOLTA

(giorni I e 2 Aprile 1978 FRULLONE ore.....)

Quando hanno finito di bruciare le streghe hanno aperto i manicomi.
Quando finirà la guerra dei sessi bruceremo i manicomi.
Ogni nostra espressione é ridotta a follia, a malattia o devianza.
Ogni nostra rivolta é imprigionata, confinata, bruciata sui roghi di tutte le culture e le ideologie.
Fuori e dentro la nostra lotta, la nostra rivolta non può continuare ad ignorare le altre prigioniere politiche ridotte ai limiti della sopravvivenza, espropriate delle loro stesse capacità di rivolta, confinate nella malattia.
Chiudere gli ospedali psichiatrici non ci basta, abbattere tutte le celle di isolamento, distruggere tutte le case di cura, la psichiatrizzazione e del territorio gli psicoanalisti, i vampiri delle nostre teste, gli ideologi e teorici delle nostre nevrosi, le avanguardie, gli esperimenti pilota sulla nostra pelle...
Perché siamo qui in un ospedale psichiatrico con la nostra azione teatrale, con il nostro corpo, con la nostra emotività, non più silenzio sulle violenze che ci vengono fatte, non più omertà, non più privato, non più segreto professionale, non più tecnici, non più addetti ai lavori.
Emarginate, confinate, espropriate, assistite, in lotta per le nostre scarpe, per i nostri spazi, spazi fisici, aria, aria aria per poter resirare, spazi per poter agire, cose da poter toccare per non diventare oggetti,
Bisogni, esigenze lussi, vogliamo possedere il lusso di essere padrone del nostro corpo e della nostra testa.
Nessun discorso nessuna teoria sulla follia possono risolvere o interpretare il perché della nostra follia, di una malattia che affonda le sue radici in relazione ad una divinità :"l'essere uomo".
Uccidere la divinità, negare il monoteismo, affermare la propria diversità al di là del consenso con una pratica comune tra donne e in un rapporto tra interno ed esterno in cui l'interno sia sempre più distrutto ed eliminato.

54

55 – BOTTEGA DELLA P O E S I A

DELLE N E M E S I A C H E – COOPERATIVA " LE TRE G H I N E E"

Vogliamo, desideriamo, realizziamo, inauguriamo oggi II giugno 1978 " LA BOTTEGA DELLA POESIA ".

Ricomponiamo la nostra cultura, la nostra storia, i brandelli, i pezzi di stoffa spezzati, tagliati, della nostra esistenza. Vita di donne, vita poesia, composizioni di stoffe e tempi, di parole, di musica, di corpo e danze, di parti col corpo, di voli senza corpo, di sconfinare.

Ci riappropriamo di ciò che hanno esiliato, ridotto: il nostro personale, il nostro quotidiano cucire, cucire le nostre teste, la nostra storia, il nostro politico, la nostra cultura, i mozziconi del nostro linguaggio, balbettii, evocazioni, poemi senza interruzioni, nella scia delle eterne maree.

Uniremo ciò che gli altri hanno diviso, separeremo ciò che altri hanno unito. La nostra strada è composta di sogni e realtà.

Alla "Bottega della Poesia" si cuce insieme il sogno, la fantasia, la realtà, la quotidianeità; si ricompone il mosaico spezzato, le aurore e i tramonti.

Alla "Bottega della Poesia" la bellezza e l'utile, la libertà e la quotidianeità.

Poesia ti faremo tornare dall'esilio. Apollo si è impossessato della nostra arte, spezzandola, frantumandola, possedendola, dividendola, sezionandola, Apollo è un medico non un poeta.

Tornino tutte le Muse, le Sirene; la Bottega della Poesia delle donne non accetta Apollo, lo manda al confino.

Tornino le Muse, tornino le Sirene: è tempo di Nemesi!

Viviamo come le maree, i nostri versi torneranno come i nostri sogni e la nostra realtà.

(N E M E S I)

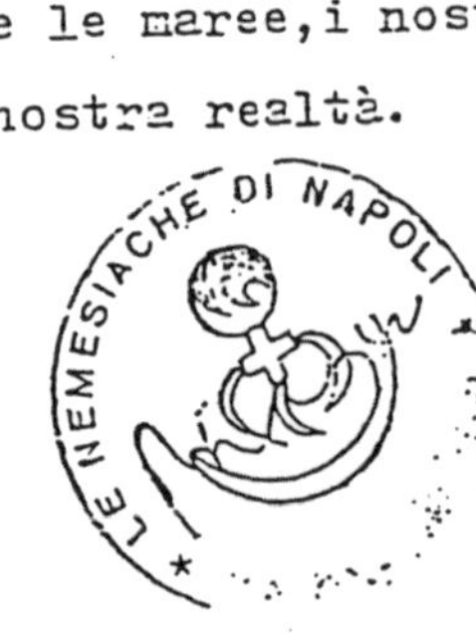

Napoli, II giugno 1978

Le Nemesiache/Coop.'Le Tre Ghinee'
continuano gli Incontri di Poesia
nella sede della Redazione di -
N.D.R.,viale Gramsci 20,il Giorno 23 Aprile 1987 alle ore -
17,30.Sono invitate tutte
le donne in versi non ri-
verse ma diverse,per co-
stituire un coordiname
nto regionale e nazio
nale pre-elettorale
...almeno siamo ...
chiare:

Per la lista
Femminista
Indi pendente
Ma impudente
Sempre presente
E irriverente
Venite venite
Portate le rime
Ma rime baciate
E non bisticciate
A fare valere
Una politica nuova
Che rompa le uova
Visto che è Pasqua
Per tante sorprese
Per toglier la noia
Dell'alta tenzone
Tra solidi quadri
E solite ignote
Anche più note...
Doremifasollasi?!?no?!?...

MANIFESTO FEMMINISTA NAZIONALE PER L'8 MARZO 1981.

Proposta di solidarietà alla lotta di Resistenza delle donne Napoletane.
Non intendiamo subire la violenza di ghetti dove non esiste più alcuna storia delle nostre origini.
Le donne di Napoli hanno sempre lottato per difendere la propria esistenza e quella dei bambini; hanno lottato e lottano per una dignitaà di vita che non continui ad emarginarle.
In questo momento scende il Black-Out sulla Resistenza che le donne stanno opponendo ad una volontà di distruzione,di deportazione di tutto un popolo con la giustificazione di un ipotetico progresso e mutamento della città di Napoli.
Non si tratta di avere delle case in palazzi che sono poi niente altro che baracche una sull'altra,dove non esiste alcuna possibilità di comunicazione e socializzazione ma di avere uno spazio vivibile in termini umani,adatto alla comunicazione e all'espressione.
Il mutamento di Napoli, la ricostruzione deve essere fatta con la partecipazione attiva di tutte le donne che non devono vedersi solo utilizzate a manifestare sulla base di bisogni che non saranno mai soddisfatti secondo le loro indicazioni. Le donne di Napoli vogliono essere libere di vivere la loro maternità e la loro sessualità in spazi che non siano prigioni e luoghi pericolosi per la loro salute e quella dei propri figli.
La storia delle donne è fatta di stupri, violenze e rapimenti.
Le donne di Napoli non intendono essere rapite dai loro quartieri; non intendono essere costrette a dividersi dalle altre persone con cui hanno costruito dei rapporti.
Lottiamo contro la condanna al lavoro nero, compreso quello delle casalinghe, e lottiamo per l'autonomia economica che non elimini e distrugga la ricchezza dei rapporti umani esistente nella economia del vicolo.
Lottiamo perchè continui ad esistere e si sviluppi il lavoro artigianale garantito e riconosciuto. Lottiamo perchè le donne, da sempre sfruttate, nella loro capacità creativa ed espressiva, con il lavoro nero possano organizzarsi in cooperative artigianali e che gli stessi enti locali si impegnino ad individuare canali sicuri di distribuazione del prodotto. Proponiamo un censimento per formare la LISTA e fare uscire dalla clandestinità la condizione di disoccupazione delle donne.
Non è il terremoto naturale, il vero pericolo per le donne, ma il terremoto politico sessista che ancora una volta utilizza la natura per

che non accettano ragioni amano il mare come fonte di vita entrano nel mare piacere, mare corpo poesia; il mare ci ha chiamate e noi.......

Questo Nostro Mare
Questo nostro mare amaro
Questo Mare salato
dalle lacrime di
tutte le DONNE
Questo mare strappato
AI PESCATORI
Questomare che non è nostro
Questo mare di NAPOLI
chiuso posseduto
QUESTO MARE DI CLASSE
Questo MARE MORTO
Questo MARE PERCHE'?
Questo MARE FATICA
ODORI DI CARNE
QUESTO MARE
SANGUE E SUDORE
QUESTO MARE OSTACOLI
LONTANO
PER I VICOLI CIECHI
DI MATTONI
QUESTO VOSTRO MARE
PER IMBARCAZIONI
E PETROLIERE
Questo MARE
CHE NON PUO'PIU'
APRIRSI AI NOSTRI
DESIDERI
AI NOSTRI CORPI
QUESTO MARE SU CUI NON
SALPAMMO MAI
PER LE AVVENTURE
DEI NOSTRI SOGNI
QUESTO MARE TERRA
NON SIAMO MAI STATE
PESCATRICI
Questo mare perchè
Mare oltre
ogni sogno
e creazione
SE TU NON FOSSI
TI CREREMMO NOI
NEI MOMENTI
della NOSTRA RABBIA
NELLE URLA DELLE
NOSTRE RIVOLTE
NELLE IRE
della NOSTRA VENDETTA
MARE
MAREE
OCEANI
GALASSIE
LIBERTA'
BELLEZZA
QUESTO E'
iL NOSTRO MARE
SENZA CONFINE
SENZA PROPRIETA'
mare utopia
mare desiderio
Piacere

Lina Mangiacapre

58
59 SIAMO TUTTE PRIGIONIERE POLITICHE

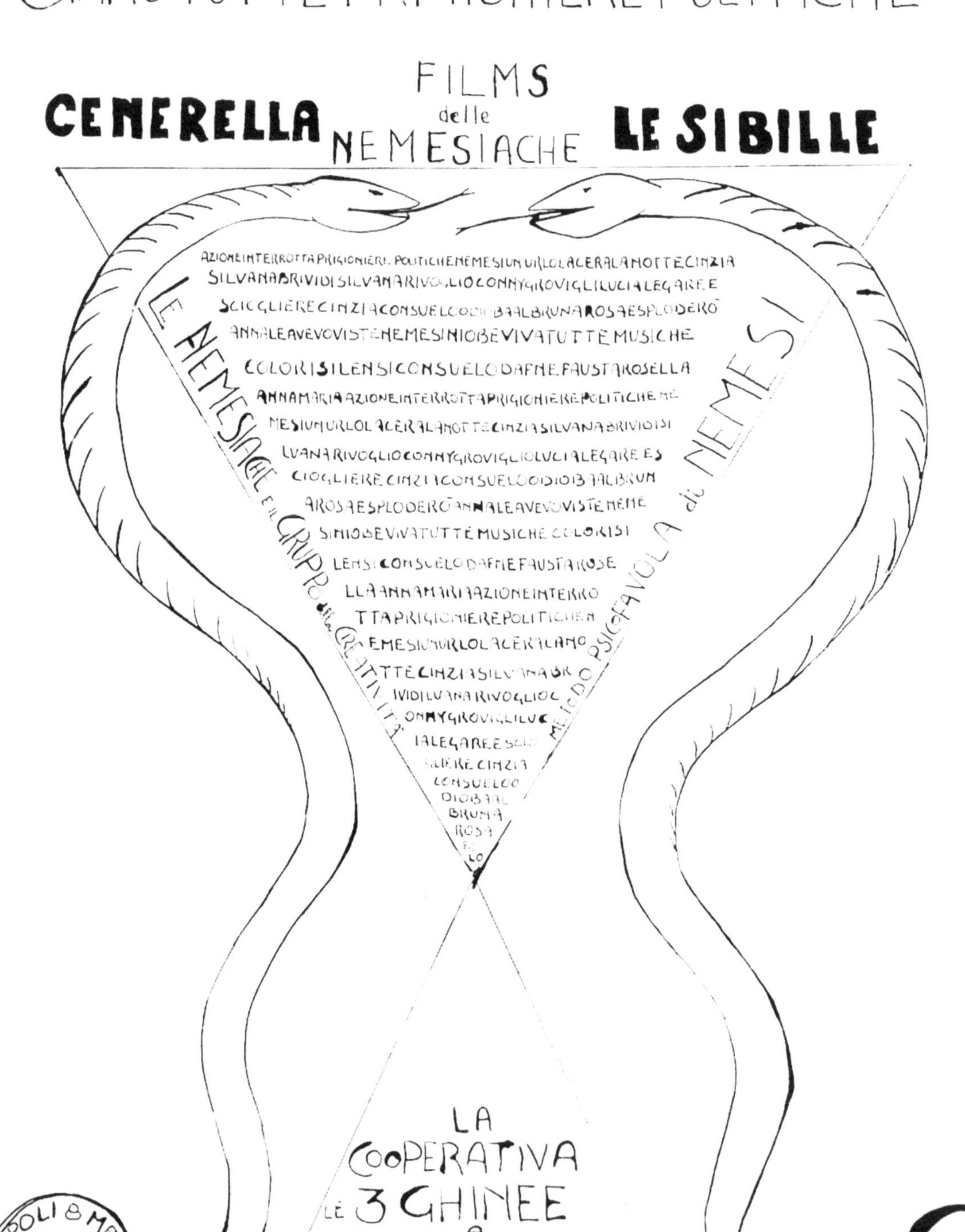

WE ARE ALL POLITICAL PRISONERS

CINDERELLA
THEATRICAL

FILMS
OF LE
NEMESIACHE

THE SIBYLS
ACTION

ACTION ACTION ACTION

INTERRUPTED ACTION POLITICAL PRISONERS NEMESIS A SCREAM RIPS
THROUGH THE NIGHT CINZIA SILVANA SHIVERS SILVANA I WANT CONNY
BACK KNOTS LUCIA TO BIND AND RELEASE CINZIA CONSUELO
HATRED BAAL BRUNA ROSA I WILL EXPLODE ANNA I SAW
THEM NEMESIS ALIVE NIOBE ALL MUSICS COLOURS
SILENCES CONSUELO DAPHNE FAUSTA ROSELLA
ANNAMARIA INTERRUPTED ACTION POLITICAL
PRISONERS NEMESIS A SCREAM RIPS THROUGH THE
NIGHT CINZIA SILVANA SHIVERS SILVANA I WANT
CONNY BACK KNOTS LUCIA TO BIND AND RELEASE
CINZIA CONSUELO HATRED BAAL BRUNA ROSA
I WILL EXPLODE ANNA I SAW THEM NEMESIS
ALIVE NIOBE ALL MUSICS COLOURS
SILENCES CONSUELO DAPHNE
FAUSTA ROSELLA ANNAMARIA
INTERRUPTED ACTION POLITICAL
PRISONERS NEMESIS A SCREAM
RIPS THROUGH THE NIGHT
CINZIA SILVANA SHIVERS
SILVANA I WANT CONNY
BACK KNOTS LUCIA TO
BIND AND RELEASE
C I N Z I A
C O N S U E L O
HATRE BAAL
B R U N A
R O S A
I

LE NEMESIACHE AND THE CREATIVITY GROUP

PSYCHO-FABLE METHOD OF NEMESIS

NAPLES 8 MARCH
1978

THE
3 GUINEAS
COOPERATIVE
AT
SPAZIO LIBERO
PARCO MARGHERITA 28/b NA
from SATURDAY 4 to SUNDAY 5 h 20.30
from TUESDAY 7 to THURSDAY 9 h 20.30

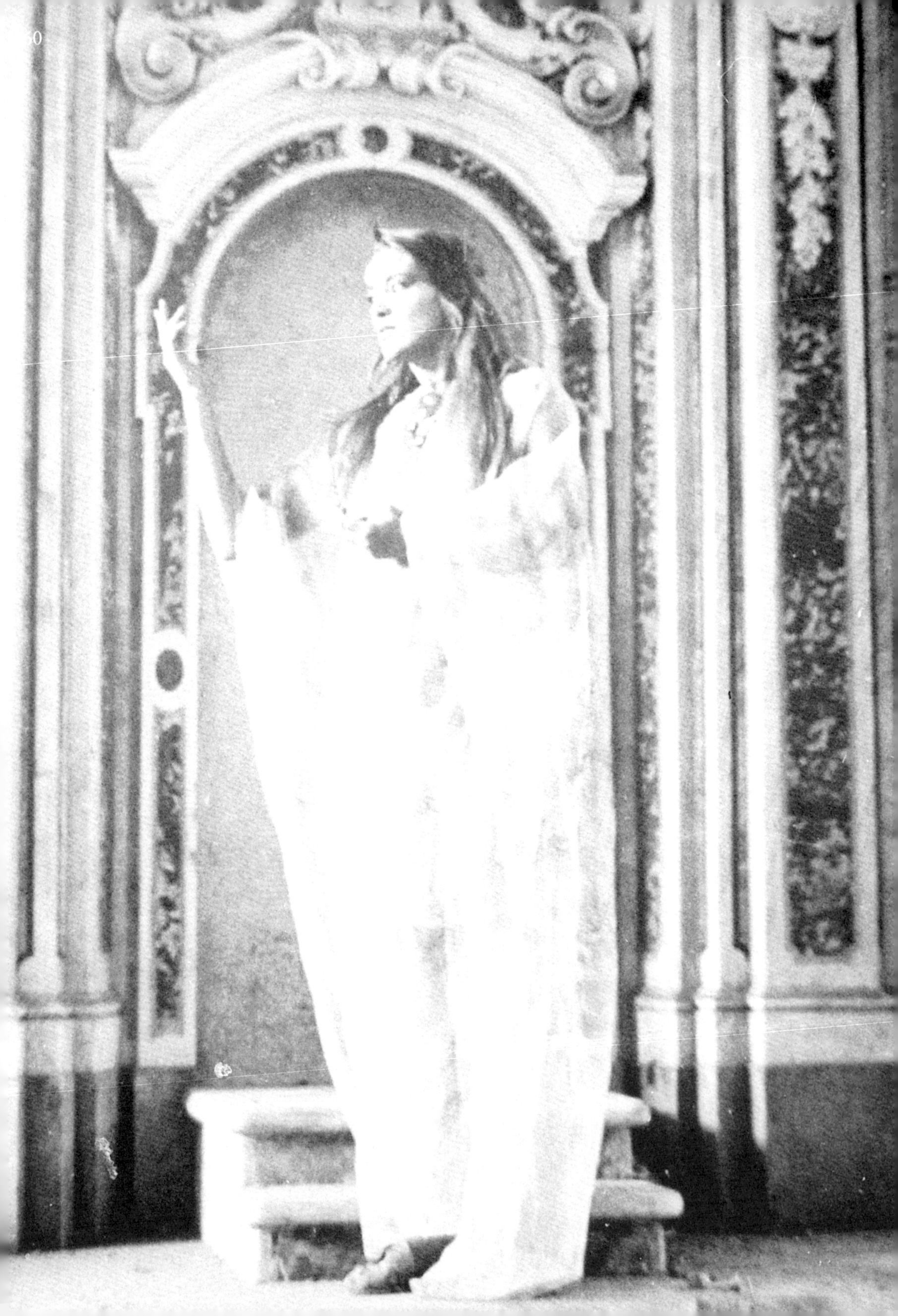

1
Manifesto delle Nemesiache [Le Nemesiache Manifesto], 1970. Ciclostilato in proprio / In-house mimeographed

2
Estratti da / Excerpt from *Cicli Lunari* [Lunar Cycles], 1973. Ciclostilato in proprio / In-house mimeographed

3
Manifesto Metaspaziale [Metaspatial Manifesto],1973. Ciclostilato in proprio / In-house mimeographed

4
Manifesto per la riappropiazione della nostra creatività [Manifesto for the Reappropriation of Our Creativity], 1977. Le Nemesiache con, tra le altre / with, amongst others Mathelda Balatresi, Elsa Caroli, Annamaria De Rimimi, Cinzia e Lucia Mastrodomenico, Rosa Panaro, Maria Roccasalva

5
6
Estratti da / Excerpts from *Cicli Solari* [Solar Cycles], 1975. Ciclostilato in proprio / In-house mimeographed

7
8
9
Cenerella [Cinderella] Quarto Oggiaro, Milano / Milan, 1975. Documentazione della performance / Performance documentation. Scritto e diretto da / Written and directed by Lina Mangiacapre, interpretazione e musica / performance and music by Le Nemesiache

10
Mostra della creatività femminista [Creativity Feminist Exhibition], Libreria / Bookstore L'incontro, Napoli / Naples, 1977. Le Nemesiache con, tra le altre / with, amongst others Mathelda Balatresi, Elsa Caroli, Annamaria De Rimimi, Cinzia e / and Lucia Mastrodomenico, Rosa Panaro, Maria Roccasalva

11
Flyer per / for *Look Poesia* [Poetry Look], KGB, Napoli / Naples, 1990

12
Eliogabalo [Elagabalus], 1982. Prove al / Rehearsal at Teatro Nuovo di Napoli / Naples. Foto di / Photo by Lina Mangiacapre. Scritto da / Written by Lina Mangiacapre e / and Adele Cambria, interpretazione e musica di / performance and music by Le Nemesiache

13
I Rassegna del Cinema Femminista / First Feminist Film Festival, 1976, Cinema Filangieri, Napoli / Naples

14
Raduno/vacanza femminista / Feminist gathering/retreat, Bardolino, 1972

15
16
17
Discesa alla Gaiola/ Descent to the Gaiola, 11 giugno / June, Napoli / Naples, 1978. Documentazione della performance / Performance documentation. Foto di / Photo by Melita Rotondo

18
Premio Elvira Notari / Award Elvira Notari, 1992. Da sinistra / From the left Sally Potter, Tilda Swinton, e / and Lina Mangiacapre

19
Premio Elvira Notari / Award Elvira Notari, 1991. Pergamena e premio a / Parchment and price to Ymou Zhang e / and Gong Li

20
TransNemesiache, Castel dell'Ovo, Napoli / Naples, 1982. Nella foto / In the picture Conni Capobianco/ Nausicaa e / and Lina Mangiacapre/Nemesi

21
Nella foto / In the picture Conni Capobianco/Nausicaa e / and Bruna Felletti/ Karma. Foto di / Photo by Teresa Mangiacapra/Niobe

22
Le Sibille [The Sibyls], 1977. Video still, Super 8, colore, suono / color, sound, 25'. Scritto e diretto da / Written and directed by Lina Mangiacapre, interpretazione e musica / performance and music by Le Nemesiache, prodotto da / produced by Coop. Le Tre Ghinee

23
Cenerella [Cinderella] Quarto Oggiaro, Milano / Milan, 1975. Documentazione della performance / Performance documentation. Scritto e diretto da / Written and directed by Lina Mangiacapre, interpretazione e musica / performance and music by Le Nemesiache

24
Non canta Napoli [Naples Does Not Sing], 1980

25
Non canta Napoli [Naples does not sing], 1980. Nella foto / In the picture Anna Grieco/Dafne e / and Teresa Mangiacapra/Niobe

26
27
28
29
Cenerella [Cinderella] Quarto Oggiaro, Milano / Milan, 1975. Documentazione della performance / Performance documentation. Scritto e diretto da / Written and directed by Lina Mangiacapre, interpretazione e musica / performance and music by Le Nemesiache

30
31
Costruiamo una città a dimensione donna [Let's Build a City a Woman-Size], 1981

32
33
34
35
Festa della poesia alla Gaiola / Poetry Festival at Gaiola, 11 giugno / June, 1978. Documentazione della performance / Performance documentation. Foto di / Photo by Luciano Guarino

36
37
Occupazione simbolica della palazzina Salvator Rosa / Symbolic occupation of the Salvator Rosa building, 1977

38
39
Modellini per i costumi della performance / Models for the costumes of the performance *Look Poesia* [Poetry Look], 1990. Realizzati da / Created by Silvana Campese/ Medea su grafica di / on design by Consuelo Campone/Coca

40
Look Poesia [Poetry Look], Napoli / Naples, KGB, 1990.Documentazione della performance / Performance documentation

41
Look Poesia [Poetry Look], Napoli / Naples, KGB, 1990. Documentazione della performance / Performance documen-

tation. Nella foto / In the picture Consuelo Campone/Coca

42
Look Poesia [Poetry Look], Napoli / Naples, KGB, 1990. Documentazione della performance / Performance documentation. Nella foto / In the picture Silvana Campese/Medea

43
Look Poesia [Poetry Look], Napoli / Naples, KGB, 1990. Documentazione della performance / Performance documentation. Nella foto / In the picture Monica Campone

44
Biancaneve [Snow White], Roma / Rome, 1984. Documentazione della performance / Performance documentation. Scritto e diretto da / Written and directed by Lina Mangiacapre, interpretazione e musica / performance and music by Le Nemesiache

45
Biancaneve [Snow White], Roma / Rome, 1984. Documentazione della performance / Performance documentation. Scritto e diretto da / Written and directed by Lina Mangiacapre, interpretazione e musica / performance and music by Le Nemesiache. Nella foto / In the picture Conni Capobianco/Nausicaa e / and Teresa Mangiacapra/Niobe

46
Biancaneve [Snow White], Roma / Rome, 1984. Documentazione della performance / Performance documentation. Scritto e diretto da / Written and directed by Lina Mangiacapre, interpretazione e musica / performance and music by Le Nemesiache. Nella foto / In the picture Bruna Felletti/Karma

47
Concerto a Partenope [Concert to Partenope], Lille, 1983. Nella foto / In the picture Lina Mangiacapre al piano / at the piano

48
Ofelia Pazza [Mad Ophelia], Verona, 1980. Teatro concerto di / Music performance of Lina Mangiacapre, Interpretazione di / Performance Teresa Mangiacapra (nella foto / in the picture). Documentazione della performance / Performance documentation

49
Didone non è morta [Dido Is Not Dead], 1987. Video still, 35 mm, colore, suono / color, sound, 90'. Foto di / Photo by Teresa Mangiacapra/Niobe. Scritto con / Written with Adele Cambria e diretto da / and directed by Lina Mangiacapre, prodotto da / produced by Coop. Le tre Ghine/Le Nemesiache

50
51
Didone non è morta [Dido Is Not Dead], 1987. Video still, 35 mm, colore, suono / color, sound, 90'. Foto di / Photo by Teresa Mangiacapra/Niobe. Scritto con / Written with Adele Cambria e diretto da / and directed by Lina Mangiacapre, prodotto da / produced by Coop. Le tre Ghine/Le Nemesiache

52
Le Nemesiache e il Gruppo della Creatività, *Siamo tutte priogioniere politiche* [We Are All Political Prisoners], Napoli / Naples, 1978

53
Le Nemesiache e il Gruppo della Creatività, *Siamo tutte prigioniere politiche* [We Are All Political Prisoners], Napoli / Naples, 1978. Estratto dal documento / Excerpt from the document

54
Bottega della Poesia [Workshop of Poetry], Napoli / Naples, 1978

55
Documento senza titolo [Untitled document], 1987

56
Manifesto femminista nazionale [National Feminist Manifesto], 8 marzo / March, 1981

57
Lina Mangicapre, Senza titolo (Untitled poem), 1978. Poesia in / Poetry from *Non solo Figura di Donna* [Not just a Woman's Silhouette], 1978-1979

58
Le Nemesiache e il Gruppo della Creatività, *Siamo tutte priogioniere politiche* [We Are All Political Prisoners], Napoli / Naples, 1978

59
Siamo tutte priogioniere politiche [We Are All Political Prisoners], 1978. Tradotto in occasione della mostra / Translated on the occasion of the exhibition *From the Volcano to the Sea. The Feminist Group Le Nemesiache in 1970s and 1980s Naples* [Dal vulcano al mare. Il Gruppo femminista de Le Nemesiache negli anni Settanta e Ottanta a Napoli], 23 ottobre 202-17 gennaio 2021 / 23 October 2020-17 January 2021, Rongwrong, Amsterdam, a cura di / curated by Giulia Damiani con / with Sara Giannini e / and Arnisa Zeqo

60
Didone non è morta [Dido Is Not Dead], 1987. Video still, 35 mm, colore, suono | color, sound, 90'. Nella foto / In the picture Daniela Silverio. Scritto con / written with Adele Cambria e diretto da / and directed by Lina Mangiacapre, prodotto da / produced by Coop. Le tre Ghine/Le Nemesiache. Foto di / Photo by Teresa Mangiacapra/Niobe

Reclaiming the Sea Body
Riprendiamoci il corpo mare

Il mare ci ha chiamate. Vacanze femministe e raduni in spiaggia

Elvira Vannini

Au bord de la mer, j'ai vécu tout d'abord la nudité nouvelle d'un corps (le mien... le nôtre... le «corps collectif» ...) qui muait, qui se dansait («on» ne le dansait plus à sa place).[1]

1 "Sulla riva del mare, ho vissuto prima di tutto la nuova nudità di un corpo (il mio... il nostro... il "corpo collettivo"...) che cambiava pelle, che si danzava (non lo si "danzava più al suo posto")". Salvo diversa indicazione, le traduzioni dei testi originali presentate in questa sede sono state curate dall'autrice. Tratto da *Un bébé M.L.F. à la Tranche*, "Le Torchon brûle" n. 5, 1973, p. 17.

Estate 1973. Torretta di Crucoli, Calabria. Uno scatto fotografico ritrae un gruppo di quattro giovani donne: distese sulla sabbia, alcune sedute e altre sdraiate, non sappiamo cosa stanno facendo, forse discutono, si ascoltano, guardano altrove; tre di loro sono nude, quella al centro è Lina Mangiacapre e sta suonando il flauto, sembra quasi di avvertirne il suono, misto all'infrangersi delle onde sulla riva e a quello più impetuoso del vento d'oltremare. Si tratta di uno dei primi raduni femministi in Italia organizzato dalle Nemesiache, sul modello degli incontri internazionali a La Tranche-sur-Mer del 1972, che seguiva quello di Bardolino dello stesso anno.[2] Invocato dalle "seguaci, sorelle e figlie della sirena Partenope" non poteva che svolgersi al mare. Come registra Maria Schiavo nel lungo resoconto all'interno della sua autobiografia politica:

2 Le Nemesiache ne scriveranno sul primo giornale in ciclostile i *Cicli Lunari* dove pubblicano una foto del raduno (Bardolino, 8 dicembre 1972 con la scritta: "eravamo solo donne

era infatti una vacanza femminista o raduno"); documento reperito alla Fondazione Elvira Badaracco, Milano.

La vicinanza dell'acqua del mare, che veniva considerato un elemento materno, insieme a tante donne, molte delle quali rimanevano tutta la notte sulla spiaggia a discutere, a ridere, a scherzare, dormendo infilate nei sacchi a pelo, che si muovevano nel buio, sulla sabbia come miracolosamente animati, mi diede un senso di libertà. Ebbi l'impressione che, come quei sacchi a pelo, qualcosa si muoveva, da informe cominciava a configurarsi, nonostante che il vento e la sabbia del mare chiamassero piuttosto verso un che indefinito e imprendibile".[3]

3 Maria Schiavo, *Movimento a più voci. Il femminismo degli anni Settanta attraverso il racconto di una protagonista*, Fondazione Badaracco - FrancoAngeli, Milano 2002, p. 76.

Il paesaggio marino del Sud Italia, come era già avvenuto in Vandea, si fonde con una corporeità femminile, quasi primaria, ma più che un corpo pre-simbolico, originario, che precede la marcatura del generc, si colloca, piuttosto, in quel vuoto culturale che per Carla Lonzi "costituisce il presupposto per una riscoperta del nostro corpo",[4] per ritornare a sentirlo non come dato sensoriale, da sempre represso e disciplinato, ma nella sua natura culturale e strutturale: quella di un soggetto politico. Liberare i corpi significava anche far uscire la creatività dai rapporti patriarcali, dedicarsi a frequentazioni sociali femminili e – oltre alla presa di coscienza (*consciousness-raising*) e all'atto politico di stare tra donne – ribellarsi al destino obbligato della maternità, ai ruoli sociali imposti nell'organizzazione sessuale del lavoro. Le lotte per la legalizzazione dell'aborto, contro lo sfruttamento domestico e la violenza di genere, hanno attraversato le strade e occupato le piazze. Si tratta di una intersoggettività che sfugge alle assegnazioni del modello

4 Carla Lonzi, "Itinerario di riflessioni", in *È già politica*, Scritti di Rivolta Femminile, Milano 1977, p. 22.

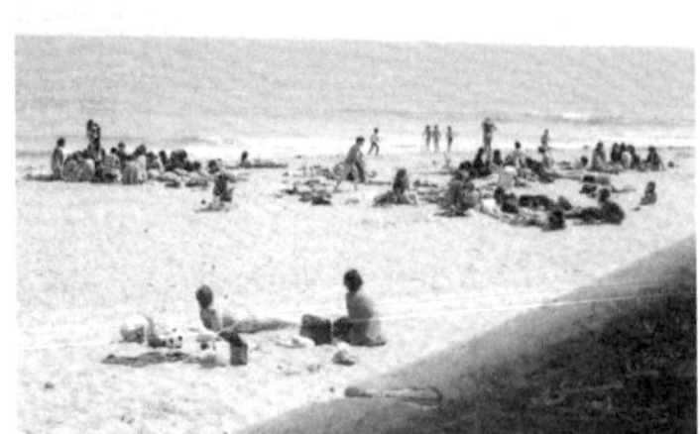

Vacanza femminista/raduno, Bardolino, ottobre 1972.

logocentrico (e fallocentrico) e che, mette al centro del discorso non le teorie o le rappresentazioni, ma il reciproco riconoscimento, la scoperta che i corpi e le corpe delle altre, insieme, diventano corpo collettivo. Racconta Luisa Passerini che aveva partecipato a La Tranche:

Lì ero rimasta molto colpita da un modo di vivere che era interamente basato sul corpo, sui rapporti tra donne, sull'assenza di un ordine del giorno, di un qualcosa di articolato, di riconosciuto, di chiaro. Il mio tradizionalismo politico ne era scioccato.[5]

5 Luisa Passerini in Piera Zumaglino, *Femminismi a Torino*, FrancoAngeli, Milano 1996, p. 238.

È stata questa la potenza generativa dei movimenti radicali delle donne e delle soggettività dissidenti nel contesto italiano degli anni Settanta, praticata in una successione di grandi incontri e raduni transnazionali per attivare "all'interno della società, luoghi e momenti separati di socialità femminile autonoma",[6] costruiti attraverso "reticoli amicali o di conoscenza, che vennero sottoposti alla torsione della specifica politicizzazione femminista".[7] In *Non credere di avere dei diritti* (1987) si menziona un documento fotocopiato e non datato, forse scritto verso la fine del 1975, intitolato "I luoghi delle femministe e la pratica del movimento", in cui si legge che la "materia della nostra pratica politica sono i rapporti fra donne (oltre che la storia e il corpo di ciascuna)" e che questa materia, in passato relegata nel privato, ora ha bisogno di "vita socializzata".[8] Non solo assemblee e discussioni ma anche, e soprattutto, feste, balli, cene, viaggi e vacanze, "di mezzo c'erano amicizie, amori, pettegolezzi, lacrime, fiori, regali".[9] Sempre Passerini restituisce preziose analisi per avvicinarci a questi rivolgimenti personali e politici:

6 Libreria delle donne di Milano, *Non credere di avere dei diritti*, Rosenberg & Sellier, Torino 1987, p. 59.

7 Luisa Passerini, "Corpi e corpo collettivo. Rapporti internazionali del primo femminismo italiano", in Teresa Bertilotti e Anna Scattigno (a cura di), *Il femminismo italiano degli Anni Settanta*, Viella, Roma 2005, p. 187.

8 Libreria delle donne di Milano, *Non credere di avere dei diritti*, p. 92.

9 *Ivi*, p. 47.

[…] il ballo collettivo, l'abbraccio collettivo, la festa tra donne, ma […] anche la sensazione di essere divorate dal gruppo, di essere mangiate dalle altre donne e nello stesso tempo il senso di una sfida che promette di dare molto.[10]

10 Passerini, "Corpi e corpo collettivo", p. 190.

Si provava piacere a parlare insieme, a mettersi in relazione con le altre e, negli spazi del separatismo, il confronto politico si intrecciava con l'invenzione di nuove forme di vita comune e di convivenza totale attraverso cui sperimentare la sorellanza: "Era un modo insolito di fare politica – afferma il collettivo della libreria delle donne di Milano – e per molte fu la scoperta che il sistema di rapporti sociali poteva essere cambiato".[11]

Fu il gruppo Red Stockings di Copenaghen ad organizzare il primo Women's camp nell'isola danese di Femø, nell'agosto 1971, a cui parteciparono oltre 700 donne provenienti da diverse zone d'Europa.[12] Seguirono gli incontri delle francesi di Psychanalyse et Politique, inizialmente sotto la sigla del Mouvement de libération des femmes (MLF): il primo, già citato, a La Tranche che durò una settimana (24 giugno-2 luglio, 1972), poi l'anno successivo a Vieux-Villez, vicino Rouen e a Châtheau-Coupigny. Numerosi i resoconti a più voci[13] che insistono sugli aspetti materiali dell'aggregazione sociale, della gioia di trovarsi in tante, dell'esperienza della nudità, della creatività che si esprimeva con musica e danze al chiaro di luna, delle emozioni che ne scaturivano. Le compagne francesi, in un misto di rigore, analisi e fantasia hippy, erano abituate a vivere insieme e a praticare un uso collettivo della psicoanalisi. "Il rapporto della donna con l'altra donna è l'impensato della cultura umana. Lo strumento femminile trasformatore del mondo è la pratica di rapporti tra donne"[14]: questa è stata sia l'invenzione che il separatismo estremo di Psych et Po.

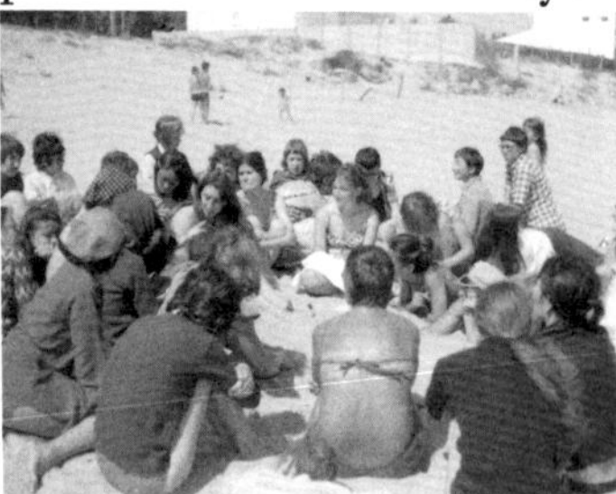

Raduno a La Tranche sur Mer, Francia, giugno 1972

11
Libreria delle donne di Milano, *Non credere di avere dei diritti*, p. 47.

12
Questo testo è stato inizialmente ispirato dalla scoperta nello studio di Marcella Campagnano di un'enorme quantità di straordinarie registrazioni fotografiche degli incontri sulla strategia femminista internazionale, che si sono svolti nell'isola di Femø, nell'agosto del 1974, cui l'artista aveva partecipato, insieme agli altri raduni e vacanze femministe citate.

13
Oltre ai contributi già indicati, per una ricostruzione, vedi: Lea Melandri, *Una visceralità indicibile. La pratica dell'inconscio nel movimento delle donne degli anni Settanta*, Fondazione Badaracco-Franco Angeli, Milano 2000; Luisa Passerini, *Storie di donne e femministe*, Rosenberg & Sellier, Torino 2024; Federica Giardini, *Psicoanalisi e politica tra Francia e Italia*, "Genesis", Attraversare i confini, X/2, 2011, p. 59-76.

14
Libreria delle donne di Milano, *Non credere di avere dei diritti*, p. 42.

Una compagna di Milano chiude così il resoconto del suo soggiorno a La Tranche:

E mi sono convinta nel profondo che le donne, io, non siamo solo la casta oppressa che si ribella, non siamo solo in grado di arrivare ad un'analisi corretta per una strategia efficace, non siamo solo compagne di una lotta di liberazione (sicuramente fondamentale ed articolata su ogni nodo della società capitalistica e patriarcale): questo c'è tutto; ma per così dire lievitato, reso splendido e felice e potente dall'evidenza, che ho vissuto, che le donne per le donne possono essere creature di cui ci si può fidare, a cui ci si può affidare, con cui ci si sta bene insieme, con cui si può suonare flauti e tamburelli per notte intere, con cui ci si diverte a ballare, a discutere, a fare progetti e renderli reali.[15]

15
Una compagna di Milano, "La Tranche un incontro internazionale, una vacanza al mare", in *Esperienze dei gruppi femministi in Italia*, "Sottosopra", Libreria delle donne di Milano, Milano 1973, p. 18-19. Maria Schiavo attribuisce questo testo e il successivo, "Nudità", ad Antonella Nappi, in *Movimento a più voci*, p. 59.

O seguendo la restituzione di un'altra partecipante:

Le parigine suonavano i bonghi, si tenevano per mano, parlavano di Lacan e… io non è che abbia assorbito tanti contenuti. Credo ci fosse anche la Lina Mangiacapre che danzava, al suono dei bonghi parigini, era uno sballo, non si dormiva mai.[16]

16
Elena Biagini, *L'emersione imprevista. Il movimento delle lesbiche in Italia negli anni '70 e '80*, Edizioni ETS, Pisa 2018, p. 93.

Oltre 200 donne, insieme per una settimana, senza uomini e con una trentina di bambini, in un centro per colonie estive isolato dalla realtà locale, uno scenario molto diverso dal già citato raduno a Torretta di Crucoli. Quest'ultimo definito una vera pazzia dalle Nemesiache e testimoniato da una serie di evidenze documentarie che registrano forti tensioni nella collettivizzazione delle relazioni, nella mancanza di solidarietà e nelle lacune negli aspetti materiali dell'organizzazione,[17]oltre che per la struttura patriarcale della società italiana che in rapporto alla "nudità apparentemente libera, istintuale, selvaggia, che avevano praticato alcune donne in quell'arretrato paesino della Calabria, diventava quasi una *demand de viol* in quel contesto, mentre in un contesto di sole donne

17
Numerosi documenti ciclostilati raccontano le dinamiche organizzative e relazionali del primo raduno a Torretta di Crucoli, reperiti grazie al supporto e alla ricerca preziosa di Sonia D'Alto.

[...] assumeva i tratti della riscoperta, della valorizzazione di sé e dell'altra".[18] Il femminismo nemesiaco risponderà alle retoriche sull'immaginario retrogrado del meridione italiano, sulla colonizzazione del corpo femminile e di Napoli, e in generale del Sud del mondo, in molte delle comunicazioni ciclostilate sia durante questi incontri, che nelle discussioni successive.

18 Schiavo, *Movimento a più voci*, p. 75.

Nel ponte dei Santi (1-4 novembre 1973), si svolse un altro grande raduno sulla riviera ligure, dove la partecipazione fu incredibile: "Non intendiamo organizzare un convegno ma una vacanza per conoscerci meglio",[19] si legge nel documento inviato dal Collettivo femminista Torinese per una convocazione a Varigotti, con le compagne di Psych et Po. È presente anche Mangiacapre che in una bozza di articolo per "Quotidiano Donna", parla di musica e follia che se non gradita nelle "riunioni serie", verrà cercata altrove, come successo a Varigotti: "Le solite Nemesiache che suonano".[20]

19 "Questo desiderio di incontrarsi e passare qualche giorno insieme – si legge – è nato in seguito all'esperienza di La Tranche, poi della Calabria e di Bardolino dello scorso dicembre." *Incontro a Varigotti con le compagne femministe del gruppo francese Psycanalyse et Politique*, documento conservato presso l'Archivio Dalla Costa, Padova.

20 Vedi anche: "Di Napoli, delle Nemesiache che avevano organizzato l'incontro estivo di Torretta di Crucoli, era presente quella che è meglio le rappresentava, Lina Mangiacapre. Era sempre fasciata da attillatissime guaine di pelle nera, il bel viso ombreggiato da grandi occhiali scuri. Ricordava un poco un personaggio dei fumetti, Barbarella. Ma sotto quell'aspetto bizzarro e fantasioso, c'era una donna dall'intelligenza viva e appassionata. Si occupava di cinema e negli anni Ottanta, diresse, tra l'altro, un notevole film storico sulla regina Didone e la sua sconfitta, che interpretò come politica prima che amorosa", in Schiavo, *Movimento a più voci*, p. 86.

Eravamo di nuovo in riva al mare, come in Calabria. Ma la situazione era molto diversa. Questa volta il gruppo francese era stato espressamente invitato in Italia per parlare della propria pratica. C'era un confronto serrato. Torretta di Crucoli aveva rappresentato soprattutto un impatto con l'ambiente del Sud, con una natura bella e prepotente, che si imponeva ai corpi, che suggeriva nudismi e trasgressioni, ed alcune di loro, vi avevano fatto un po' la parte del grillo parlante. Ora era autunno. Il mare era grigio e le nostre uscite in spiaggia, favorite da un clima ancora mite, suggerivano le riflessioni piuttosto che le nuotate.[21]

21 *Ivi*, p. 87.

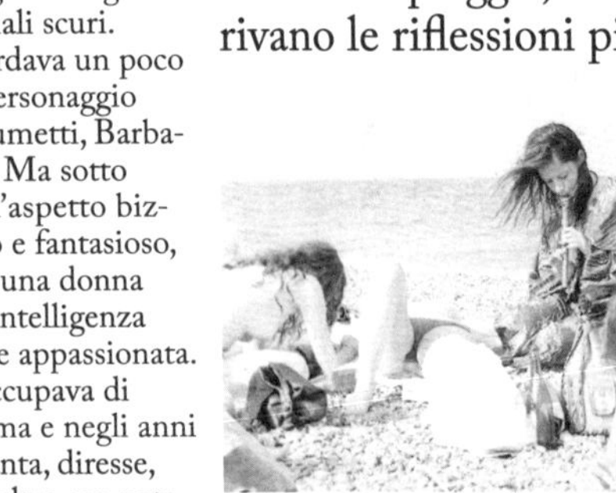

Raduno femminista a Torretta di Crucoli, 1973

Raduno femminista a Varigotti, 1973. Notte di luna piena a Torretta di Crucoli, 1973

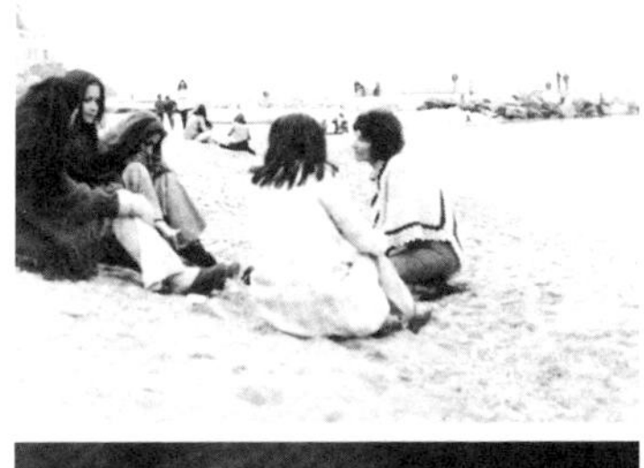

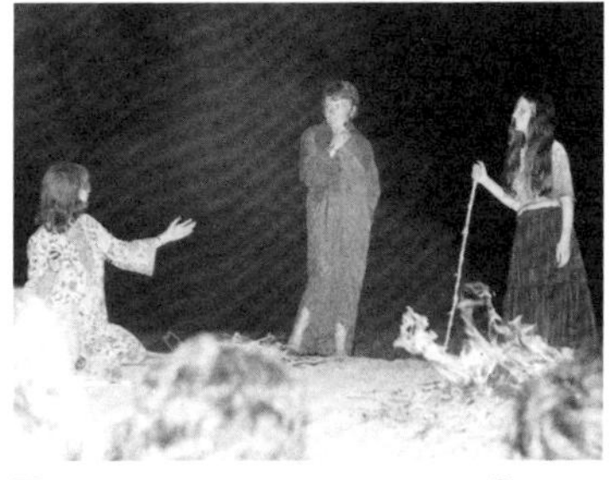

Da una prospettiva ecofemminista, la confusione tra il mare e i corpi delle donne resta un nodo fondativo in questi raduni, popolati di soggettività non egemoniche, meticce e ancestrali, allineate con le forze della natura, con cui reincantare il sistema-mondo e ricongiungersi con l'ambiente. Come l'uscita dal manicomio delle donne psichiatrizzate per contemplare il mare ed immergersi nelle sue acque, dalla potenza nutritiva e curativa. Per Le Nemesiache, in generale, la gestualità del corpo femminile è in dialogo con la fluidità del paesaggio marino (*Follia come poesia, / Riprendiamoci il corpo mare*). In un documento dattiloscritto e non datato, conservato negli archivi della Fondazione Badaracco, propongono – oltre alla costruzione di una realtà editoriale e una rete di distribuzione fatta di raduni, fiere, cinema e teatro – la sperimentazione di gruppi di autocoscienza attraverso la danza: "Come a scuola ci vietavano il nostro dialetto e per strada le nostre risate, così a Varigotti ci volevano paralizzare il nostro corpo".[22] Sottolineando l'importanza del corpo per le donne del Sud, suggeriscono l'esperienza di una comunicazione non verbale, sotto forma di teatro e di danza, un linguaggio

22 Testimonianza proveniente da documento ciclostilato scritto post raduno a Varigotti, conservato presso la Fondazione Elvira Badaracco a Milano, senza data.

che parla e si esprime con la gestualità e con la corporeità, che arriva solo in un secondo momento alla parola.

L'ultimo convegno-congresso si tenne a Paestum durante il ponte dell'Immacolata nel 1976 e, di fatto, rappresenta il terzo incontro femminista nazionale, che seguì ai due precedenti ospitati sulla costa adriatica a Pinarella di Cervia nel 1974 e nel 1975. Contrarie all'imposizione di una linea ufficiale nel femminismo Le Nemesiache rifiutano di prendere parte a Pinarella e scrivono "Vogliamo incontrare donne e non teorie",[23] mantenendo sempre una posizione di autonomia. Qui, il collettivo predominante di Milano, via Cherubini, voleva adottare la "pratica dell'inconscio" scontrandosi con tutte le altre, in particolare Lotta femminista, che intendeva discutere di salario, politica e aborto, riflettendo le contraddizioni e i differenti orientamenti nel programma di liberazione: il lavoro su di sé, da una parte; il sociale e l'agire politico, dall'altra. L'anno successivo a Paestum – "che d'estate si presenta, come tutti la conoscono, una luminosa località archeologica e turistica, d'inverno si trasforma in una pianura piovosa e desolata"[24] – si riverserà una marea di 1.500 donne, su proposta e organizzazione delle Nemesiache, con il coinvolgimento di gruppi e collettivi di provenienza varie, soprattutto dal Sud Italia. Gli incontri e le assemblee si svolgevano sia all'aperto, tra le rovine archeologiche e il parco, che al chiuso di un capannone, usato come balera durante la stagione, e il salone di un albergo. In proposito ricorda Lucia Improta: "avevamo tantissimi spazi e sembrava fosse diventata la nostra città, la città delle donne".[25]

23 Le Nemesiache, documento senza titolo, ottobre 1974, ciclostilato in proprio.

24 Libreria delle donne di Milano, *Non credere di avere dei diritti*, p. 117.

25 Testimonianza di Lucia Improta in Connie Capobianco, *Interpreti e protagoniste del movimento femminista napoletano, 1970-1990*, Coop. Le Tre Ghinee, Napoli 1994, p. 77.

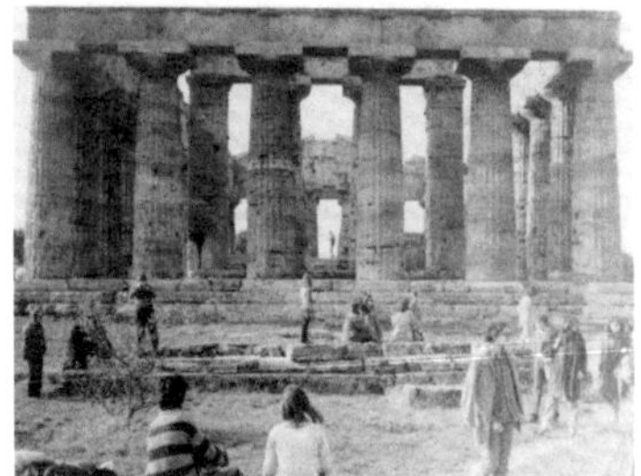

Raduno femminista a Paestum, 1976

Le incertezze, i vuoti e i blocchi nella ricostruzione di questi avvenimenti, come si dichiarava già nell'editoriale dell'*Almanacco*,[26] dipendono dal fatto che i saperi e le pratiche politiche "essendo esperienze non solo teoriche ma di vita, non sono facilmente trascrivibili", la loro sostanza è altrove e, spesso, è stata censurata. Ci saranno nuovi raduni in spiaggia, speriamo di essere tante. La potenza del mare e le sue cosmogonie acquatiche, sono ancora rievocate nel finale della psicofavola *Cenerella*[27] attraverso una coreografia di corpi che, intorno alla protagonista, iniziano a ruotare su se stessi, sempre più velocemente, mentre si alza un coro di voci: "la lotta cresce con la forza del nostro sangue, tutti i fiumi arrivano al mare della ribellione, tutti i fiumi arrivano al mare della ribellione", con la stessa, dirompente, forza d'urto della marea transfemminista oggi.

26 *L'Almanacco, luoghi, nomi, incontri, fatti, lavori in corso del movimento femminista italiano dal 1972*, Edizioni delle Donne, Roma 1978, p. 5.

27 Lina Mangiacapre, *Cenerella. Psicofavola femminista*, "Mimesis Journal" 10, n. 2, 2021, p. 255-274.

ELVIRA VANNINI è storica dell'arte e critica con un dottorato in Storia dell'Arte Contemporanea conseguito presso l'Università di Bologna. Insegna alla NABA di Milano e ha tenuto lezioni in diverse istituzioni, tra cui IULM e RomaTre. I suoi scritti sono apparsi su riviste accademiche e piattaforme legate all'attivismo, come *Machina*, *OperaViva Magazine* e *Alfabeta2*. Nel 2017 ha fondato *Hot Potatoes*, un blog femminista che esplora le intersezioni tra arte, genere e politica.

Sibille, Streghe, Sirene: memorie cinefavolose e (spi)rituali

Sonia D'Alto

Mare cultura, cosmo, dimensione da cui riappropriarsi.
—Le Nemesiache[1]

Conoscere è ricordare.
—Lina Mangiacapre[2]

Sono stata donna
per tanto tempo
presta attenzione al mio sorriso
sono una furfante che possiede antiche magie.
—Audre Lorde[3]

Seguendo le tracce nemesiache, riaffiorano memorie remote: il canto delle Sirene, le parole delle Sibille, la danza delle Ninfe, la guerra delle Amazzoni, la follia e la poesia delle Streghe. Passati sepolti riemergono, intrecciando cinema sperimentale, teatro e performance con il femminismo della seconda ondata, già in rivolta verso nuove trasformazioni.

1 Le Nemesiache, *Intervento alla Gaiola*, Napoli, 2 giugno 1978.

2 Lina Mangiacapre, *I Campi Flegrei. Analisi e prospettive culturali di un territorio (Letteratura e mitologia) di Lina Mangiacapre (Nemesi)*, conservato nell'archivio privato di Lina Mangiacapre, 1978.

3 Audre Lorde, *A Woman Speaks* in *The Black Unicorn*, Northon & Company, 1978. Salvo diversa indicazione, la traduzione in italiano dei testi originali qui presentati è a cura dell'autrice. Questa poesia racconta l'esperienza di una donna nera e incarna un femminismo intersezionale. È interessante notare come

anche Mangiacapre, da sempre impegnata nella lotta contro l'emarginazione delle donne del Sud e delle classi popolari, abbia pubblicato, all'interno della collana Cornucopia realizzata con Le Nemesiache, la raccolta *Donne e Unicorni* (1995). Quest'opera, esattamente come la raccolta di Audre Lorde e a distanza di decenni, dedica attenzione alle madri e ai bambini, a motivi di vendette e tradimenti, alle dee e alle guerriere, intrecciando l'uso della magia antica con il presente per immaginare un futuro per le donne.

Lina Mangiacapre e Le Nemesiache eleggono le possibilità espanse dell'immagine in movimento – cortometraggi e lungometraggi – come spazio di riappropriazione storica e mitica: "il cinema è soprattutto memoria. Memoria anche di realtà soppresse e volutamente cancellate".[4] Psicocinema, cinema vendetta, cinema nuova sirena: il cinema diventa strumento di liberazione in costante divenire, un processo di trasformazione inteso come metodo di ricerca (trans)femminista e come spazio dell'alterità. Già dai primi anni Settanta, con "l'autocoscienza attraverso la cinepresa"[5] e con la psicofavola, Le Nemesiache danno vita a un cinema delle donne che nasce da un'urgenza condivisa: spezzare le catene delle convenzioni percettive e dei vincoli repressivi della creazione, per rivendicare autonomia e indipendenza. Mettono in scena la gioia del cinema collaborativo femminista e della creatività d' avanguardia,[6] celebrando la bellezza contro l'emarginazione e risvegliando memorie ancestrali in luoghi mitologici di Napoli e dei Campi Flegrei – terre di Sibille, Amazzoni, Streghe e Sirene. Il corpo femminile si fa territorio e riscoperta, in sintonia con le storie che abita, mentre la cinepresa diventa occhio e memoria, riscrivendo la storia delle donne e di altre identità oppresse.

Nel 1976 fondano la Rassegna di Cinema Femminista "L'altro sguardo", uno dei primi festival internazionali di cinema femminista in Europa, che prosegue fino al 1995 a Sorrento. La prima Rassegna si tiene al Cinema Filangieri di Napoli e in seguito è concepita come contro programma degli Incontri Internazionali del Cinema di Sorrento. Coinvolgendo cineaste da sei continenti, Le Nemesiache promuovono lo sviluppo di reti di distribuzione indipendenti e la produzione di cinema femminista, chiedendo l'introduzione di una quota obbligatoria di professioniste donne su ogni set cinematografico.[7] Presentano una petizione al Comune di Napoli per istituire un centro creativo e culturale per le donne a Posillipo, futuro spazio della Cooperativa Le Tre Ghinee, che fonderanno l'anno successivo. La cooperativa diventa cruciale per la produzione

4
Lina Mangiacapre, https://www.bnnonline.it/customcontent/lenemesiache/cinema_premio_lina_mangiacapre.php.html

5
Lina Mangiacapre, *Cinema al femminile*, Mastrogiacomo-Images 70, Padova 1980, p. 7.

6
Il termine avanguardia è qui considerato non nella sua accezione storicistica, ma come osservazione culturale della dialettica tra arte e vita. Mi riferisco alla definizione della storica dell'arte e critica indiana Geeta Kapur, che, invece delle avanguardie occidentali, si concentra su quelle del Sud, collegandole al cambiamento sociale e all'impegno politico.

7
Dalila Missero, *Women, Feminism and Italian Cinema: Archives from a Film Culture*, Edinburgh University Press, Edimburgo 2021, p. 45.

di riviste e programmi cinematografici oltre che per la rassegna, dove tra le altre invitano e/o proiettano i film di: Assia Djebar, Safi Faye, Matilda Landeta, Laura Malvey, Dacia Maraini, Annabella Miscuglio, Ulrike Ottinger, Psyco et Po, Fina Torres, Margarethe Van Trotta, Agnes Varda. Sebbene la Rassegna fosse sostenuta da fondi pubblici locali, è solo lavorando insieme come cooperativa che il festival riesce a sopravvivere e a mantenere la propria autonomia. Il lavoro della cooperativa è essenziale per la realizzazione dei film di Mangiacapre, che, pur essendo scritti e diretti da lei, sono sempre prodotti e distribuiti da Le Tre Ghinee/Nemesiache, tra cui: sei cortometraggi in Super 8 (*Cenerella*, 1974; *Autocoscienza,*1976; *Antistrip,* 1976; *Le Sibille*, 1977; *Il Mare ci ha chiamate*, 1978; *Follia come poesia,* 1977-1979), un' opera multimediale (*Ricciocapriccio*, 1981) e tre video (*Eliogabalo,* 1989; *Biancaneve*, 1982; *Io/il mistero/le S*, 1986).

In questa vasta produzione, scenografie, costumi, luci e suoni sono realizzati artigianalmente dal gruppo, le cui componenti ricoprono molteplici ruoli: registe, attrici, montatrici, tecniche del suono, costumiste. Le cinefavole nemesiache sono una testimonianza vivida delle sperimentazioni dal basso, volte a tessere legami tra donne e a sostituire le gerarchie patriarcali con nuove forme di agentività collaborativa e sostegno reciproco. Come per *Didone non è morta* (1987), oltre ad amiche e amici, anche la famiglia partecipa alla produzione, trasformando la falegnameria del padre di Mangiacapre in un laboratorio per la creazione di costumi e accessori di scena. Grazie a questo lavoro collettivo, Le Nemesiache sono l'unico gruppo femminista italiano a produrre lungometraggi in 35 mm[8]: *Didone non è morta* e *Faust Fausta* (1991). In entrambi i film, il mito diventa un'energia pulsante che riappropria il passato e si proietta nel futuro. A partire dalla fine degli anni Ottanta, il loro cinema "altro" abbraccia un'identità androgina, quasi *camp*, dissolvendo le categorie di genere, superando confini ideologici e intrecciando desideri non normativi. In *Faust Fausta*, ad esempio,

8 Lucia Cardone e Sara Filippelli, *Filmare il femminismo: Studi sulle donne nel cinema e nei media*, Edizioni ETS, Pisa 2015, p. 88.

Follia come poesia, 1977-1979. Video still, Super 8, colore, suono, 40'. Scritto e diretto da Lina Mangiacapre

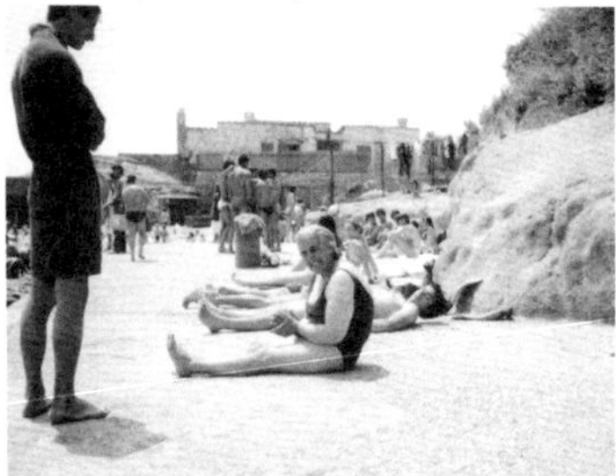

una pittrice trans dagli occhi d'oro è in cerca di equilibrio, un artistə non binariə affronta il proprio demone, una giornalista pansessuale rinuncia alla sua amante lesbica. Il film suggerisce come il desiderio lesbico all'interno di un'arte femminista possa contribuire alla creazione di un territorio fluido. I personaggi appaiono come *tableaux vivants*, con interpretazioni che richiamano più il teatro che il cinema. Nella loro presenza fisica, quasi immagini tattili, partecipano attivamente alla dissoluzione della binarietà, aprendo uno spazio queer, cinema in divenire, in costante metamorfosi.

Se i femminismi partenopei sono stati descritti per la capacità di "esserci in maniera situata, di dar vita a una pratica politica che si basa su teorie non avulse dal contesto materiale, dalla conoscenza e dalla consapevolezza in cui si vive"[9] il cinema nemesiaco ne è manifestazione. *Cenerella*[10] (29') è il primo film in Super 8 di Lina

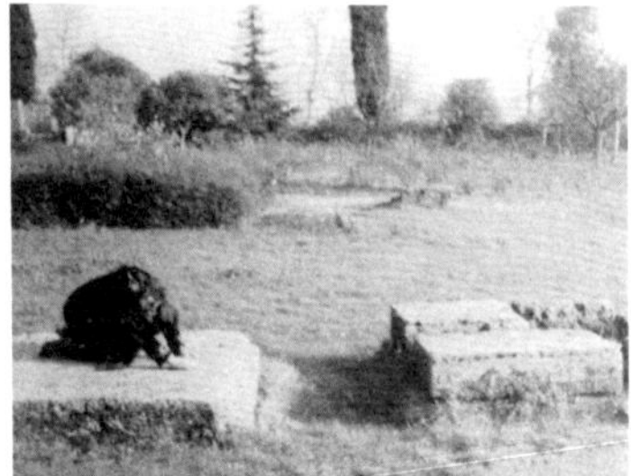

Autocoscienza, 1976. Video still, Super 8, colore, suono, 20'. Diretto da Lina Mangiacapre/Nemesi con Teresa Mangiacapra/Niobe e Bruna Felletti/Karma

9 LeNove – studi e ricerche (a cura di), *Donne protagoniste a Napoli. Un contributo alla ricostruzione del movimento delle donne dagli anni Settanta ad oggi*, rapporto di ricerca della "Casa della cultura delle differenze", 2013, p. 55. http://donnedinapoli.coopdedalus.org/wp-content/uploads/2013/07/rapporto-di-ricerca.pdf

10 Proiettato a Roma, Bruxelles e Parigi.

Non solo figura di donna, 1978-1979. Opuscolo III-IV dai documenti della Rassegna del Cinema Femminista di Sorrento, p. 17

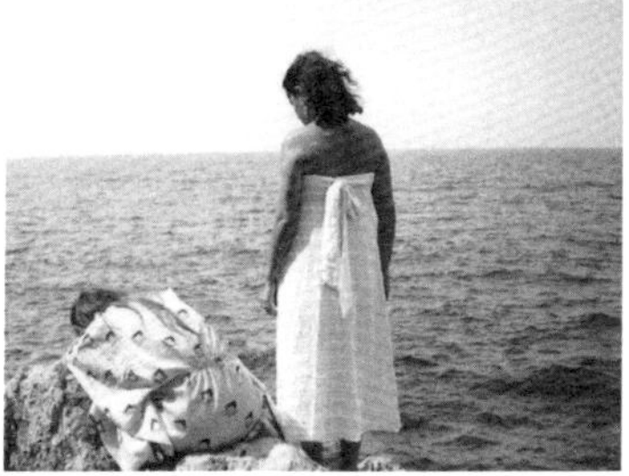

Mangiacapre, realizzato collaborativamente con il gruppo. Negli esterni dell'Acropoli di Cuma, di Amalfi e nei pressi di Villa Schifanoia a Firenze, Le Nemesiache, avvolte in lunghe tuniche pastello, sussurrano frammenti di mitologie, ripetuti in litanie e lamenti, come visioni di un passato comune, strappato alle sue origini. L'invocazione che risuona è un'esortazione al ricordo. Tra fili d'erba, scogliere e ciottoli di spiaggia, i loro corpi si muovono con danze convulse, accompagnate dal suono di flauti, arpe e tamburi. Il ricordo si fa rito, una partecipazione incarnata in cui il dolore, anziché spezzare, si ricompone in un atto collettivo. Ricordare diventa così un gesto di riappropriazione e reincorporazione, una memoria del futuro. Essendo la coscienza storica fondata su una cultura millenaria patriarcale e coloniale, è Attannurreta (che nella tradizione popolare napoletana significa sia "indietro nel tempo" che "ora, subito") a essere invocata e a sostituire la pura memoria: "Non ti fermare alla memoria storica [...] nella fantasia c'è la chiave". Dalle memorie cancellate, dai traumi prodotti da stupri, violenze e dolori fuori misura, nella forza della danza e del rito collettivo, al ritmo creativo della musica, Le Nemesiache si trasfigurano nel paesaggio "in processi di corrispondenze performative".[11] Il dolore del lutto per le violenze fisiche e culturali subite dalle donne diventa un lento percorso di ricomposizione. Il lamento è un incontro, prossimità tra i corpi umani ed empatia con il territorio e con gli elementi della natura. Nei gesti di intimità con le rocce, il mare e il territorio,

11 Laura Levin, *Performing Ground: Space, Camouflage, and the Art of Blending In*, Palgrave Macmillan, Londra 2014, p. 4.

attraverso tecniche di mimetismo, occultamento e metamorfosi, i corpi delle Nemesiache fanno della danza una "forza di espressione che diventa lotta",[12] in cui le identità sono in continua negoziazione con l'ambiente.

12
Le Nemesiache, documento senza titolo, ottobre 1974, ciclostilato in proprio.

Le qualità magiche e metamorfiche della macchina da presa consentono al gruppo di muoversi tra interno ed esterno, riuscendo a portare l'autocoscienza dal privato della casa nello spazio pubblico.[13] È ciò che accade al congresso femminista di Paestum. *Autocoscienza* (20') è un cortometraggio di Mangiacapre girato insieme a Niobe e a Karma e realizzato senza montaggio. La telecamera diventa il terzo occhio – l'occhio di Partenope – che cattura le danze e i gesti psicofavolosi di Niobe tra gli antichi templi di Paestum, lasciando "percepire una donna che vuole prendere il suo territorio, mondo cielo mare sole luna, il suo territorio cinema come immagine di sé. Partorire il mondo anche con gli occhi e le mani, il mondo di vita".[14] Seguono i primi piani di occhi e volti di donne dalle tele tonde – che ricordano i proverbiali cerchi femministi di autocoscienza – dipinte da Màlina negli interni della sua casa napoletana e i movimenti di Elena tra le fumarole dei Campi Flegrei. La telecamera si sposta sul litorale napoletano, inquadrando il volto e i capelli rossi di Elena in contemplazione del mare e del Vesuvio. Questa inquadratura, che diventa la copertina di una pubblicazione della Rassegna del Cinema Femminista, genera un'identificazione come autocoscienza e come riappropriazione di una dimensione mitica: "un foro verso l'interno e un'apertura verso l'esterno di quel centro (il vulcano), sia protettivo che distruttivo".[15] Nel film, come da un abisso senza fondo o come un armonio scavato direttamente nelle rocce su cui infrangono le onde del mare, la musica nemesiaca risuona a ricordare la musica delle Sirene e a vocalizzare un altro futuro.

13
Hilary Althea Emerson, *Reframing Madness with Avant-Garde Film: Lina Mangiacapre's Feminist Collaboration at the Asylum*, "The Italianist" 41, n. 2, 2021, p. 323-337.

14
Le Nemesiache, "Nemesi e il cinema", in *Non solo figura di donna, Documenti della I e II rassegna del cinema femminista organizzato dalle Nemesiache*, I-II, 1977, p. 7.

15
Lyn Blumenthal et al, *Editorial Statement13*, "Heresies 13, Earthkeeping/earthshaking. Feminism and Ecology", Vol. 4, n. 1, 1981.

La denuncia del furto del canto delle Sirene è narrata nella cinefavola de *Le Sibille* (25'), terza opera in Super 8 di Mangiacapre in collaborazione con Le Nemesiache, che narra dell'espropriazione storica e territoriale, e di un

149 *Follia come poesia*, 1977-1979. Video still, Super 8, colore, suono, 40'. Scritto e diretto da Lina Mangiacapre

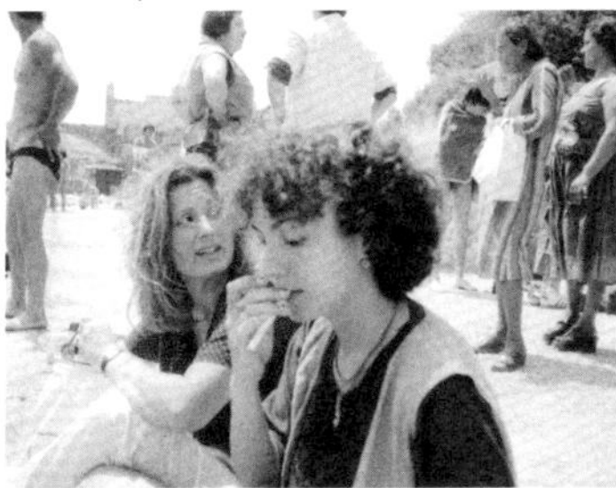

sapere mitosofico ridotto a leggenda. Nel film, un'anziana cartomante legge i tarocchi e apre alle "storie sepolte nella memoria, nel mare, nel fuoco, nella terra, nell'aria". Gli elementi alchemici diventano l'accesso a una genealogia di cui riappropriarsi: "Noi siamo nella terra di Cuma, territorio delle Sibille [...] dovremmo ritrovarle e ritrovarci [...]"[16]. La Sibilla è l'antico oracolo di Cuma che, per Le Nemesiache, diventa una mitografia da cui riscrivere una storia e una civiltà sepolta: quella delle donne. La ripetizione e il potere evocativo del vaticinio sibillino simboleggia la veggenza delle lotte, capaci di prefigurare il futuro. Ma è anche ascolto ancestrale. Dal suo antro, la Sibilla esorta le donne a ritrovarsi attraverso le pietre. L'atto di memoria e reincorporazione sfida le tassonomie patriarcali, scavando nel sé e nella materia per colmare la frattura temporale. I corpi femminili si rannicchiano sulle rocce, seguiti da sequenze di movimenti convulsi tra gli elementi naturali, fino a culminare in un primo piano: una testa di donna, i capelli agitati come serpenti di una medusa, lo sguardo feroce e penetrante che sfida la telecamera. Qui esplode una vibrante coesistenza di narrazione sperimentale, mitopoiesi femminista e autocoscienza, intrecciate in una danza esultante a cui partecipano con giubilo. È lo sguardo di un nuovo soggetto mutevole e molteplice, in attesa non di riconoscimento, ma di rivelazione. È anche l'apice vertiginoso di un rito in cui riaffiora il ricordo di "quanto il progresso uccida la civiltà, e quanto in questa morte, scompaia della cultura delle donne".[17] Alla rabbia

16 Parole pronunciate dalla cartomante nel film *Le Sibille*.

17 Mangiacapre, *Cinema al Femminile*, p. 23.

e all'indignazione per le memorie represse, per i roghi delle donne rispondono con una civiltà da scavare: Cuma e personificazioni sovrannaturali come le Sibille, le Streghe. La proposta non è di un neopaganesimo utopico o forme di magia antica, ma un'analisi incarnata della distruzione colonialista della cultura femminile. Se nel film le tracce scomparse del corpo femminile riaffiorano attraverso i miti greci presenti nella cultura orale napoletana,[18] l'eredità delle donne è per Mangiacapre nel "rapporto col cosmo, il quotidiano come magia, la ricchezza di una vicenda da cui le donne non si sono lasciato esiliare".[19] Queste forme di conoscenza arcaica e di preziosa saggezza, con cui ristabiliscono i legami a fonti materne, sono state spesso interpretate come posizioni essenzialiste. Non si è tenuto conto invece della ricerca mitopoietica con cui Le Nemesiache spezzano la narrazione che assimila il corpo femminile (del Sud) e il territorio (del Sud) all'oppressione coloniale ed estrattiva: "Mare madre espropriazione".[20] La filiazione (spi)rituale tra donna e natura non è biologica, ma creativa, genera "altro" e il "diverso" dal reale.

18 Annabella Miscuglio, "An Affectionate and Irreverent Account of Eighty Years of Women's Cinema in Italy", in Giuliana Bruno, Maria Nadotti (a cura di), *Off Screen*, Routledge, New York 1988, p. 157.

19 Lina Mangiacapre, *Faust-Fausta*, L'Autore, Firenze 1990, p. 103.

20 *Ivi*, p. 104.

Negli stessi anni, mentre Hélène Cixous descrive il corpo femminile come mare e madre, forza inarrestabile da cui riscrivere il mondo Le Nemesiache vanno oltre, immergendosi nel futuro delle acque queer dell'idrofemminismo. Trasformano, infatti, i simboli e la materia del corpo femminile in una pratica rituale intrecciata alla rivendicazione ecologica in solidarietà con le creature del mare: "Riappropriarsi del territorio, guardarlo come se stesse; vedere nella distruzione, nell'inquinamento, nell'appropriazione del mare lo stesso destino del proprio essere donna".[21] *Il Mare ci ha chiamate* (18'), girato tra Posillipo, Mergellina, la Gaiola e Bagnoli, esprime questa profonda empatia per un ambiente già allora minacciato da privatizzazioni e inquinamento. Le Nemesiache denunciano la spazzatura nelle strade, i cancelli che chiudono l'accesso alle spiagge e i divieti di balneazione. In una fusione cromatica di luce naturale e tessuti in movimento, i loro corpi si dimenano tra le onde, rispondendo al

21 Le Nemesiache, *Intervento alla Gaiola*.

richiamo del mare come a un sogno collettivo. Attraverso transcorporeità idro/logiche[22], il film innesca immaginari radicali e poetici, inscrivendo le qualità del cosmo nella permeabilità dei corpi. Più che nelle parole di protesta, la ribellione si manifesta nelle immagini sfocate, nei dettagli fluidi e nella musica quasi psichedelica, con cui evocano giustizie ecologiche. Il mare diventa fluida memoria e atto di cura, spazio di resistenza e riconnessione con il sé femminile e le comunità espropriate.

22 Cfr. Astrida Neimanis, "Idrofemminismo: diventare un corpo d'acqua", in *Embody*, Kabul Editions, Torino 2022.

Nel film *Follia come poesia, riprendiamoci il corpo mare* (40'), Le Nemesiache liberano le pazienti del Frullone, il più grande ospedale psichiatrico di Napoli, e le conducono in spiaggia. Vediamo le psichiatrizzate fare il bagno a mare per la prima volta, danzare, suonare e ascoltare. Tutti i loro metodi – la psicofavola, la psicomusica e lo psicocinema – sono adoperati per restituire una proposta terapeutica che rivendica il diritto alla bellezza per le internate. Come Mangiacapre afferma: "credo che sia venuto il momento di dire che i primi ad avere diritto alla bellezza, alla poesia, alla musica sono gli emarginati tutti, dal cosiddetto "sottoproletariato" ai cosiddetti pazzi".[23] E infatti *Follia come poesia*[24] è un'importante testimonianza della lotta antipsichiatrica: "una doppia lotta, contro l'istituzione totale e contro l'emarginazione femminile",[25] risultato di tre anni dell'esperienza di lotta che il gruppo ha vissuto con le psichiatrizzate della sesta divisione donne del Frullone, con il sostegno delle operatrici dell'Ospedale e del direttore Sergio Piro, figura centrale nella lotta antipsichiatrica italiana. Nel film, realizzato in collaborazione con le psichiatrizzate, Le Nemesiache sostituiscono gli psicofarmaci con la poesia (i versi di Sylvia Plath), gli abiti logori con i veli trasparenti, i camici bianchi con i colori con cui adornano i volti, la costrizione fisica con la festa della musica e della danza. Come Simone Weil, una delle sue principali influenze teoriche, Mangiacapre rifiuta l'uso della forza. Con Le Nemesiache, propone invece il sogno come strumento trasversale per affrontare e reinventare la realtà, anche nelle condizioni di emarginazione più

23 Adele Cambria, *Follia come poesia*, ritaglio di giornale, 1980, archivio privato Lina Mangiacapre, Posillipo.

24 Il film si inserisce negli anni del lavoro svolto sull'istituzione manicomiale da Franco Basaglia in Italia e da precedenti interventi artistici e sociali al Frullone, come quelli della collaborazione tra Franca Lanni e Renata Petti (1971-1975), e dall'A/Social Group.

25 Sergio Piro, direttore del Frullone, in Maria Roccasalva, *Il Frullone, la scuola, la musica, le donne*, "l'Unità", Roma, 20 giugno 1979.

estreme. Nel paesaggio della Gaiola, dove portano le internate, infatti, il desiderio di vita riaffiora, nonostante sia "similmente soggetto a processi di 'psichiatrizzazione' produttività violenza ed estrattivismo"[26] proprio come il corpo delle donne.

26 Giada Cipollone, *Nemesi performativa, Scritture, corpi e immagini nella ricerca di Lina Mangiacapre e delle Nemesiache*, "Mimesis Journal", 10, n. 2, Torino 2021, p. 46.

Ricciocapriccio (44') è una favola multimediale onirica e allegorica, che narra della crisi ambientale e dell'emarginazione della saggezza locale, soffocata dal progresso e dal sapere dominante. Ricciocapriccio, figlia del mare e amica dei pescatori, torna a morire in mare dopo aver tentato invano di vivere sulla terra e comunicare. La lotta per la sopravvivenza di saperi ancestrali è incarnata dal concetto del pescatore che per Mangiacapre è "concetto arcaico di rispetto, di attesa, di magia".[27] Al suono di flauti e di un canto che proviene dal mare insieme a battiti lontani, la cinepresa naviga nell'oceano cosmico ai versi di nenie per la sua terra, il suo mare e per Ricciocapriccio stessa. La scelta di una favola in versi, evocando nenie che richiamano il canto funebre delle antiche prefiche, rappresenta ancora una volta l'impegno nemesiaco per le classi e le identità più oppresse. Nelle nenie, come nelle fiabe, trovano espressione le inquietudini, ma anche desideri di riscatto, dimensioni da cui denunciare le proprie ingiustizie, che nella loro ritualità sono state associate a forme di magia.[28] Recita così la settima nenia di Ricciocapriccio: "[...] nel desiderio immenso/ di vortici d'acqua/ di fantasie marine/ di oceani profondi/ di grotte di coralli/ di streghe/ di stelle di ippocampi / Ricciocapriccio lascia/questa terra [...]". [29]

27 Mangiacapre, *Faust-Fausta*, p. 120.

28 Ernesto De Martino li denomina *incantamentum*.

29 Da *Ricciocapriccio*, 1981.

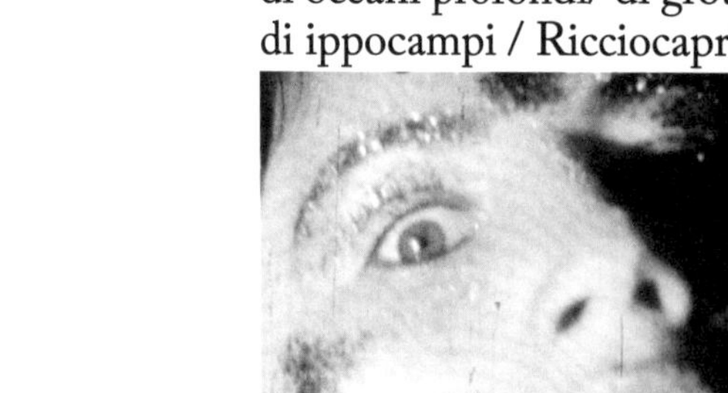

Le Sibille, 1977. Video still, Super 8, colore, suono, 25'. Scritto e diretto da Lina Mangiacapre

Il Mare ci ha chiamate, 1978. Video still, Super 8, colore, suono, 18'. Scritto e diretto da Lina Mangiacapre

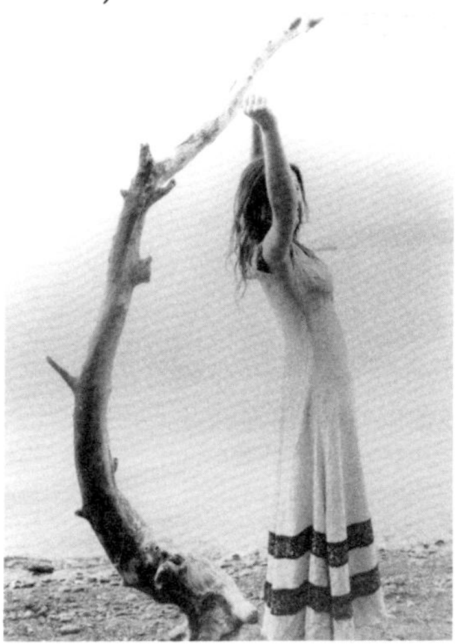

Nel vasto immaginario marino, dove ogni ego si dissolve, il cinema delle Nemesiache non si limita a rappresentare la realtà, ma si fa Sirena, seducendo lo sguardo per svelare il mistero dei corpi e dei rituali arcaici. Ma è al contempo Strega che con il potere incantatorio della parola spezzata può opporsi al fuoco dei roghi passati e alla follia moderna. E infine, l'energia sovversiva dell'immagine in movimento si intreccia con le Sibille, custodi di un'arte divinatoria che ancora vive nelle anziane donne di Napoli, sfidando l'emarginazione che spesso segna la maturità femminile. Le cinefavole nemesiache si configurano, dunque, come cinema-memoria dove "la ricerca della bellezza coincide con la lotta per la giustizia sociale"[30] e dove sogni, desideri, aneliti sono scavi di oblii profondi. Se molto di ciò che si ricorda è incarnato, allora il cinema è "vendetta totale" per reclamare l'esistenza di un territorio – fisico e psichico – perduto, un tempo abitato da una cultura al femminile, ora frantumato e disperso, incapace di trovare spazio nella quotidianità del presente. Le fluide fabulazioni del cinema sperimentale creano invece un presente che si modella plasticamente nelle visioni del passato e del futuro. Il cinema, unione di corpo-immagine secondo Mangiacapre, è anche

30 Cfr. M. Jacqui Alexander, *Crossing Pedagogies: Meditations on Feminism, Sexual Politics, Memory, and the Sacred*, Duke University Press, Durham 2006.

Autocoscienza, 1976. Video still, Super 8, colore, suono, 20'. Diretto da Lina Mangiacapre/Nemesi con Teresa Mangiacapra/Niobe e Bruna Felletti/Karma

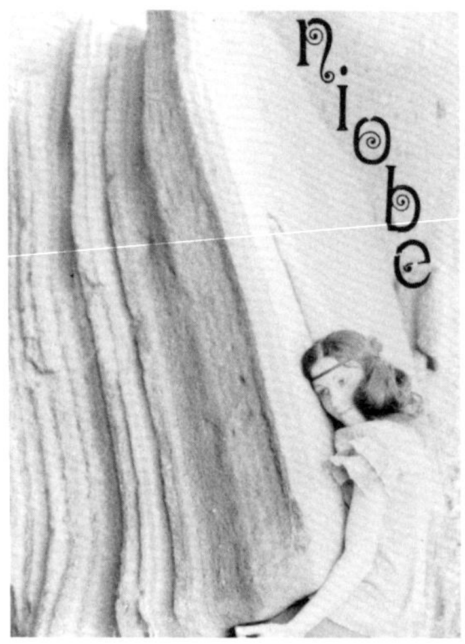

il luogo con cui combattere contro "violenza, volgarità, leggi, sopraffazioni, ruoli, schemi, potere, razzismo".[31] Il cinema, grazie al montaggio, ha il potere di sovvertire l'ordine del mondo. Come osserva Piera De Tassis, per le registe, da sempre relegate ai margini dei circuiti ufficiali, la cinepresa "si fa veramente 'sperimentale' in quanto suscita gli eventi, li esperimenta, li modifica mentre li filma".[32] I video e i film nemesiaci sono sperimentali ma anche radicali, nel senso etimologico: ovvero esplicitano un radicamento o un ritorno alle fondamenta. Le loro immagini in movimento, tattili e porose, evocano le visioni effimere dell'artista cubana Ana Mendieta, impregnate di un'ambiguità spirituale che apre un varco tra il mondo dei vivi e quello dei morti, tra il soprannaturale e l'umano. Se Mendieta attinge alle santerie, Le Nemesiache si immergono nell'anima di Napoli, con la sua cultura della morte, le sue ritualità e le tradizioni pagane pre-cristiane. Questo ritorno alle origini richiama elementi della grammatica visiva di Maya Deren, in cui l'identità si manifesta all'interno di una dimensione rituale. Allo stesso tempo, riecheggia l'approccio dei documentari sperimentali di Cecilia Mangini,

31 Le Nemesiache, *Nemesi e il cinema*, p. 6.

32 Piera De Tassis, "Cinema al femminile", in Annabella Miscuglio e Rony Daopoulo (a cura di), *Kinomata, La donna nel cinema*, Dedalo libri, Bari 1980, p.94.

che negli anni Sessanta intrecciava le riflessioni antropologiche delle magie rituali di Ernesto De Martino e il cinema di Pier Paolo Pasolini con una prospettiva femminista. Se già negli anni Settanta Laura Malvey e Peter Wollen, con *Penthesilea: Queen of the Amazons* (1974), intrecciano psicoanalisi e semiotica in un film teorico d'avanguardia, nel cinema vendetta delle Nemesiache le amazzoni esplodono in tutta la loro potenza: "l'era del ritorno all'androgino, l'essere intero e non separato. Un pensiero in cui il concetto non sia staccato dall'immagine, ma possa attraversarla con un'energia fisica e mentale, elettrica e chimica, fino a trasmutarsi".[33] Il rito e il mito, mutevoli strumenti di sovversione, innescano atti poetici di disgregazione dell'ordine e dei codici del genere.

33 Lina Mangiacapre, *Cinema al femminile 2, 1980-1990*, MiniManifesta, Napoli 1994, p. 5.

Nella dimensione quasi devozionale delle Nemesiache che, dallo schermo, emergono insieme per reimmaginare radicalmente i riti imposti dalla società patriarcale, prende forma un processo creativo colmo di trasformazioni del sé e liberazioni collettive. Per il gruppo "l'arte è politica, un modo DIVERSO di fare politica",[34] da cui le connessioni di interdipendenze cosmiche e galattiche si intrecciano con memorie emotive, corporee e sacre. Le cinevafole raccontano le incarnazioni poetiche di sincronici incontri con cui Le Nemesiache forgiano una metafisica della lotta politica che coincide con una metafisica della vita stessa. Le narrazioni, messe in scena ritualmente, costruiscono identità in cui vengono onorati i processi corporei, le emozioni e le esperienze femminili per riscrivere e rimodellare i ruoli delle donne all'interno della società e con essa di altre entità e identità sottomesse ed emarginate. Nelle infinite combinazioni creative della vita, Le Nemesiache invocano la rivendicazione di rituali mitologici "nel nome di tutte le donne, in nome del popolo, nel nome dei pescatori, nel nome del proletariato, nel nome della vita, della libertà, della bellezza, della poesia, nel nome dell'armonia, dell'amore, della giustizia, nel nome dell'arte, della creatività".[35]

34 Dall'agenda di Lina del 1978, pagine 7-8 gennaio.

35 Mangiacapre, *Faust-Fausta*, p. 110.

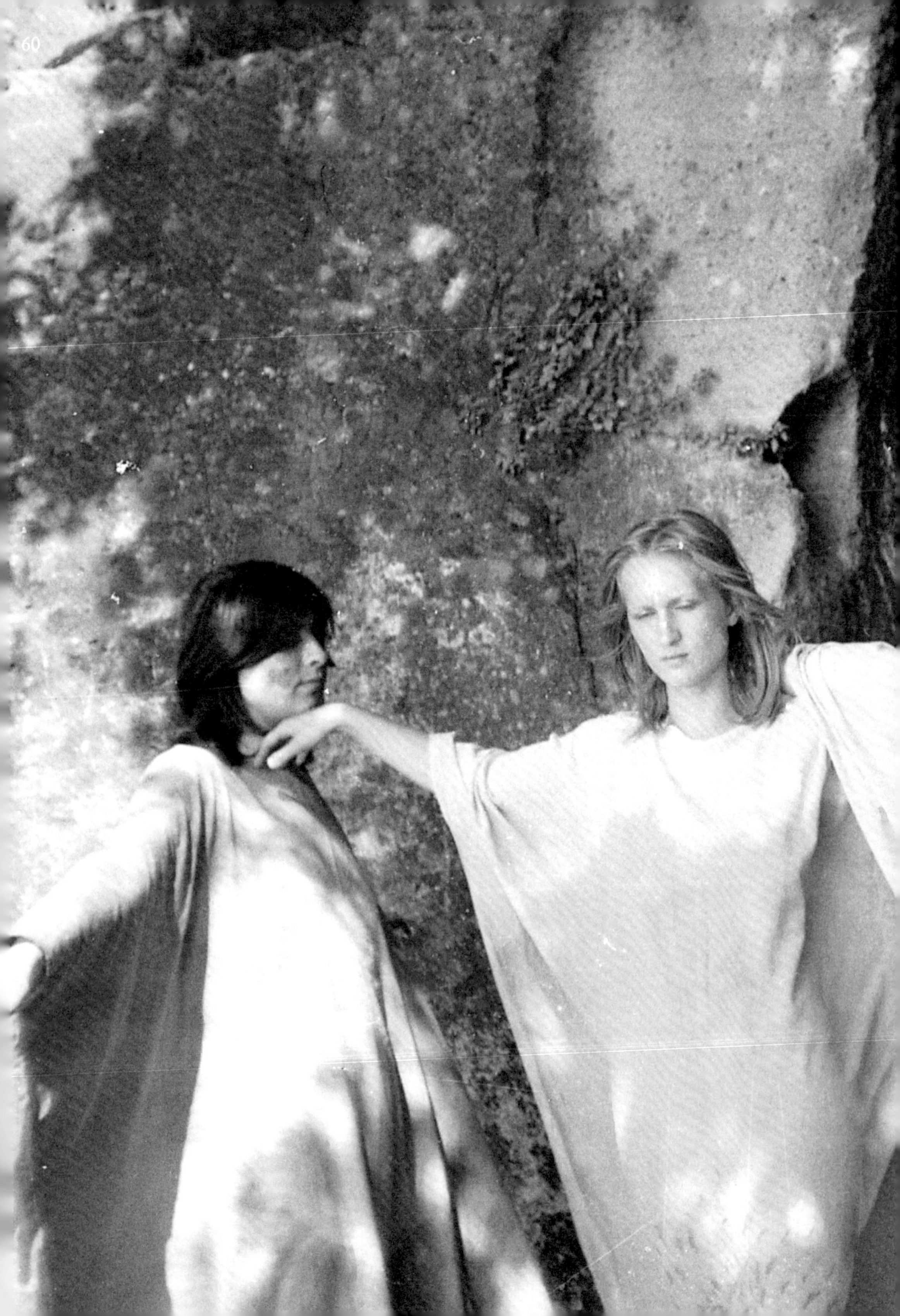

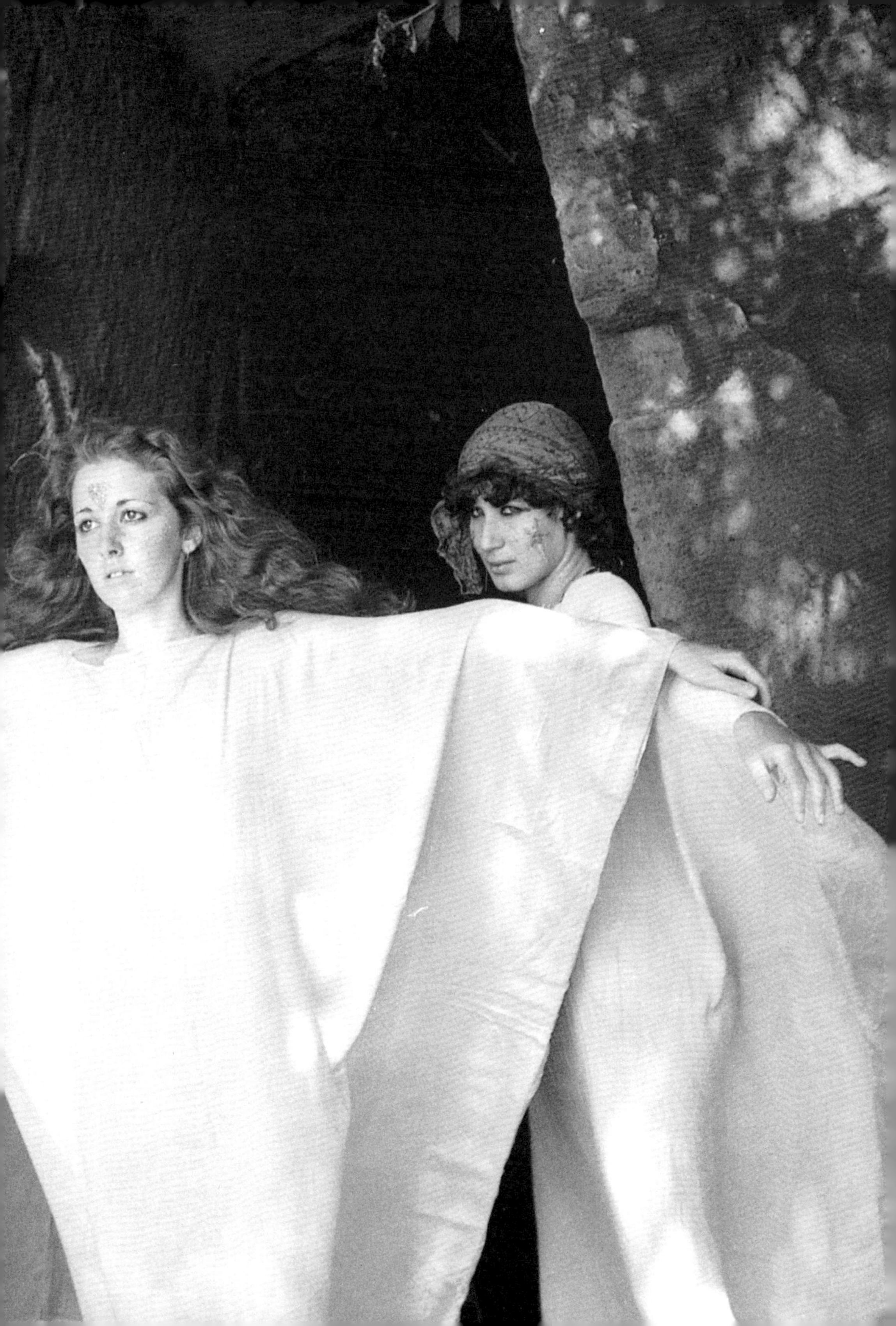

61
62

Personaggi e interpreti:

Ricciocapriccio ∴ Anna

Oceano ~ Raffaele

Gabbiano ~ Pescatore Vincenzo

Sirena ~ Dafne

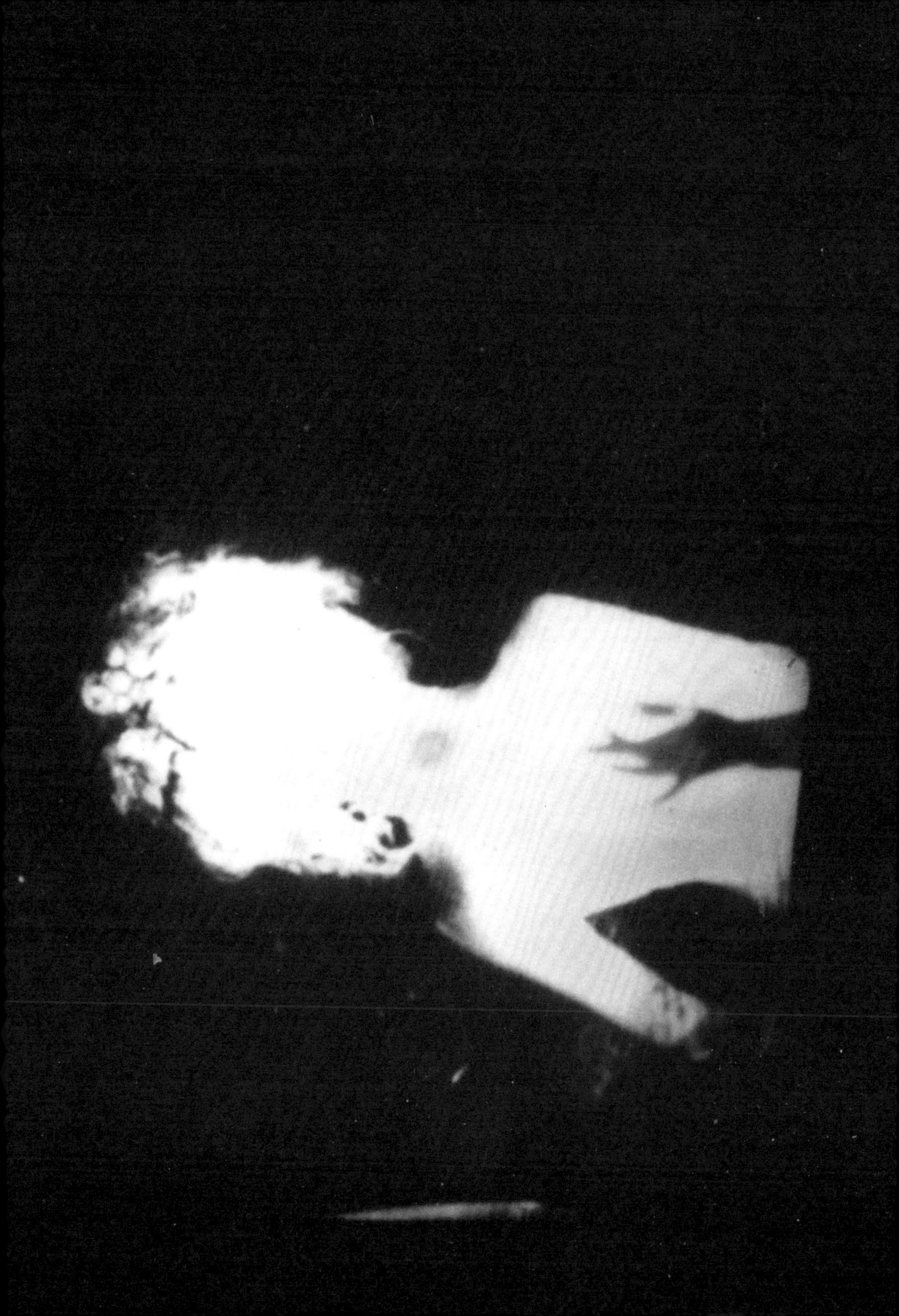

63
64

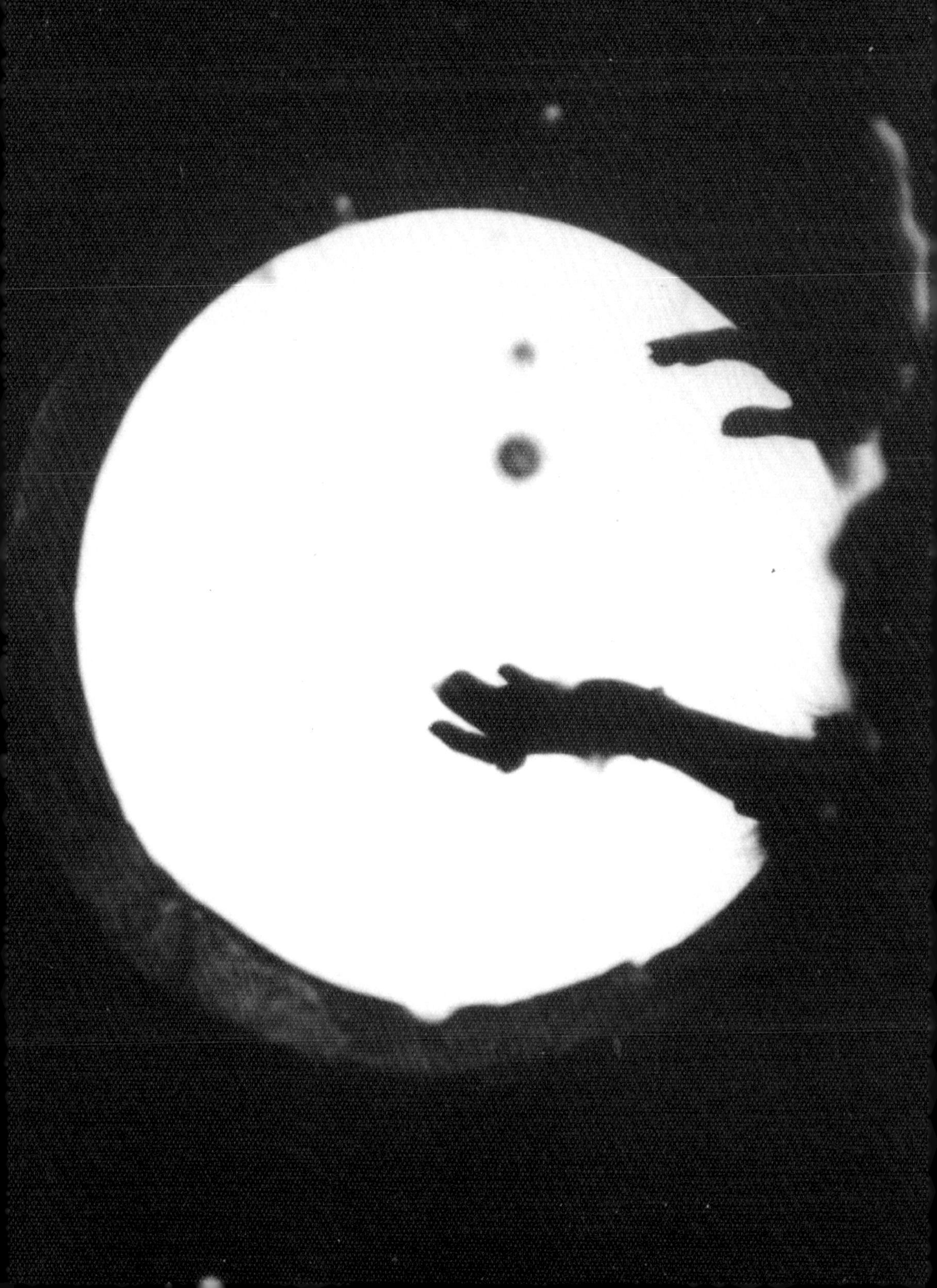

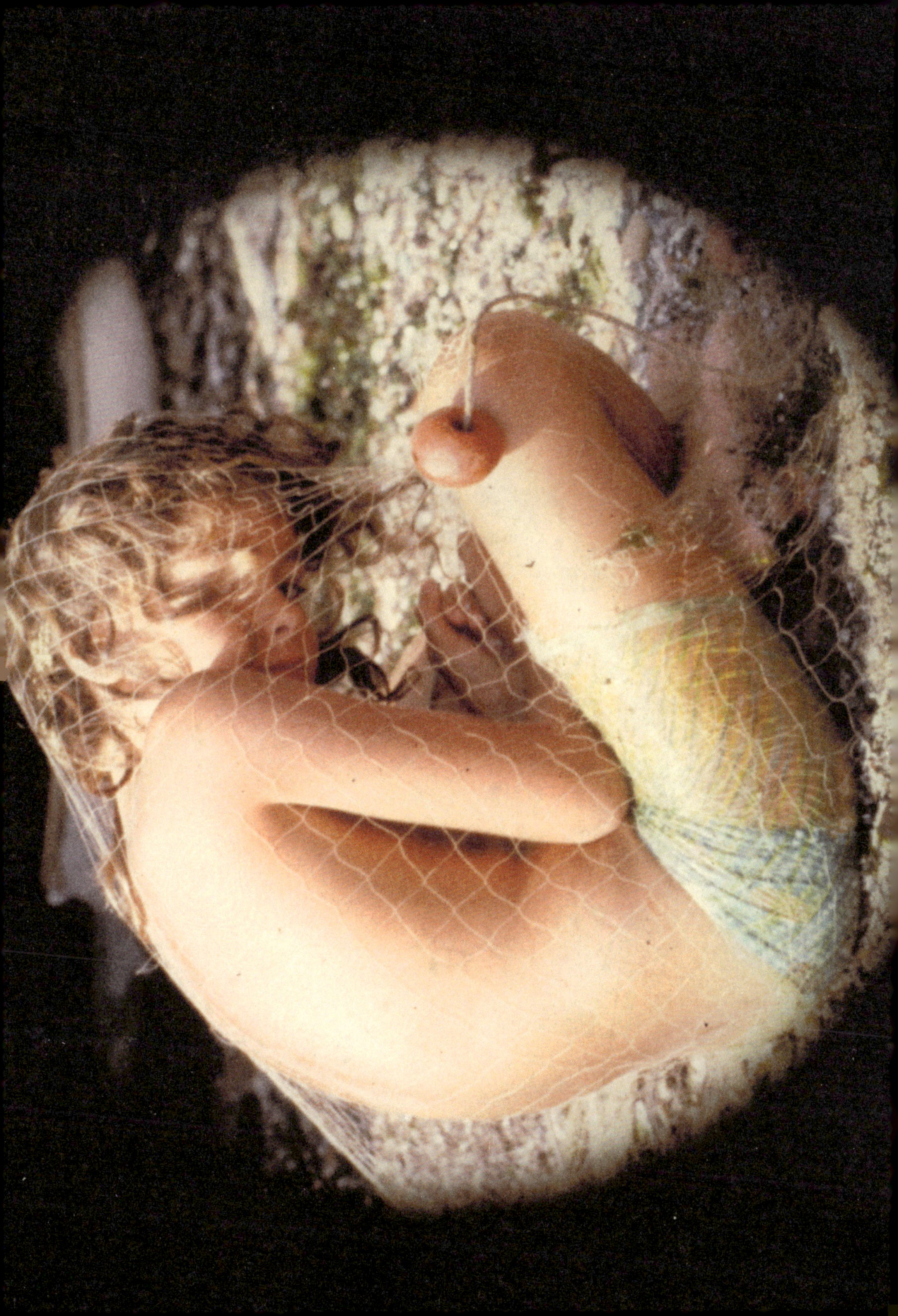

65
66

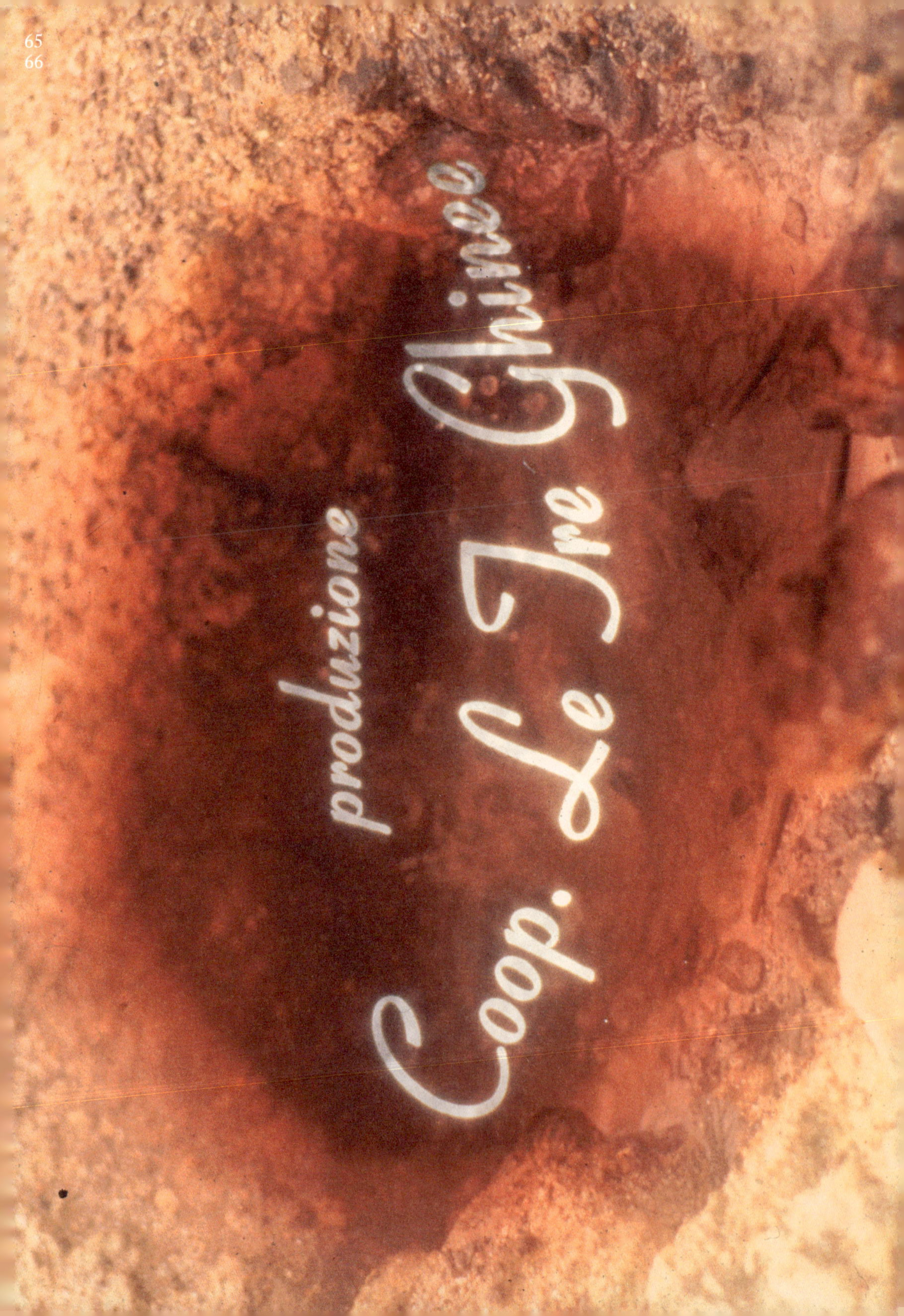

produzione
Coop. Le Tre Ghinee

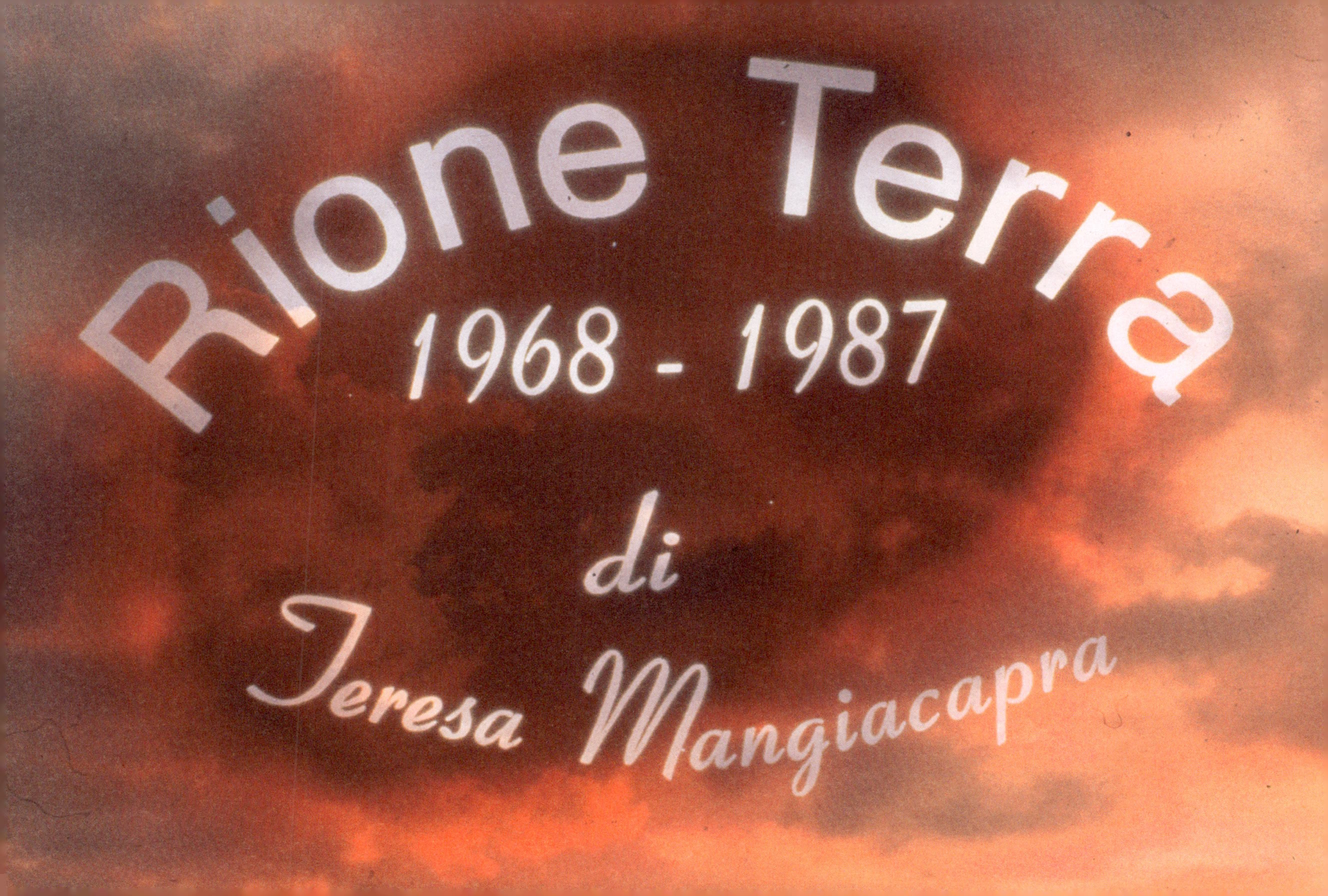

Rione Terra

1968 - 1987

di

Teresa Mangiacapra

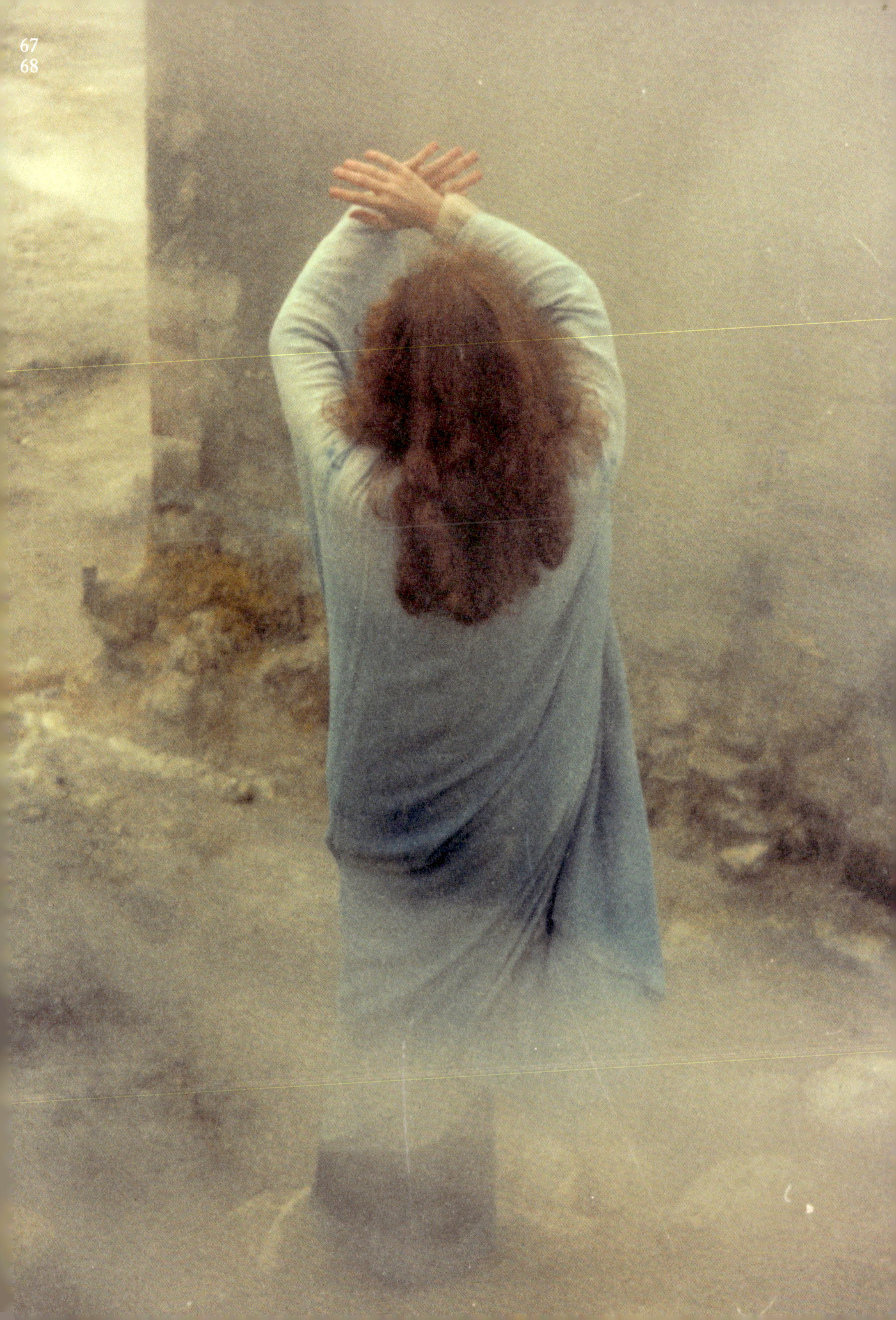
67
68

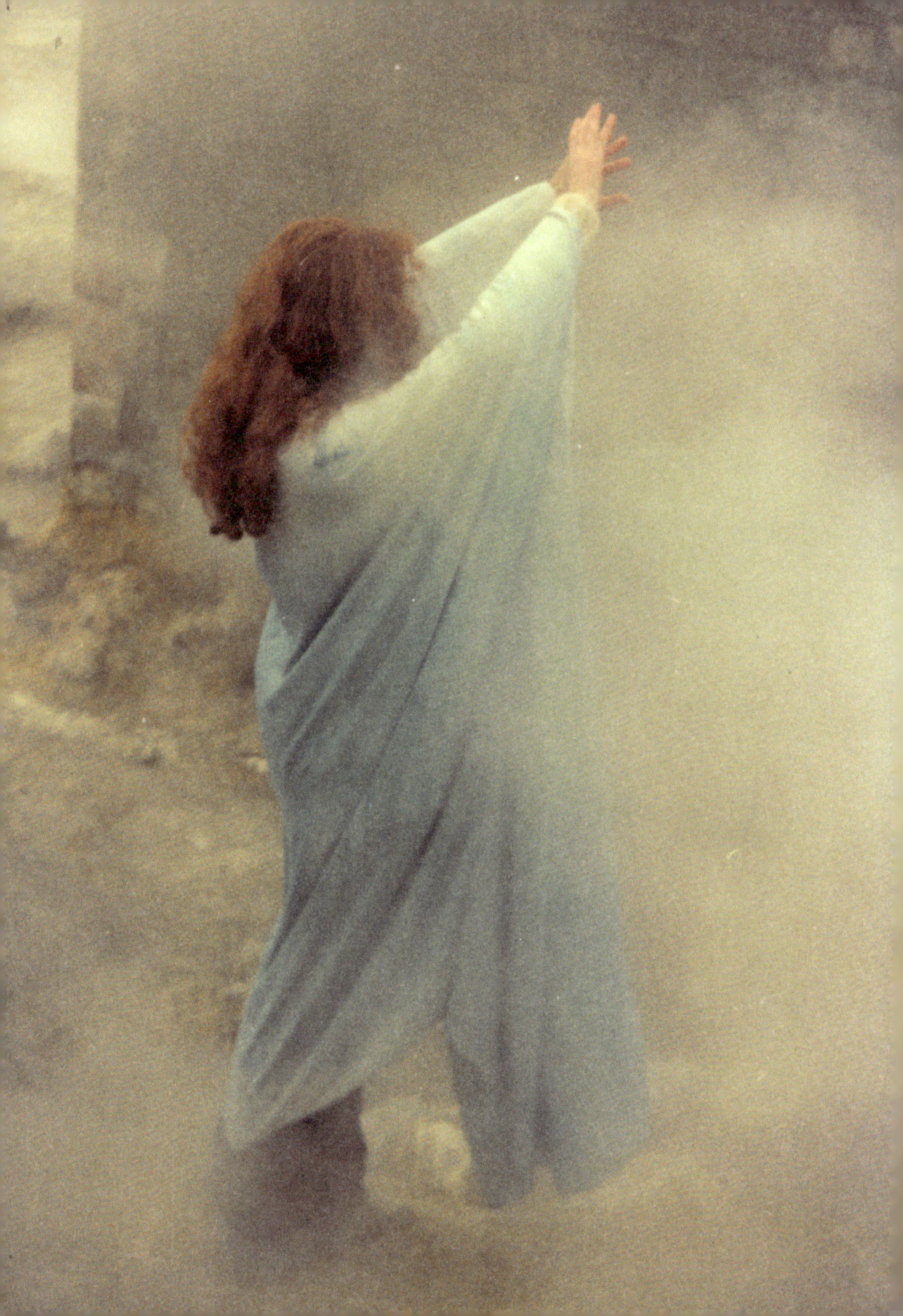

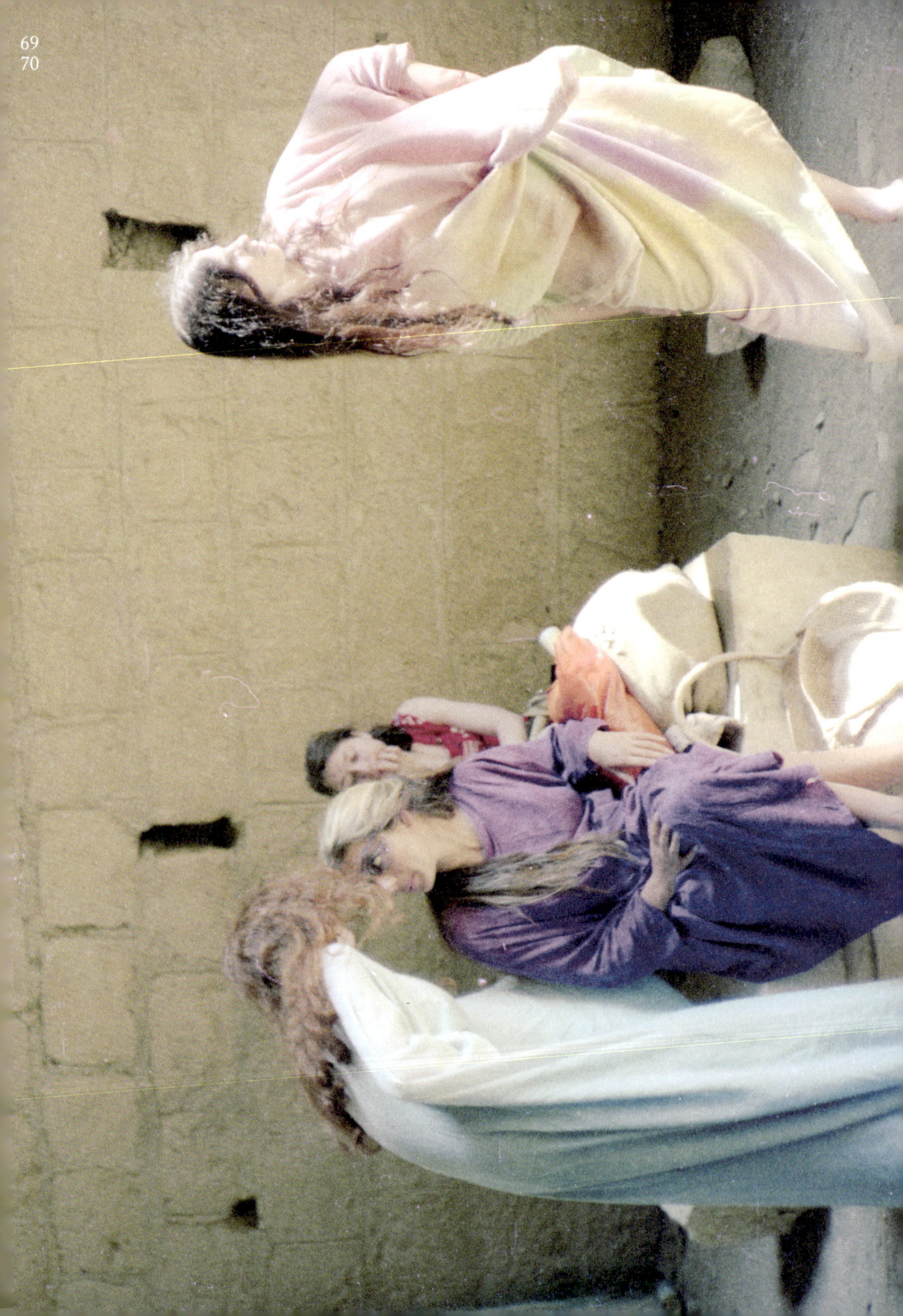

69
70

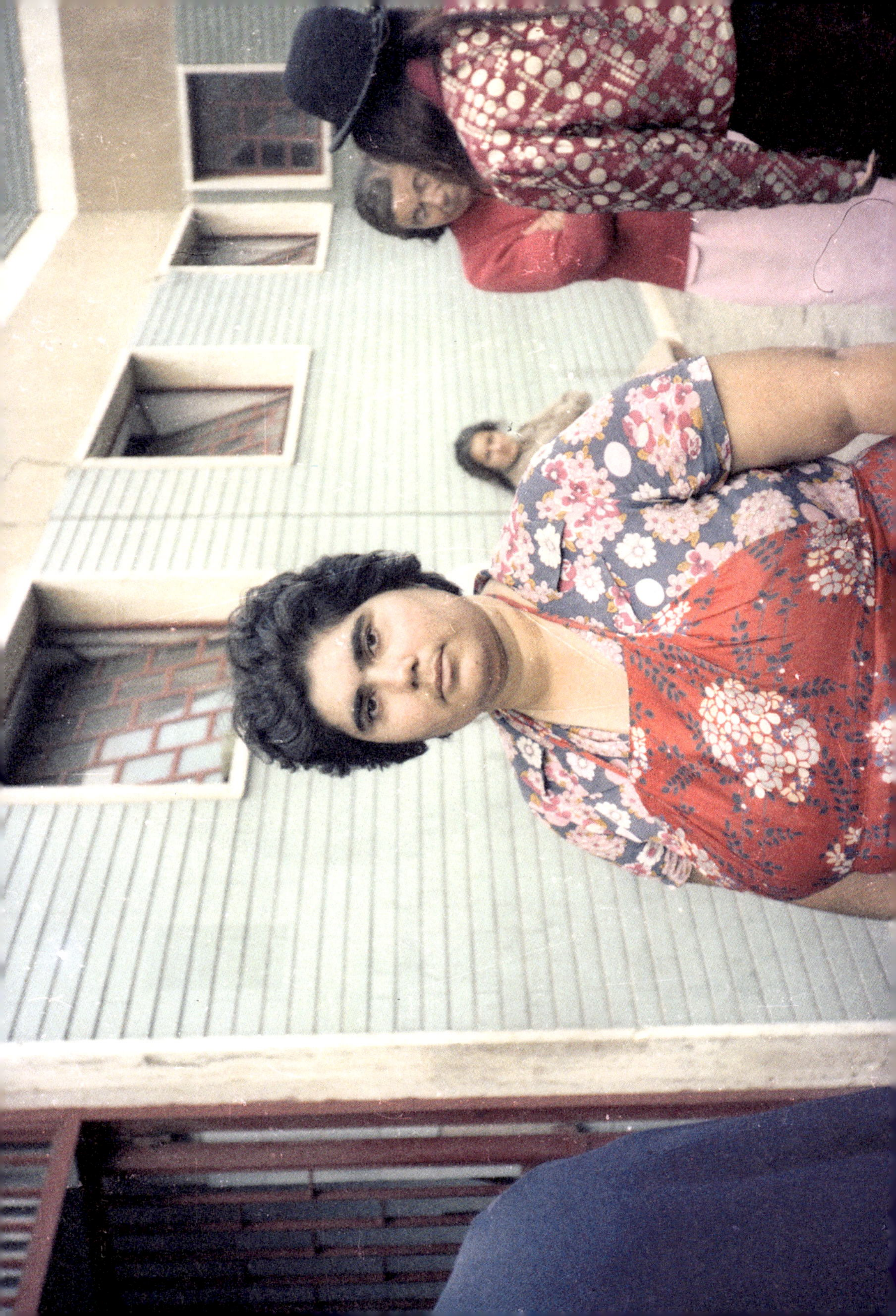

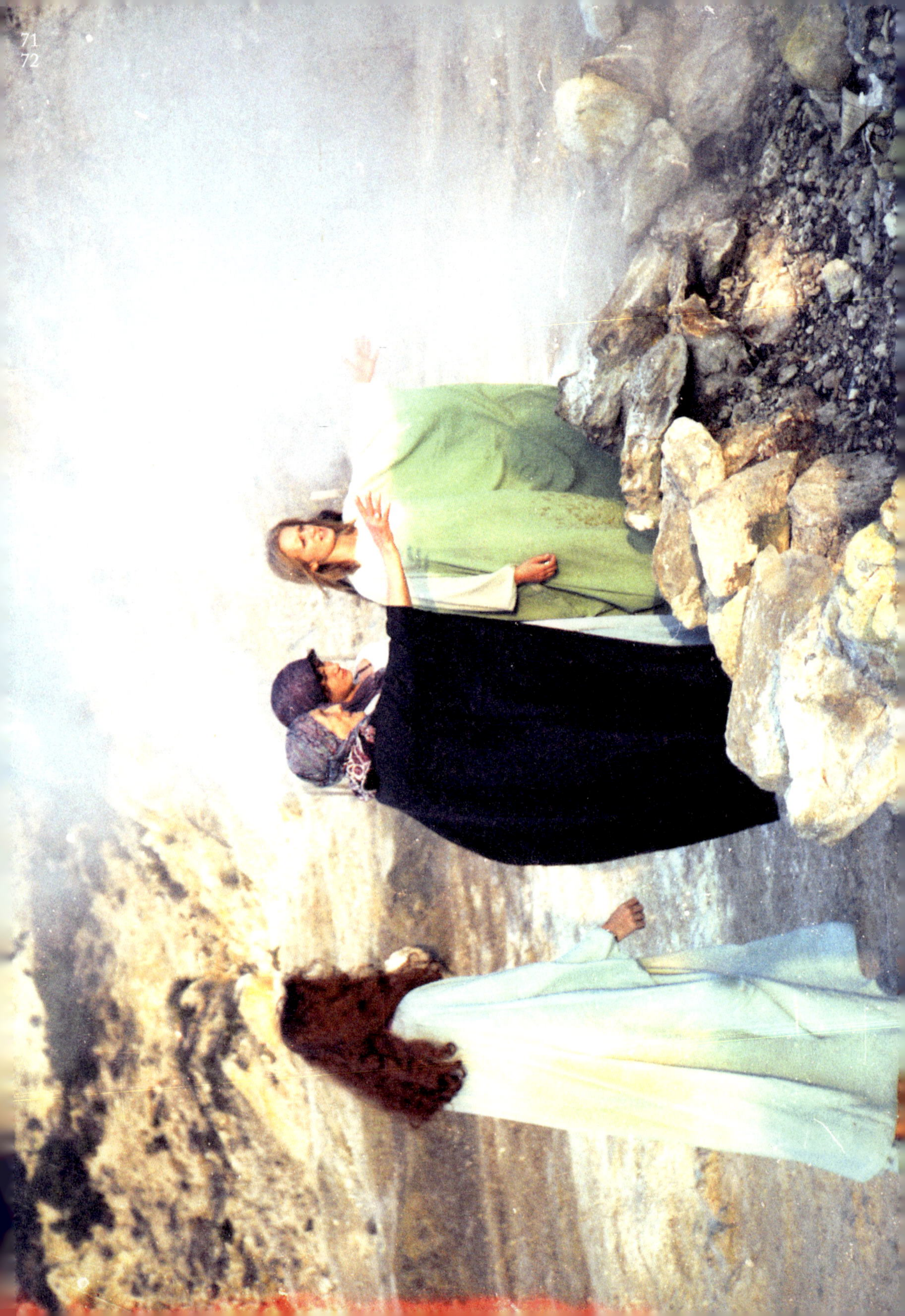

71
72

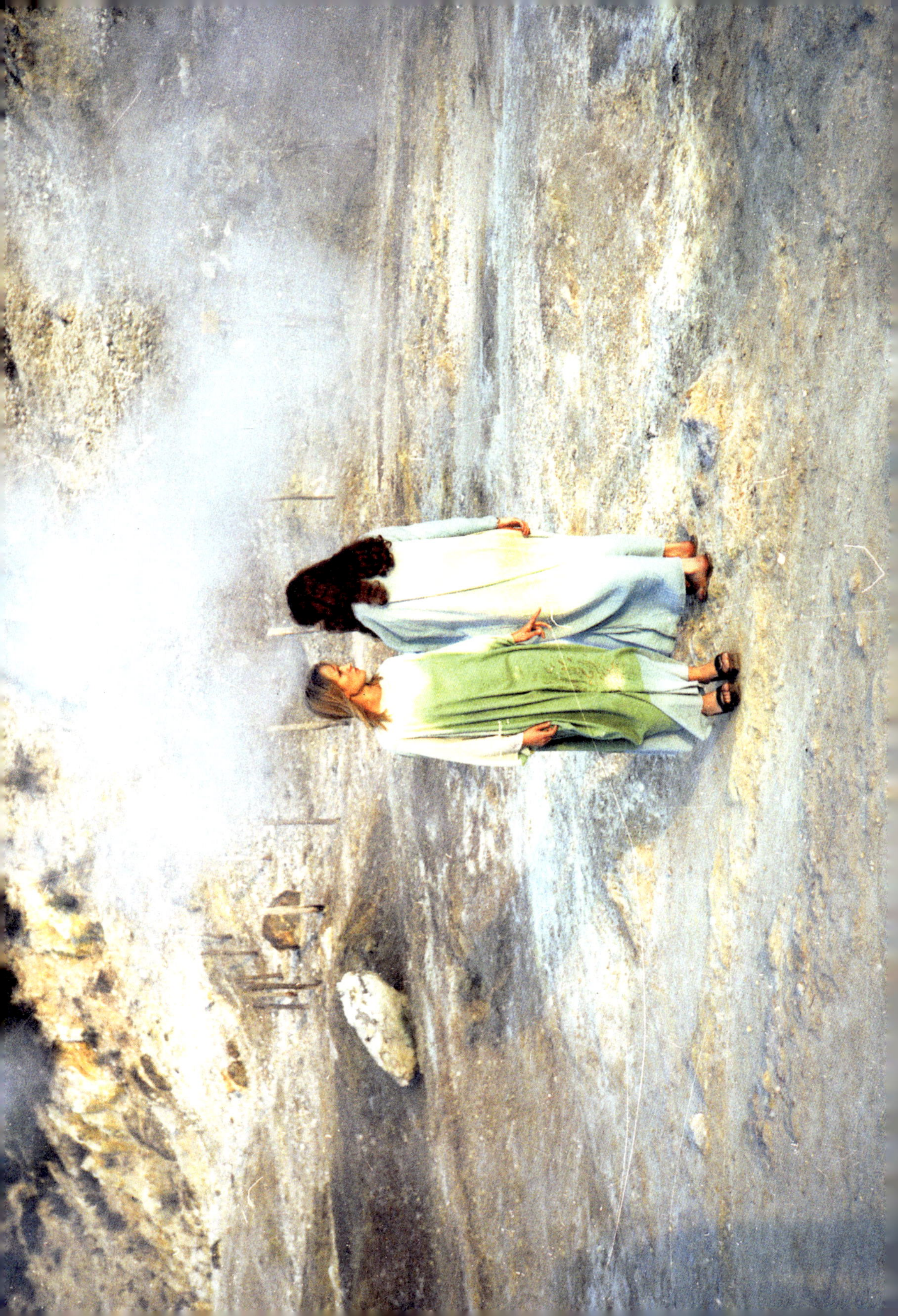

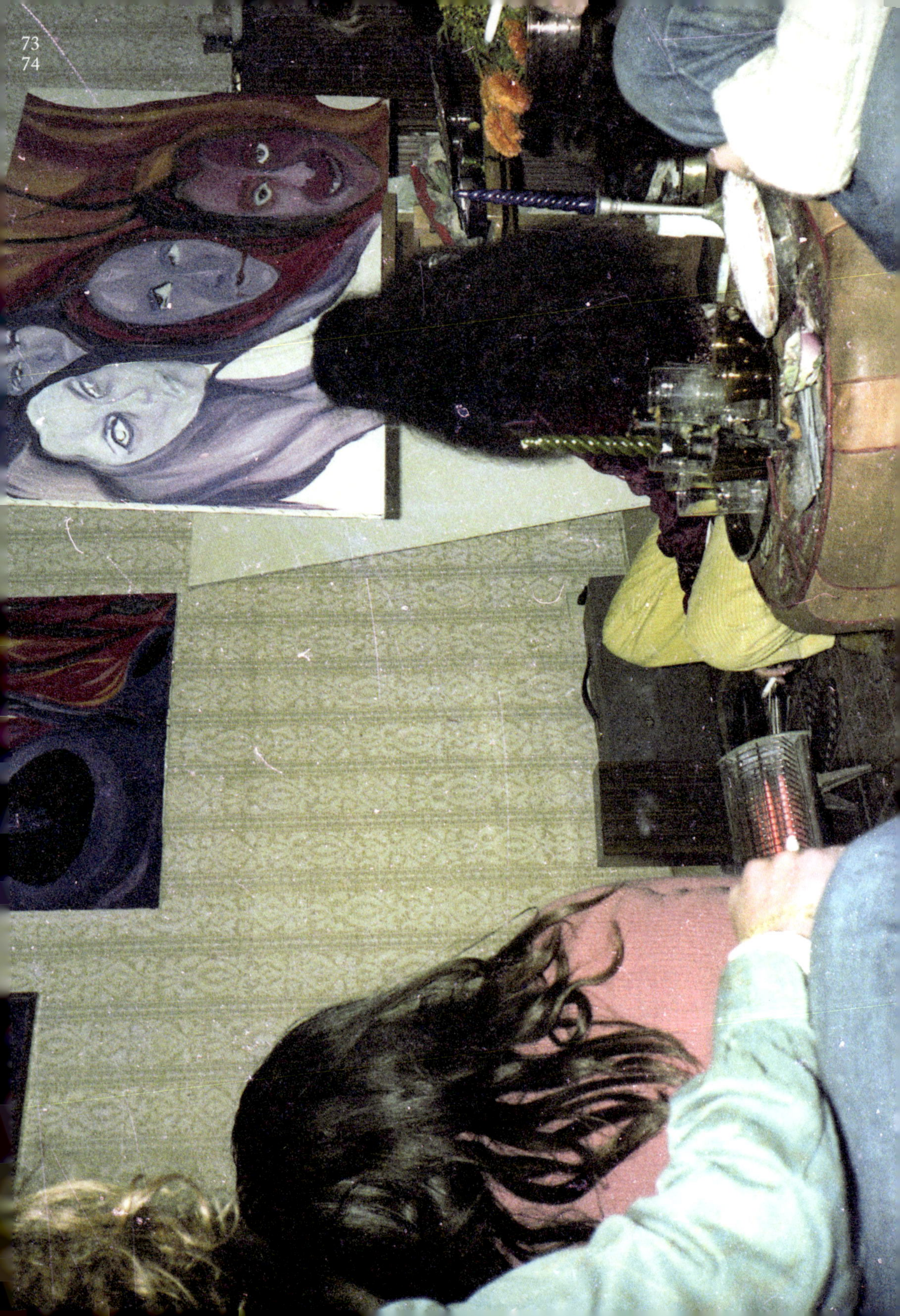

73
74

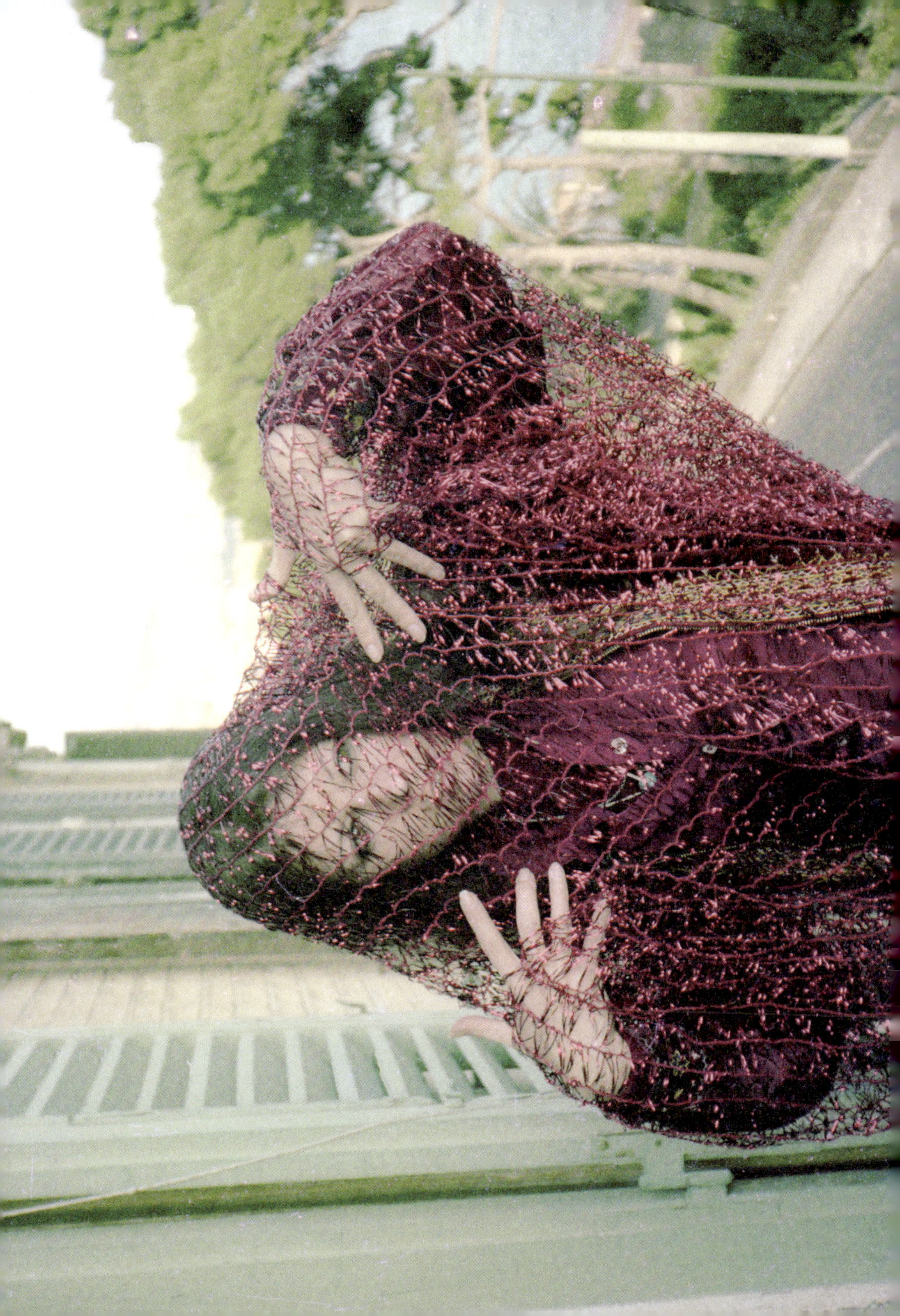

75
76

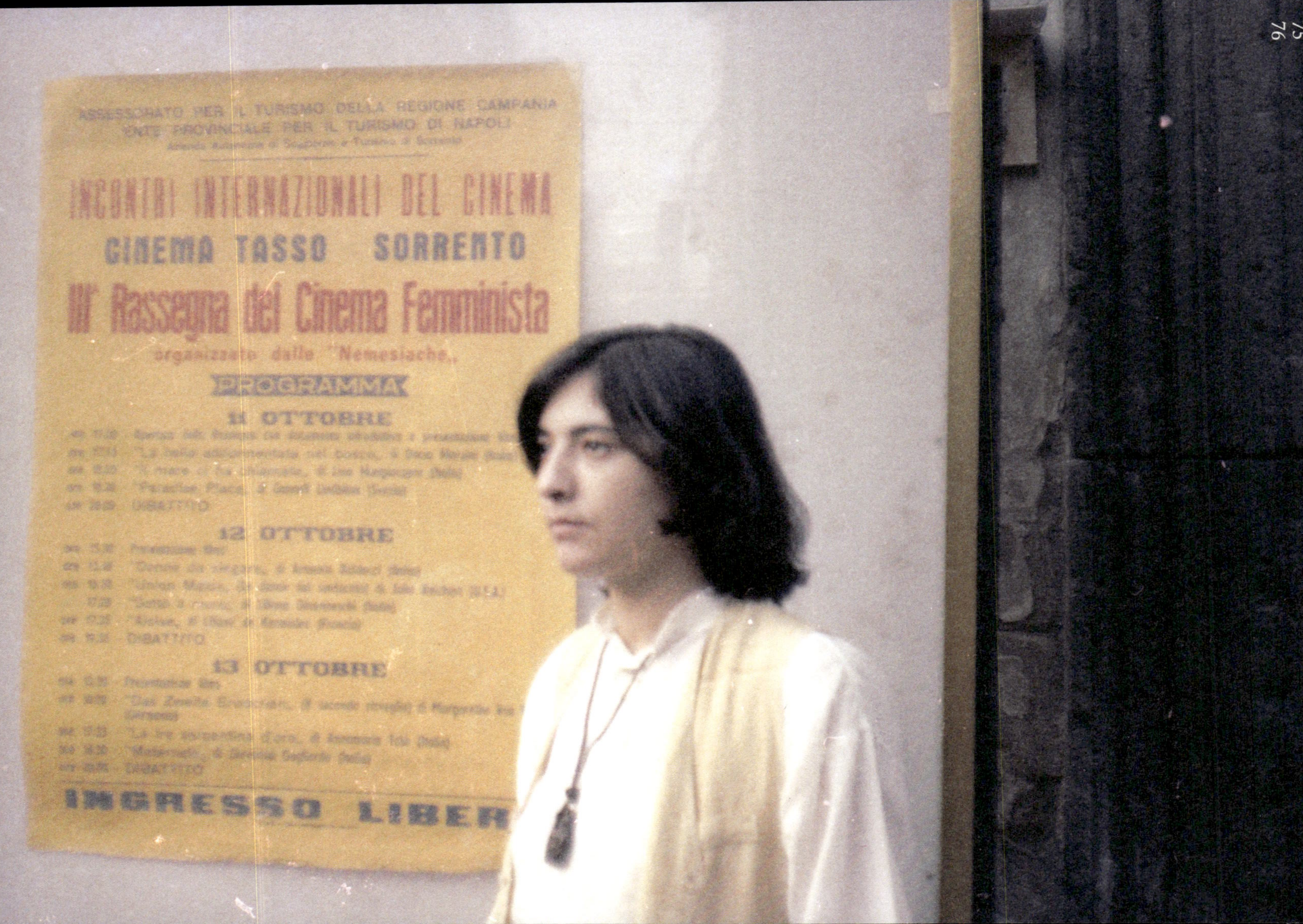

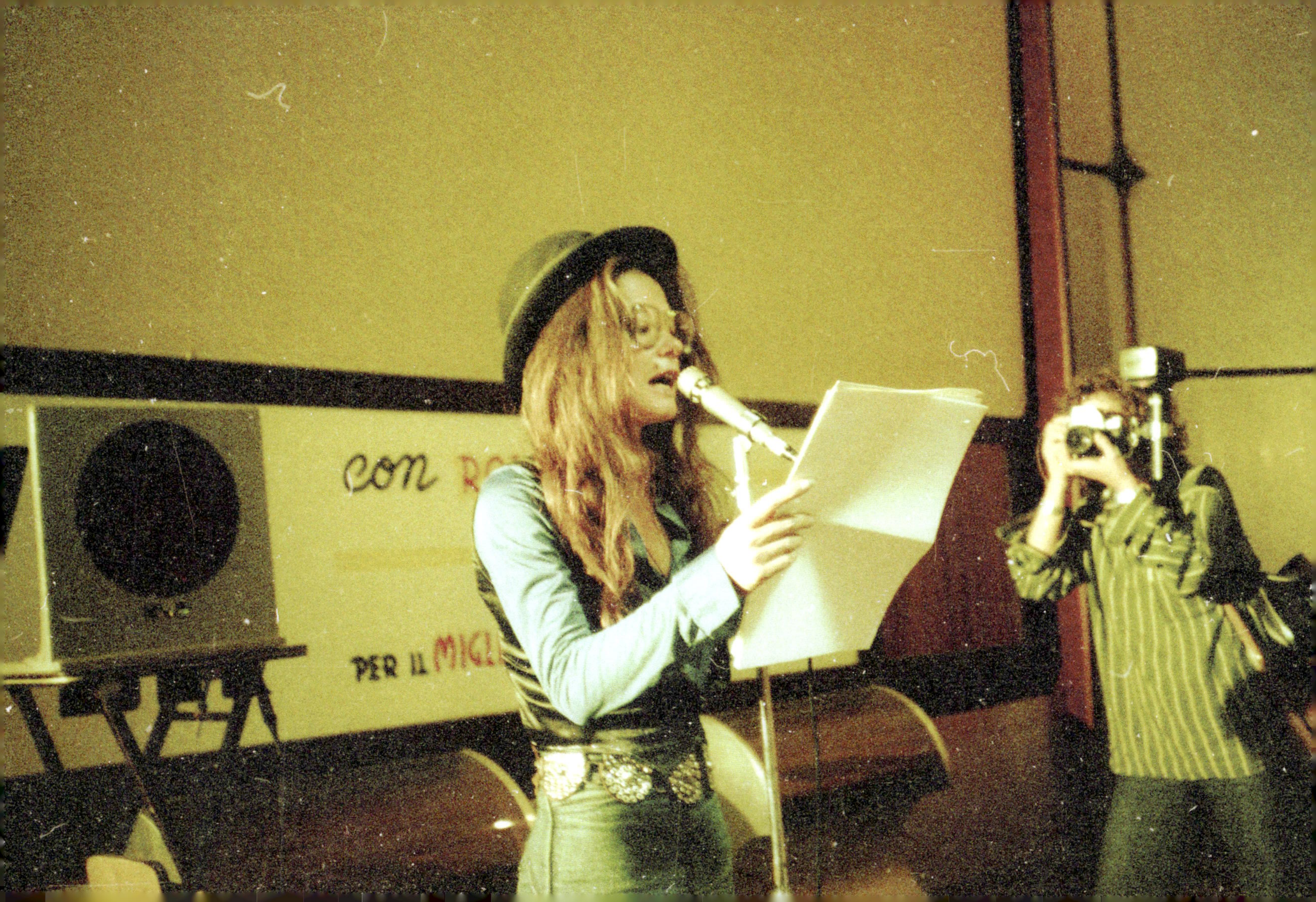
con
PER IL

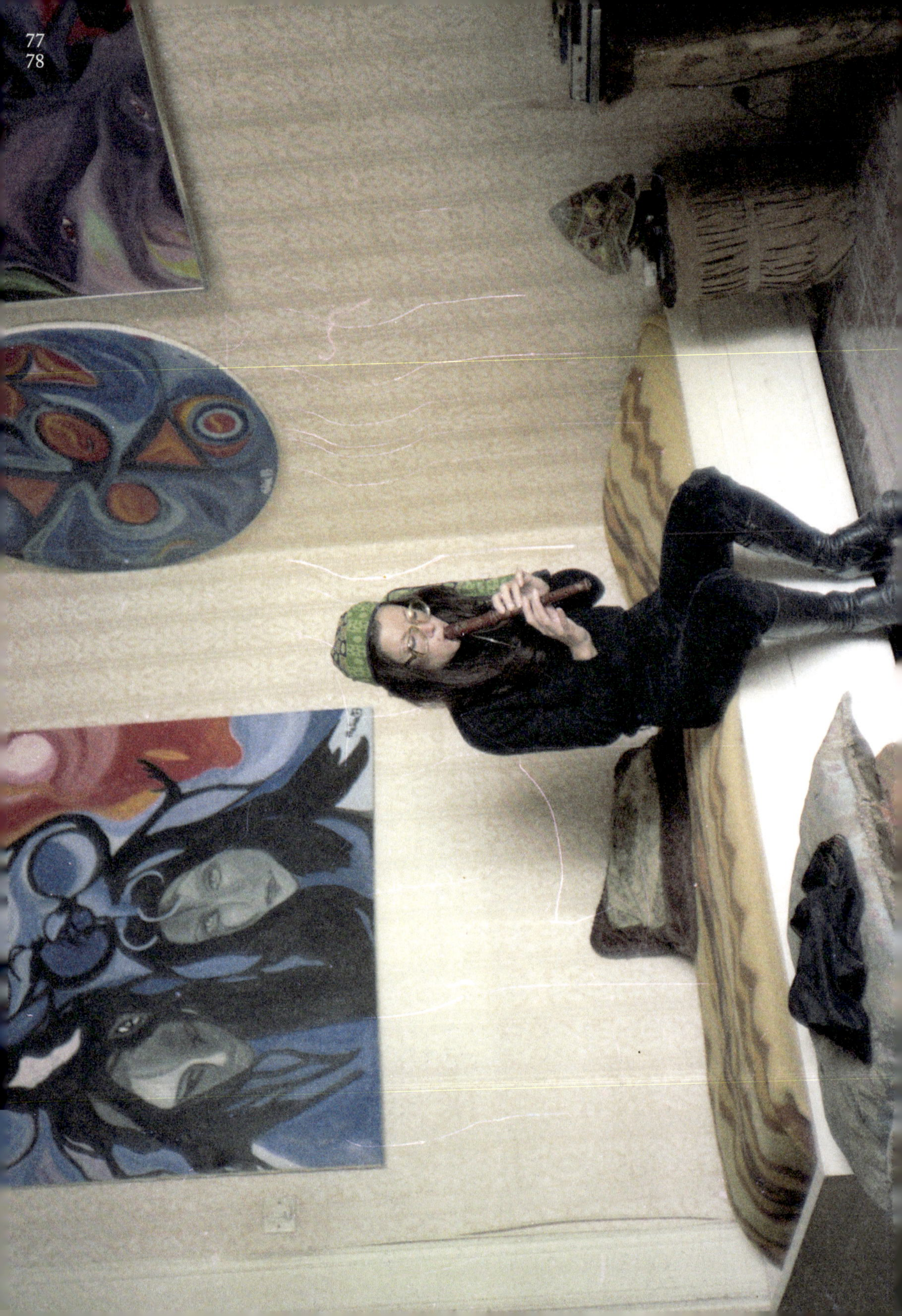

ASSESSORATO PER IL TURISMO DELLA REGIONE CAMPANIA
ENTE PROVINCIALE PER IL TURISMO DI NAPOLI
INCONTRI INTERNAZIONALI DEL CINEMA
CINEMA TASSO SORRENTO
III Rassegna del Cinema Femminista
organizzato dalle "Nemesiache,,
PROGRAMMA
11 OTTOBRE
12 OTTOBRE
13 OTTOBRE
INGRESSO LIBER

77
78

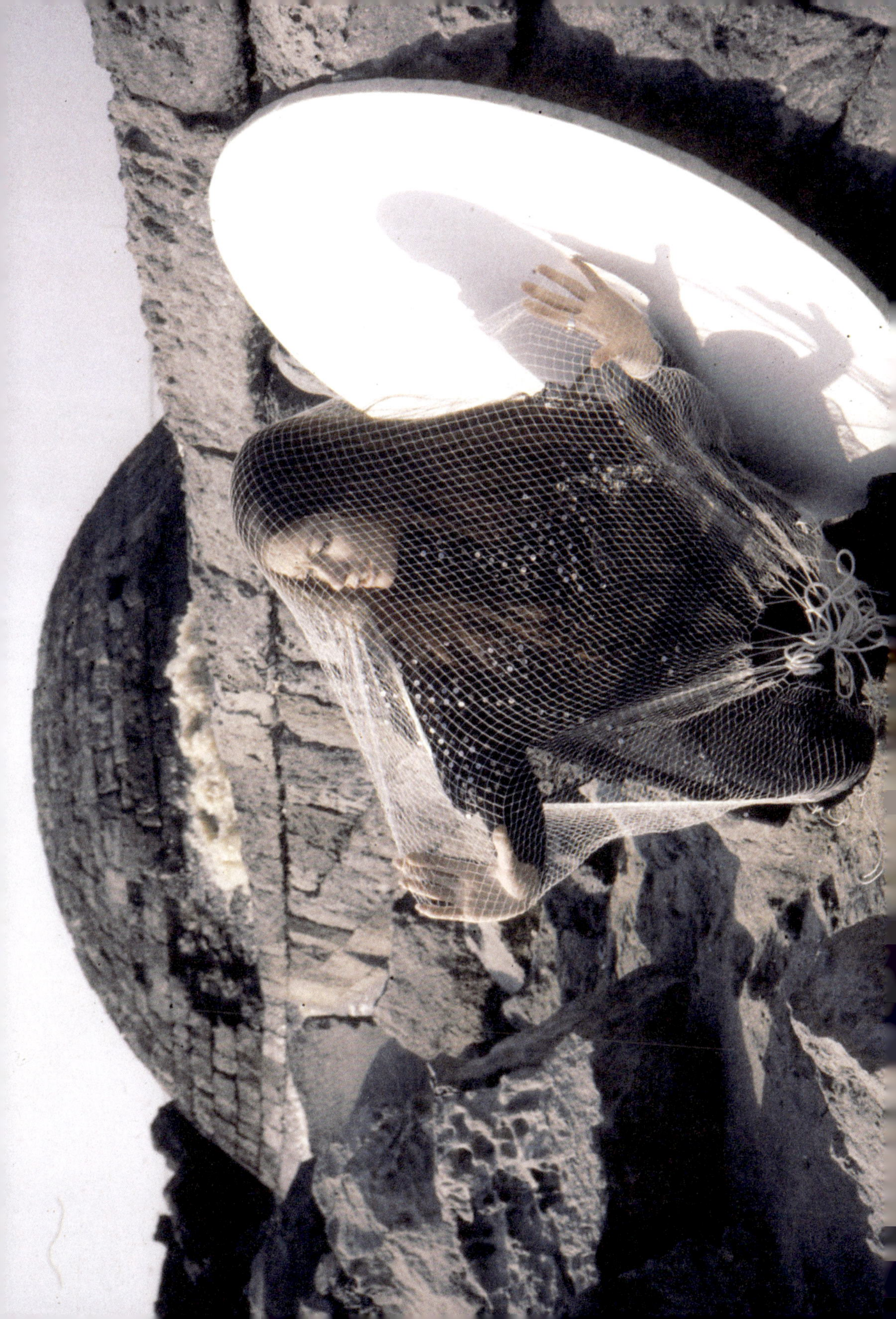

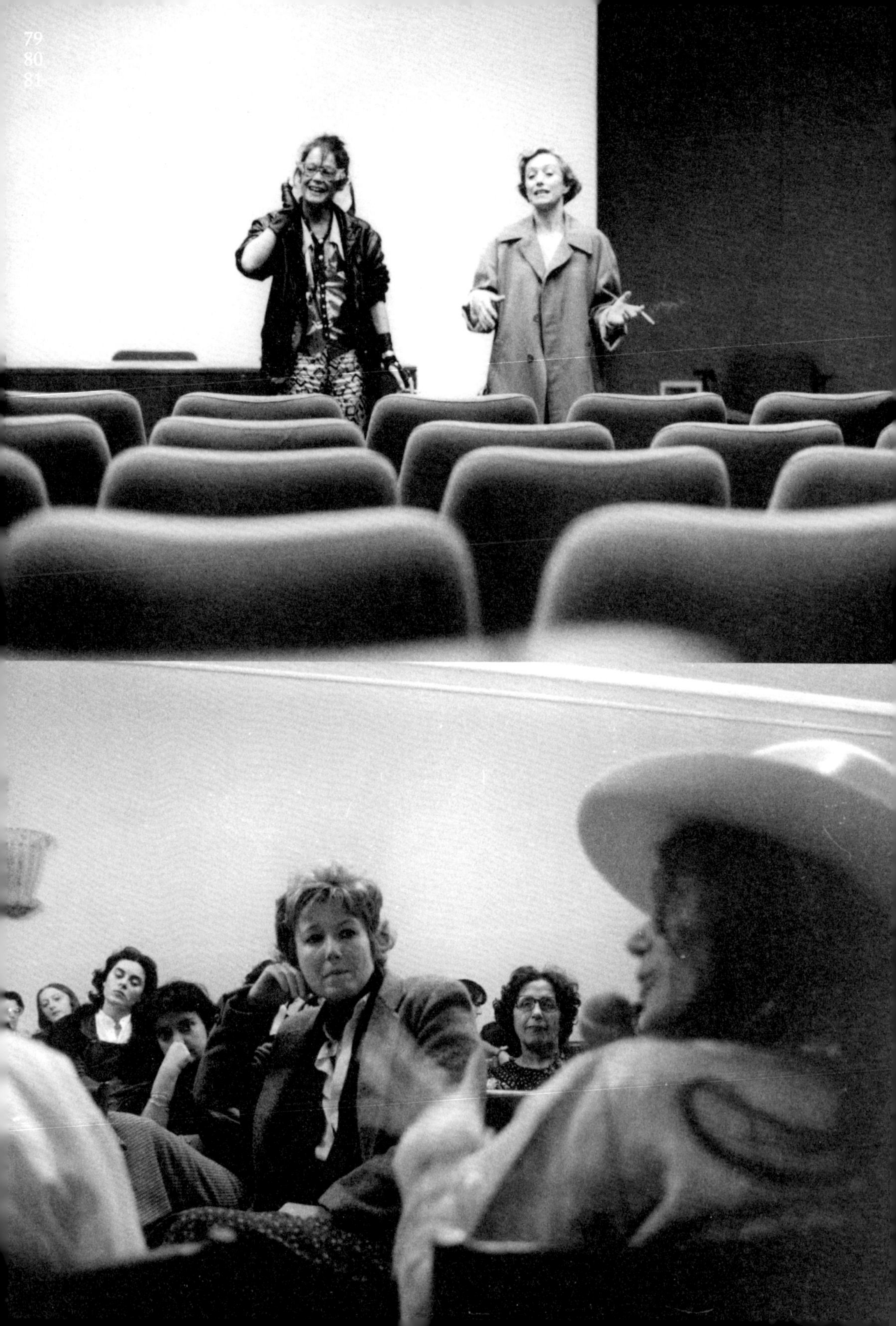

79
80
81

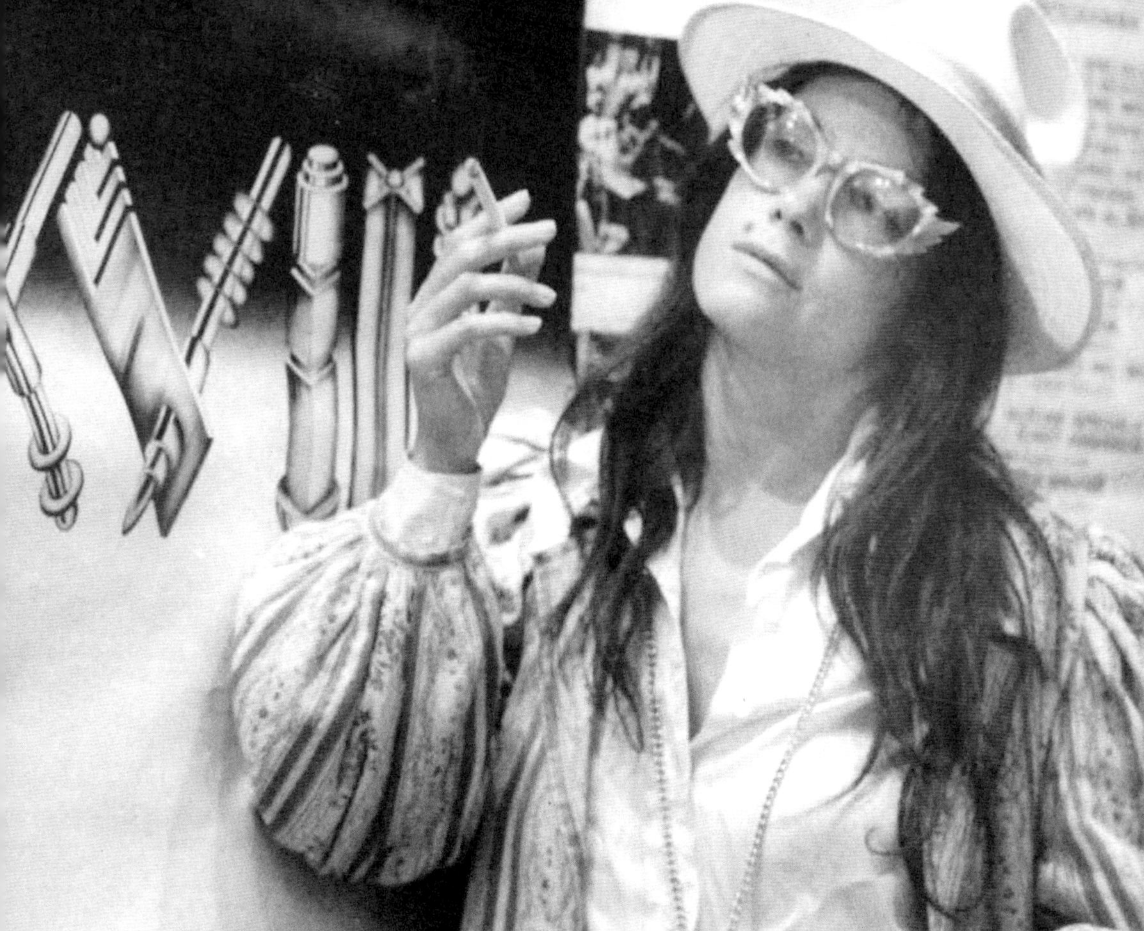
FESTIVAL
TERNAZIONALE
DEL FILM
FANTASCIENZA
UTONOMA SOGGIORNO E TURISMO
XVIII FESTIVAL INTE
DEL FILM DI FAN
TRIESTE

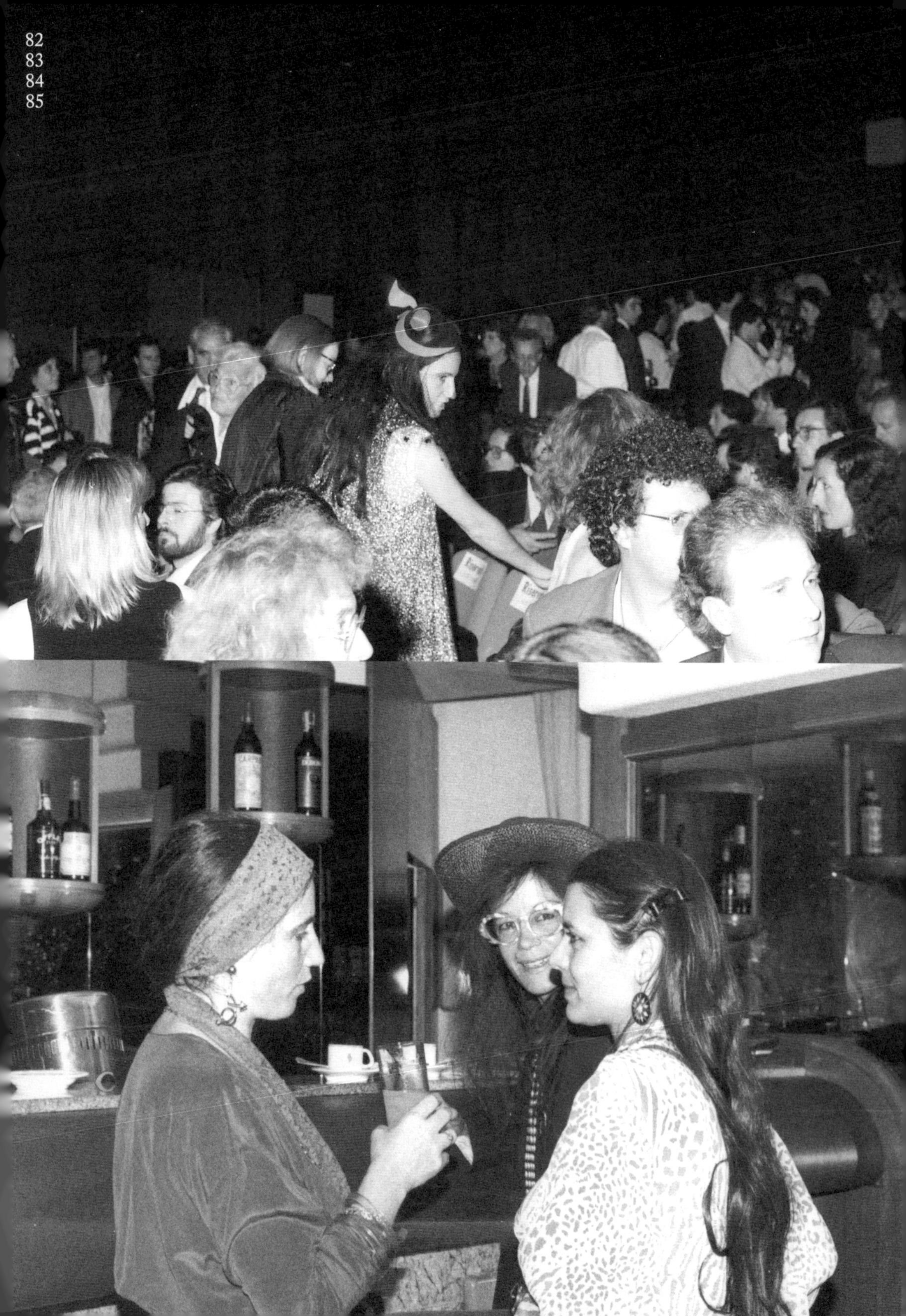

82
83
84
85

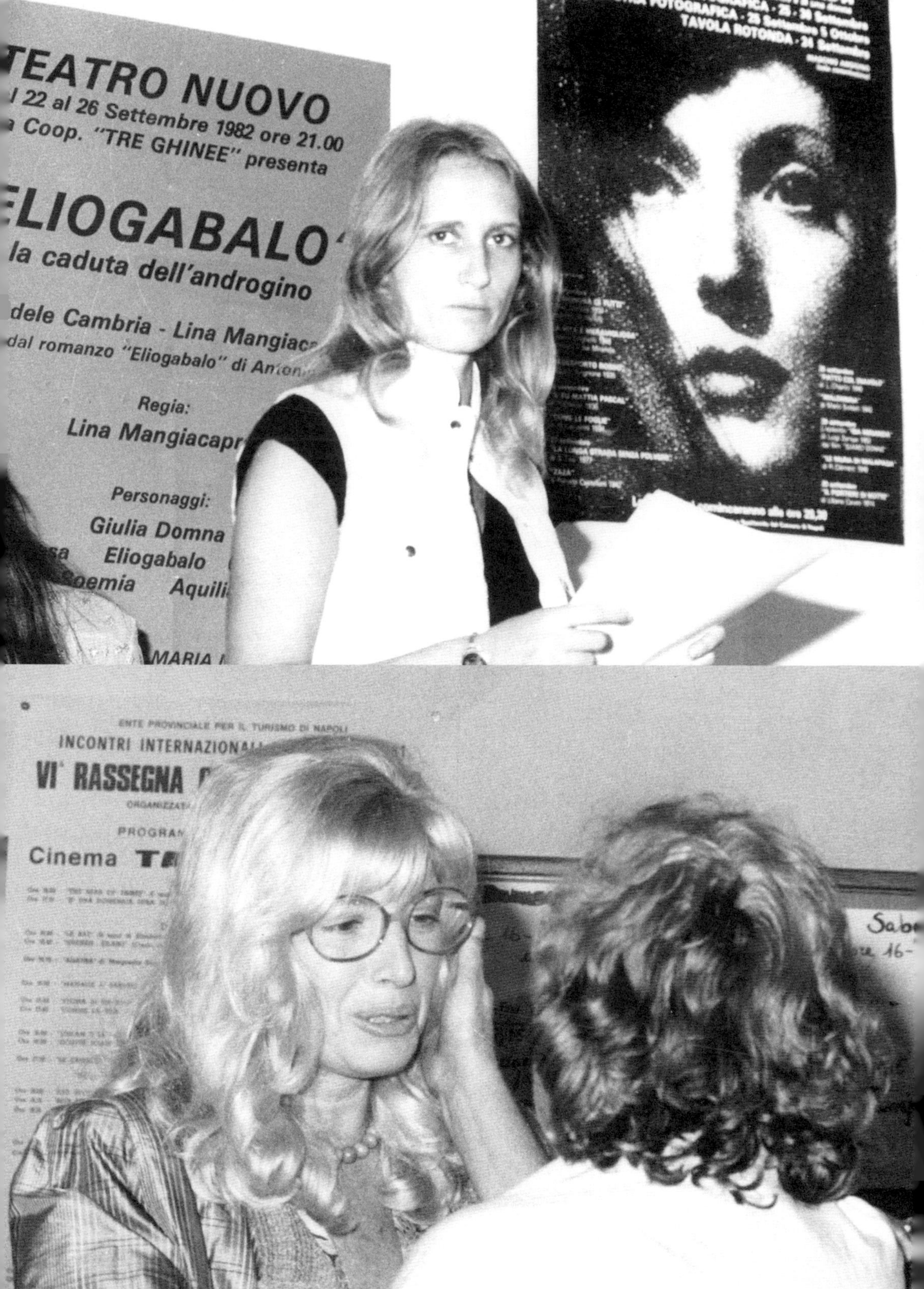
TEATRO NUOVO
l 22 al 26 Settembre 1982 ore 21.00
a Coop. "TRE GHINEE" presenta
ELIOGABALO
la caduta dell'androgino
dele Cambria - Lina Mangiac
dal romanzo "Eliogabalo" di Anton
Regia:
Lina Mangiacapr
Personaggi:
Giulia Domna
Eliogabalo
Soemia Aquili
MARIA
MOSTRA FOTOGRAFICA · 25 · 30 Settembre
TAVOLA ROTONDA · 24 Settembre
ENTE PROVINCIALE PER IL TURISMO DI NAPOLI
INCONTRI INTERNAZIONALI
VI' RASSEGNA
PROGRAM
Cinema

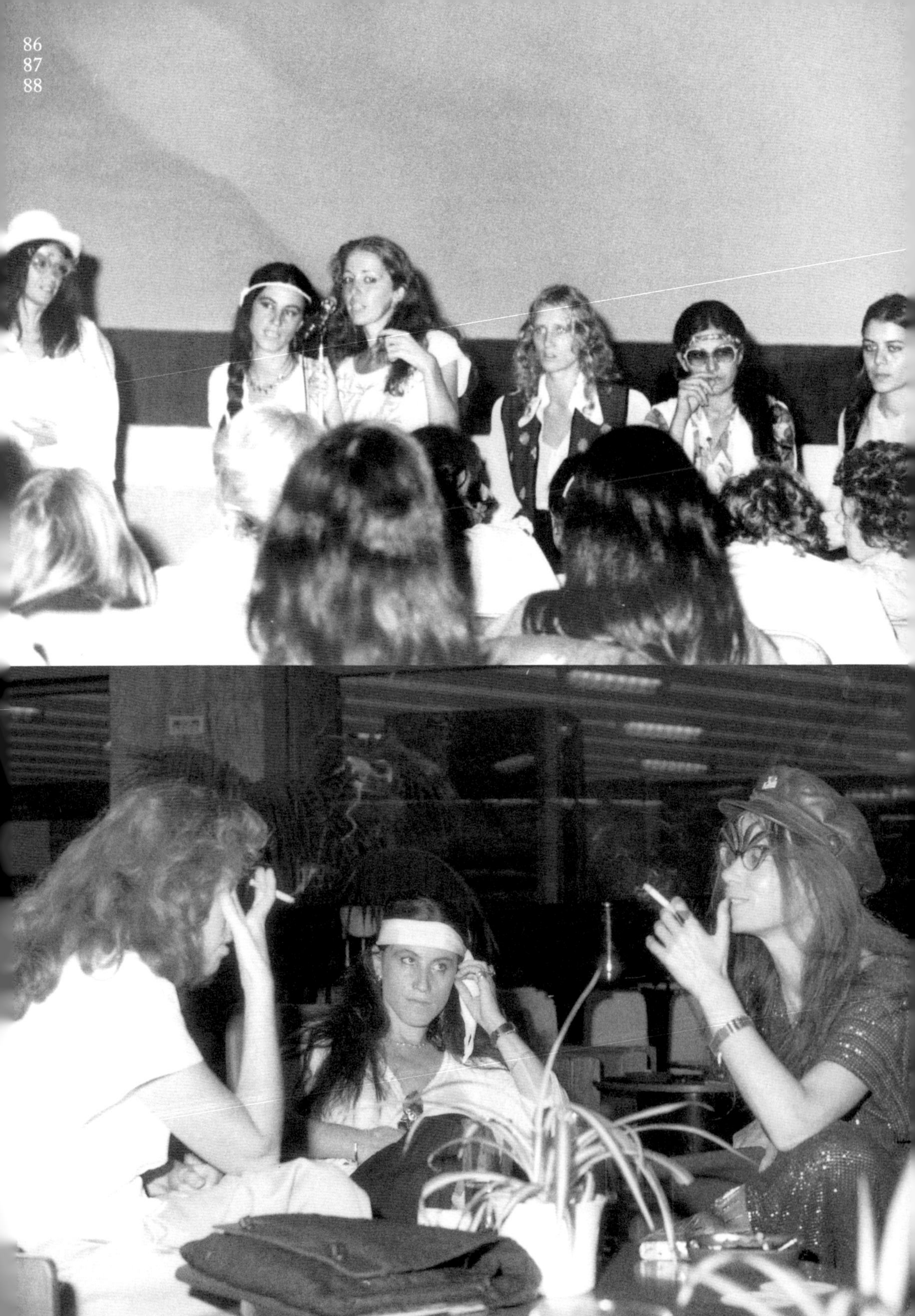

86
87
88

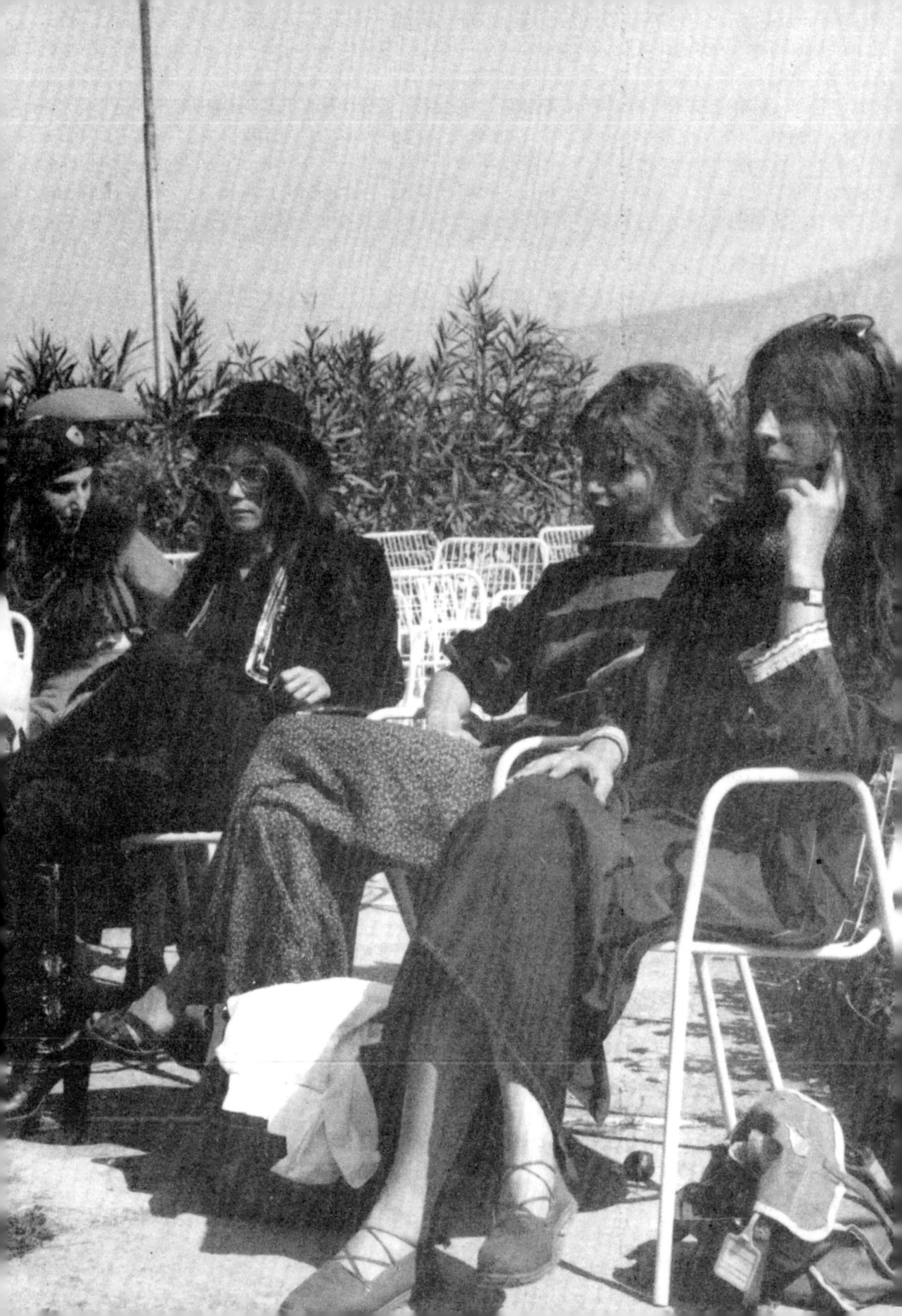

MOZIONE DELLA I RASSEGNA DEL CINEMA FEMMINISTA

« Questa Rassegna del Cinema Femminista proposta e organizzata da noi intende affermare la presenza dell'espressione della donna nel campo del cinema.

Per noi cinema femminista significa un cinema fatto da donne per le altre donne. Un cinema in cui si afferma se stessa, la propria realtà, la propria storia. Un cinema che deve lottare sempre contro lo sfruttamento, l'uso, la deformazione, la commercializzazione, la riduzione dell'immagine della donna. Un cinema che non pone dei contrasti e delle valutazioni diverse tra professionismo e non professionismo.

Il discorso è nella forza dei contenuti; la tecnica è parte integrante di questi e non può essere un criterio di valutazione che scavalca i contenuti. La realizzazione di un film è in ogni sua fase una espressione creativa. Non deve esistere divisione tra momento creativo e momento realizzativo. Anche la stessa distribuzione deve far parte del processo creativo.

Relativamente alla nostra partecipazione di quest'anno a Napoli, noi teniamo a sottolineare che questo spazio, che i films fatti dalle donne si sono presi, qui, all'interno di una istituzione di potere, uno spazio che noi Nemesiache abbiamo gestito a nome ed insieme a tutte le donne del movimento femminista, questo spazio, diciamo, intendiamo che ci venga assicurato stabilmente, che venga ampliato, che i films delle donne siano, l'anno venturo, proiettati in molti cinema, in molte scuole, nelle piazze dei quartieri popolari napoletani.

Proponiamo inoltre che la circoscrizione comunale di Posillipo, dove il gruppo delle Nemesiache vive, sostenga l'apertura, in quel quartiere, di un centro culturale e sociale disponibile a tutte le donne che intendono svolgere una attività creativa in campo cinematografico. Ribadiamo che il cinema fatto dalle donne rifiuta e rifiuterà sempre la distinzione tra professionale e non professionale, ma, nello stesso tempo, riteniamo che le donne abbiano il diritto di ottenere la possibilità di specializzarsi in questo campo: chiediamo quindi che, in sede legislativa, sia prevista l'assunzione su tutti i set cinematografici italiani, che beneficiano di pubblici finanziamenti, di una quota di apprendiste donne, regolarmente retribuite. Ciò allo scopo anche di esercitare un controllo sull'uso dell'immagine femminile che si fa generalmente nei films, nella maggior parte dei quali il corpo della donna è adoperato come esca per lo spettatore piú volgare.

Ribadiamo quindi, anche in questa sede, la nostra protesta contro questo genere di films ».

Le Nemesiache

29 settembre 1976

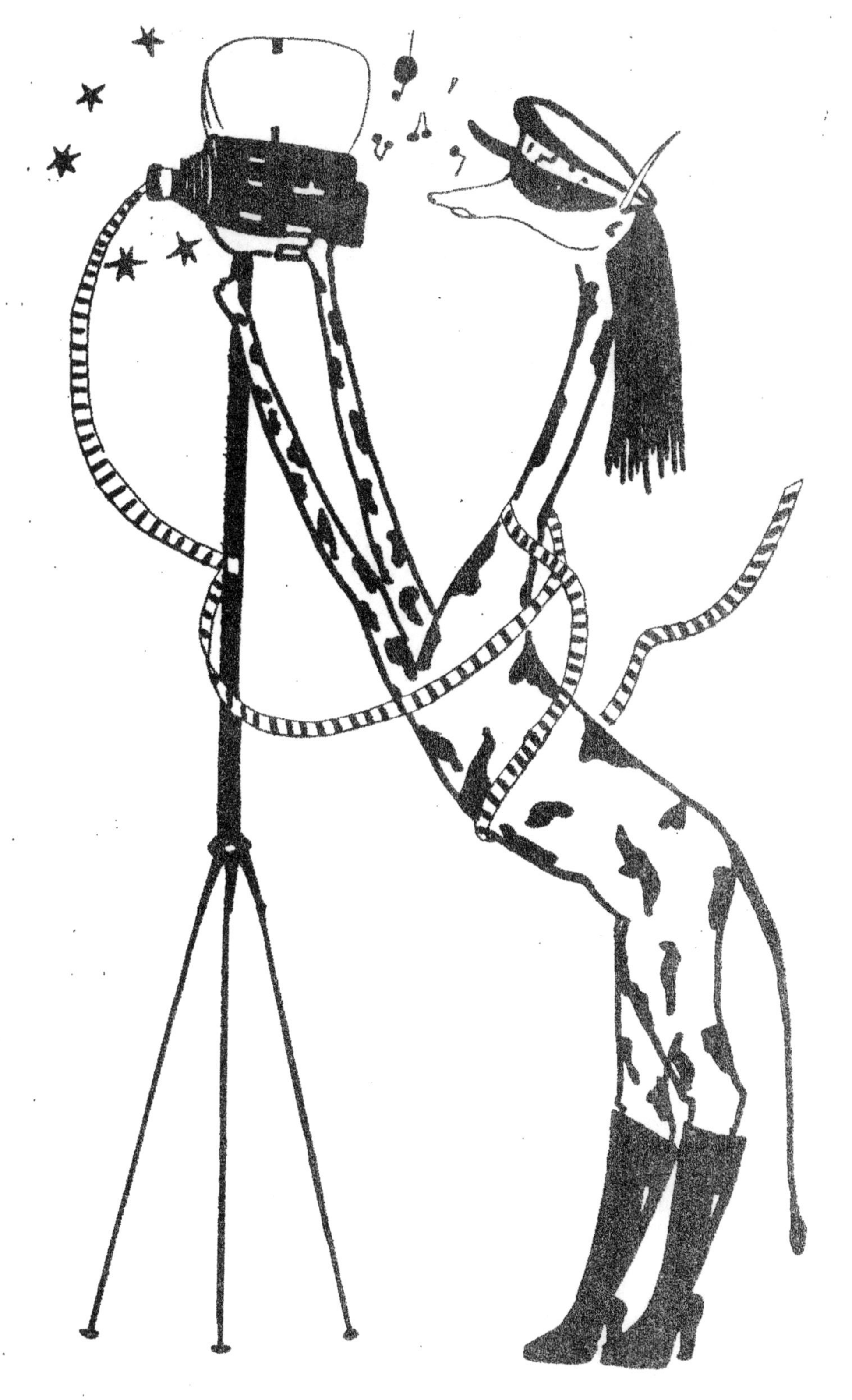

SORRENTO-PALACE / Sala Tritoni 3-8 ottobre 1989
LE NEMESIACHE - Coop. «Le Tre Ghinee»

60
Le Sibille [The Sibyls], 1977. Video still, Super 8, colore, suono / color, sound, 25'. Scritto e diretto da / Written and directed by Lina Mangiacapre, interpretazione e musica / performance and music by Le Nemesiache, prodotto da / produced by Coop. Le Tre Ghinee

61
62
Ricciocapriccio, 1981 Diapositiva dal video multimediale / Photographic slide from the multimedia video. Super 8, colore, suono / color, sound, 40'. Scritto e diretto da / Written and directed by Lina Mangiacapre, interpretazione e musica / performance and music by Le Nemesiache, prodotto da / produced by Coop. Le Tre Ghinee

63
64
Ricciocapriccio, 1981 Diapositiva / Photographic slide. Super 8, colore, suono / color, sound, 40'. Scritto e diretto da / Written and directed by Lina Mangiacapre, interpretazione e musica / performance and music by Le Nemesiache, prodotto da / produced by Coop. Le Tre Ghinee

65
66
Rione Terra, 1968/1987 Diapositiva / Photographic slide. Scritto e diretto da / Written and directed by Teresa Mangiacapra, prodotto da / produced by Coop. Le Tre Ghinee

67
68
Autocoscienza [Consciousness-raising], 1976. Video still, Super 8, colore, suono / color, sound, 15'. Diretto da / Direct by Lina Mangiacapre/Nemesi con / with Teresa Mangiacapra/Niobe e / and Bruna Felletti/ Karma

69
Cenerella [Cinderella], 1974-1975. Video still, Super 8, colore, suono / color, sound, 29'. Scritto e diretto da / Written and directed by Lina Mangiacapre, interpretazione e musica / performance and music by Le Nemesiache

70
Follia come poesia [Poetry as Madness], 1977-1979. Video still, Super 8, colore, suono / color, sound, 40'. Scritto e diretto da / Written and directed by Lina Mangiacapre, interpretazione e musica / performance and music by Le Nemesiache, in collaborazione con le donne internate e con il direttore dell'Ospedale psichiatrico del Frullone / in collaboration with women institutionalized in the psychiatric hospital and the director of the Frullone Psychiatric Hospital, prodotto da / produced by Coop. Le Tre Ghinee

71
72
Le Sibille [The Sibyls], 1977. Video still, Super 8, colore, suono / color, sound, 25'. Scritto e diretto da / Written and directed by Lina Mangiacapre, interpretazione e musica / performance and music by Le Nemesiache, prodotto da / produced by Coop. Le Tre Ghinee

73
Interno casa di Lina Mangiacapre a Posillipo con Le Nemesiache / Interior of Lina Mangiacapre's house in Posillipo with Nemesiache, non datata / undated

74
Lina Mangiacapre – Attannurreta, Posillipo, 1975

75
III Rassegna del Cinema Femminista di Sorrento / III Sorrento Femminist Film Festival, 1978. Nella foto / In the picture Maria Teresa Falconieri/Maité

76
Lina Mangiacapre, I Rassegna del Cinema Femminista / I Sorrento Femminist Film Festival, Cinema Filangieri, Napoli / Naples, 1976

77
Lina Mangiacapre nella sua casa di / at her flat in Posillipo, 1975

78
Lina Mangiacapre – Sirena [Siren], 1986. Foto per / Picture for *Io/Il Mistero/Le S* [Me / The Mystery / The S]

79
Rassegna del Cinema Femminista di Sorrento / Sorrento Femminist Film Festival, 1985

80
Dacia Maraini, Teresa Mangiacapra, VI Rassegna del Cinema Femminista di Sorrento / VI Sorrento Femminist Film Festival, 1981

81
Lina Mangiacapre presenta / presents *Le Sibille* [The Sibyls] al / at the Festival di Fantascienza Trieste / Trieste Science Fiction Festival, 1980

82
Rassegna del Cinema Femminista di Sorrento / Sorrento Femminist Film Festival, 1989. Foto di / Photo by Maria Ambrosiano

83
V Rassegna del Cinema Femminista di Sorrento / V Sorrento Femminist Film Festival, 1980. Nella foto / In the picture Teresa Mangiacapra, Lina Mangiacapre e / and Consuelo Campone. Foto di / Photo by Jo Mangone

84
VII Rassegna del Cinema Femminista di Sorrento / VII Sorrento Femminist Film Festival, 1983. Nella foto / In the picture Anna Grieco/Dafne

85
VI Rassegna del Cinema Femminista di Sorrento / VII Sorrento Femminist Film Festival, 1981. Nella foto / In the picture Monica Vitti

86
IV Rassegna del Cinema Femminista di Sorrento / IV Sorrento Femminist Film Festival, 1979

87
Rassegna del Cinema Femminista di Sorrento / Sorrento Femminist Film Festival, 1989. Foto di / Photo by Maria Ambrosiano

88
III Rassegna del Cinema Femminista di Sorrento / III Sorrento Femminist Film Festival, 1978. Nella foto / In the picture Teresa Mangiacapra e Lina Mangiacapre, Cristine Laurent, Vivianne Ostrovski

89
Mozione della I Rassegna del Cinema Femminista [Motion of the First Feminist Festival], 1976

90
XIV Rassegna del Cinema Femminista di Sorrento / XIV Sorrento Femminist Film Festival, 1989. Locandina disegnata da / Poster designed by Consuelo Campone/ Coca

To See Ahead of Us Nothing but the Unbounded Horizon
Vedere avanti a noi solo l'orizzonte illimitato

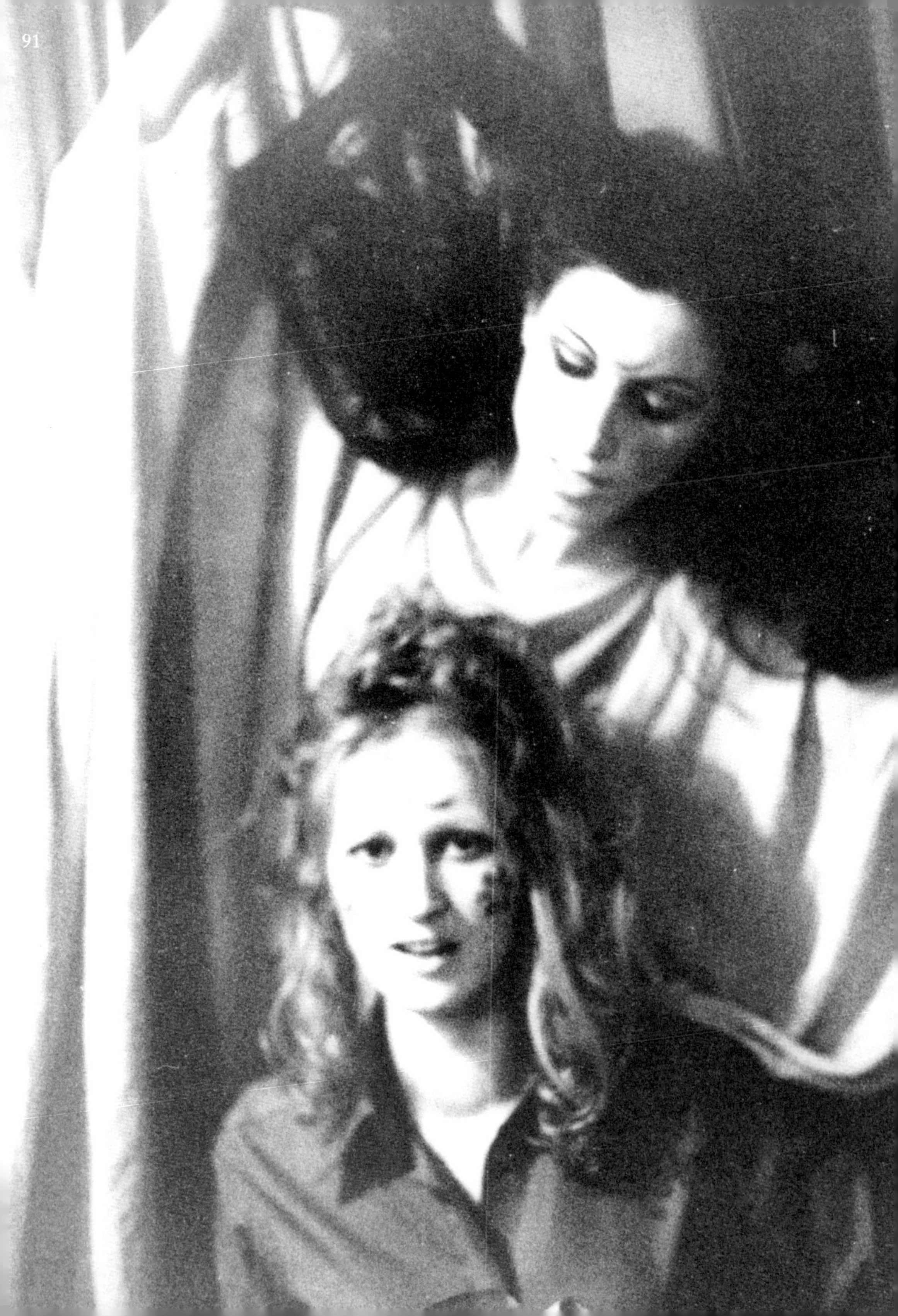

Porosity and Eruptiveness in Cumae with Le Nemesiache
Giulia Damiani

> If within several ideologies one part of reality is not accounted for, every expression of this reality that has been excluded and repressed is not a representation, but planning and preparation: every gesture is a historical fact [. . .].
>
> THEATER is not intended as representation or cultural interpretation of a reality that takes place elsewhere, but an act of evocation and materialization, in the same way that in magic rituals, the evocation of rain is not the interpretation of it, but the preparation for the event, and therefore is the rain itself.
>
> The PSYCHO-FABLE must be experienced in this dimension. [The psycho-fable] is a historical realization that denounces the false reductions of patriarchal ideology and its history, and at the same time constructs and realizes DIFFERENCE.[1]

These are excerpts from a manifesto published by Le Nemesiache in 1975, and were among the documents I came

1
Le Nemesiache, *Cicli Lunari, Cicli Solari* [Lunar Cycles, Solar Cycles], 1973–75, pamphlet residing in Lina Mangiacapre's and Le Nemesiache's archive. Unless otherwise noted, original texts in this essay are translated in English by the author.

Cave of the Sibyl, Excerpt from *Mani-Festa*, no.1/2, September 1993

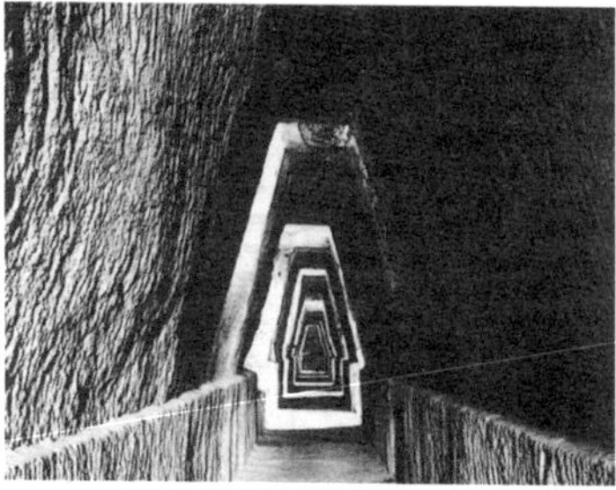

across when I first encountered their work in 2013. Sitting in Posillipo, at the original home of Le Nemesiache's archive, with Teresa Mangiacapra—sister of the group's founder, Lina Mangiacapre, and herself a member of Le Nemesiache—I lingered on the manifesto's evocations, and on images of their performances both at indoor venues and outdoors in the surrounding landscape.

An iconic picture from the set of their 1977 short film *Le Sibille* [The Sibyls] stuck with me: three performers are standing over a rocky formation in the volcanic area of the Phlegraean Fields, west of Naples. Smoke blowing from one of the craters nearly touches their bodies.[2] While their colorful dresses punctuate the landscape, the human and more-than-human elements seem to be in visual balance, creating a sense of harmony and belonging. To a young graduate student with the dream of creating performances collectively and a passion for feminisms, the work of this Naples-based group, which had been so hard to track down, revealed the potential of feminist genealogies traveling across time, materializing in the room in front of me through Mangiacapra's memories, at times overwhelmingly. Faced with what appeared an extensive local feminist cosmos, over my early interviews with members of the group I was a researcher eager to unpack their language through their further context. How to interpret the expression of oppression as *planning and preparation* over the sites of Le Nemesiache's work? How exactly did their creation method of the psycho-fable put into practice a different reality?

2
Le Sibille (25') was directed by Lina Mangiacapre and produced by Le Tre Ghinee Cooperative/ Nemesiache.

Across more than ten years of research and many experiences with the group, I have accessed these questions from theoretical, experiential, and practice-based angles.[3] Still, learning with Le Nemesiache has meant a different kind of journey, in which knowledge unfolds over time and not only through documents but significantly via direct engagement with their production and their experiences.[4] For example, it is important to mention that there is no blueprint for the execution of their method of the psycho-fable. Mangiacapre and the group practiced it throughout their artistic production, including theater and cinema, and while they offered many angles on it through their texts and works, they never narrowed it down to a set of instructions.

In my early interviews with members Mangiacapra, Silvana Campese, and Conni Capobianco, I was eager to fully immerse myself in the knowledge of this method, but somehow their memories and the documents I could read pointed at a larger mission that couldn't be quickly or easily grasped. At times my interviewees struggled to remember exact dates and sequences of events, but their stories came to life through sounds, smells, sights, touch.[5] In my very first interview with Mangiacapra, she mentioned how they started practicing the psycho-fable by creating their first theater performance, *Cenerella* [*Cinderella*, 1973], preparing for it in their homes. Sometimes they screamed, puzzling their neighbors.[6] Years later I too was finding myself adrift. How did the psycho-fable happen, exactly? And is it a viable method for feminists today?

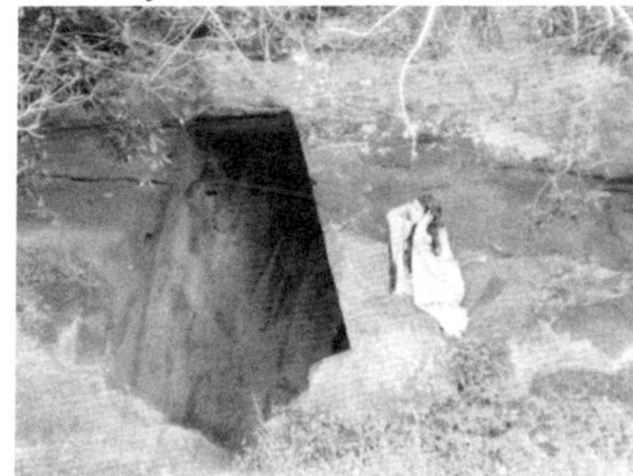

Le Sibille, [The Sibyls], 1977. Video still, Super 8, color, sound, 25'. Written and directed by Lina Mangiacapre

3
See my practice-based PhD dissertation, "Porous Places, Eruptive Bodies: The Feminist Group Le Nemesiache in 1970s–1980s Naples" (Goldsmiths University, 2022). It was accompanied by a series of performances collaborating with their archive, members of the group (since 2013), and other artists. In 2015, I participated to "Nemesi Oltre / Nemesis Beyond," a program of reenactments and showings organized by Teresa Mangiacapra. In 2020 and 2022 I curated two shows with the group's archive entitled *From the Volcano to the Sea: The Feminist Group Le Nemesiache in 1970s and 1980s Naples*. The first iteration took place at If I Can't Dance, I Don't Want to be Part of Your Revolution and Rongwrong in Amsterdam, the second at Chelsea Space in London.

4
Ibid. In my PhD, I describe this process as ritual learning.

5
See *Ritual and Display*, ed. Giulia Damiani, (Amsterdam: If I Can't Dance, I Don't Want to be Part of Your Revolution, 2022).

6
Interview by the author with Teresa Mangiacapra, September 2013, deposited in PhD diss.

While answers to these questions keep unfolding, Le Nemesiache's messages reverberate meaningfully into the present. In the following paragraphs I reflect on their sensuous exchange with the local landscape to suggest how the embodied method of the psycho-fable helped Le Nemesiache discover themselves as creative agents and renegotiate a dialogue with their place. Their materialization of a different reality from patriarchy took place in their situated geographies, and yet it found connections across places and times.[7] In the words of Mangiacapre, Naples is "a dimension not bound to the concept of a city, but something above its urban boundaries; it's a cosmic city [. . .] What happens in Naples is a kind of signal, something that doesn't stop in Naples. It's a suggestive reflection of what is happening in the rest of the world."[8] Their *planning and preparation* belonged to their creative actions as well as to their way of coming together routinely to experiment and play. I will argue that their creation method is best understood as a ritual form.

7
Le Nemesiache's connection with feminists from other parts of the world is also registered through the international film festival they organized in Sorrento, Rassegna del Cinema Femminista: "L'altro sguardo" (1976–95).

8
Alessandra Pacelli, "Una città a dimensione donna" [A City with a Woman-Dimension], interview with Lina Mangiacapre for *Napolicity*, March 1981, in Le Nemesiache's and Mangiacapre's archive.

The psycho-fable as introduced by Le Nemesiache is a specific approach to theater based on the body, asserting that women's emotional and intellectual repression emerges through the physical, affective, and symbolic layers of the body and its gestures. As highlighted in the manifesto, in the group's practice the moment of theatrical performance was meant to bring about a different cosmic dimension and make this a historical event: "Every gesture is a historical fact."[9] This was achieved by reinterpreting mythic stories, such as that of the Cumaean Sibyl, and the embodiment of these by the participants. One would realize one's own oppression by channeling the experience of another. For example, in *Le Sibille*, the group of women visit the cave of the prophetess while their dances and gestures evoke their connection to the Sibyl and their own suffering. At the beginning of the film, Mangiacapre narrates a séance and scenes of women dancing on this land: "You're not alone, other stories are buried in the water, fire, in the soil, in the air [. . .]. We are

9
Le Nemesiache, *Cicli Lunari, Cicli Solari*, 1973–75.

in Cumae, the Sibyl's territory. Through the stones, we'll need to find ourselves again."

The older woman in the initial séance is the Sibyl, as she appears on the threshold of the grotto later on in the film. The psycho-fable embraces mythological imagination and the forgotten pasts on one hand, and the body and the performers' actions on the other. Le Nemesiache stressed the experimental essence of their work, intended as a continuous planning and rehearsing for changes that would take place in real life. In this way they rejected the separation between art and politics, representation and life. Interpreting a role would mean to offer merely an entertaining portrayal of their struggle, thus deflating the material potential of their practice. The ultimate intention behind it, the realization of difference that could be understood as a different political reality or a different dimension altogether, implied an ongoing evocation and materialization of other spaces and times. This other space-time grew from a condition of oppression—in this case women's oppression—but never settled into a normative dimension, such as a binary notion of gendered identity that opposed "female sex to male."[10]

10 Ibid.

Over the years of working with Le Nemesiache and visiting together the sites of their actions, I've understood Cumae as a liminal zone, a threshold, which can help make sense of their multilayered relation with landscape. The cave is situated in the Phlegraean Fields and is sculpted into the tuff, made of volcanic ash, with several openings on one side. The tunnel structure of the cave was discovered in 1932 by archaeologist Amedeo Maiuri, who identified it as the seat of the Cumaean Sibyl following Virgil's description in the sixth book of the *Aeneid*.[11] In the book, Virgil describes these openings to the cave as the Sibyl's "hundred mouths."[12] In Greek and Roman times, the prophetess-visionary's words thundered out from the inner chamber of the grotto. Those who visited the cave for a consultation listened while sitting in the outer chambers.

11 Alexander Gordon McKay, "Review: The Monuments of Cumae," *Virgilius* 43 (1997): 78–88.

12 Herbert William Parke, *Sibyls and Sibylline Prophecy in Classical Antiquity* (London: Routledge, 1988), 80.

According to popular stories, the prophetess's utterances were often teasing and evasive.[13] Connecting with the depths of the earth, bringing back women's prophecies and their forgotten stories, Cumae is one of the energetic nucleuses in Mangiacapre's feminist vision. Hers was a plan for the reappropriation of a place historically imbued with natural phenomena, myth, and magic, but which was being progressively destroyed by men's capitalist exploitation. In Mangiacapre's view, the alleged break between nature and culture, fueled by patriarchy over centuries, was to be reconciled by feminist creativity.[14] Le Nemesiache's interventions in landscape were mediated by their feminist creative commitment. As the quote below highlights, their experimentation was linked to the body and extended into their environment: We claim back women's bodies and the body-territory of our city.[15]

13 Parke, *Sibyls and Sibylline Prophecy in Classical Antiquity*, 83.

14 Lina Mangiacapre, *Opera Totale* [Total artwork] in Lina Mangiacapre's private archive, Posillipo, undated.

15 *Manifesto Femminista Nazionale per L'8 Marzo 1981* [National Feminist Manifesto for March 8, 1981], in Mangiacapre's and Le Nemesiache's archive.

Rather than considering here the group's productions in theaters around Italy in the 1970s and the 1980s, I focus on their relation with landscape, what they call their body-territory. I argue that to understand the psycho-fable and Le Nemesiache's production at large, we need to look at how the psycho-fable and its gestures experienced and reinvented the body-territory. In an article from the late 1970s on the Phlegraean Fields, Mangiacapre affirms: "My research endeavors to reconstruct the myths, the old rituals, and to track down all the possible documents on the historical connection of the Sibyl's origin, Cumae, and the Phlegraean Fields."[16] *Le Sibille* constantly returns to this volcanic landscape, and the smokes are recorded in early photographs by the group, such as the one entitled *Psycho-Fable in Naples* (early 1970s).

16 Lina Mangiacapre, *I Campi Flegrei. Analisi e prospettive culturali di un territorio (lettura e mitologia)*, 1978, in Lina Mangiacapre's private archive, Posillipo.

Judy Chicago's iconic *Women and Smoke* (1970) series may come to mind here. Yet while in Chicago's photographs the barren landscape is altered by the artist's pyrotechnics, Le Nemesiache's actions were entangled with their real spatial and historical matter. The smoke from the volcanoes encounters the women's renewed consciousness and their potential to act in the world. Humans and nonhuman landscape meet, and within this relation, a liberating transformation seems to take place. Ethnographer Deborah Bird Rose worked on the concept of permeability in her research on what she termed the emplaced ecological self, in other words the self that is materially embedded in specific places "as well as being consubstantive with the universe." In her words, "Place penetrates the body, and the body slips into place."[17] Le Nemesiache's permeable body-territory is a constant reference in Mangiacapre's writing. In an undated document summarizing her proposal for a total artwork, the artist says: "I generate culture according to nature, that is, according to reality—my reality, the reality of my cells, of my roots, of my body, of my hair, of trees, moon, suns, galaxies."[18] Le Nemesiache's work seems to be situated at the porous juncture between body and place, and specifically this juncture became a site for the expression of feminist creativity and the realization of a different reality.

17
Deborah Bird Rose, "Dialogue with Place: Toward an Ecological Body," *Journal of Narrative Theory* 32, no. 3 (2002): 312.

18
Mangiacapre, *Opera Totale*.

Within such sensuous dialogue with place, I understood that ritual as a form could encapsulate the psychofable at its core. In Le Nemesiache's practice, ritual performances became ways to approach the land and body anew and simultaneously to imagine other forgotten pasts and unpredictable futures. Art critic Lucy Lippard traced commonalities among the rituals by women artists in the 1970s and the structures of the women's liberation movement, including consciousness raising and leaderless meetings.[19] Rituals were used by artists to marry the public with the private again, a trajectory much emphasized by the second wave feminist argument that "the personal is political."

19
Lucy R. Lippard, "Quite Contrary: Body, Nature, Ritual in Women's Art," *Chrysalis*, no. 2 (1977): 32.

Lippard summarized women artists' production in the form of ritual as such: "Ritual and ritualizing, or conceiving art-making as a ritual process even if the final product is not advertised as such, are an attempt to reinvest art with private and public meaning. Art, like ritual, can be defined as formalizing one's experience to make it familiar (old) at the same time it is being renewed."[20]

20
Lippard, "Quite Contrary," 32.

One of the core elements of ritual as an artistic form that emerges in this quote—and in the work of artists outlined by Lippard, such as Mary Beth Edelson—is the intimacy created by the renewed relationship between private and public. Another element is the transformation at work in rituals, which make one's experience "familiar (old) at the same time it is being renewed." A feminist take on ritual suggests that inner and outer transformation is necessary in order for women to eradicate patriarchal references from their individual lives and the collective life. New references, including prophetesses, goddesses, sirens, and witches, and also elements such as stones, fumes, lava, and cliffs, were introduced to challenge the patriarchal assumptions behind what is believed to be "normal," professional, and neutral in art production and culture. These identities were taken up not with a sense of nostalgia for an ancient past, but as an imaginative project to retell ancient stories in the present and to create new references for the future. The individual mission to become one's own feminist self was married with a collective impulse to redefine the framework in which women make art and think about history at large.

Beyond its storyline, *Le Sibille* records the ritual coming together of members of the group. Returning to the landscape of Cumae, dancing inside the cave's tunnels repeatedly over the years meant invoking both the Sibyl's presence as well as new interpretations across Le Nemesiache's individual and collective experiences. During their ritual dances, within their shared vocabulary of gestures, a delicate energy circulated among Le Nemesiache's women. Many of the scenes from their films simply record the intimacy and intensity of the members' bond. In *Le Sibille*, sitting close to a smoking crater in the landscape of Solfatara, one woman, Mangiacapra, holds her hand out, inviting another performer to get closer to the Sibyl. In that gesture, in the gentle action of reaching out, one can read a desire to make connections and a plural way of living through this landscape. Feminist scholar

Cenerella [Cinderella], Quarto Oggiaro, Milan, 1975
Performance documentation

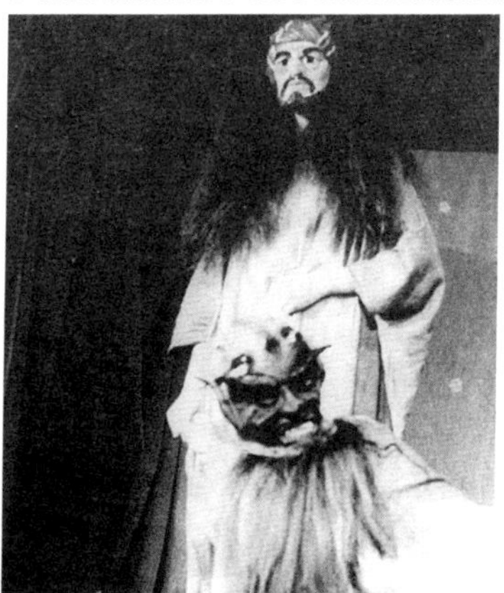

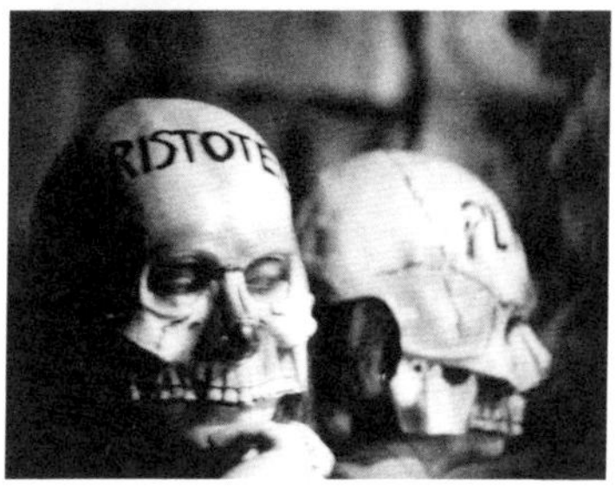

Catherine Clément described how two paradigmatic female figures, the hysteric and the sorceress, express themselves in secret play. Clément's theory aimed at challenging female stereotypes by outlining their subversive powers in the face of a phallocentric system. Perhaps by watching the films by the group, we're experiencing their secret play. Clément referred to the body of the hysteric and the sorceress as a theater through which beastly signs and marks can be revealed to oneself and erupt into the outer world.[21] Bodies can be intermediaries, props, passages toward an outer eruption.

21 Catherine Clément and Hélène Cixous, *The Newly Born Woman* (Minneapolis: University of Minnesota Press, 2008), 10–26. Originally published in French as *La jeune née*, 10/18, 1975.

Through my journey with the group, I came to formulate the psycho-fable as their repertoire—as their ordinary process of coming together and experimenting, which equipped them with a vocabulary and an embodied awareness. In the creation of this shared repertoire a new cosmic order and history were made possible. Le Nemesiache's members spent enough time together to find a common language, which arose with their bodies and landscape—one of the idiosyncrasies that makes their practice so distinctive. Liminal places such as Cumae became thresholds filled with possibilities for the exploration of a porous understanding of bodies and places, as well as of the transformative knowledge that is produced in the trans-corporeal encounters that make the world. Across Le Nemesiache's work, feminist creativity can be intended as an active pursuit of porosity and eruptiveness—for holes, tunnels, and craters that can let a new vision of the past, often mythological, flow through toward a future feminist cosmos.

GIULIA DAMIANI is an artist, researcher and writer working with performance, based in Amsterdam. Her latest project *Heart Brake* was co-produced and presented at Centrale Fies, Italy in September 2024 and Rozenstraat in Amsterdam in October 2024.

How Many Ways Are There to Breathe?

Cairo Clarke

In order for a body to release tension, it must breathe.
Long, slow, deep breaths.
Short, sharp, shallow breaths.
I am reminded of that every time the smell of sulphur embalms me.

When the fumaroles at Phlegraen Fields exhale plumes of sulphur-woven steam into the air, I am reminded of breath.

When the sirocco wind leaves a thin, red, gravelly layer of Saharan sand across the terrazza, I sweep it into a tiny dune and I am reminded of breath.

The slow uplift of soil, known as bradyseism, at the Temple of Serapis evidences the earth as a breathing body.

Every tremor and quake reminds me of the livity[1] of the terra, the contradicting temporal rhythms that are united by sacred breath.

1 Livity is a Rastafarian concept that recognizes an energy or life force that exists within and flows throughout all living things.

Each time I lie on tufo warmed by the sun's rays, I show eternal gratitude for the earth's ability to enliven dulled senses and bring me back into my body.

What is the body to capitalism other than an object of extraction (in particular for those who are the global majority, racialised, gender nonconforming, poor)? What is a territory to capitalism other than a space to dominate and exploit?

When the territory becomes sanitised of its livity, so do we. It becomes a site of violence from which to extract and steal. Relation is severed from the soils (earth, cultural, community, and spiritual)[2] in order to regulate memories, renarrate histories, and expel people from their own futures.

By connecting to breath, we relocate consciousness in the body.[3] By connecting the body with the earth we forge a sense of co-belonging, living in a world of relation where we are able to advocate for ourselves and the earth. Breath and body united in the ritual act of testimony. Rather than speaking for the terra, we listen to it, speak with it, and tend to her living body in order to tend to ourselves.

How powerful the testimony of breath is against those that seek to keep us breathless, lifeless, and numbed.

I muse on bell hooks when she says "estrangement from nature and engagement in mind/body splits makes it all the more possible to internalise white supremacy."[4]

So I bathe in the thermal waters of the sea to soak up its sediment knowledge.

I cover my body in clay matter from a pool connected to Lake Averno.

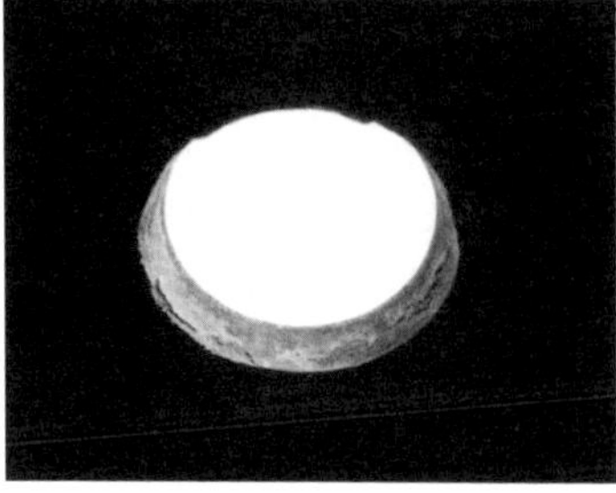

Ricciocapriccio, 1981. Video still

2
Munir Fasheh is a Palestinian educator who considers how to nurture and be nurtured by the "four soils," which are abundant everywhere but mostly corrupted and/or made invisible by dominant modern ideologies.

3
See Édouard Glissant, *Sun of Consciousness*, trans. Nathanaël (New York: Nightboat Books, 2020).

4
bell hooks, *Belonging: A Culture of Place* (New York: Routledge, 2019).

Tempio di Mercurio with Lucia Mastrodomenico, Anna Grieco. Photo by Lina Mangiacapre

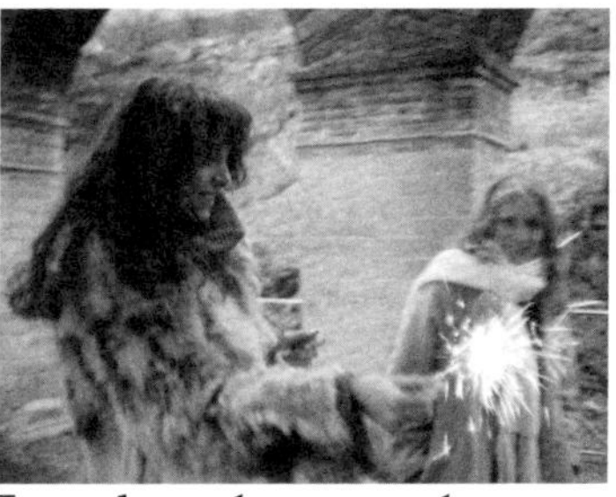

I tend to plants on the terrazza and cling to nature in the resilient ways it presents itself in the city.

I orient myself between the stars, the sea, the sulphur, and Vesuvio's looming presence.

I remember the ways of my elders and ancestors, some of whom stopped in Napoli en route to England from India in 1962.

I hold my grandmother's boat passage for *Flotta Lauro* of Naples close and imprint the photo of her standing at Molo Beverello in my mind.

I forge cosmic and poetic alliances with the world around me, renewing my relationship with the earth, finding breath through the porous portals and chorus calls I bear witness to.

In this land made of women and myth, meaning doesn't come from the tales of men but the sacred secrets of the earth.

It's an impossibility to touch this terra and be unchanged.

Inhale for a count of 3, hold, exhale for a count of 3 . . .

From my laptop I watch *Le Sibille* [The Sibyls, 1977], 450 metres from the same sea, animated by different myth. Each incantation of voice appears as a prayer. I hear the weary urgency, inflections of emotion. I feel their bodies against the tufo and long for that dense mineral smell.

After some time I watch *Il Mare ci ha chiamate* [Summoned by the Sea, 1978], 450 metres from the shore of the same sea not yet seized by privatisation. I can almost

Tempio di Mercurio, Campi Flegrei, Naples. Photo by Lina Mangiacapre

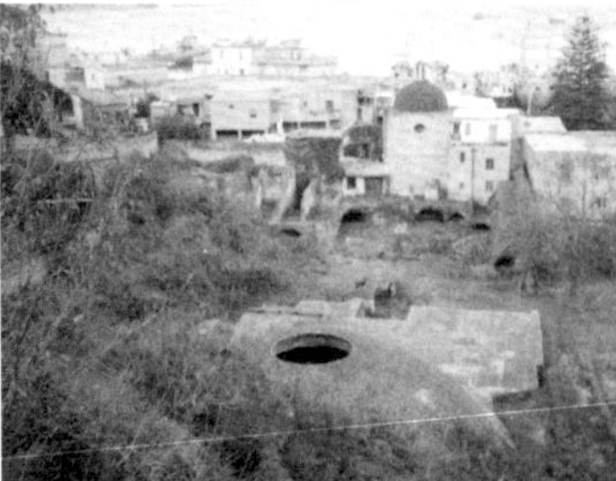

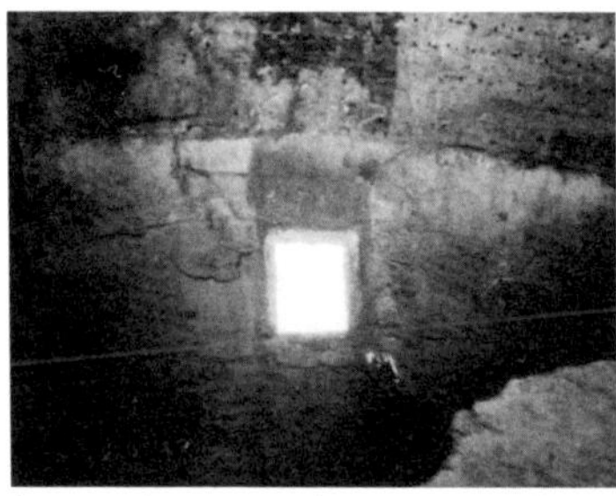

hear the rough waves of the Tyrrhenian outside my window meet its sister waters ebb and flow in film. My body syncs with their tidalectic rhythms, and I am drawn to the breath contained within cinema.

Next time you are close to a body of water, sync your breath to its rhythms and notice what appears in that union.

Film can be a testimony of breath. *Cinema the new siren,*[5] evoked spatially, through movement, in the landscapes, and outside of the frame. Through what isn't visible but only heard, new ways to question the nature of seeing, perceiving, and sensing things are stimulated. An exercise in somatic receptivity.[6]

Filmic breath as a dissemination of prayer, an active offering that requires the alchemy of practice, ritual, and collectivity. It represents the dimensions both inside and outside of ourselves. That which we perceive, and that which we know by not knowing.

Like myth, like poetry, the film work of Le Nemesiache disguises itself as one thing while doing another, craft-

5 Lina Mangiacapre, *L'occhio di Partenope*, undated text.

6 See Davina Quinlivan, *The Place of Breath in Cinema* (Edinburgh: Edinburgh University Press, 2022).

ing a visuality sensitive to our breathing bodies. Drawing breath into and out of film towards an embodied experience. The testimony of the terra and those who belong to it are made comprehensible through the haunting of a subjective voice. Viewing motivated toward the unseen.

"Esserci, non esserci."[7]
Sentient bodies of film.
Restorative justice towards Nemesis.
To know the terra deeply.
To invoke prayer at Paestum, Pompeii, Capri.
Anti-archaeological yet endlessly discovering our landscapes so each thought is cleared from the soil.

7 From Le Nemesiache's film *Le Sibille* (1977).

United in sacred breath, we connect spirit and matter. We become present to a world in relation,[8] where knowledge lives not in the intellect but in our hearts. Let us live as and within breathing bodies, ones that craft stories and practices that refuse temporal determinism and instead are summoned by subterranean songs.

8 Édouard Glissant, *Poetics of Relation* (Michigan: The University of Michigan Press, 1997).

We are in the land of Cuma, the territory of the Sibyls. Through the stones we should find them and find ourselves again.[9]

9 From Le Nemesiache's film *Le Sibille* (1977).

CAIRO CLARKE is a curator and writer whose work engages with decolonial practices, spiritual ecologies, and slow, embodied forms of knowledge. She collaborates with artists across film, performance, publishing, and exhibitions, and has worked with institutions including LUX, iniva, and Villa Stück. She is the founder of *SITE* and editor of *this broken piece of yard* (2022). Clarke lives between London and Napoli.

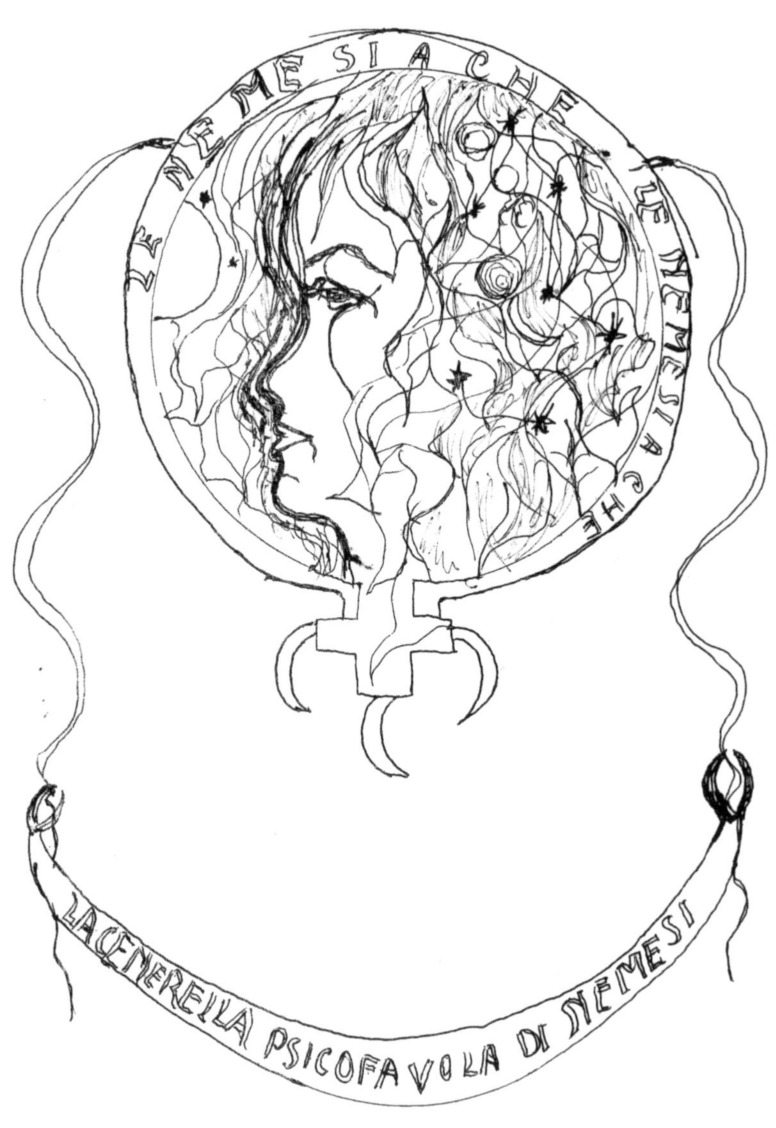

domenica 9: ore 18

lunedì 10: martedì 11: ore 21.

Febbraio 1975. – Teatro Quarto – via Cogne, 7 –
Quarto Oggiaro – tel 3555403 – MILANO –   cicl. prop.

Aracne: Per noi tutte con voi tutte, sempre con me sempre con voi, il richiamo del sole è forte e caldo non mancherò di rispondere, salirò e scenderò, il viso sarà aperto, la nostra strada verso il sole.

Camilla: Turbine di sensazioni, sconvolgenti, avvolgenti, travolgenti, mi sento pulita, molto pulita, libera.

Karma: Sono stata Aristotele, sono il Banditore, sono parti di me, ma la psicofavola mi fa vedere e desiderare di scoprire tutte le dimensioni, le infinite possibilità che sono dentro di me.

Eco: Io vorrei essere Eco, vorrei poter fare udire come Eco a tutte le donne le voci di tutte le donne, camminare tutte insieme per la stessa strada.

Medea: Continuare a vivere vestite di fiori
con il vento fra i capelli
noi e la natura
la natura e noi
e tutte le altre donne insieme.

Niobe: Possibile l'assurdo... la follia... Rabbia... Ancora... Ancora... insieme danze gesti lievi poesia... Perchè... Perchè... Adesso subito.

Dafne... Ilizia... Arianna... Elena... al filo che unisce le nostre storie oltre i limiti dello spazio-tempo.

Nemesi: Attannurreta... Nemesi... Cassandra... vendetta disperazione gioia energia follia tutto in me ritorna prima della terra nella terra oltre la terra - tutte nella forza della consapevolezza nella certezza della vendetta.

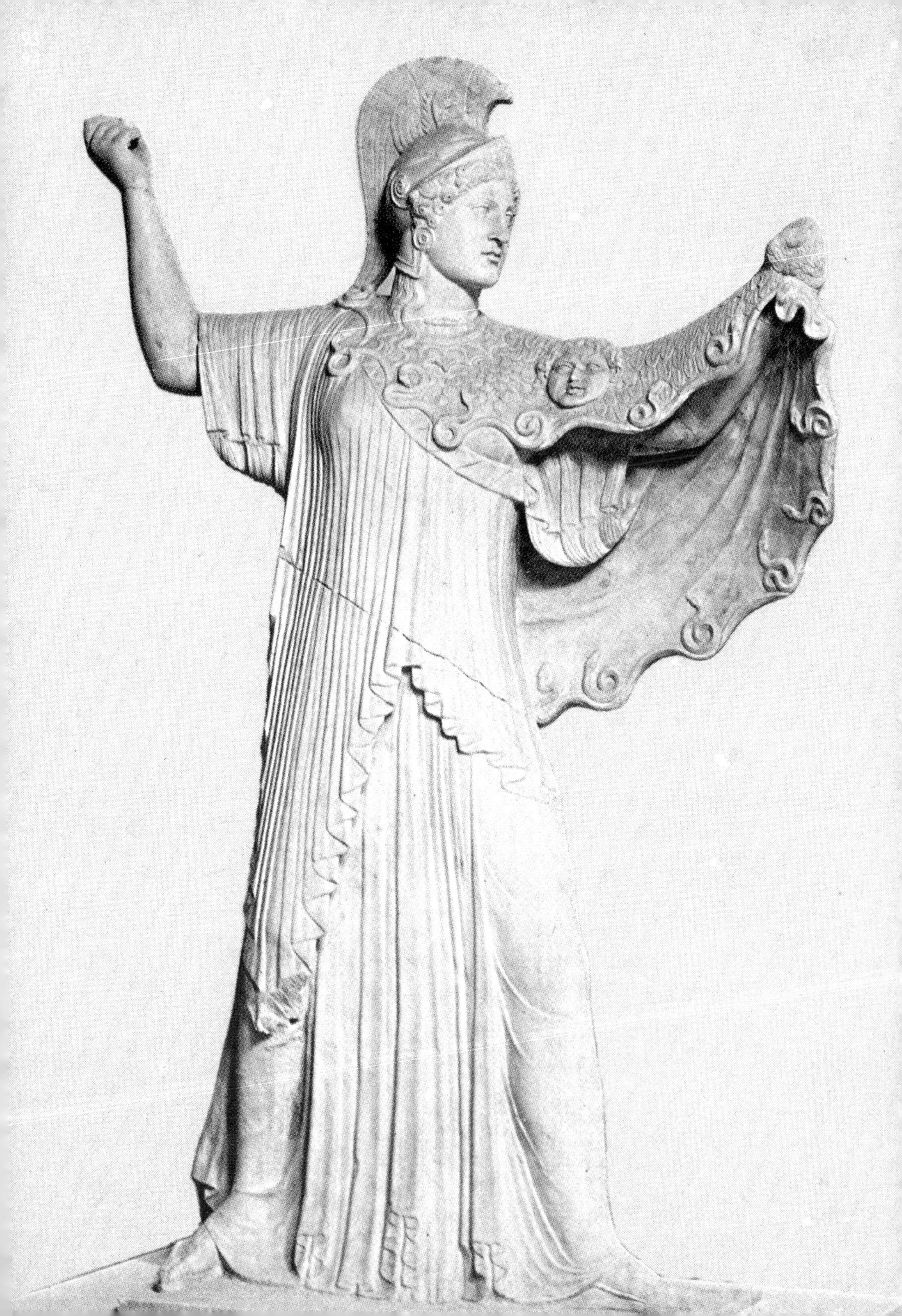

93
94

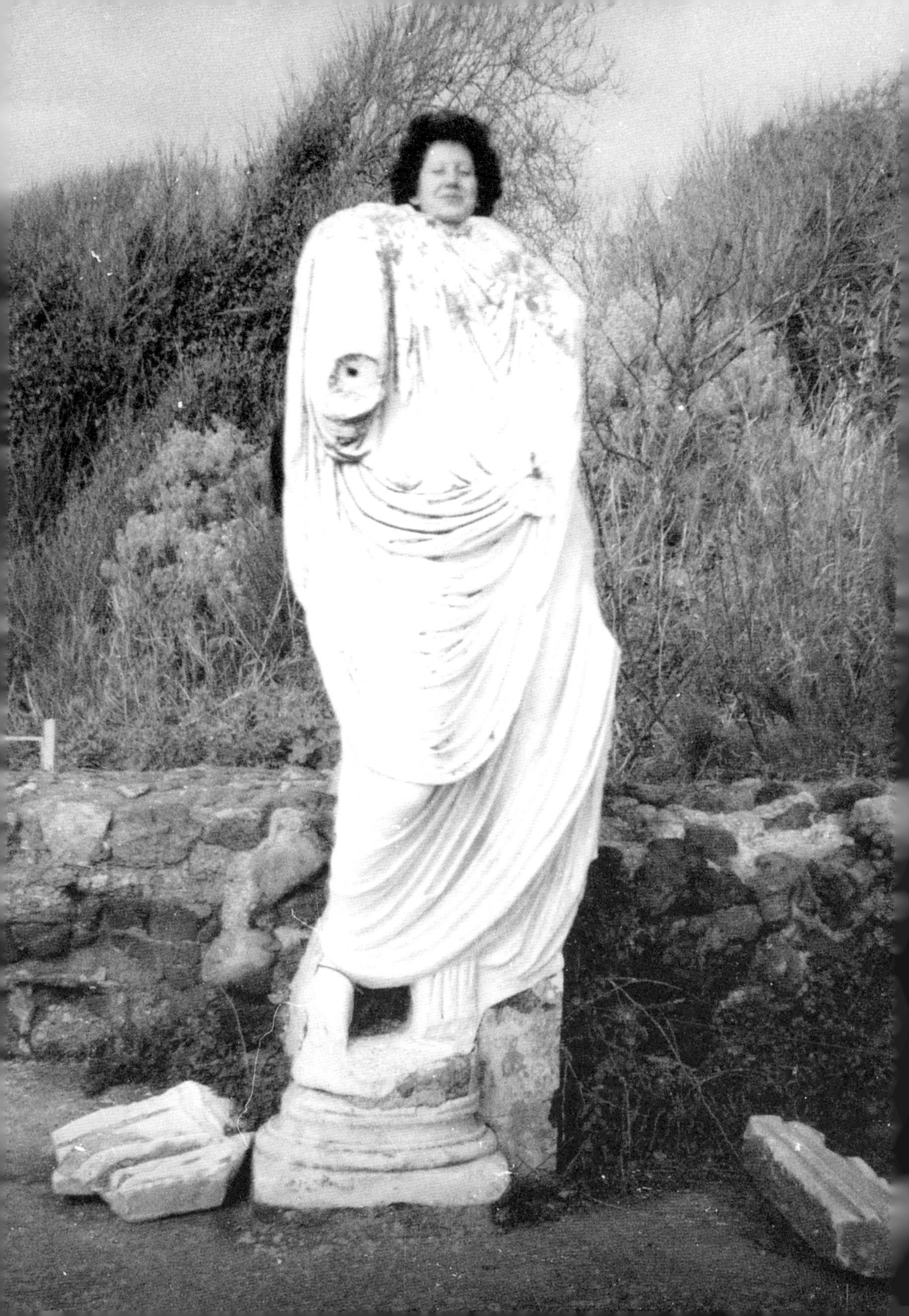

95
96

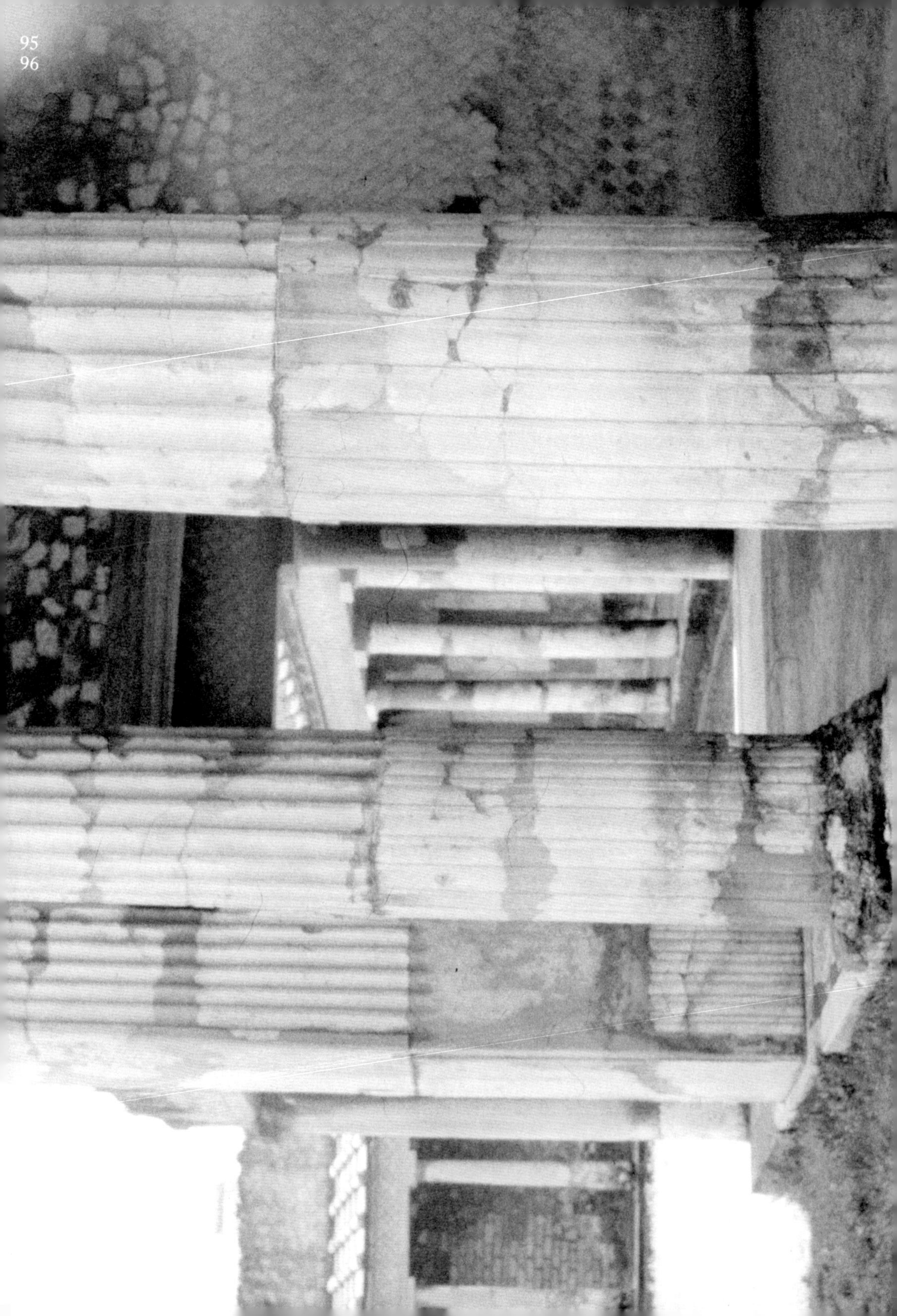

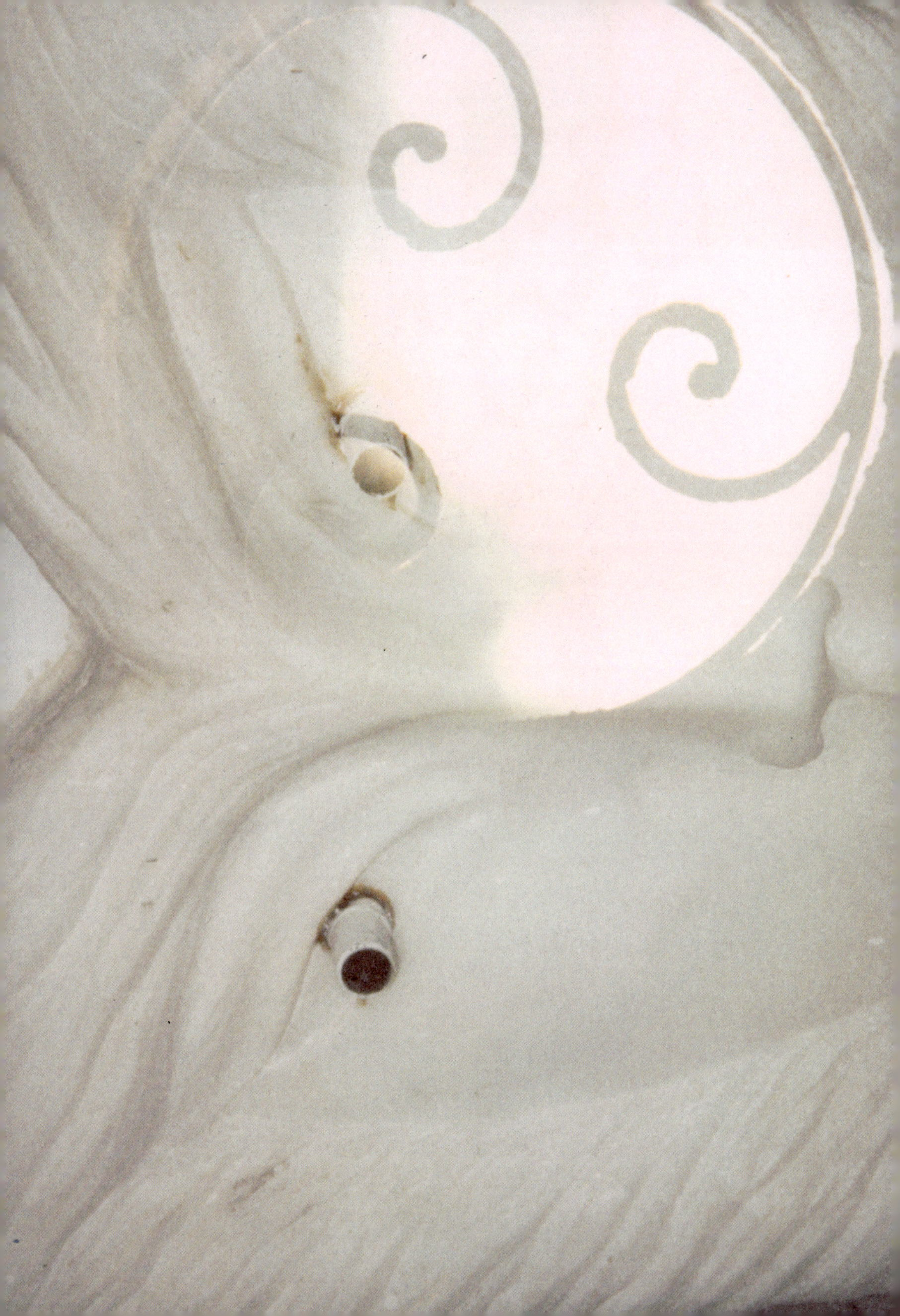

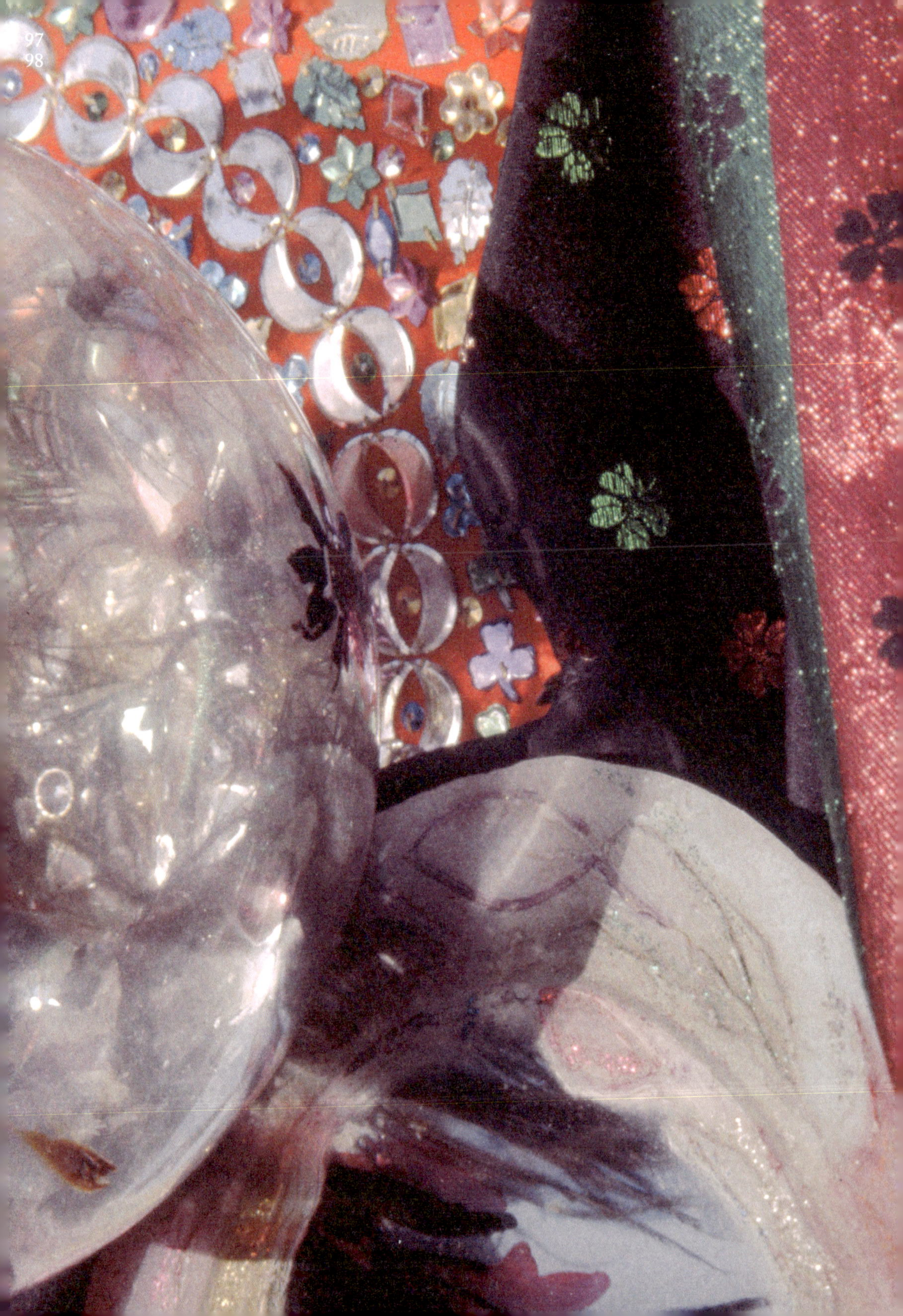

97
98

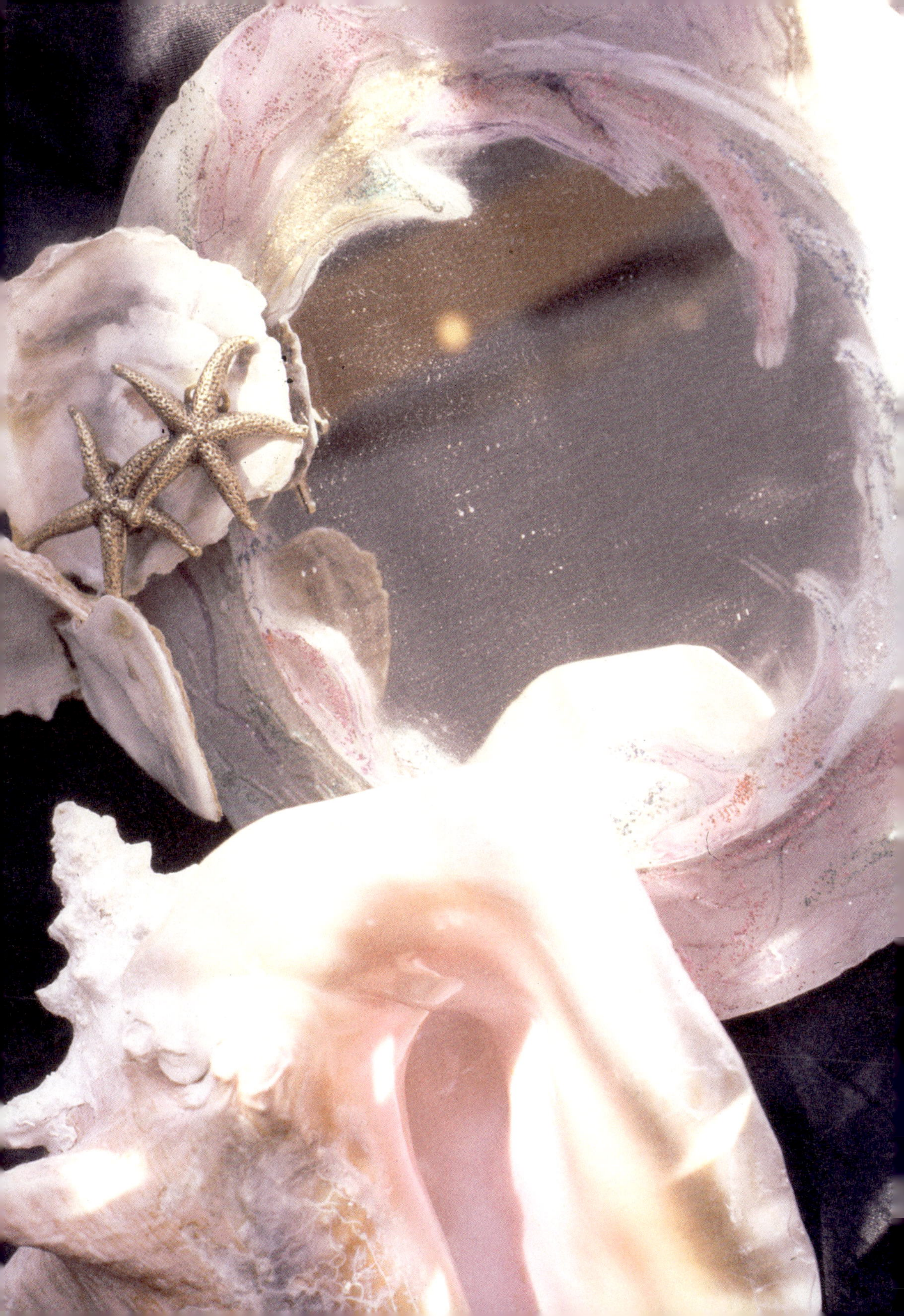

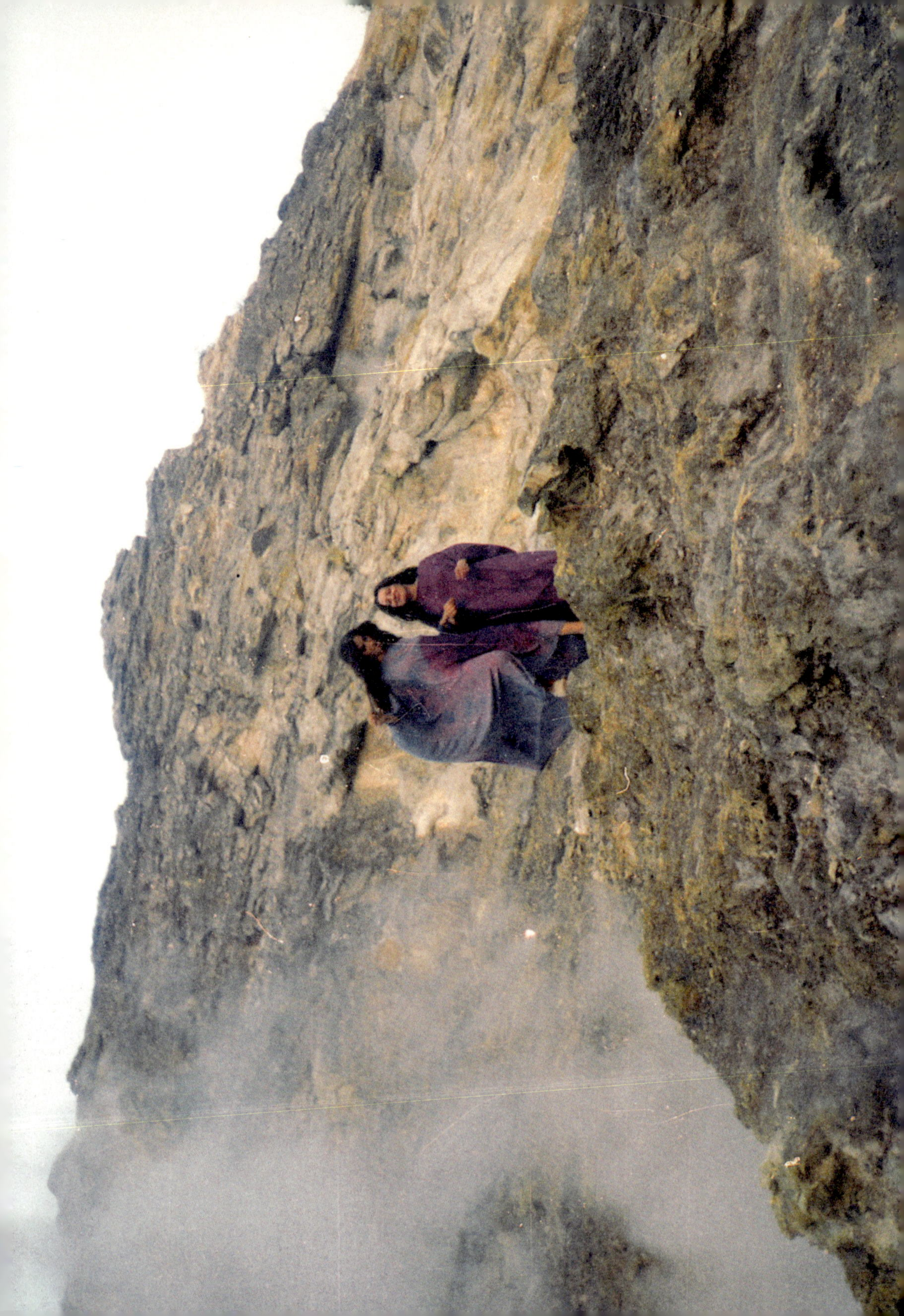

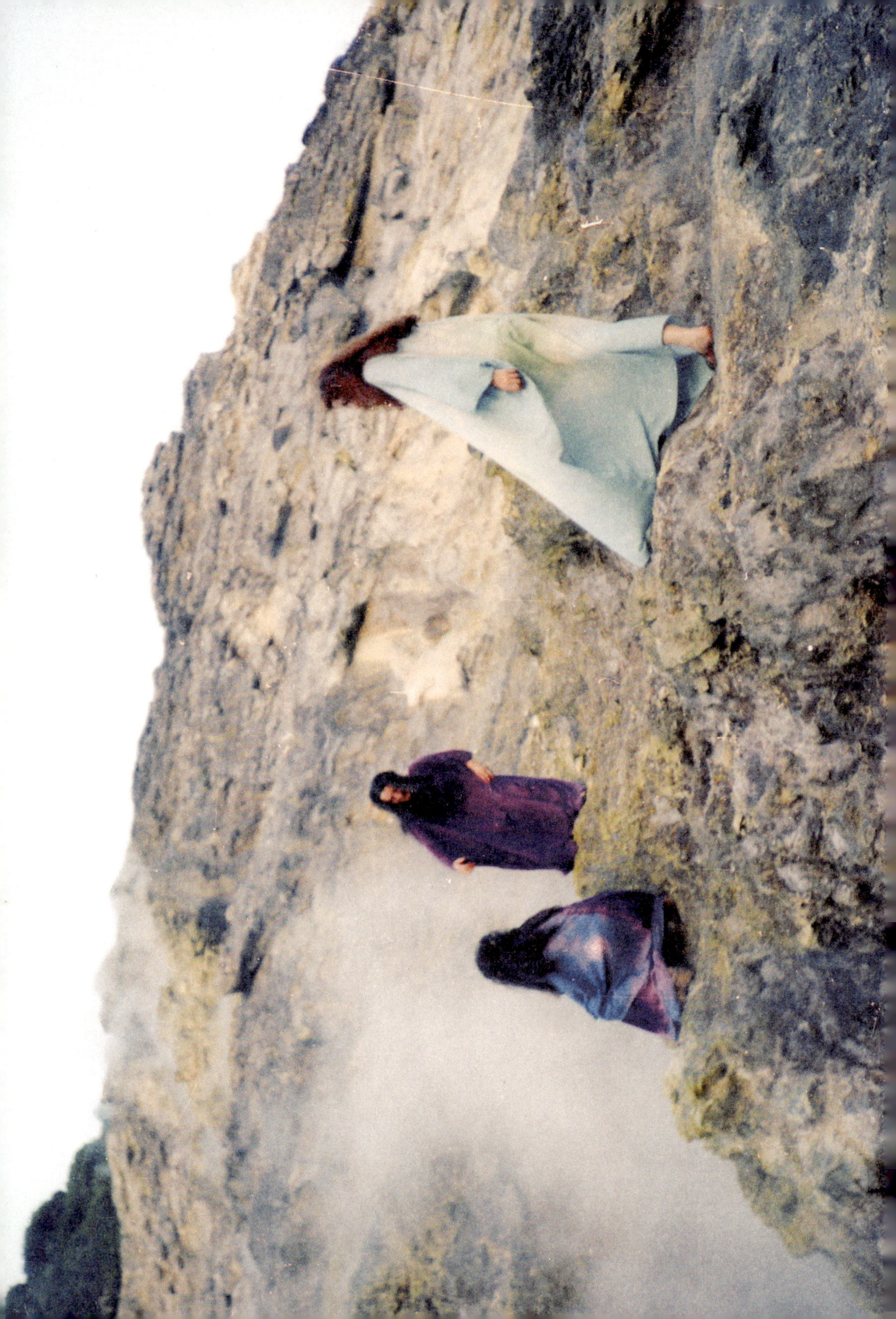

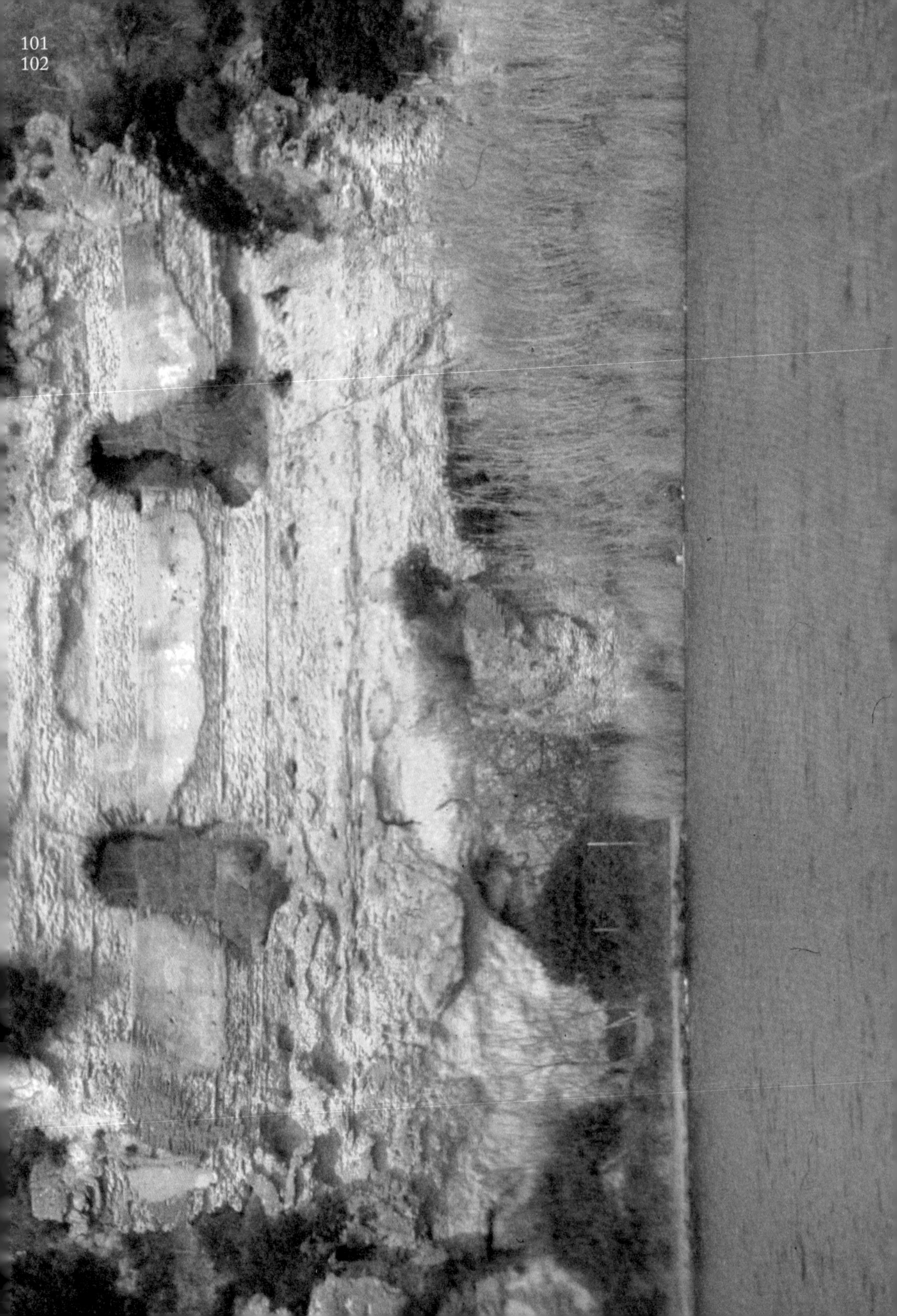

101
102

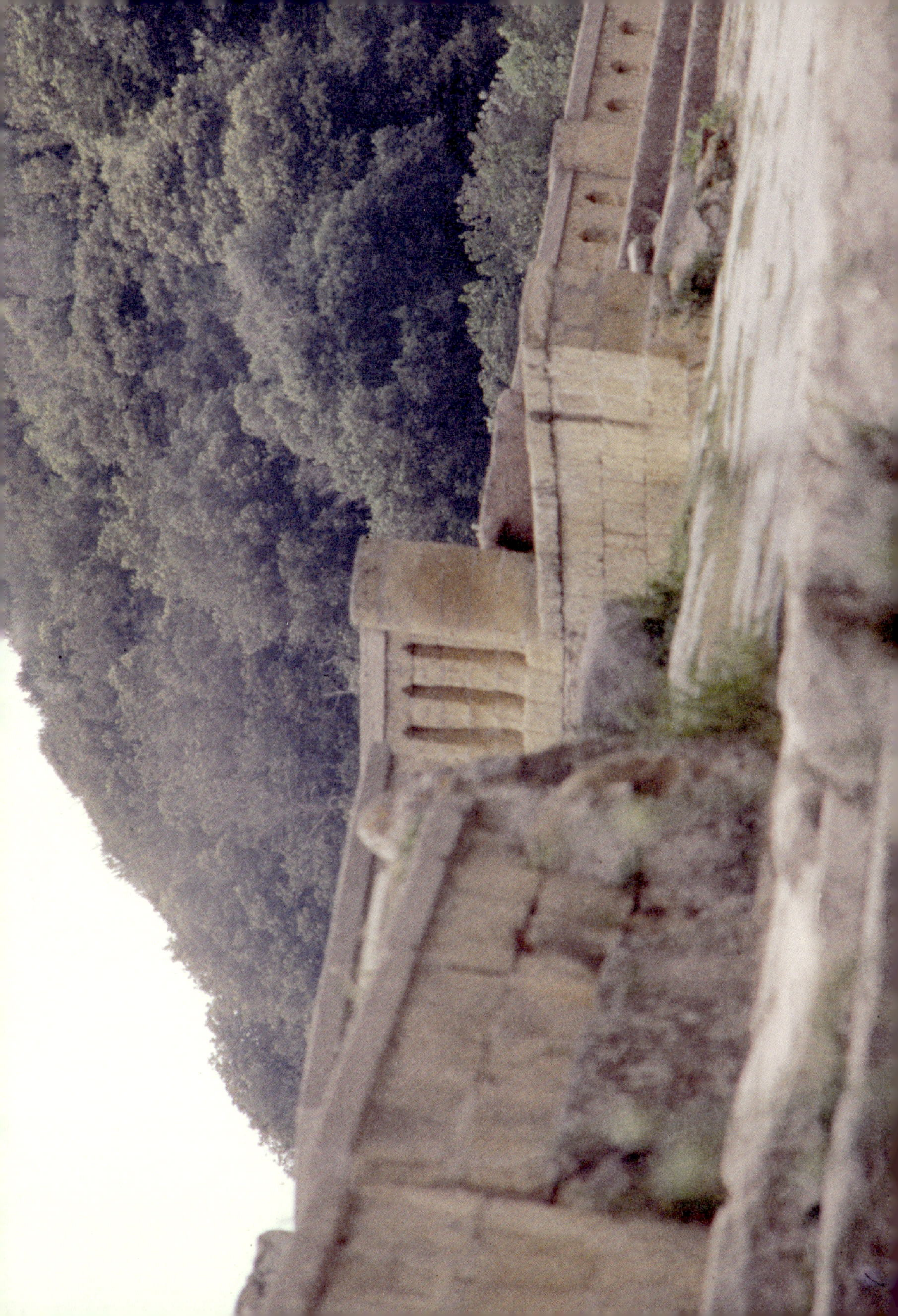

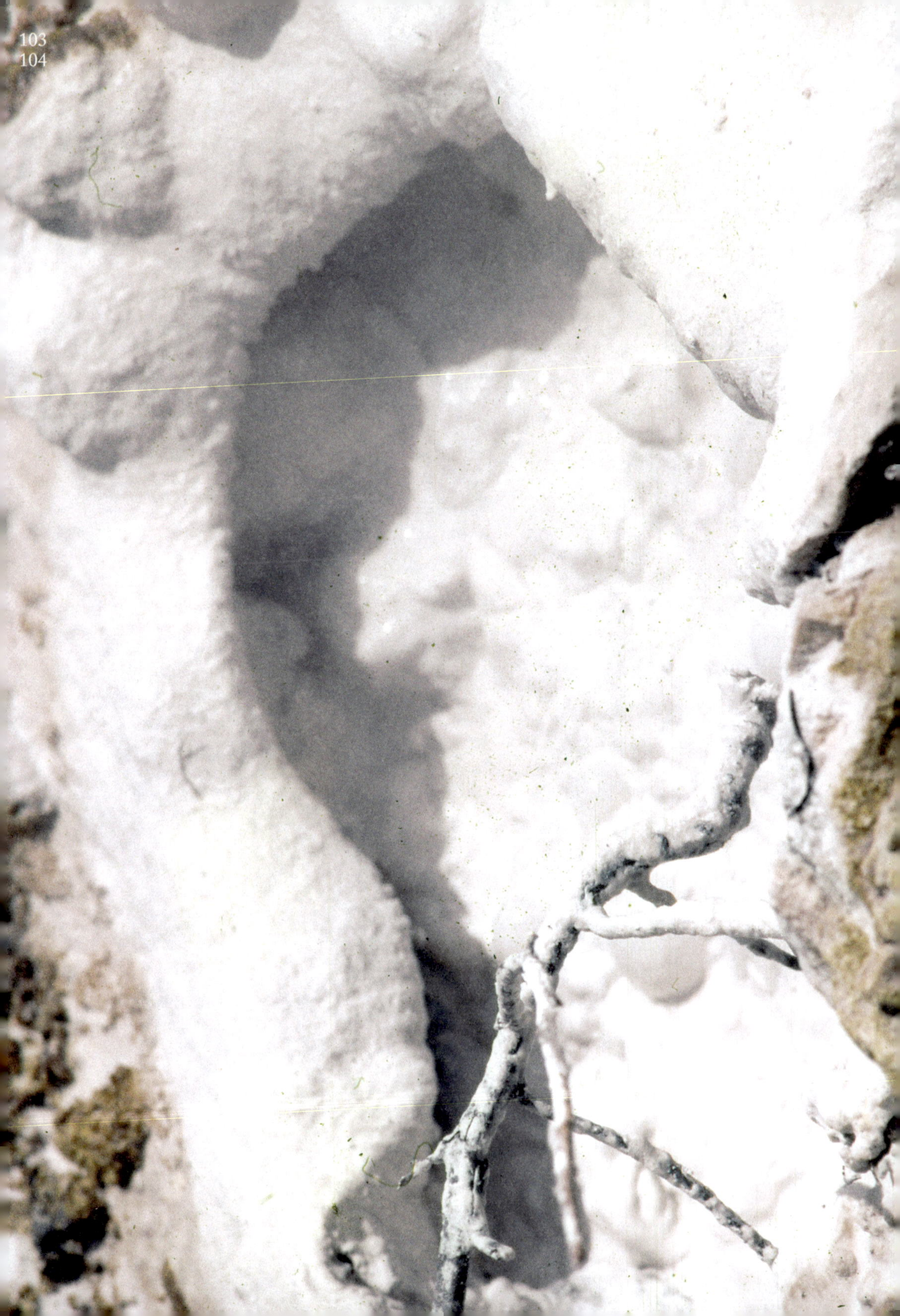
103
104

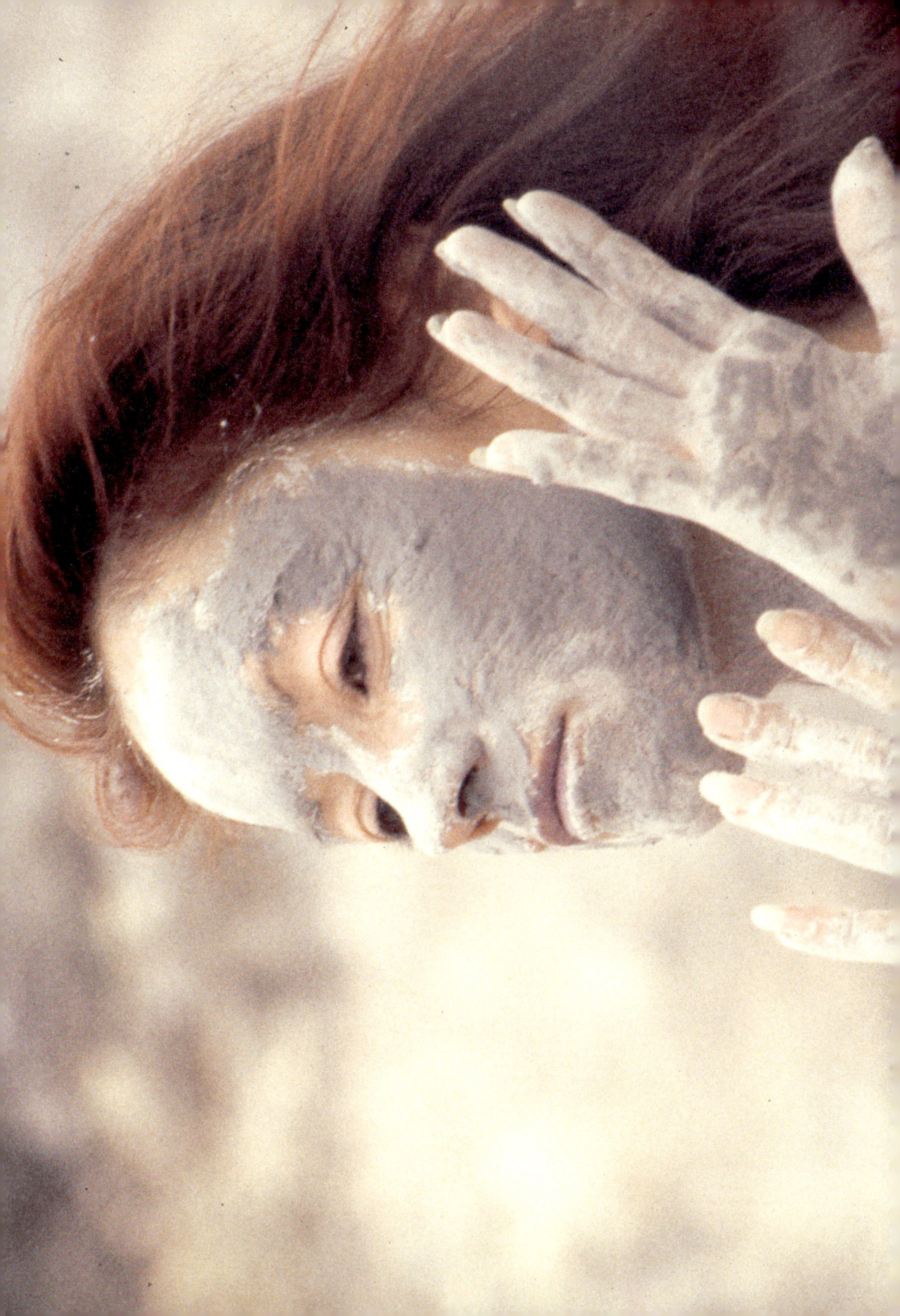

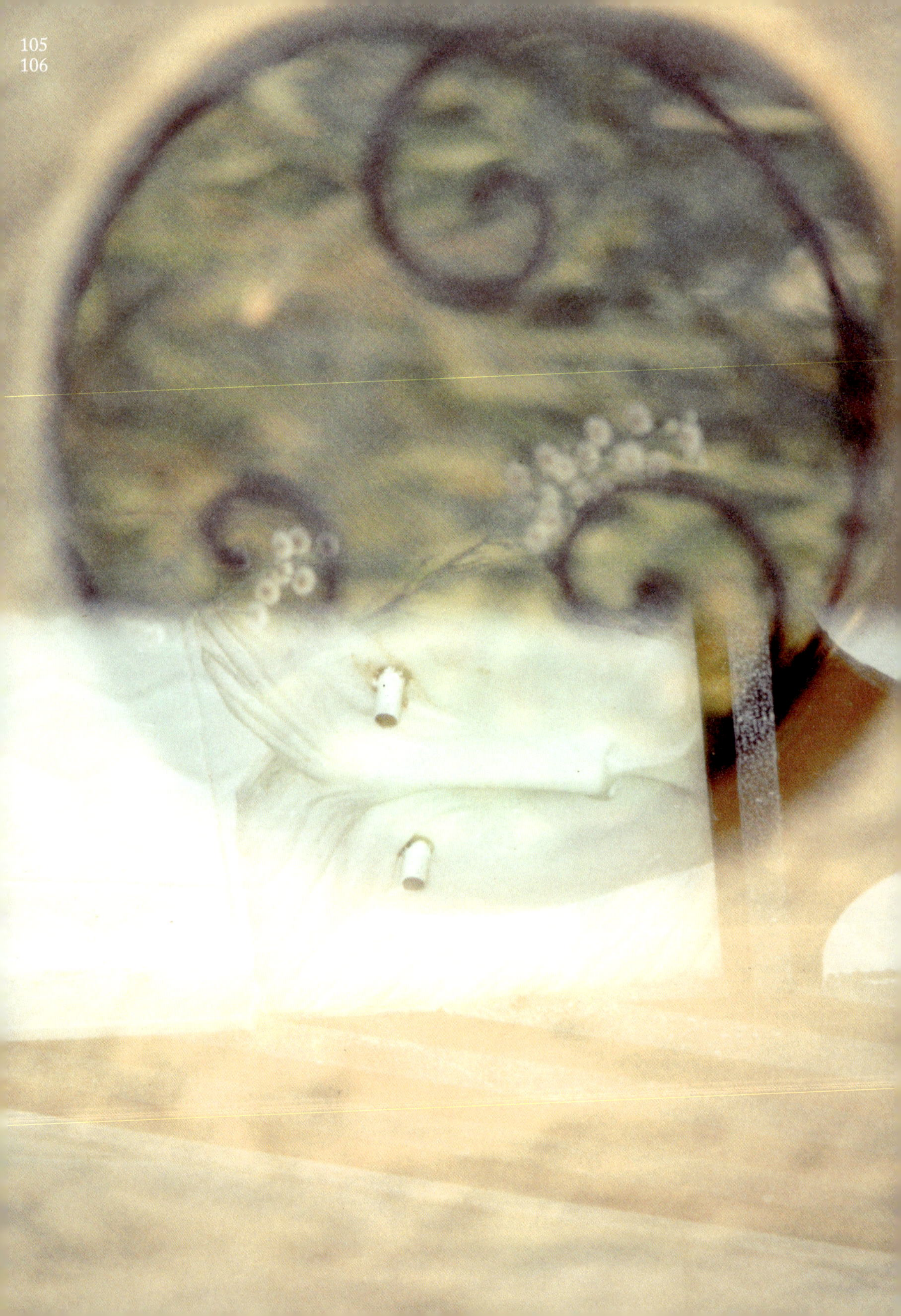

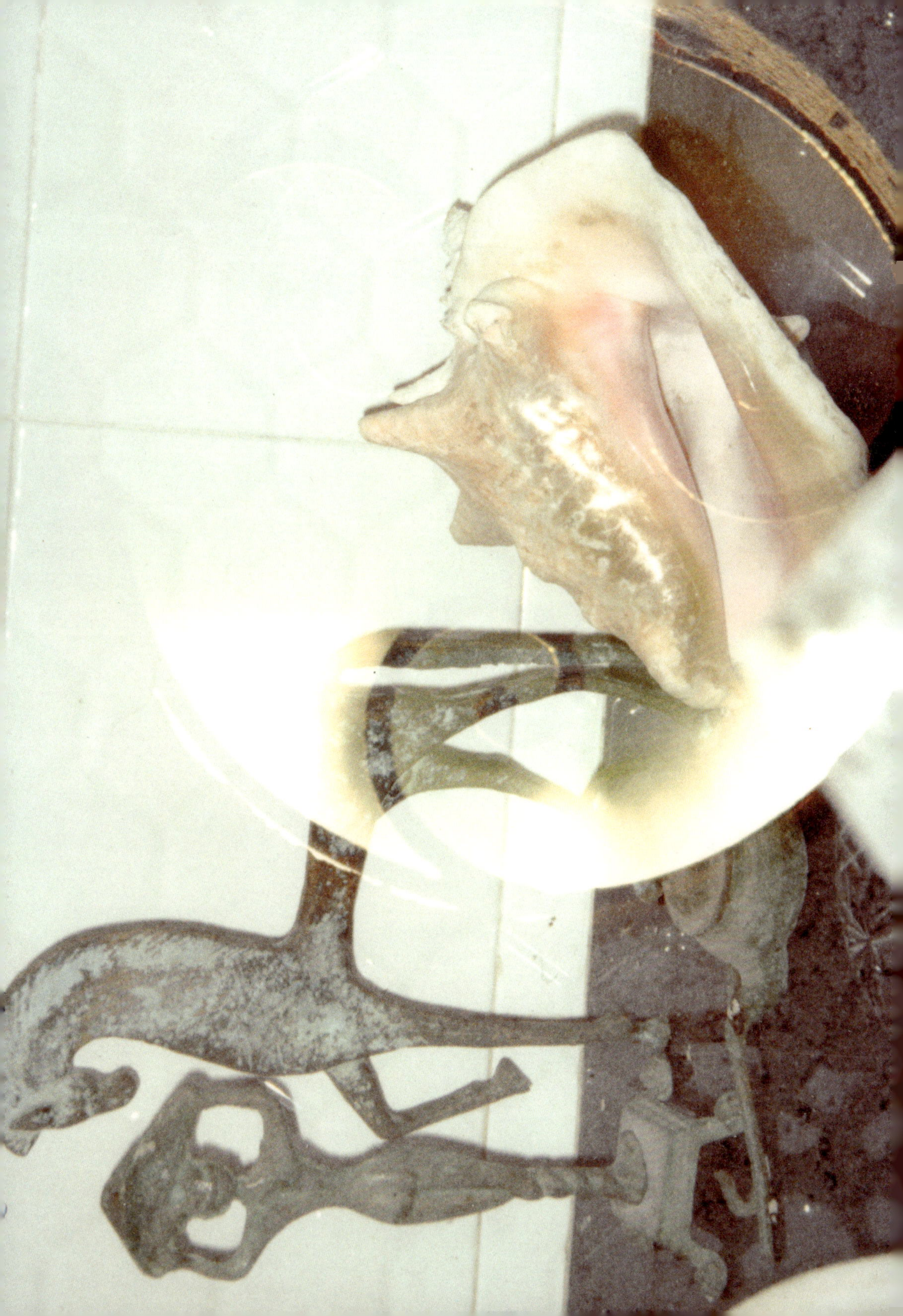

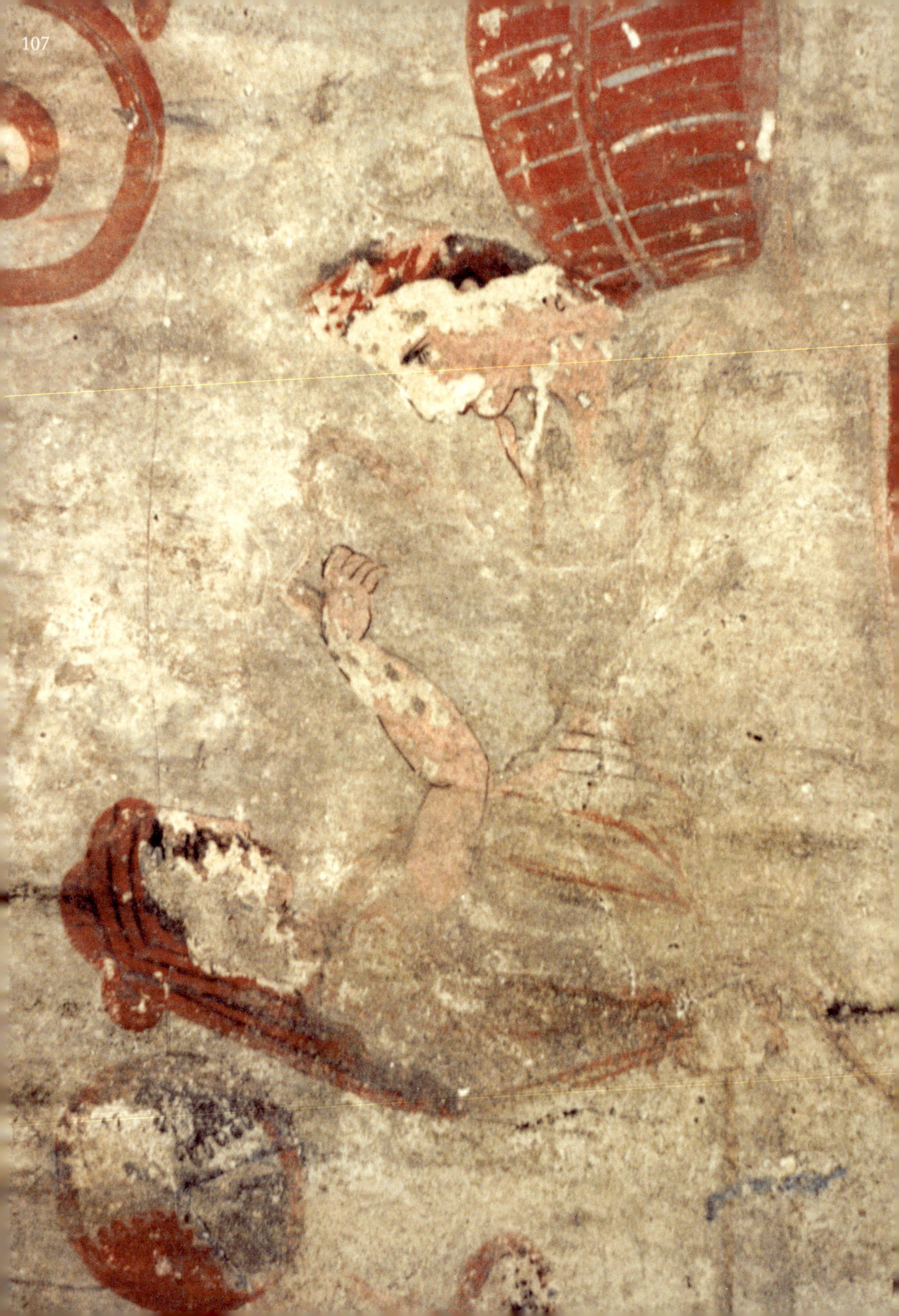

91
Cenerella [Cinderella], Napoli / Naples, 1973. Documentazione della performance / Performance documentation. Nella foto / In the picture Teresa Mangiacapra/Niobe, Anna Grieco/Dafne. Scritto e diretto da / Written and directed by Lina Mangiacapre, interpretazione e musica / performance and music by Le Nemesiache

92
Estratto da / Excerpt from *Cicli Solari* [Solar Cycles], 1975

93
Athena Promachos, Museo Nazionale di Napoli. Foto di / Photo by Teresa Mangiacapra

94
Statua [Statue] – Bruna Sarno, Cuma, 1976. Foto di / Photo by Teresa Mangiacapra

95
Rovine di un tempio / Ruins of a temples

96
Dettaglio interno casa di / Interior detail of the house of Lina Mangiacapre. Foto di / Photo by Bruna Felletti/Karma

97
98
Ricciocapriccio, 1981. Diapositiva / Photographic slide

99
100
Le Sibille [The Sibyls], 1977. Video still, Super 8, colore, suono / color, sound, 25'. Scritto e diretto da / Written and directed by Lina Mangiacapre, interpretazione e musica / performance and music by Le Nemesiache, prodotto da / produced by Coop. Le Tre Ghinee

101
Lago di / Lake of Averno, Pozzuoli, Napoli / Naples

102
Dettaglio delle rovine di Cuma / Detail of the ruins of Cumae

103
Dettaglio caldera, Campi Flegrei / Detail of the caldera, Phlegraean Fields, Pozzuoli, Napoli / Naples

104
Lina Mangiacapre

105
106
Dettaglio interno casa di / Interior detail of the house of Lina Mangiacapre. Foto di / Photo by Bruna Felletti/Karma

107
Dettaglio affresco archeologico / Archaeological fresco detail

Poetry, We Will Bring You Back from Exile
Poesia ti faremo tornare dall'esilio

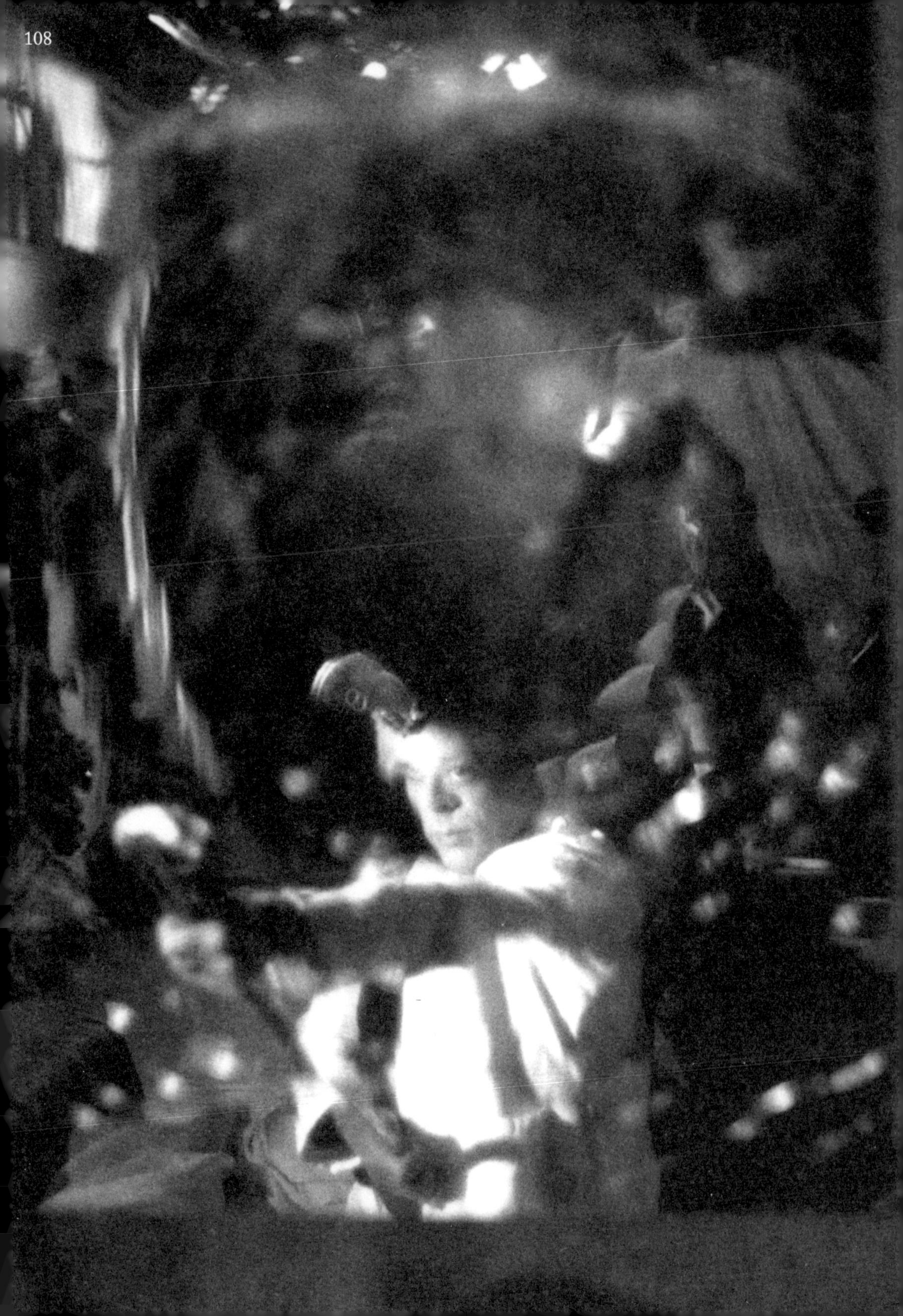

What's in a Name? Nemesiache, Uranist, Amazon, Faust-Fausta. Neo-Paganism and Same-Sex Desire around Naples

Arnisa Zeqo

I

ARACNE – ARETURSA – ASTREA – CAMILLA – CASSANDRA – COCA – DAFNE – ELSA/MAGA – CIRCE – ECO – FAUSTA – HELENA – ILIZIA – IPPOLITA – KARMA – MAREA – NAUSICAA – NIOBE – NEMESI

Medea, the mythological name of Silvana Campese, carefully lists these names and characters in capital letters in her historical feminist memoir *La Nemesi di Medea* [The Nemesis of Medea], published in 2019.[1] The book gives a personal perspective on the activities and artistic endeavors of Le Nemesiache. It was gifted to me by the author when I visited her house in Naples in December 2021. The mythological names in question were given by the group's initiator, Lina Mangiacapre (aka Nemesi) to different participants in the collective at the various moments when certain characteristics of their personalities

1 Silvana Campese, *La Nemesi di Medea: Una storia femminista lunga mezzo secolo* (Naples: L'Inedito, 2019), 140.

materialized. For example, Campese remembers the name Medea coming into existence during a short seaside holiday in Calabria as she was confronting a difficult personal matter. Taking a new name is a rebirth, an inclusion of different extensions of the self. What is a name but a *signet*, a new force in language and an affirmation of psychodynamic potential?

Mythological names and neo-pagan practices traverse many artistic works by Le Nemesiache, from their cinematographic productions—*Le Sibille* [The Sibyls, 1977], *Didone non e' morta* [Dido is not dead, 1987], and *Faust Fausta* (1991)—to different manifestos, like *Cicli Lunari* and *Cicli Solari* [Moon cycles and Solar cycles, 1973–75], to the theater piece *Eliogabalo* [Elagabalus, 1982] and Mangiacapre's publications, for instance *Ammazzoni e Minotauri* (Amazons and minotaurs, 2008). When I first encountered the work of Le Nemesiache while at the American Academy in Rome in 2018, I was immediately fascinated by their references to Greco-Roman deities and the specific role of women within these neo-pagan articulations. On the one hand, I had a key to read them, coming from my studies in art history, and yet at the same time I could sense that the reading of these names went far beyond my knowledge of classical studies. When I was a child, I often found solace in the fictional world of Greco-Roman mythology; I remember being heartbroken that Paris had chosen Venus instead of Athena. Reading the name DAFNE or NIOBE or CASSANDRA carries with it implicit knowledge—a search for stories and speculative genealogies that indirectly connect the past with the present and the future. Moreover, the reading of the names is unequivocally linked to traces of a broader raising of consciousness among feminist bodies in those years in Naples, Rome, and Milan, and in a larger international constellation.

Campese's annotated list of names could well be drawn straight from the French author and feminist theorist Monique Wittig, especially her experimental publications, for instance *Les Guérillères* (1969), *The Lesbian Body* (1973), or *The Lover's Dictionary* (1976). In *Les Guérillères*, a book that Le Nemesiache read on several occasions, Wittig writes:

THAT WHICH IDENTIFIES THEM LIKE
THE EYE OF THE CYCLOPS,
THEIR SINGLE FORENAME,
OSEA BALKIS SARA NICEA
IOLA CORA SABINA DANIELA
GALSWINTHA EDNA JOSEPHA[2]

2 Monique Wittig, *Les Guérillères* (Paris: Les Editions de Minuit, 2019), n.p.

Wittig here makes use of an explicit typography: the body of the publication is systematically transversed by pages where capital letters and lists of names appear.[3] Her experimental novel tells the stories of a group of women who are fighters and lovers, who live communally in close relation to plants, fire, and water, and who engage in playful erotic and sexual practices. The larger body of the text consists of paragraphs of two to four hundred words apiece, describing various narratives and ritualistic practices of their lives. The lists of names enter the scene at intervals, inserting physical and psychic bodies into the text. They have a different voice, and become semi-deities. Just as with the names of Le Nemesiache, their temporal existence is simultaneously ancient, transient, and futuristic. Most importantly, they demand to be heard, in the sense that they affirm the spoken word like a spell, a summoning of forces. The voicing of a name carries magical qualities. It comes like a wave, or an eternal flame, and it implies an altered dimension of language. Immediately after the words reproduced above, Wittig writes: "Somewhere there is a siren [. . .]. The women say that of her song nothing is to be heard but a continuous O."[4]

3 Similar cases include her books *The Lesbian Body*, which is constructed and visually presented in a manner similar to the *Les Guérillères*, and *The Lover's Dictionary*, which takes the shape of an experimental dictionary of fictional genealogies of the Amazons.

4 Wittig, *Les Guérillères*.

II

To suddenly realize that I want to dance
To realize I love a woman

To cry because she is no longer here
    To remember . . . to remember
To search, to search . . . In my memory
    . . . her image
To dream of her face . . .
. . . To find myself alone
And to feel the need for her . . .
—Anna Maria[5]

I translated these lines from Italian to English together with Giulia Damiani and Sara Giannini in the autumn of 2020.[6] They are handwritten—or, rather, hand painted—on a tablecloth consisting of four poetic gestures signed by Anna Maria, NIOBE, and Lucia. The tablecloth is dated 1978. It was created during a poetry workshop the group organized at Bar Caflisch Caffé in Naples. The text directly refers to same-sex desire and lesbian heartbreak. For the author, recognizing the heartbreak caused by the loss of a woman is a way to find herself within her pain. Heartbreak has caused a cataclysm of sorts, an explosion of emotional turmoil. The writer is fragile in this loss. Anna Maria describes feelings of powerlessness and how she doesn't want to live without the loved one. The poem is a glimpse into her emotions, but also an important act of articulating and affirming same-sex love in language artistically.

Same-sex erotics and emotional dynamics are present throughout the artistic productions of Le Nemesiache and call for a more thorough analysis. The articulation of same-sex desire goes hand in hand with the neo-pagan and mythological dimensions of their workshops, writings, and films. On a napkin produced in another poetry workshop, a woman called Silvia wrote in gold paint and with mythological undertones: "To you I want to give, in a field of lilies, a dress of my threaded hair, and I want to cover your breasts and your closed eyelids while playing with my fingers." The film *Faust Fausta* presents an Orlando-like bi-gendered character who has relations with both men and women. Primula is a dark-haired woman in love

5 The full passage from which this excerpt is drawn begins with "To find myself again / through the lost pages of a diary / To find myself again / Among old photos of myself as a child" and ends with "Powerlessness that pushes me towards death / I cannot do it, I do not want to / To live for myself and not for her / To realize there are others / I want to be here / To find myself again / And to love myself / To return to / Think of / You . . ." All translations from Italian to English in this essay are by the author.

6 The collective translation happened in preparation to the exhibition *From the Vulcano to the Sea*, Rongwrong, Amsterdam (October 23, 2020–May 1, 2021), based on the PhD research of Giulia Damiani, commissioned by If I Can't Dance I Don't Want to Be Part of Your Revolution.

with Fausta. As she is being painted inside an old palazzo, she refers to Fausta as *occhi d'oro* [golden eyes] and asks: "Let's run away together, I want to live with you." Fausta is more skeptical, and answers that there is no place to go because the family is not the only obstacle; the whole world is. Primula doesn't fully understand the complexities of her answers and reacts emotionally: "You don't love me."

Lesbian love utterances and heartbreak traverse different artistic productions, films, workshops, and publications by Le Nemesiache. In many instances there is the will to go against a fixed identity of same-sex love. Rather, they present a plurality of temporal and physical modes of being through mythological dimensions. Wittig's writings offer an interpretive key. For example the film *Didone non e' morta* takes place in an Amazonian psychogeography, including clothing, interactions, and natural surroundings. Wittig's book *Lesbian Peoples: Material for a Dictionary* (1976), written with Sande Zeig while on the island of Santorini, introduces the (fictional) genealogy of the Amazons. It combines mythological entities such as Artemis and Medea with quotidian behaviors such as "alimentation" or "bathing," objects such as "axe" and "blanket," and more contemporary ideas within feminist lesbian communities such as "California" or "butch." For Wittig, the Amazons are "companion lovers" who have existed for millennia. A golden age is imagined where the Amazons lived free in a state of flux combining love and non-monogamy. Later, as cities and agriculture were established, the difference between mothers

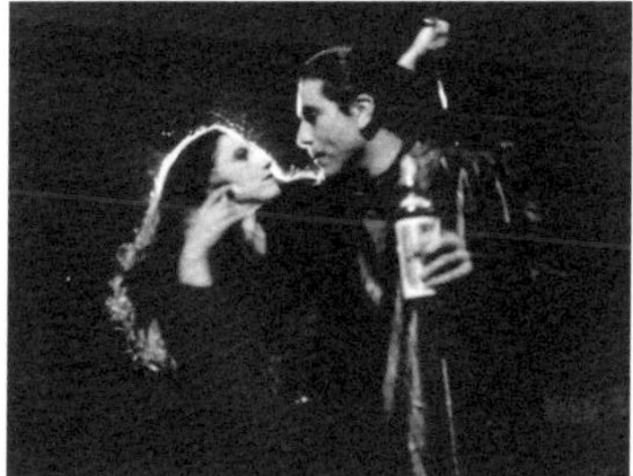

Faust Fausta, 1991. Video still

and daughters was introduced, creating a schism in the Amazonian world and practices.

It is within this setting that the main film of Le Nemesiache is taking place. It is a place where neo-pagan traditions coexist with feminist needs of the present. They are, after all, the Vesuvian Amazons, as they advertise in their all-telling magazine *Mani-Festa* (a celebration of the hand and artisanal creativity). Same-sex desire between women is celebrated outside the heteronormative understandings of primary relationships. Simply put, these dynamics mirror on the one hand the daily struggles of same sex-love between women in Italy in the 1970s and 1980s, and on the other the broader desire to make sense of a world outside the prison of monogamy and singular identity.

Lastly, I want to bring attention to the manifesto-like poster for the 1978 performative action *Siamo tutte prigioniere politiche* [We Are All Political Prisoners]. In the poster, which is handwritten and hand printed, two serpents look into each other's eyes, their tongues almost touching. Their bodies form a triangular shape where text is inserted. The text imprints the voice of Le Nemesiache as a scream that rips through the night. It interlaces in a repetition of the names, including the mythological names of the participants, specific actions like "to bind" and "release, I will explode." One phrase is repeated three times: "I want Conny back." Did Conny leave? Who among the women is requesting her return? Could it be more than one of them? The cascade of words in the triangular form culminates with the word "IO" (I) and a painted wide-open eye.

III

I am a Uranian.
—Karl Heinrich Ulrichs

A specific ceremony occurred on the night between January 5 and 6, 1977, in Naples: a group of bodies came together to mark the "birth of NEMESIS." In reality, the group had already come together in 1972, but 1977 witnessed a particular epiphany around the name. The moment coincided with the solar return of Lina Mangiacapre, and that year birthed (or rebirthed) a body that was both singular and plural. Nemesis was a night child born outside the nuclear reproductive family. The occasion included a written text that aimed to complicate, desacralize, and recreate the act of giving birth. It was not a *natural* birth. The written text accompanying the ceremony indicates that it negated the act of "natural maternity" attached to female bodies.

The concept of nature and natural is here refused and obliterated.[7] Birth is positioned as a creative possibility of affirmation. Birthing and naming in this ritual become steps toward rediscovering sexuality as play, reappropriating one's own body, and reappropriating the act of birthing itself. The ritual is specifically important because it expands "birth" or "naming" as things that happen only once. It liberates the birth, or origin, of the name from a temporal restriction and yet inserts it into history. In this context, the precise name that comes into being and the way it is written refer to specific multiple affirmations. NEMESIACHE or NIOBE materialize into language what is written off, canceled, made to transform without informed consent. It makes connections with pagan and alternative spiritual practices that have ruminated through Europe and Naples for centuries.

In her memoir, Campese notes the importance of an older woman named Rita, or *la stregha* [the witch]. She is the character who opens the video work *Le Sibille*, performing

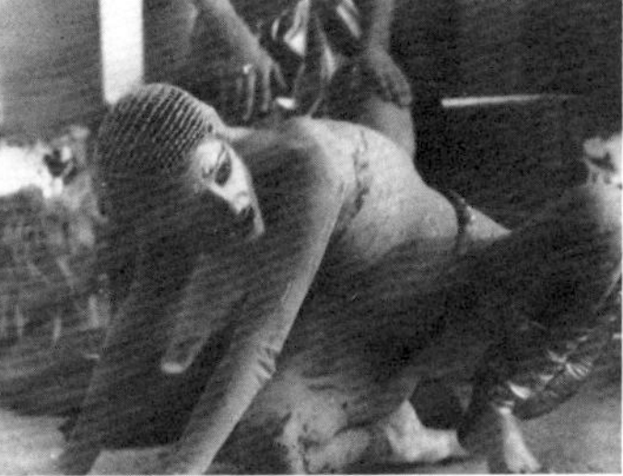

Eliogabalo [Elagabalus], 1982. Photo by Melita Rotondo

7 See Campese, *La Nemesi di Medea*, 110–11: "In this sense, this ritual for the affirmation of one's birth as a historical fact, is the affirmation that the individual becomes collective when marginalization takes over a part of humanity and cancels the political reality, reducing it to what its called natural. We refuse the concept of nature. [. . .] The birth of a woman is not a fact of nature; it is only so because of the political will of man. [. . .] The birth is a creative possibility that woman has, and it can be expressed in a will of trust, in the affirmation of her story. [. . .] To rediscover sexuality as play, to reappropriate one's own body, to reappropriate maternity, to rediscover one's story, to affirm one's creativity, by connecting it to the physical and not by condemning it to the physical, these are the necessary steps towards our liberation [. . .]."

tarot readings and invoking spirits and deities in the spiritually charged site of Cuma, famous for its Sybil. Rita is an important intergenerational link from monotheistic and patriarchal order to alternative spirituality. She was several decades older than Le Nemesiache, and little is known of her life. She had oracular gifts and was very charming. A feminist *avant la lettre*, Rita would often spend time with the younger women and affirm her will to be out at night. For example, Campese recalls many evening meetings at a small bar where Bruna, one of the members, worked. At regular get-togethers they informally called *piccerelle* ("little ones" in the Neapolitan dialect), Rita and the others would discuss what could be called esoteric arts, astrology, mysterious pagan rites, and all that could be seen as alternative channels of spiritual transmission and Sibyllian knowledge. It is exactly these channels of spiritual vicinity that are present in the multiple birthings of the name Nemesis and the artistic production of Le Nemesiache.

While proximity to non-monotheistic and spiritual rituals was emblematic for the group, these are on the other hand also to be found in broader proto-queer manifestations in Europe more ancient than the writings of Wittig.[8] For instance on August 28, 1867, before the word

8 This is the case for example with Wittig and her fictional genealogy of the Amazons as creatures that at once channel a non-monotheistic and non-patriarchal past and project a different future.

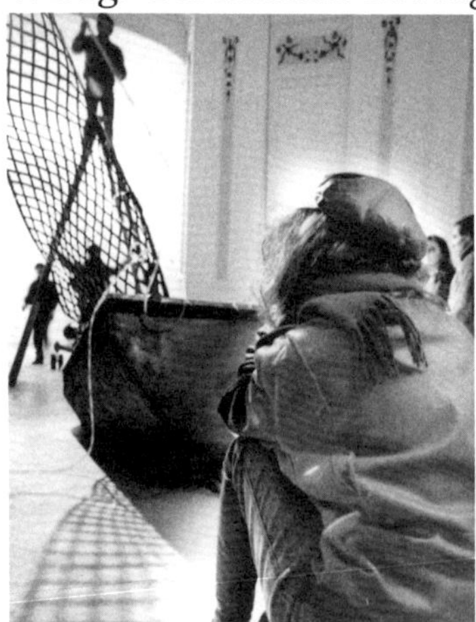

Faust Fausta, 1991. Video still

“homosexuality” had entered the legal system and language, the Frisian German lawyer Karl Heinrich Ulrichs asserted in Latin the words “I am a Uranian.” Ulrichs wrote and spoke publicly about Uranian ideals. The name, for him and his followers, was a way to designate a specific type of love, bodies, and creativity. The terminology came from pagan mythology and specifically Aphrodite Urania, who was born not of a natural birth, but rather from a castrated Uranus.[9] Unlike the word “homosexual,” “Uranian” leaves a lot of space for affirmations in language that are akin to bisexual, intersex, and trans realities. As Paul B. Preciado puts it, “[Ulrich] invented a new language and new scene of enunciation.”[10] After being persecuted in Germany, Ulrich moved to Italy and obtained an honorary degree from the University of Naples in 1895. He also spent a lot of time on the island of Capri, where many artists and Uranians (both male- and female-identifying) came together to create a utopic existence. It is not clear if Le Nemesiache knew about the Uranians, or if Rita channeled them, but in the book *Faust-Fausta* Mangiacapre writes: “Fausta could be compared to an androgynous body, but one that is a direct descendant of Aphrodite.” And then again later in the book, of the place where Faust and Fausta really meet and try to negotiate an existence on the island of Capri: “The scent of Capri enveloped them.”[11]

9
Ulrichs’s writings are enjoying a growing academic and artistic interest, from Paul B. Preciado’s book *An Apartment on Uranus: Chronicles of the Crossing* (Los Angeles: Semiotexte, 2020) to artist Philipp Gufler, who is closely researching and making artworks about Uranus and Capri for the upcoming exhibition *The House of Uranus* at the Moderna Museet, curated by Hendrik Folkerts.

10
Preciado, *An Apartment on Uranus*, 35.

11
Lina Mangiacapre, *Faust-Fausta* (Firenze: L’Autore Libri, 1990), 13, 49.

It is exactly in this context and fictional affirmation that I see and position the birthing of Le Nemesiache: Uranians, Amazons, Nemesiache.

IV

I am a ghost that roams the world, searching for what is not.
I search for the non-woman, the non-man, the non-dog.
—Lina Mangiacapre, early 1980s

These words are extracted from a short home-video recording made at the Zanzibar bar in Rome. The Zanzibar was in Trastevere, at via del Politeama 8/8A. It was the first women-only, or lesbian, bar in the city and conveniently located close to the Casa delle Donne. Available photographs make it seem as though the bar was hosted in an apartment—an architectonic arch, simple tables, wooden chairs. Above the arch is a poster of a fictional Oriental landscape with palm trees. Zanzibar opened in March 1978 and the police raided it in 1979, yet it precariously continued to exist until the early 1980s. A program from 1982, a date close to when Mangiacapre's recording was made, announces various workshops, from dance and videotape to acting and English. The space also hosted screenings and modest photographic exhibitions. But it was foremost a place to socialize, dance, and meet others.

The year 1982 proposed a new series of Zanzibar parties "sotto il segno dello zodiaco," monthly astrological celebrations departing from the sign of Scorpio. Le Nemesiache frequented the place, especially the members living in Rome and Mangiacapre, who lived in Naples but often stayed in the capital. They also participated in organized screenings, as demonstrated by some archival materials. As a researcher writing in 2025, it is important that these words are uttered at the former location of the Zanzibar, where different futures could be imagined. The neo-pagan overtones and the inclusion of same-sex erotics gave voice to something that was not fully included in the words "feminist" or "lesbian" at the time. This was particularly the case in the 1980s and 1990s with Mangiacapre, some of Le Nemesiache's performative actions, and the film *Faust Fausta*. It marks a coming-into-language in terms of the restrictions of gendered identities within feminist and queer discourse.

The book *Faust-Fausta*, which functions as a script for the film, begins by recalling a teenaged body named Fausta who wishes to take away the last letter of their name, designating as it does the female gender, and instead be called Faust: "He felt he had the right to call himself Faust." The young person feels imprisoned in the language associated with their name and its gender implications: "Neither woman nor man. Peace could not be attained, neither father, neither mother. What was the path?"[12]

12 Mangiacapre, *Faust-Fausta*, 14–15.

Upon meeting Mephistopheles on the powerful Mount Vesuvius, Faust-Fausta makes an exchange—not for their soul, as in the traditional story, but rather a gender exchange, a challenge at the limits of identity. From then on, there will be a male Faust, and the female Fausta (as opposed to the soul) will be given to the Devil. Faust in a male body arrives in Rome and becomes a successful painter. He is no longer interested in loving men and doesn't fully desire women. He does, however, engage in several liaisons with women, who often ask for his loyalty, but he is unable to form long-lasting relationships or reside in that sense of everyday life that the women in love with him ask for.

But Faust misses Fausta. As the book progresses, the main character keeps changing pronouns when referring to themselves while consistently making references to Greco-Roman mythology. For example, when talking to a lover, Anita, the protagonist becomes both Faust and Fausta. Fausta takes hold when facing Anita: "Faust disappeared at your appearance and Fausta took possession of me. My sweet face, my way of loving you, do you remember my flute? I had bought it to play my music for you."[13] The protagonist does not feel comfortable or able to love in a fully male body, and throughout the book, as throughout the film, the character changes pronouns and semblance. On the island of Capri, Faust meets Fausta and tries to negotiate a relationship with her. But the vicinity is not an easy one, and the negotiation between female and male models proves difficult. Fausta lives with a group

13 Ibid., 19.

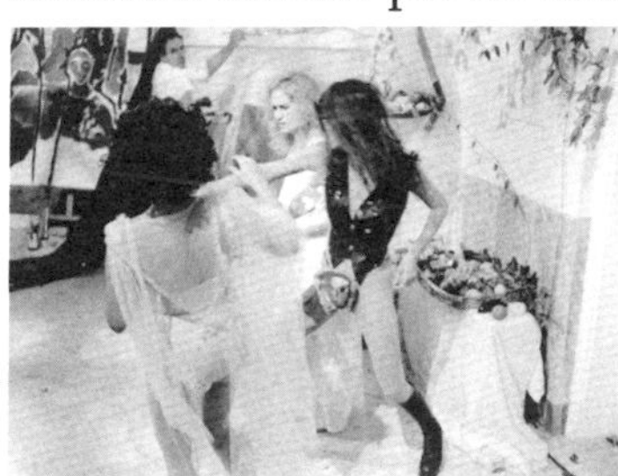

Faust-Fausta, 1991. Video still

of women ("It seems like returning to Mytilene, Sappho among her lovers").[14] In a line that also expresses the often historical exclusion of trans and non-gendered bodies by lesbian and feminist communities, the author writes: "For me, miserable mortal of male sex, there is no space."[15] The dialogue between Faust and Fausta is a continuous flux of internal and external. In a way, the film can also be seen as a circular story where both Faust and Fausta are present and interchangeable. The scenes introduce a weaving of contemporary and mythical aesthetics. The atmosphere is a combination of pagan vibes and clothes, old palazzos, and proto-queer parties featuring characters in quasi-BDSM leather attire. The final scene can be read as its beginning: Fausta converses with Mephistopheles on Mount Vesuvius and asks to become a man.

14 Ibid., 53.

15 Ibid., 63.

What was recorded in its early traces at the Zanzibar, in between astrology parties and feminist screenings, becomes a clear voice in the book *Faust-Fausta*. The film is an additional trace of the difficulties as well as the will of enunciation on non-gendered bodies to come into the artistic language of Italy in the 1980s and early 1990s. There is no resolution in the film or the book except for the entry of Faust-Fausta into a plurality of identities within a singular consciousness.

The US performance artist MPA recently noted how much the LGTBQ+ flag has changed. A myriad of colors has entered its surface. It is a flag that keeps decolonizing itself, she said.[16] In a similar manner, the art practice of Le Nemesiache marked the enunciation of a plurality of names, fictions, and genealogies. The enunciations are filled with lacunae and gaps to be reimagined by present and future generations. These gaps bear witness to the systematic erasure of lesbian and queer discourse from the artistic histories of Italy in these years. The same gaps and openings also create space for the articulation of desire and self-determination against identity, within a plurality of negotiations beyond the masculine and the feminine. The films, the workshops, the tablecloths, the publications

16 Conversation with the artists during an artistic research trip in Amsterdam, August 2024.

of Le Nemesiache—they all call for altered states of naming and affirming one's story. What is a name but a *signet*, a new force in language and an affirmation of psychodynamic potential? This is an act that births and rebirths new and ancient names to realities that are erupting, that have been in the past and will be in the future. This is what their naming celebrates and sacralizes.

ARNISA ZEQO is a writer and curator based in the Netherlands. In 2011 she co-founded Rongwrong, a space for art and theory in Amsterdam and is currently working as artistic director of Kunsthuis SYB in Beetsterzwaag. In 2021–22 she was researcher in residence at the Rijksakademie in Amsterdam where she looked at artistic practices at the intersection of (auto) fiction, performance and printed matter.

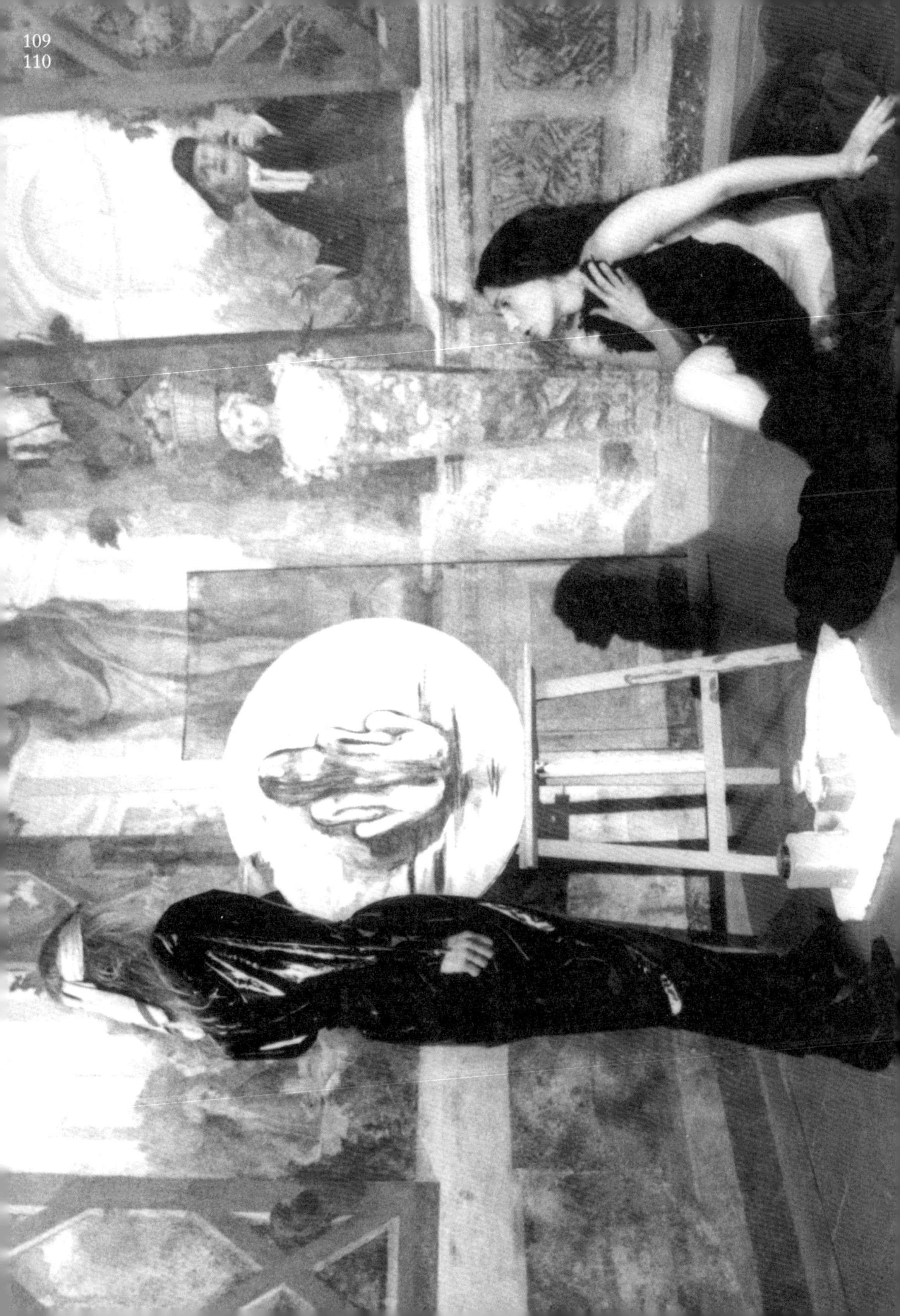

109
110

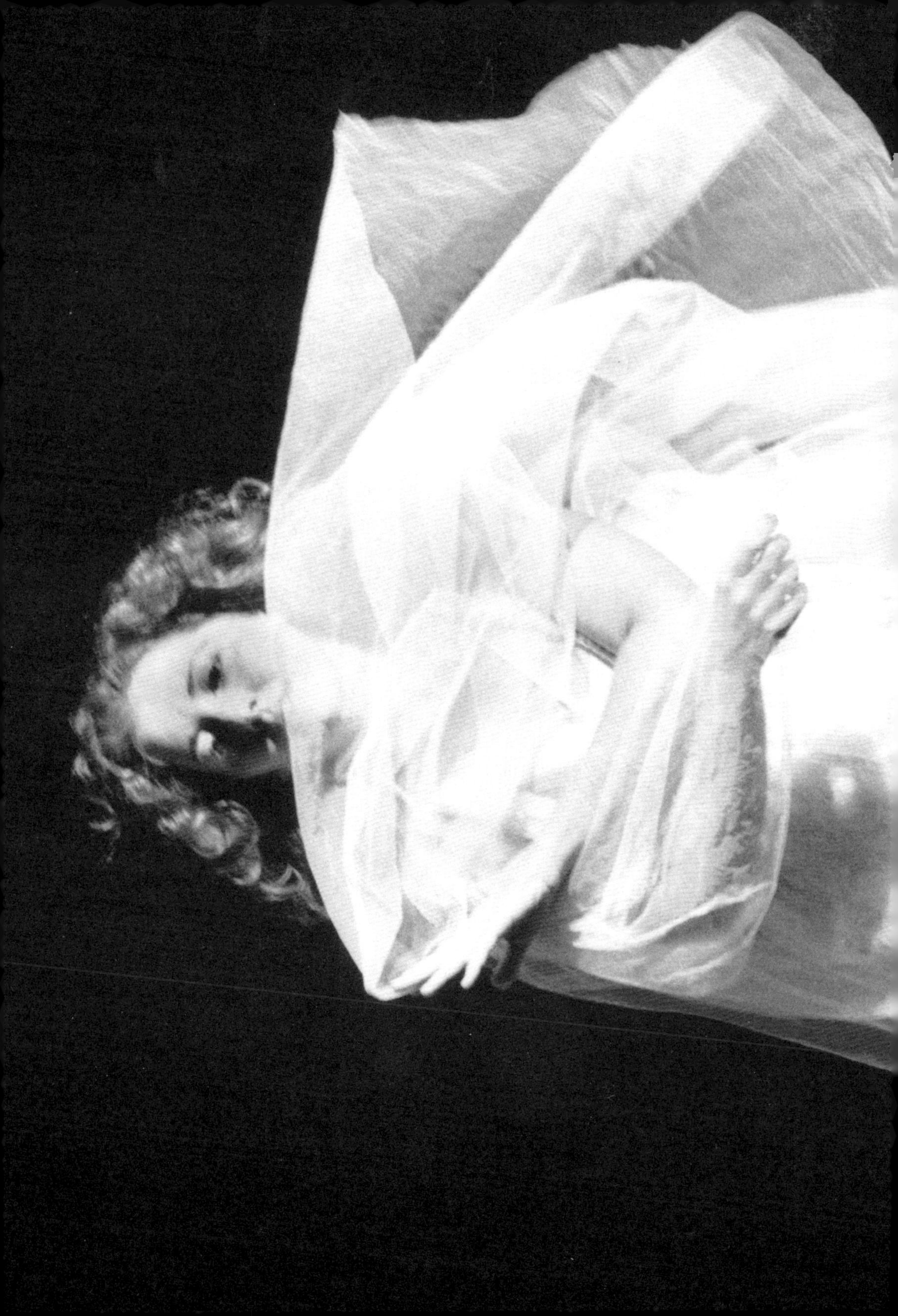

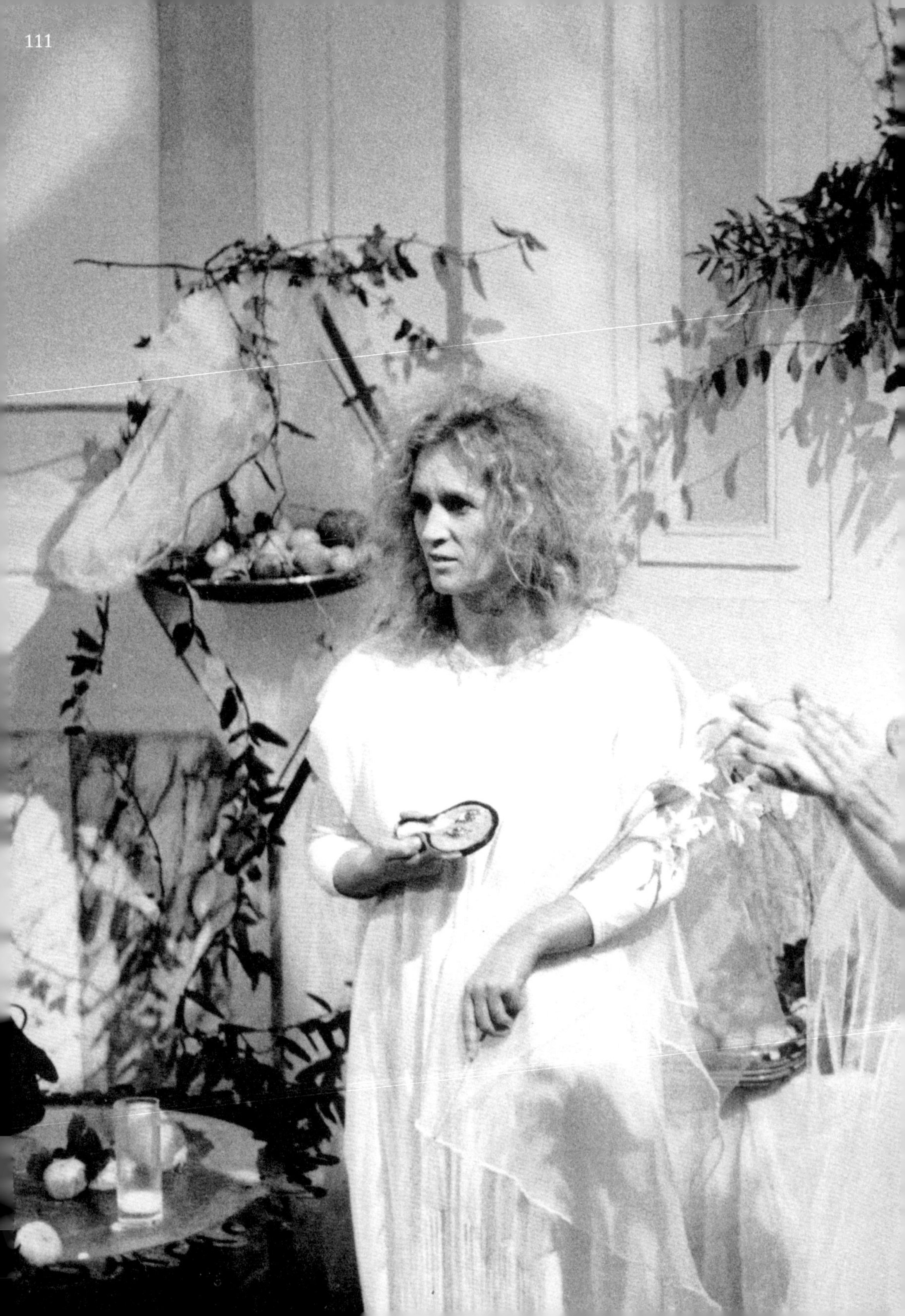

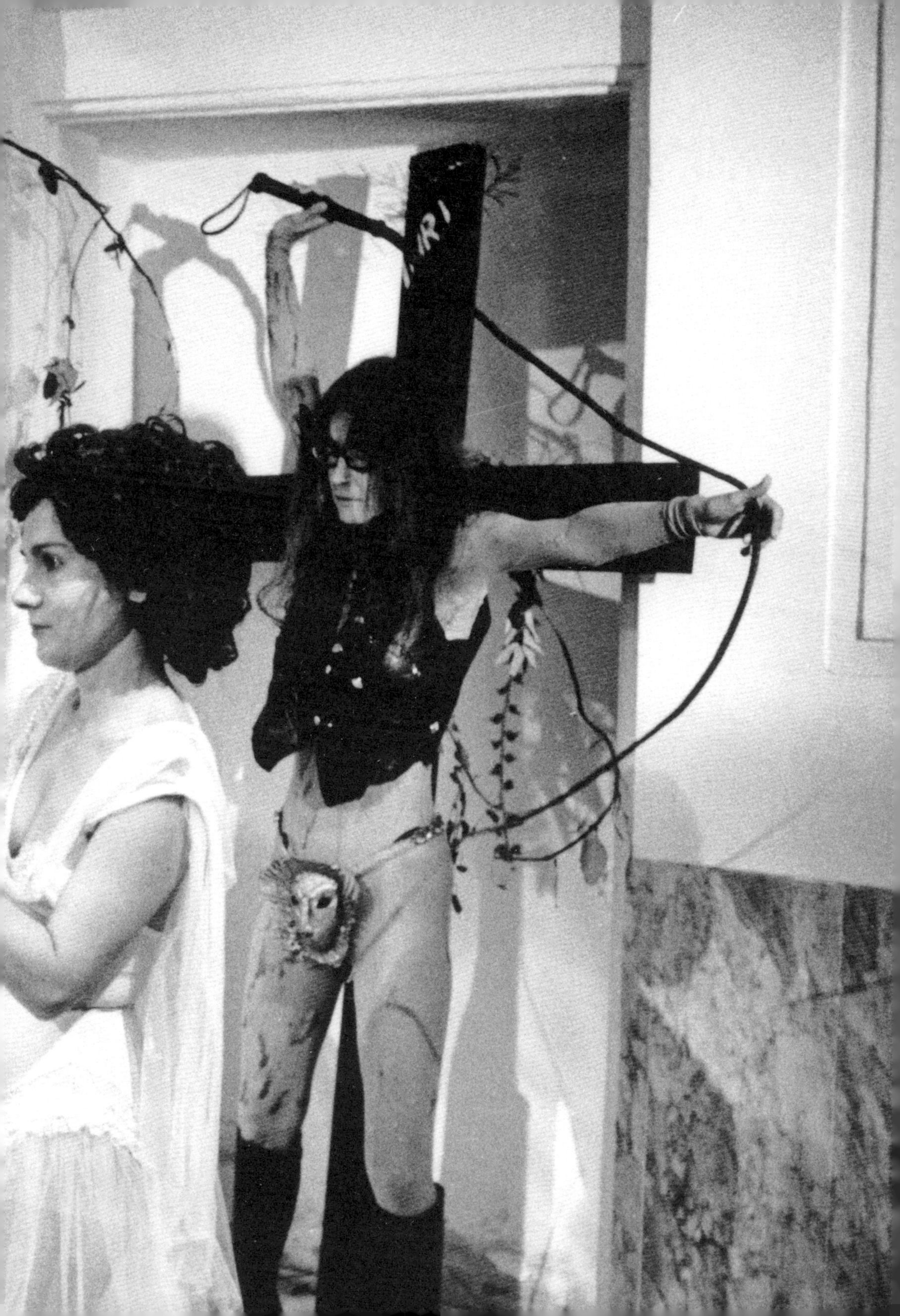

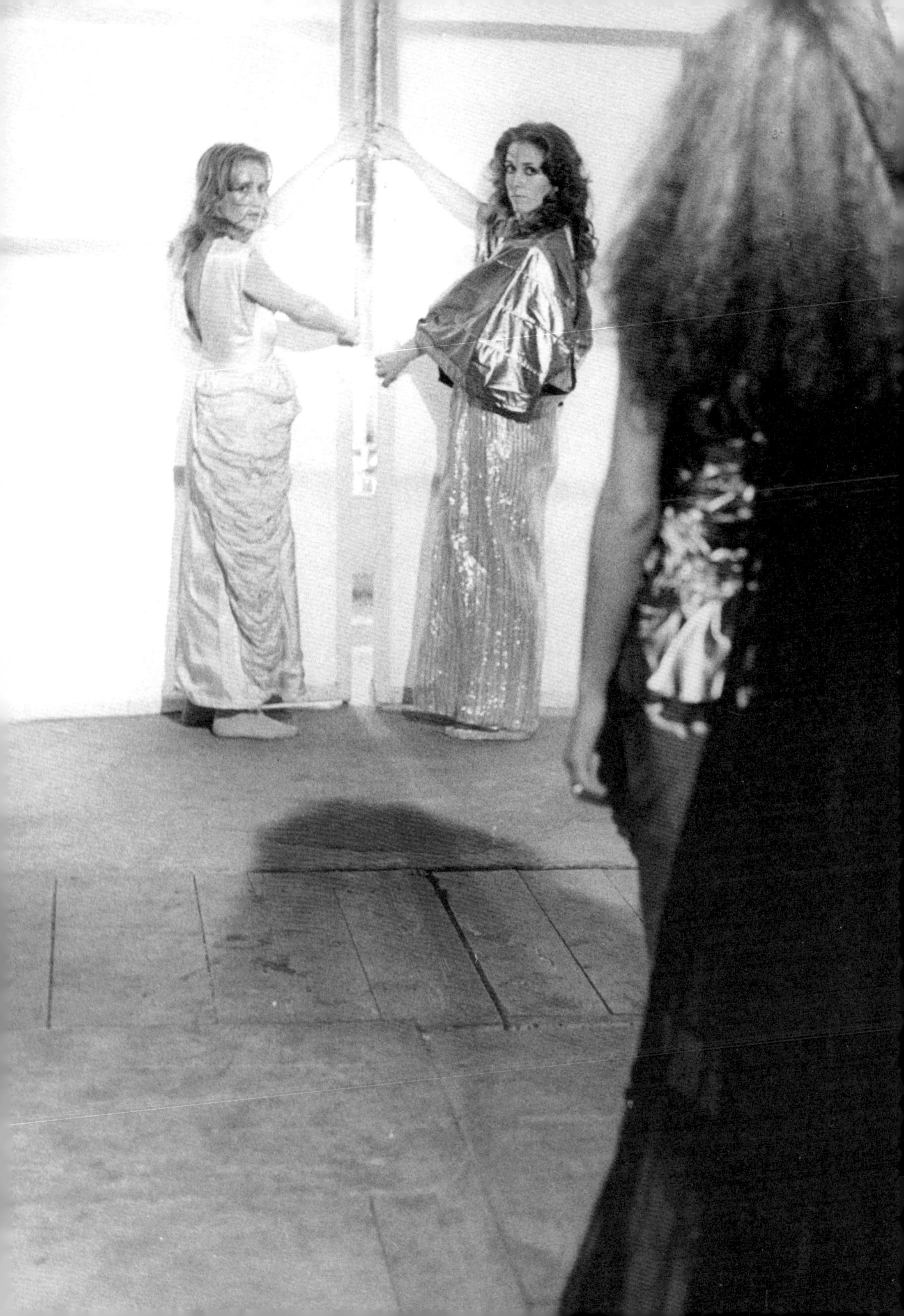

May My Wrongs Create

Bueti Federica

How to write about love—a love that is both beautiful and deeply tragic? One that, like a fire, both consumes and destroys, and lights the heart with desire? How to write of the fire of love, the melted core, solid like a rock? How to write of the stubborn fire that animates those who insist on not being defeated? How to tell a story that listens to the undertones of love, a story in which love is another name for justice, and justice comes in the form of honoring this love? A story that speaks of love's many eclipses. A story that loves disappearing. It is to this act of eclipse and disappearance that I would like to draw attention, this disappearance as an act of love, which is also a refusal—a refusal that makes rooms for a different inhabitation of space and time, within the sequences of a cinematic love-poem that delivers, in its title, the scandalous news that, despite or because of her love, Dido, beautiful queen of Cartagena, is not dead.

Dido is not dead, but she is not alive, either. She inhabits a liminal space, suspended as she/it ("it" meaning the story) is in the space of the undying, that is, in the place where death becomes a point of departure, not a horizon. The point from which to imagine the destruction of death. Indeed, Dido's is a love for life, not an affair with death. She makes her appearance in the surrealist reappraisal of the Mediterranean myth directed by Lina Mangiacapre and cowritten with feminist writer and journalist Adele Cambria. The story takes place in the quasi-mystical, magical landscape of the Phlegraean Fields, with its rocky aridity, looking partly like an alien planet, partly like a world ravaged by death. In the landscape, the "signs" of a return: the earth bubbles, gases exude from the cracked terrain, the caves, the hills, reaching the open horizon of the Mediterranean sea, where cargo ships and other vessels patiently wait outside the harbor, imperceptibly sliding, rocked by the movements of the waves. It is as if they're waiting for a sign, something to happen, to set them to sail.

The film *Didone non è morta* [Dido Is Not Dead, 1987] rereads the myth of this tragic love between Dido and Aeneas in a feminist key. Neither a victim of abandonment nor a symbol of modesty or chastity, Mangiacapre's Dido embodies a paradox of creation, where the reward for living a creative life and not being afraid to take a leap of faith, even when it might look like a suicidal act, can lead to the greatest abundance. It is not a promise of happiness, but the materialization of a certain way of walking the fine line between optimism and pessimism, between life and death. On the one side is the *longue durée* of death in the ongoing story of historical violence, and on the other, Dido becomes a conceptual framework and a "structure of feeling" that creates tools to navigate the space between law and lawlessness, life and death.

It is an ending that announces itself as a beginning in the words of a lament wishing to transform the "wrongs into creations."[1] In her refusal to accept an already-written fate, Dido becomes a force of invention, which tends to create stories that imagine a different destiny for the Mediterranean, and for southern women.

1 From Henry Purcell, *Dido and Aeneas*, Z. 626: Act III, 37. Ground, Aria and Ritornello "When I am laid in earth". See also: https://en.wikipedia.org/wiki/Dido%27s_Lament

How does a southern woman love and die?
Do her death and ways of loving resonate differently in this world?
Is her life worth less?
Is her sacredness untouchable?
Is her punishment a necessary response to her rebellion?

She disappears, in all her tragic beauty—proud, steadfast, unflinching
to reappear again,
among the rubble, covered in dust
from the crumbling buildings.
Partly dismembered.
Still, observing the surrounding
like a wounded animal,
knowing the end has come.
In the darkness of the night
the crackling of this stubborn fire,
her love incomprehensible to many,
like a rock, the unshakable core,
the impossibility to know the depth of this love
this immeasurable love,
exploded into pieces
shreds of shrapnel
piercing her body.

Forced to abandon Phoenicia in order to evade certain death, Dido escapes to Cyprus first and then to Numidia (in northwest Africa, initially comprising the norther part of what is now Algeria, but later expanding into modern Tunisia and Lybia), and reaches what is today Tunis, where she settles with the people who followed her. The myth narrates that she falls in love with the Trojan hero Aeneas, and they develop a mutual passion. Tricked into leaving by Jupiter, with Mercury's assistance, Aeneas prepares his fleet in secret for departure. As he has made his choice to travel north toward what will become Rome, Dido, unwilling to accept the betrayal of trust, decides to commit suicide by fire. She asked to have a pyre prepared on which the bed they slept in will burn, then herself disappear in the flames. Her gesture might seem tragic, excessive, and incomprehensible at first. But upon closer look, Dido's is not a story of a romantic love gone away, nor the desperate gesture of a woman whose actions are blinded by anger, or patriotic love. Mangiacapre reinterprets Dido's love within the horizon of liberation, where love, as bell hooks writes, is to "willingly hear the other's truth, and most important, we affirm the value of truth telling."[2] The truth of Dido's story is that life will always exceed any attempt at containing it within the confines of the Law. If we do not accept Dido's tragic end as the only possible finale of this story, what kind of truth does Dido's disappearance, her extreme act of setting herself on fire, and her appearance in Mangiacapre's film disclose?

2
bell hooks, *All About Love: New Vision* (1999) (New York: HarperCollins Publishers Inc, 2016).

Le Nemesiache's rewriting of the myth in the key of refusal has something close to the tradition of queer performance, which uses disidentification as a strategy of invisibility to contest the hegemonic representation of certain characters. It's interesting that in an unpublished draft article by Mangiacapre for *Quotidiano Donna*, she observes that one of the things she learned by moving to Rome was "the beauty of blackness as a sign of the 'south' [. . .] and as a desire to become invisible and resist being reduced."[3] Poetic language, the surreal, magic, and the carnivalesque become the modalities through which this opaqueness of the living, where difference becomes deeply untranslatable and multiple, is expressed in the film as "excess"—of being and love, as a playful displacement and disidentification, as ambivalence, hesitation, double meaning. As a form of refusal to be reduced to one "thing."

3
Lina Mangiacapre, *Quotidiano Donna*, 8 October 1981. From Le Nemesiache archive.

This refusal of being diminished to maintain the status quo manifests in terms of a desire for and a spirit of transgression and escape from the "proper." An *insurgent improperness* is what Dido manifests in and as a tension—a tension between an imaginary of legislation accompanied by the fear of chaos, and a lawless, incomprehensible escape. And in the spirit of this insurgent improperness, this poem-per-images—which is how I would describe the film, and which resists a certain mode of storytelling that would explain and justify suffering and pain inflicted on those who are deemed weaker, evil, others—is one that loves to disappear. This desire for disappearance is a condition of the work, or, in the words of the poet Anne Boyer, "a set of unstable foundations, holes, tunnels, passageways from one strata to the next."[4] And the way it manifests in its aesthetic. By journeying through and using imagination to open passageways that lead to secret tunnels and holes, Dido returns us to that "invisible," rock-hard core of love that refuses to be pinned down, possessed, to become calculus and debt, to be made transparent, to serve power, as Aeneas's departure announces.

4
Anne Boyer, *Garments Against Women* (London: Penguin, 2015).

It's fear, not love, that generates all actions here. The dog in the street looks at you with terror in his eyes.
—Etel Adnan[5]

5
Etel Adnan, *Sitt Marie Rose* (The Post-Apollo Press, 1978)

Imagination plays a central role. Le Nemesiache's revisiting and reading of myths was an attempt, as Mangiacapre wrote in an article published in *Quotidiano Donna* in 1981, to reestablish a different relationship between time, historical becoming, and mythology.[6] In their identification with a "south" defined by a double form of oppression—patriarchal

6
Mangiacapre, *Quotidiano Donna.*

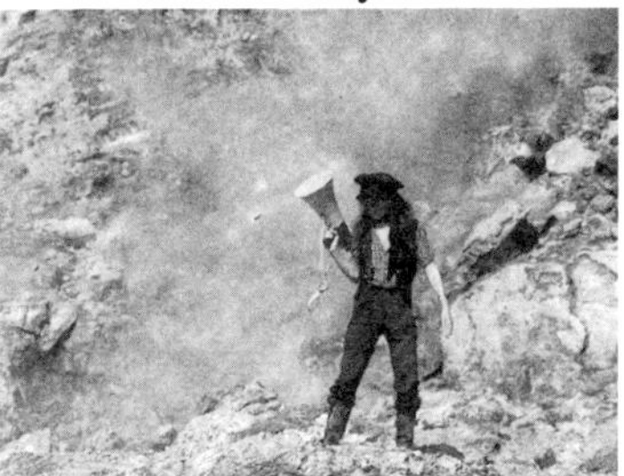

Lina Mangiacapre on the film set of *Didone non è morta* [Dido Is Not Dead], 1987. Photo by Melita Rotondo

and capitalist—Le Nemesiache articulated their forms and practices of resistance and refusal in theater, music, art, dance, performance, and rituals engaging with the "south" not so much as a location and not only as a positionality, but as a political and imaginative framework for a different way of seeing and dreaming. One of the aims was to bring art into politics, and invent a new kind of politics. It is in this context that *Didone non è morta* can be situated: as an attempt to imagine a new political horizon in which Dido and Aeneas, Europe and Africa and Asia, see and love each other in their different faiths.

Mangiacapre invests the figure of Dido with the power of refusal, and refusal as a form of love and hope, and hope for a different kind of love grounded on values that European civilization has annihilated, moved by its desire for power and possession. Beyond parasitic and dcceitful love, Dido becomes the expression of a different kind of relationship between Europe and the southern Mediterranean, based on mutual love and respect as a psycho-political necessity. It is love as a desire for the outside, outside the intentions of those who made, spoke, and wrote the Law. Against this lawful imagination, this myth offers feminists the elements for a fugitive imaginary and the possibility to think of a politics of fugitive refusal.

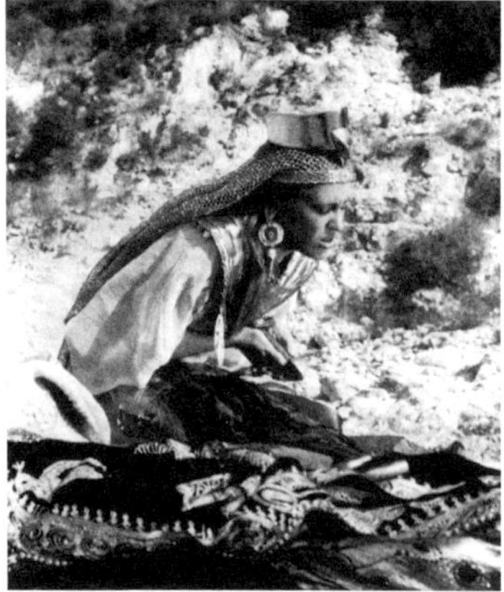

Didone non è morta [Dido Is Not Dead], 1987. Video still. Photo by Melita Rotondo

Dido is neither dead nor alive, since the conditions in which her story takes place have not changed but are still defined by violence. This is why she affirms affirmation (as a "not") through negation, not as a moral imperative but as an emotional and political necessity. The act of becoming-fire is an extreme form of refusal to participate in the reproduction of the necropolitical logic of power and vendetta, and instead choose one's own destiny. She returns in the world of the undying, with her raging anger and love turned into poems and songs, to express something less than hope and subtler than despair, and demand accountability for the crime committed against those who have rebelled to oppression.

May my wrongs create
Remember me
But forget my fate
No trouble
No trouble in my breast
Remember me
But ah, forget my fate.

Why did Dido not die? Because her suffering and her love are ongoing, Mangiacapre writes in a note on the film. Mangiacapre sees her Dido in the many faces of those who fight for their self-determination. In the struggles of Palestinians, the civil war in Lebanon, in the dictatorship of Muammar Gaddafi—in all these places, she writes, "Dido is present with her anger and with her love. Her love for a Mediterranean in which the struggle between different powers does not have to mean the subjugation of the female, and love might not be seen as something to be consumed, but as a powerful value to pursue above anything else."[7] Dido is the embodiment of all free-loving people. She is portrayed by Mangiacapre as a lover-warrior, like Leila Khaled or Fatima Bernawi, like June Jordan and Nawal El Saadawi, and other lovers and warriors who have left us with a legacy of decolonial feminist creative practices of resistance.

7 Lina Mangiacapre, "Roma come Cartagine sotto le mura di Troia," *Il Paese delle Donne*, December 1988. Dall'archivio delle Nemesiache.

Within this tragic present, Dido emerges as a figure of defiance and love. In her resistance and refusal, she remains the expression of the "Mediterranean question," which is as much an issue of acknowledging how the colonial and patriarchal histories of violence have shaped communities as it is the possibility that, in recomposing and retelling the stories of this archive that is the Mediterranean, we might create forms of solidarity across its shores, standing with the oppressed as a way of standing for a world that has seen the abolition of settler colonialism, of racial and sexual violence.

FEDERICA BUETI is a writer and educator, who also edits books and works with moving-images. She is the author of *Critical Poetics of Feminist Refusals: Voicing Dissent Across Differences* (London: Routledge, 2022), and *Imagination Besieged: Coloniality, Violence, and Feminism in Mediterranean Art and Literature* (London: Routledge, forthcoming).

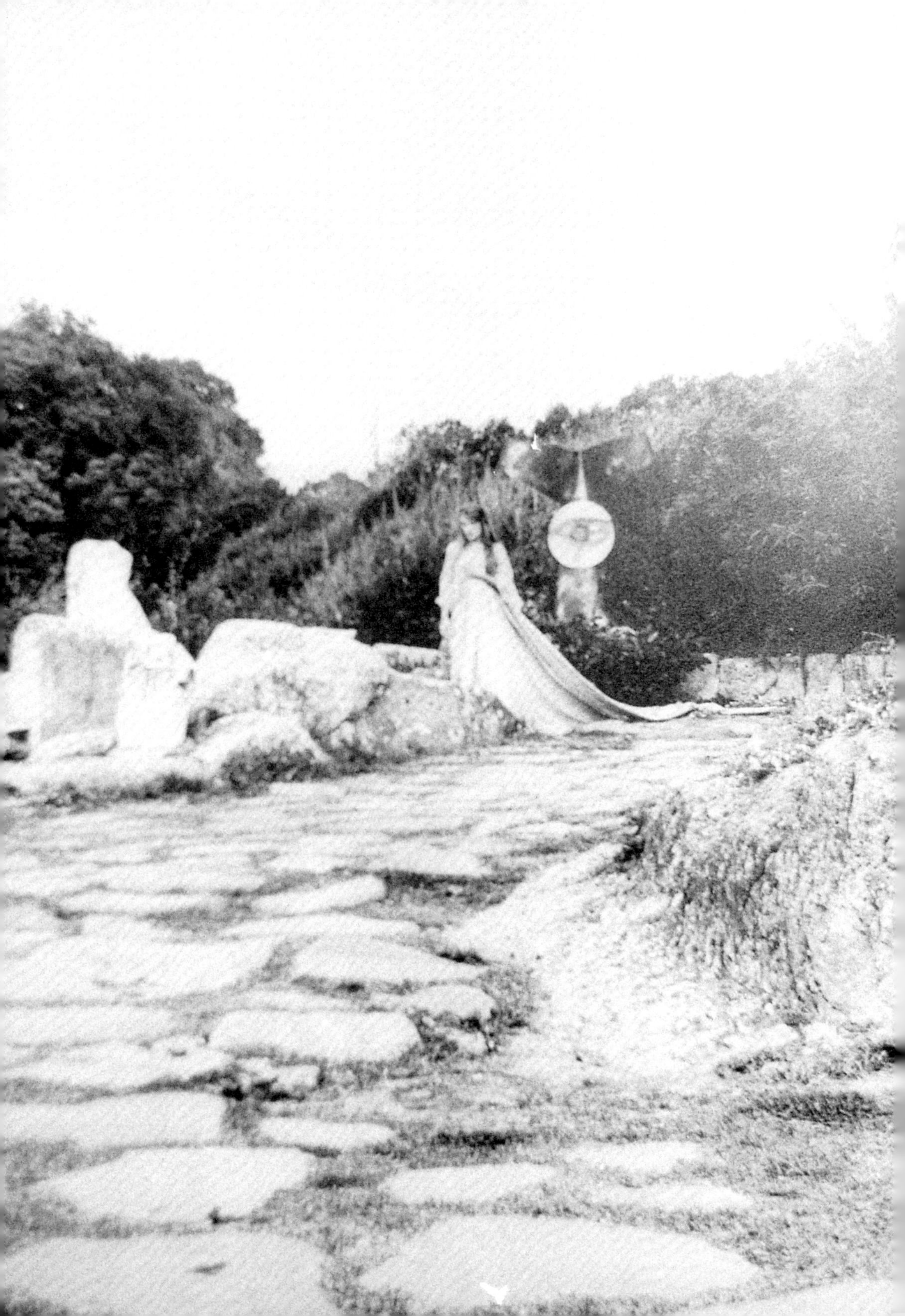

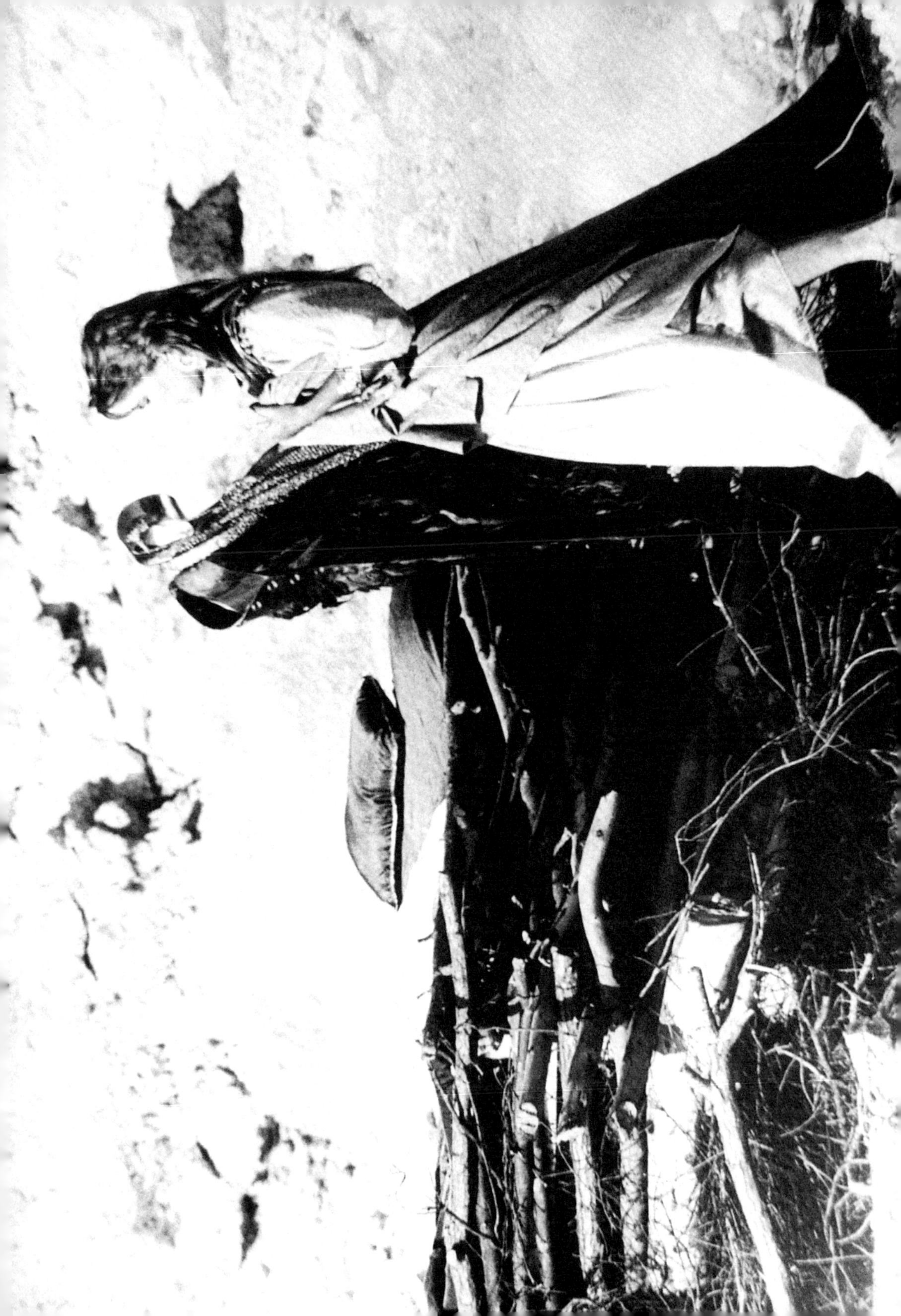

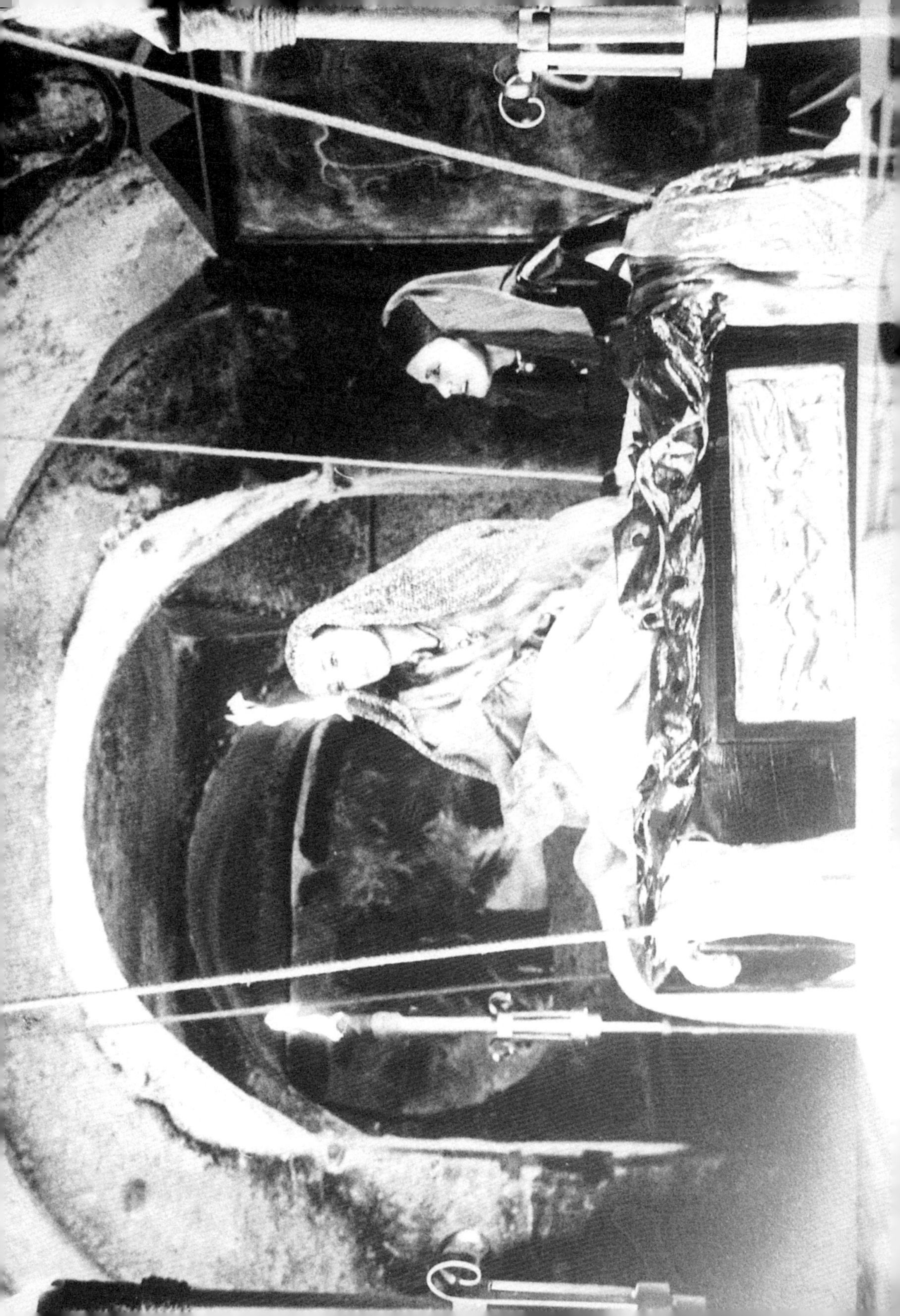

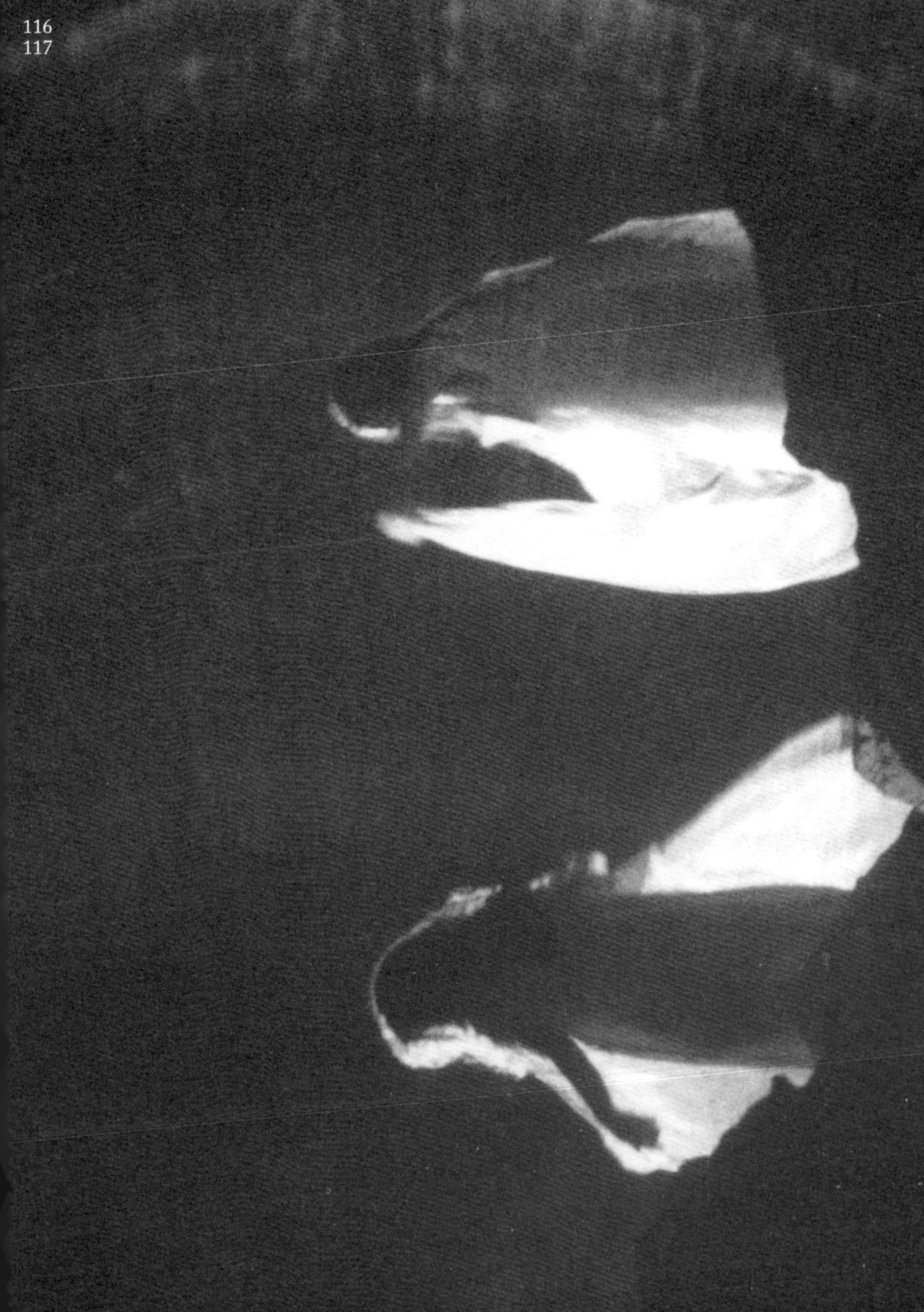

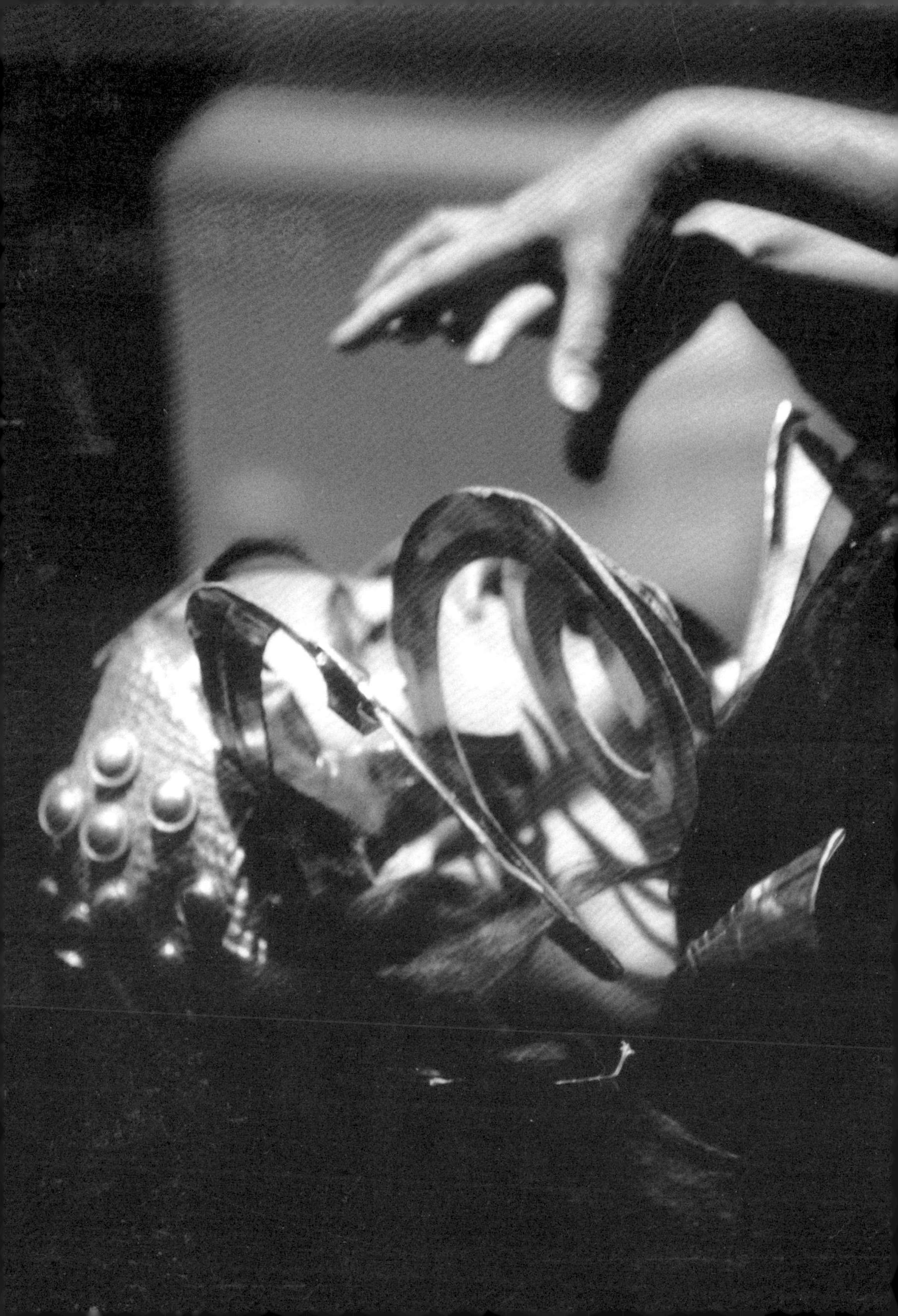

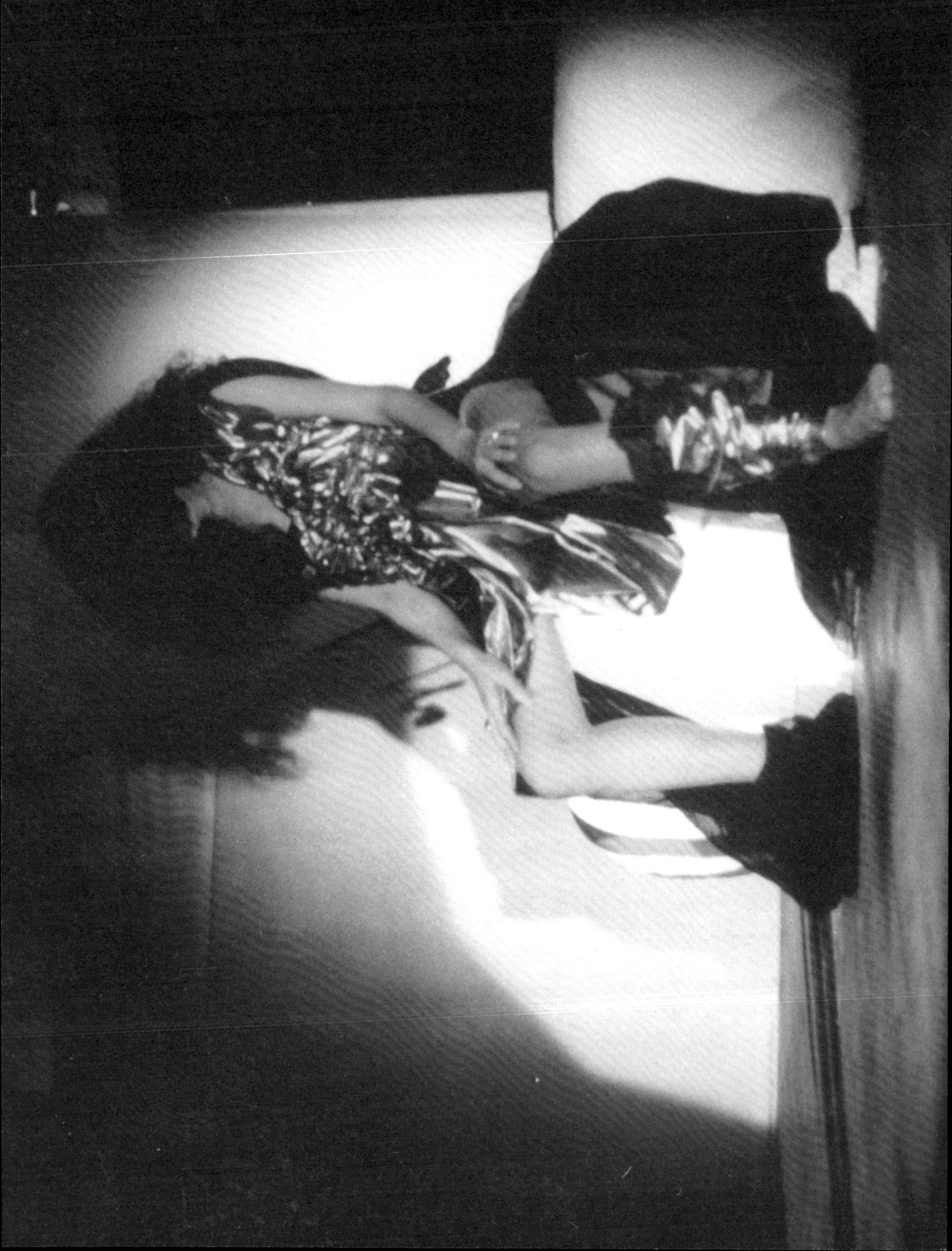

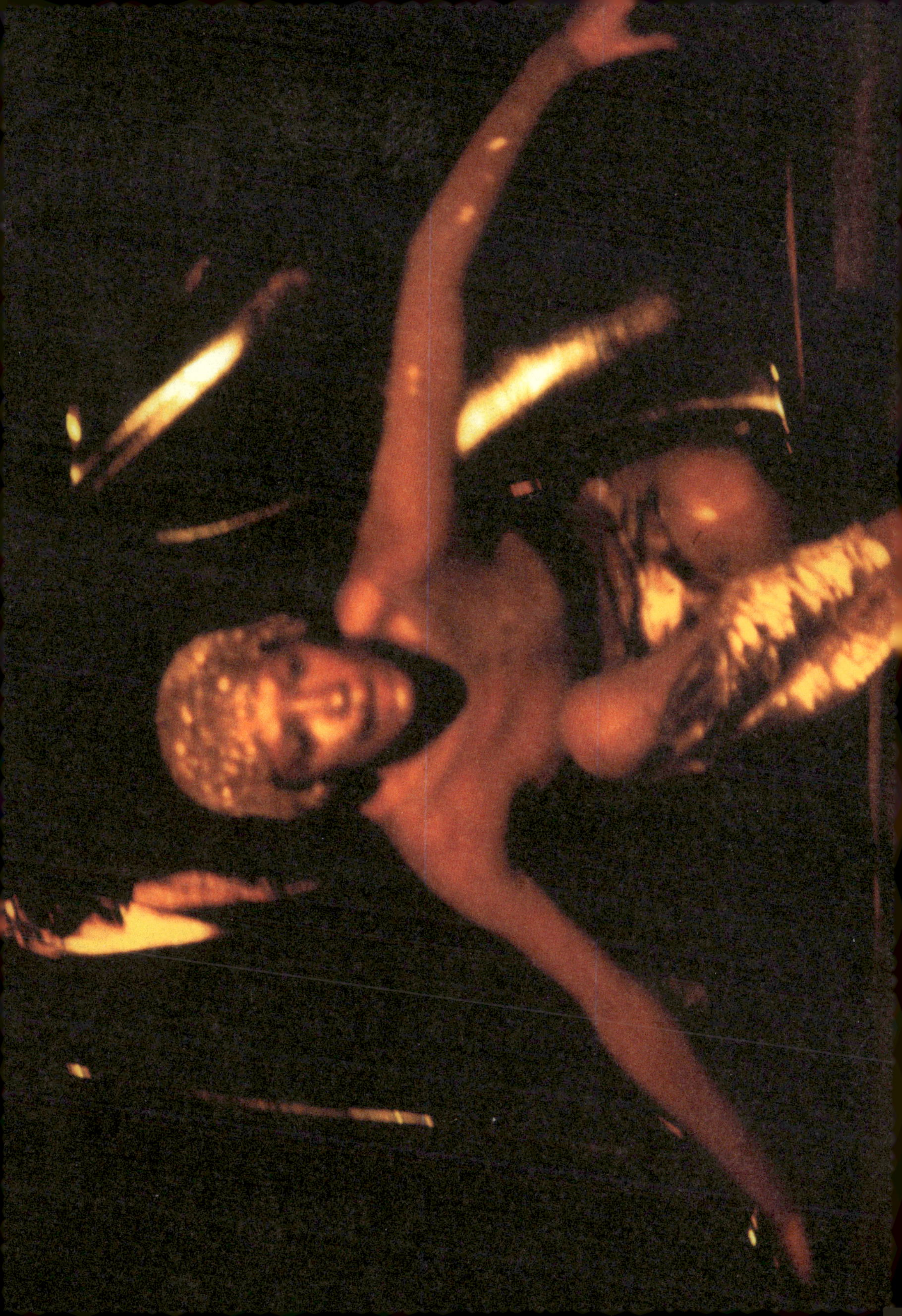

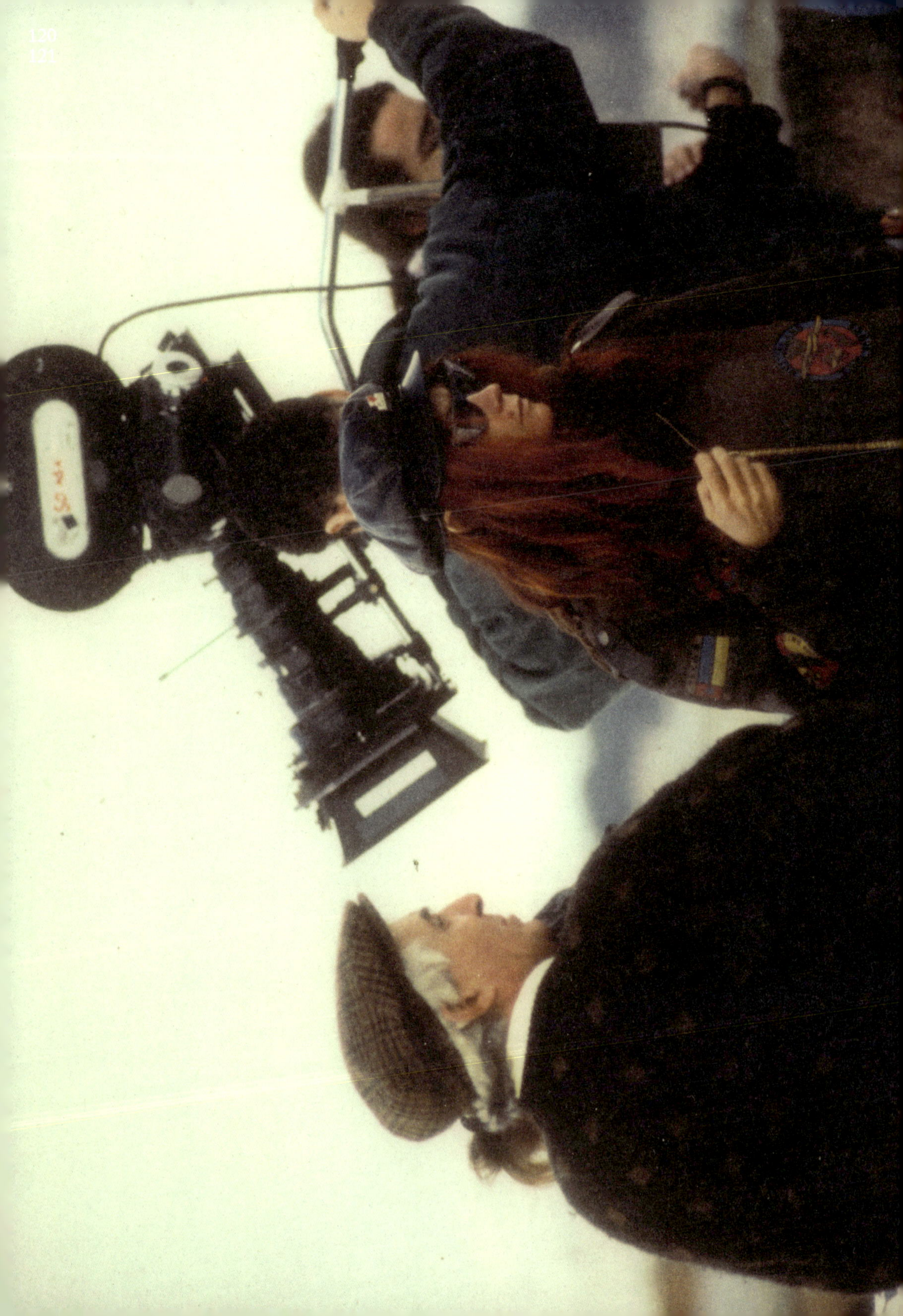

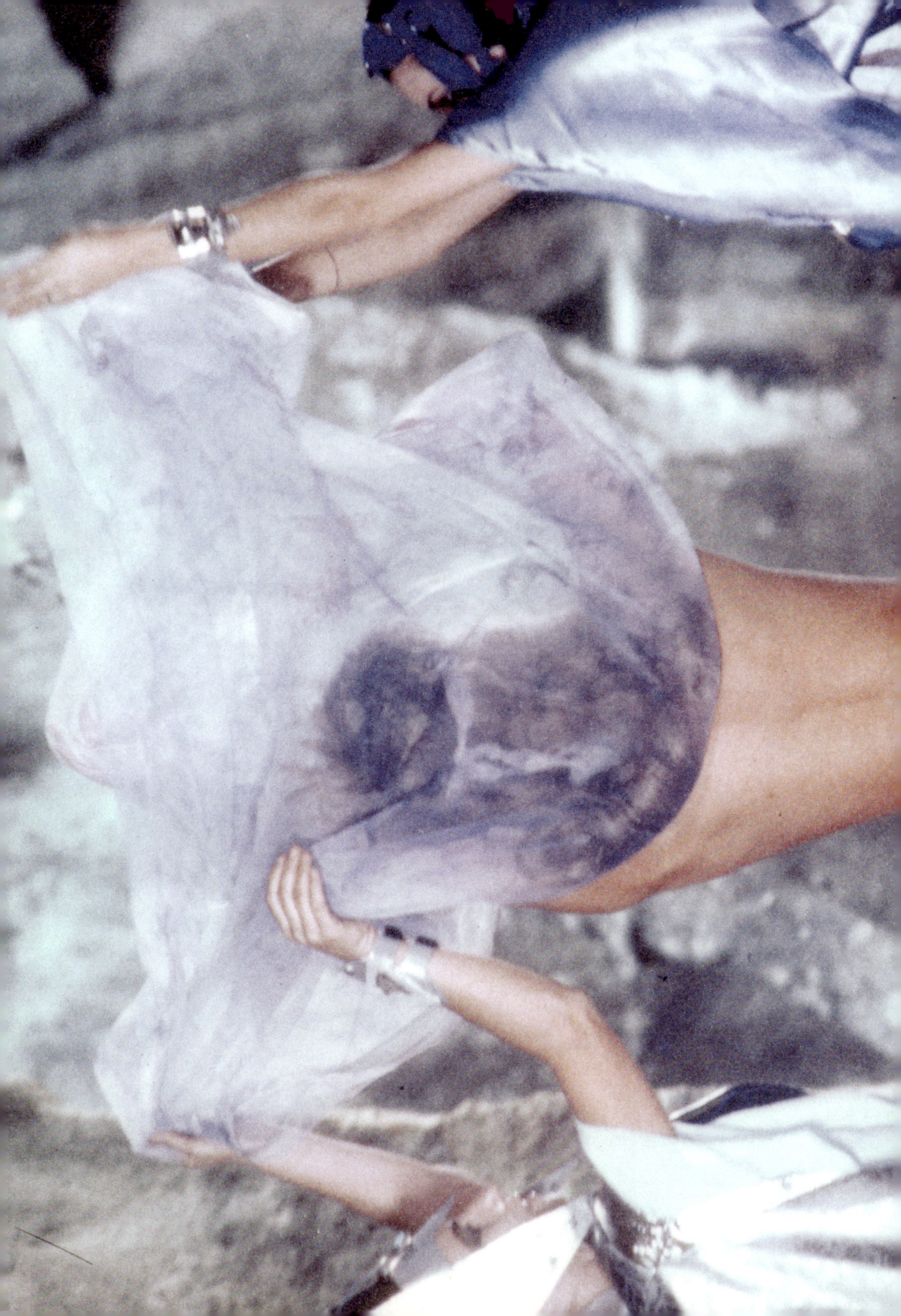

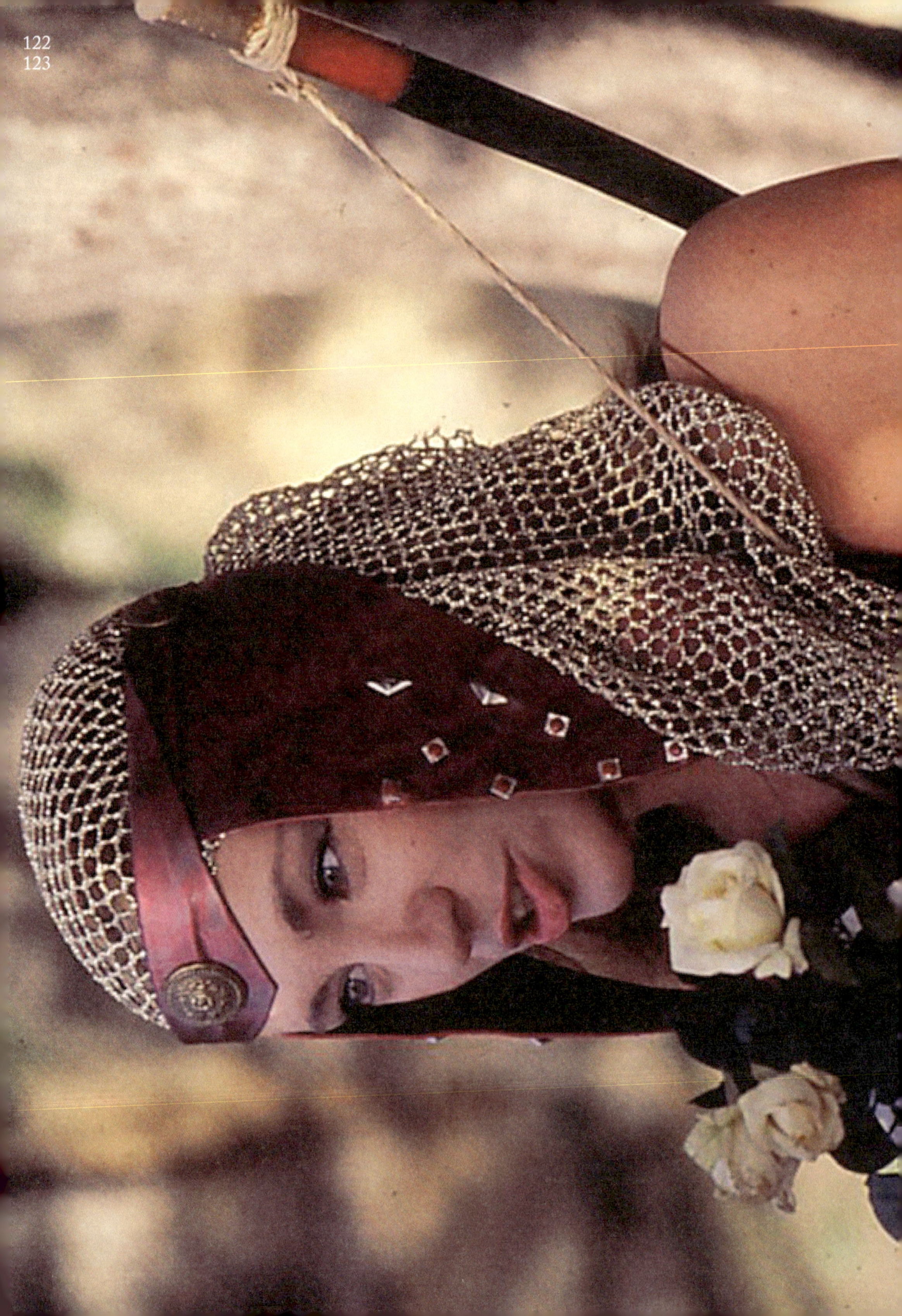

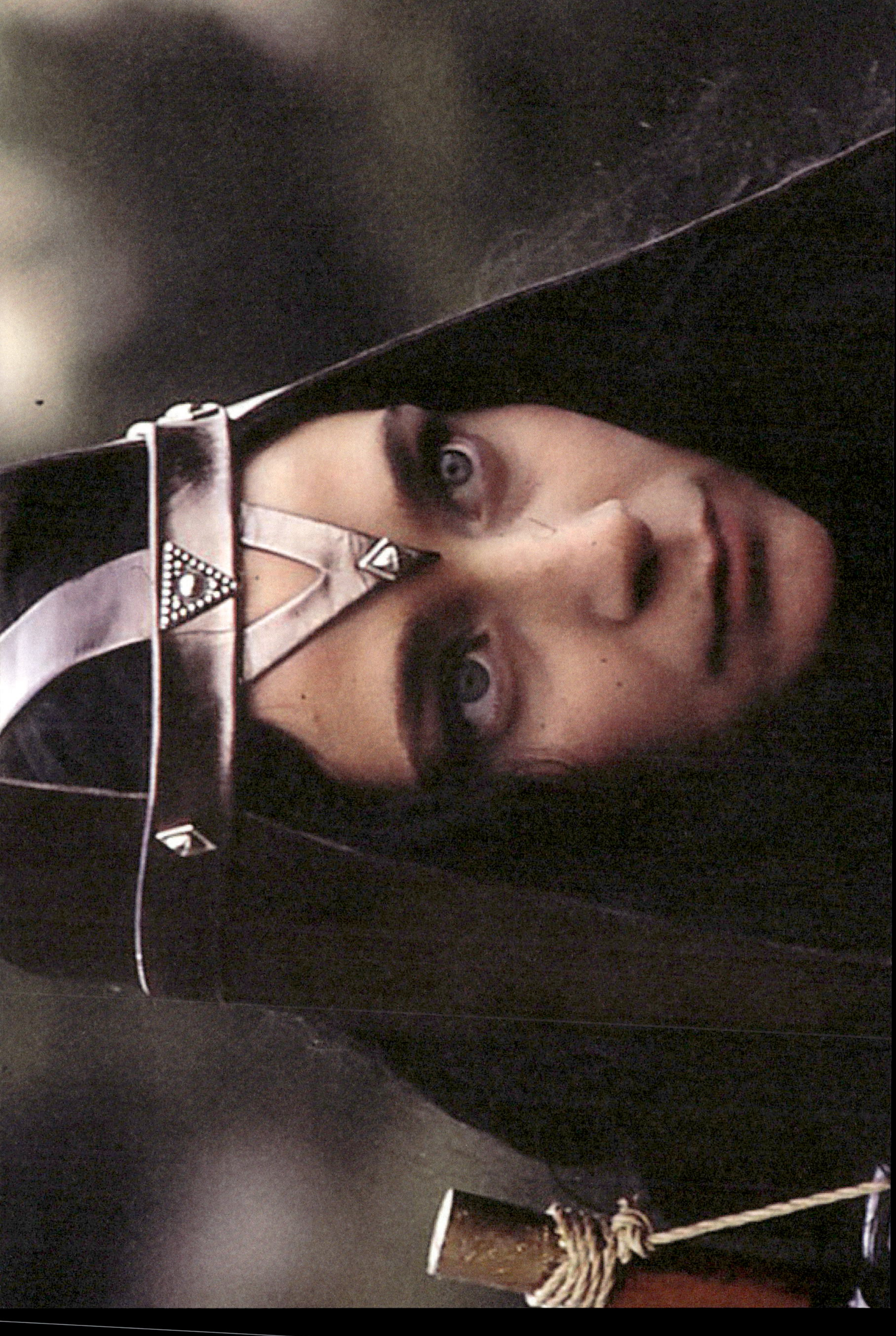

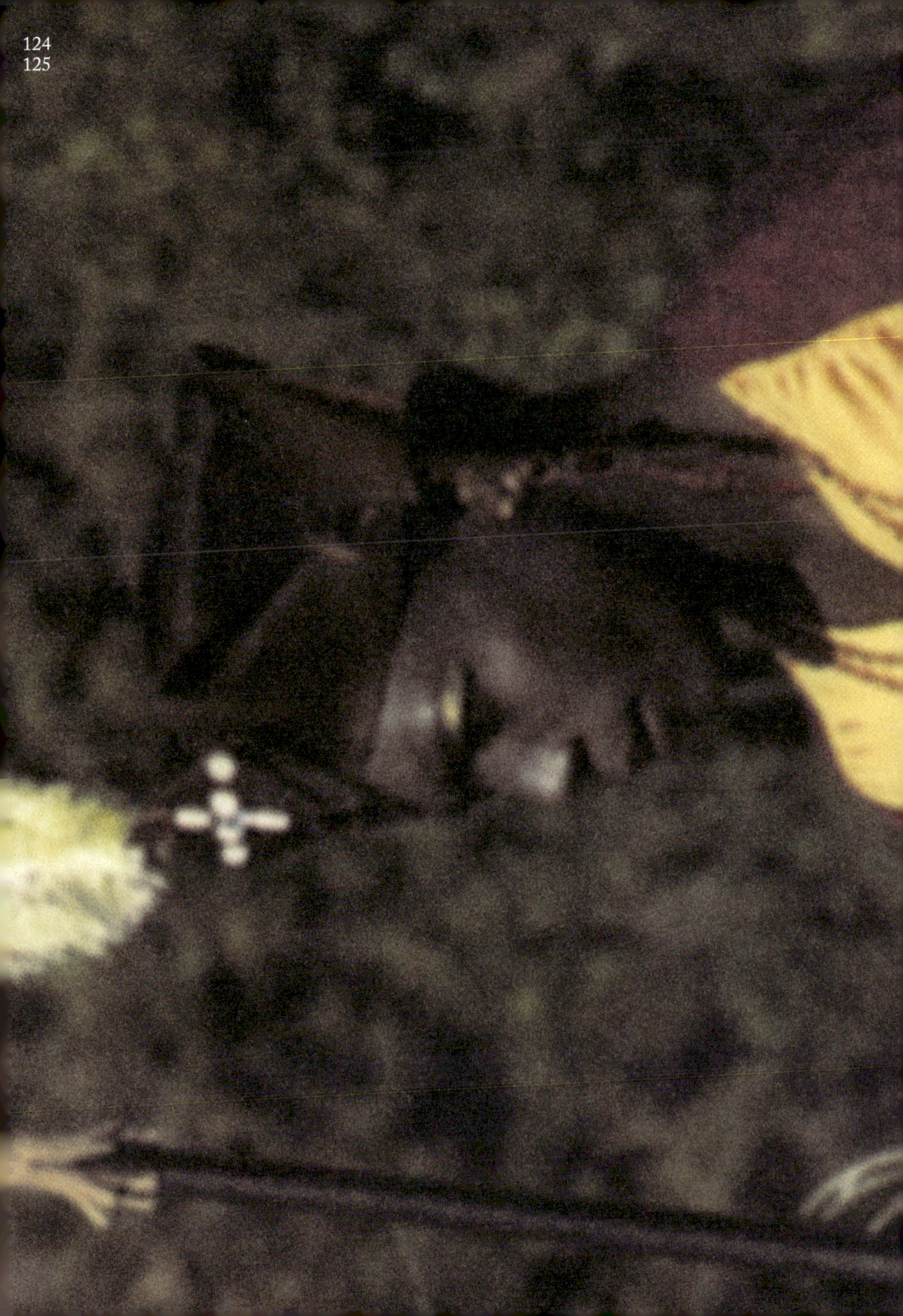

124
125

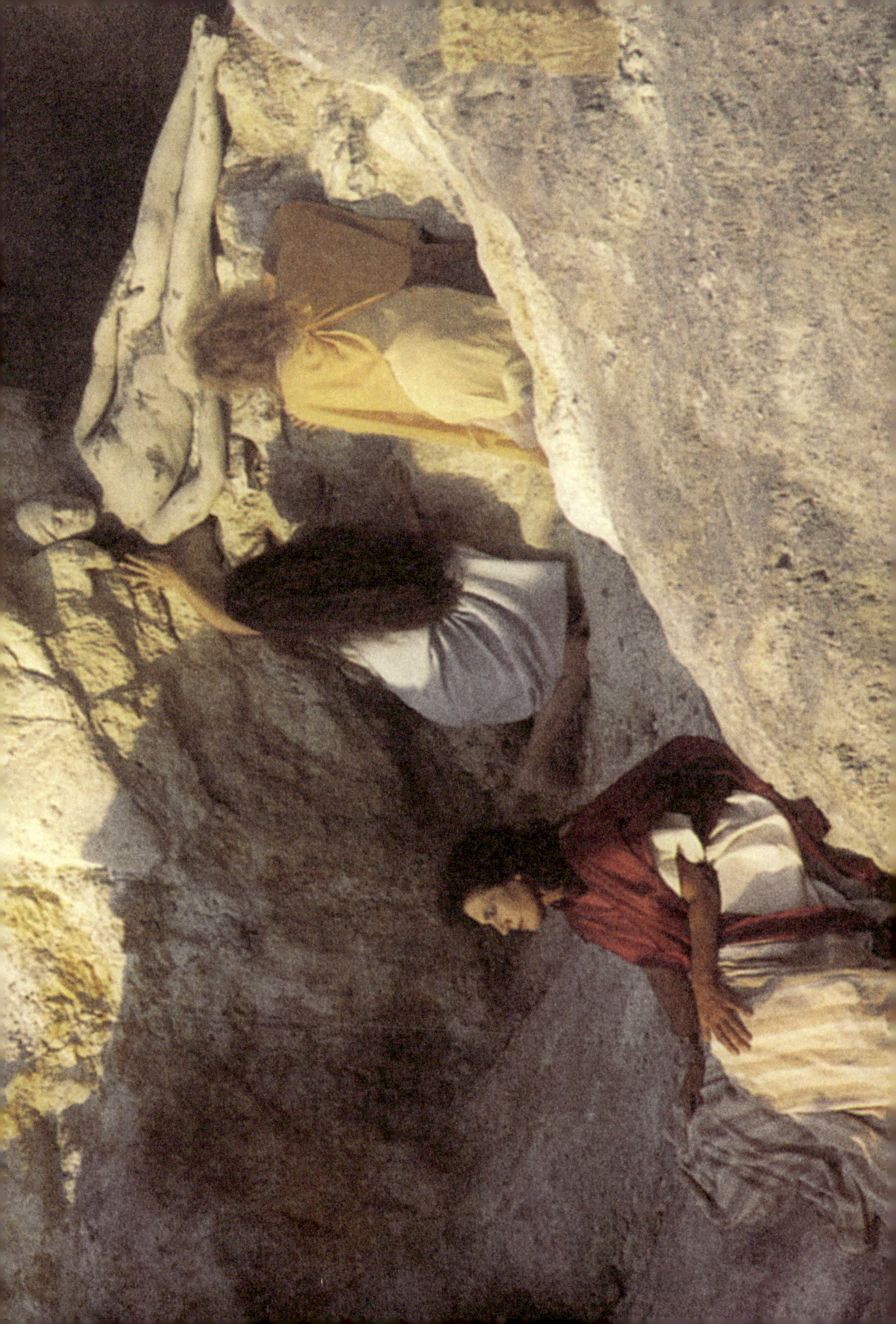

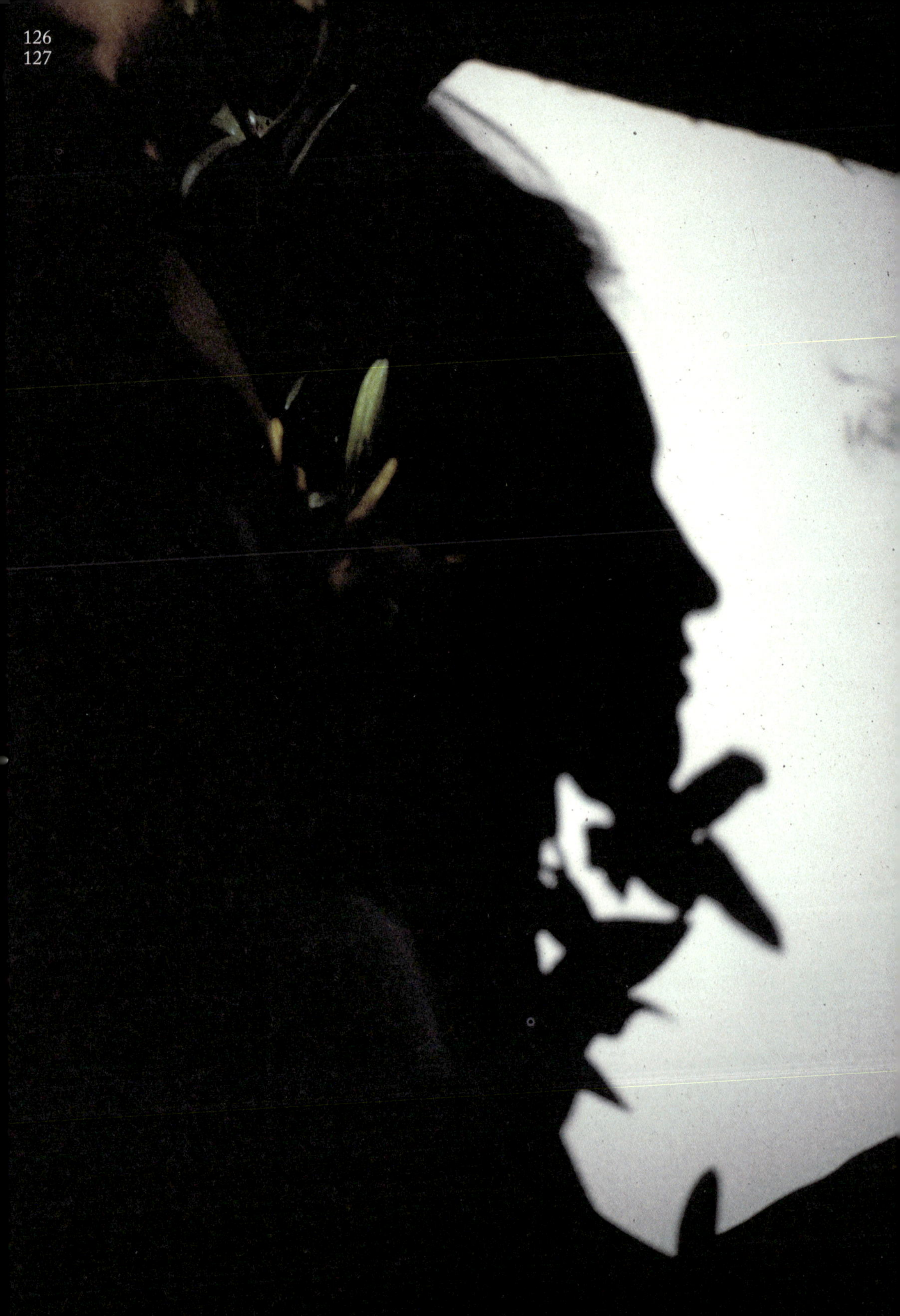

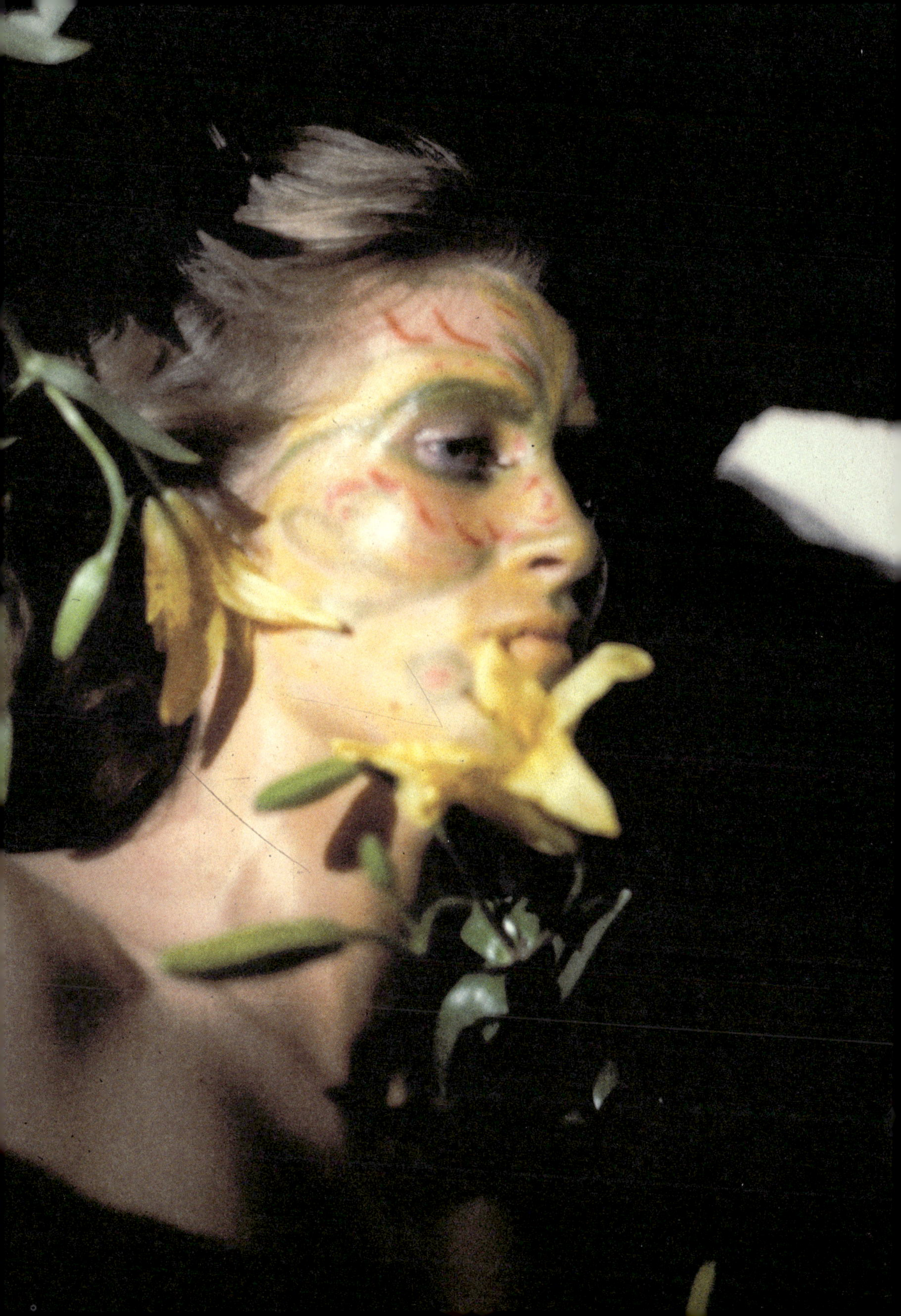

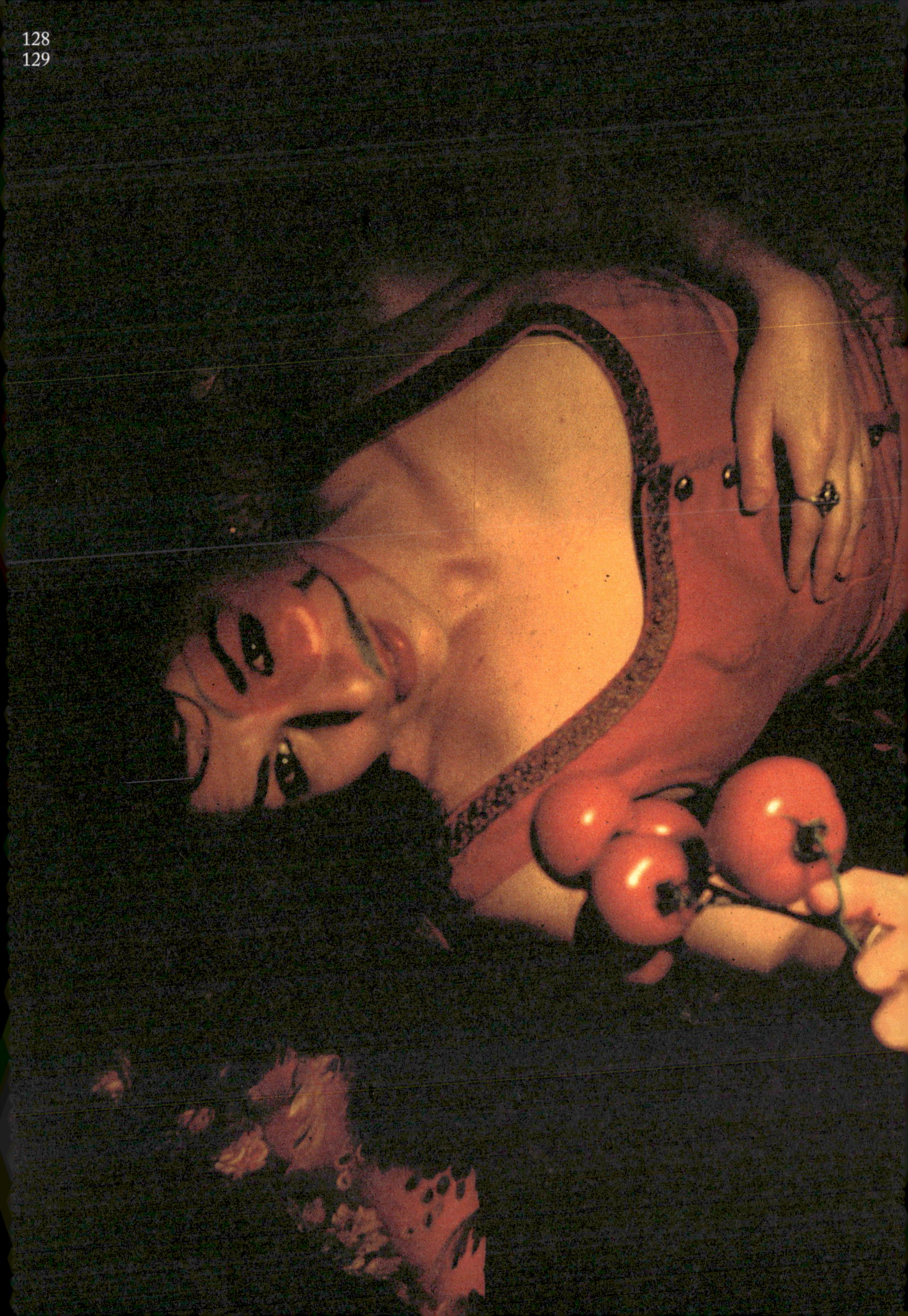

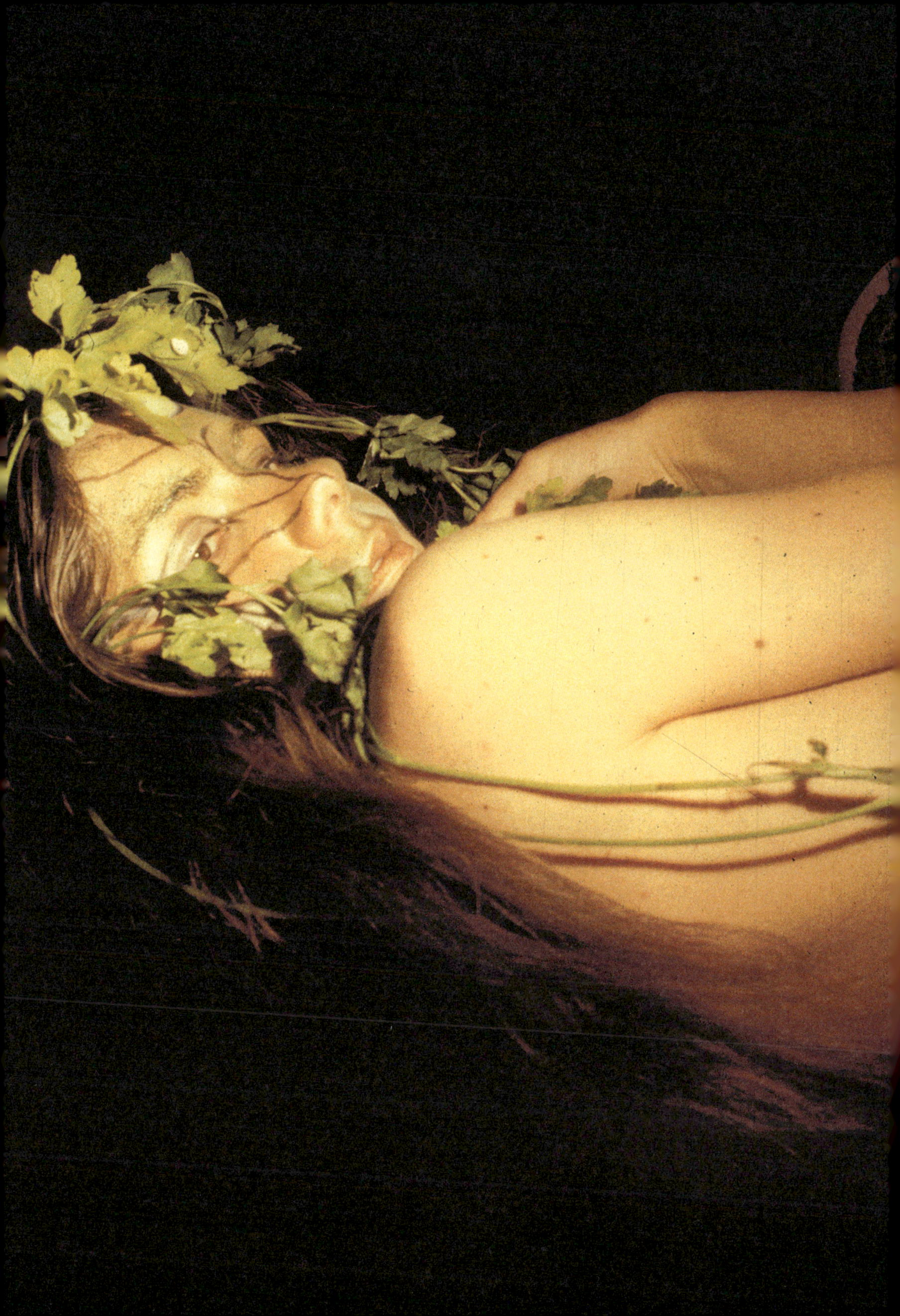

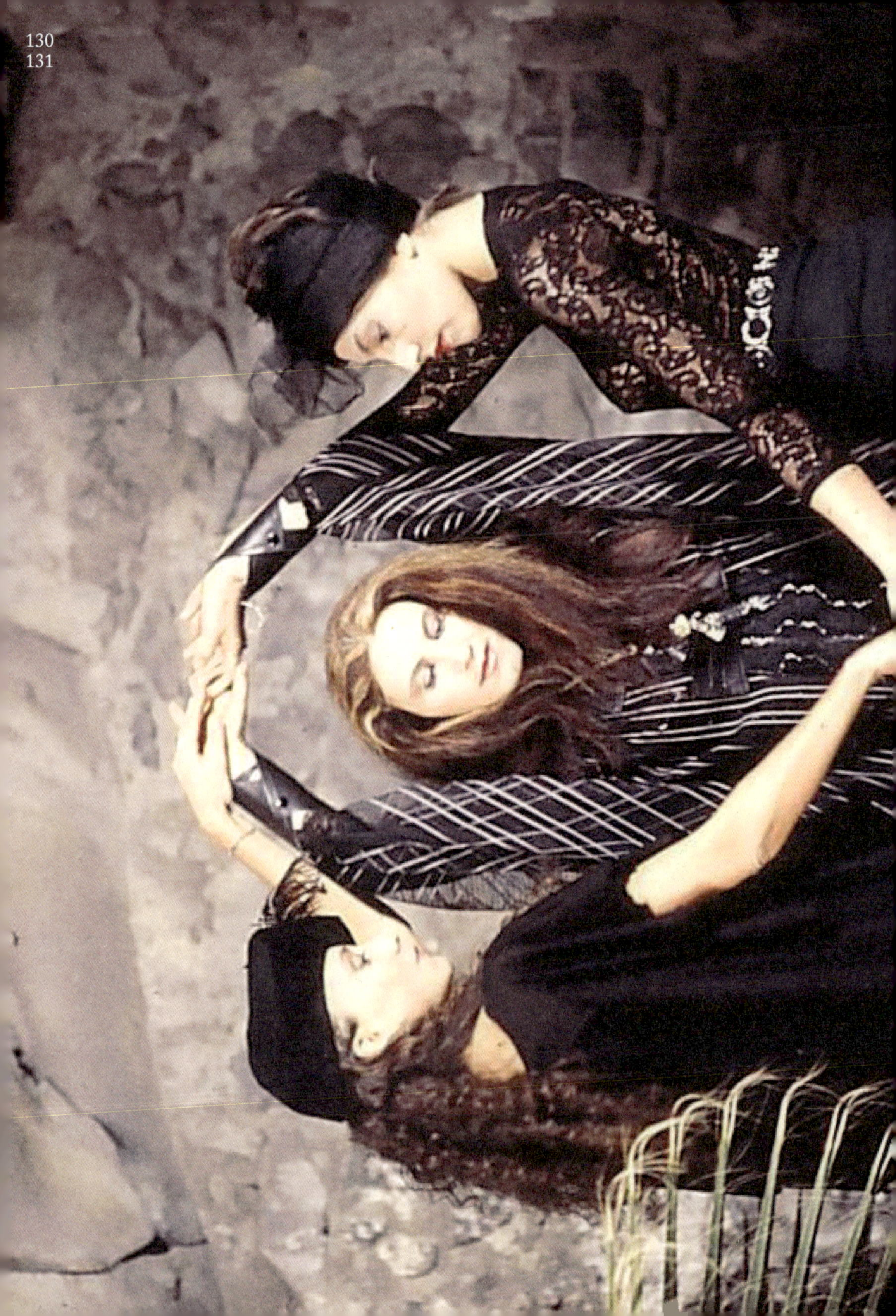

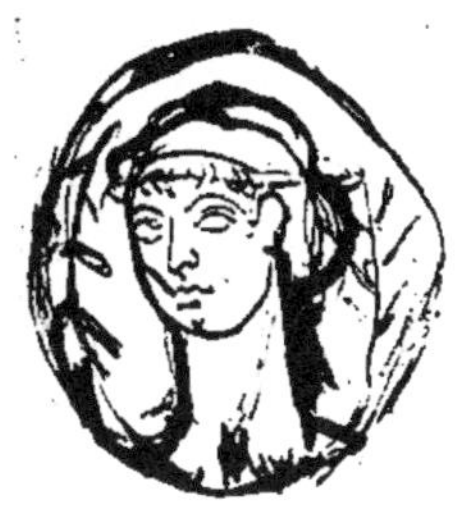

CENTRO DI STUDI FLEGREI "Sibilla Demo"

POZZUOLI

Il Centro di Studi Flegrei "Sibilla Demo", nell'ambito delle sue attività culturali, invita soci, simpatizzanti e cittadini flegrei alla proiezione del film

DIDONE NON E' MORTA

di LINA MANGIACAPRE

interamente girato tra il paesaggio e le antichità di Pozzuoli, Baia, Bacoli e Cuma.

Gli inviti gratuiti per la proiezione che si terrà giovedì 6 luglio alle ore 21.30 presso il Cinema Serapide si ritirano, fino ad esaurimento, presso il botteghino dello stesso cinema o presso l'Azienda di Turismo (Via Campi Flegrei, 3) fino alla mattina del giorno 6 p.v.

Il Presidente
Prof. Dott. Raffaele Adinolfi

Tip. d'Oriano Pozzuoli 30 - 6 - 1989

Prossima manifestazione presso

associazione culturale solo per donne

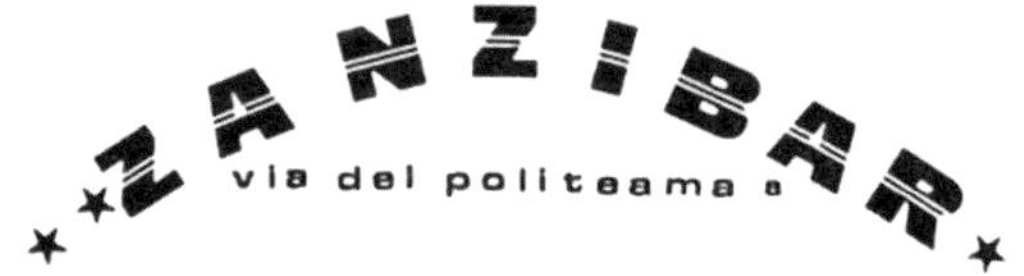

VIENI CON ME STASERA?....

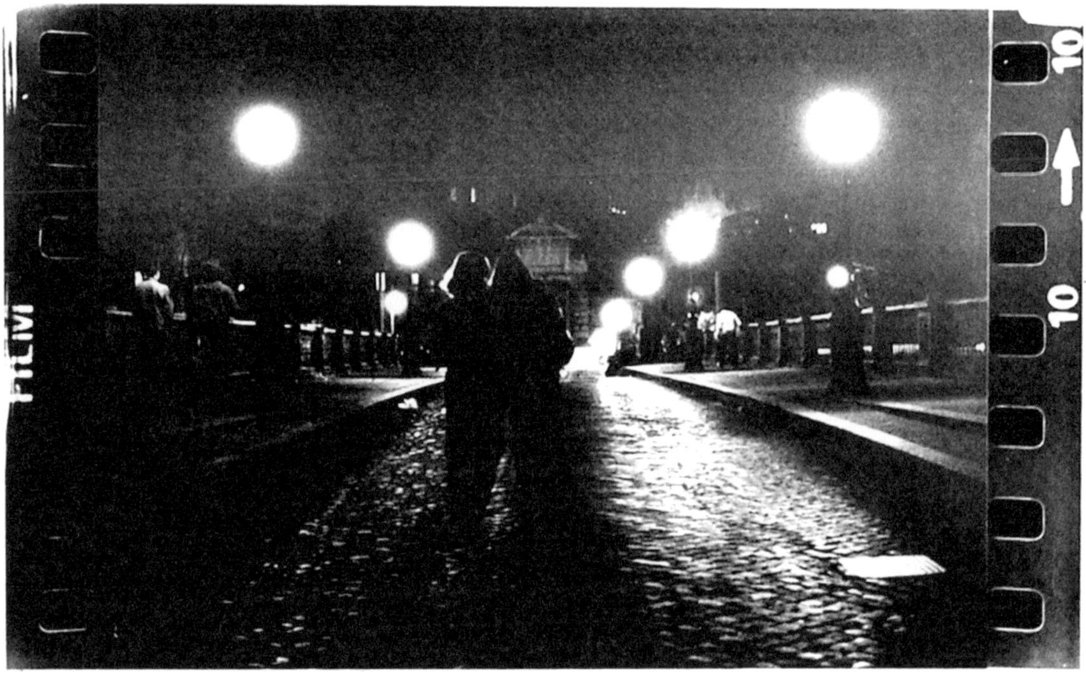

novembre 1980

CINEMA DELLE DONNE

australiano tedesco italiano

a cura delle nemesiache e dello zanzibar

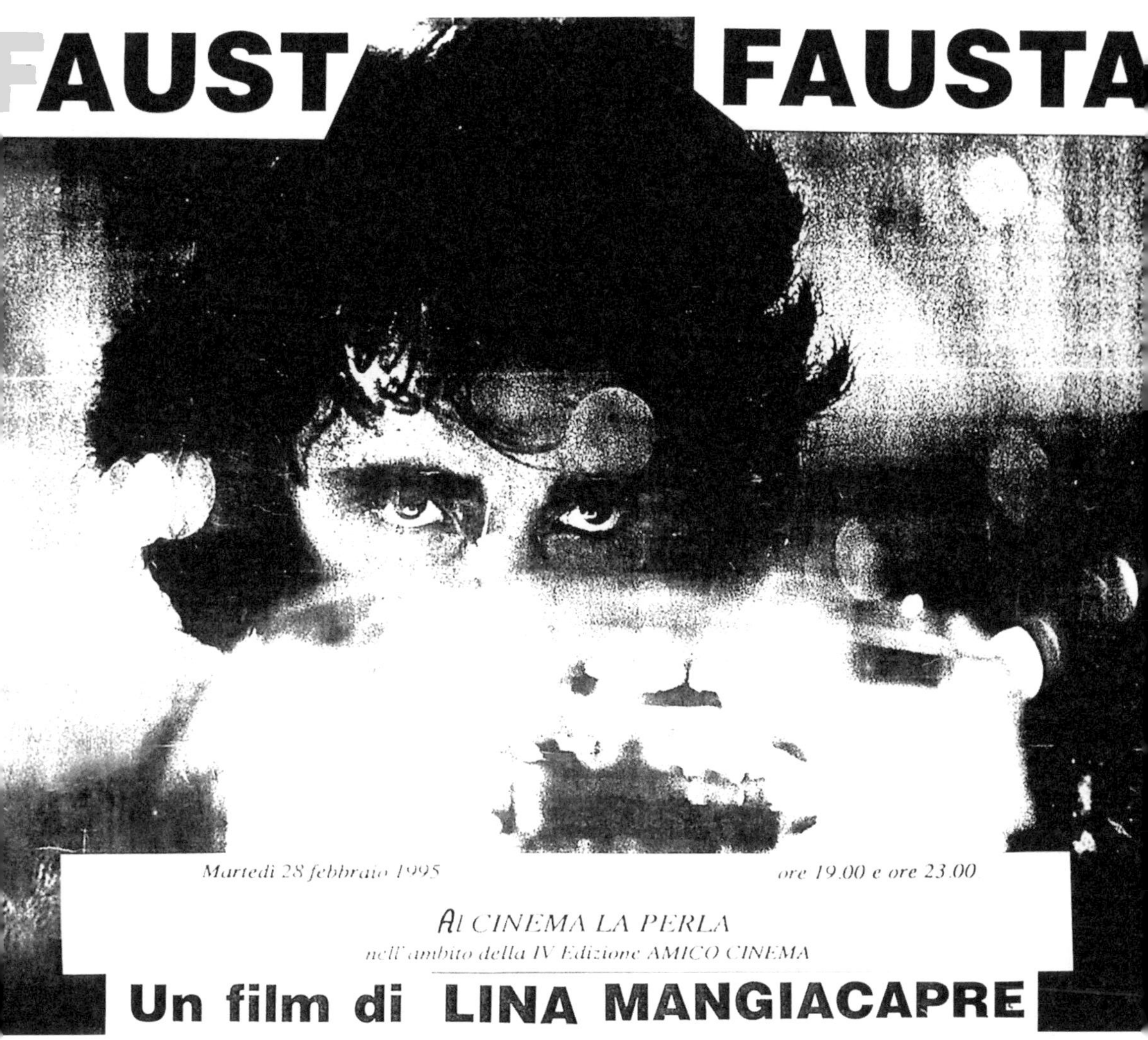
FAUST FAUSTA
Martedi 28 febbraio 1995
ore 19.00 e ore 23.00
AL CINEMA LA PERLA
nell'ambito della IV Edizione AMICO CINEMA
Un film di LINA MANGIACAPRE

134
135
136
137

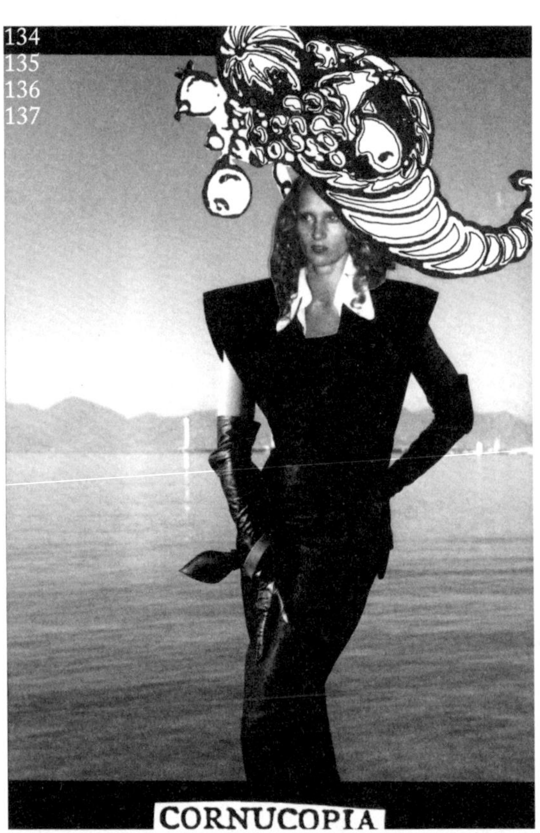

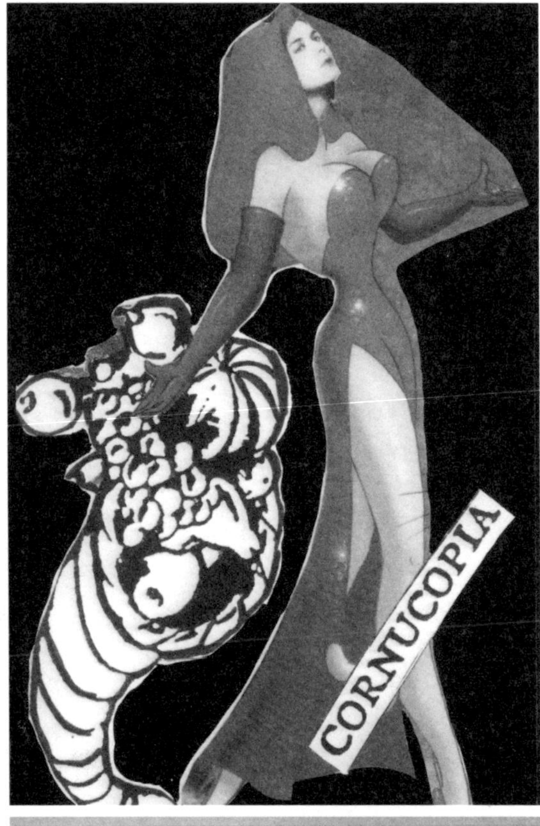

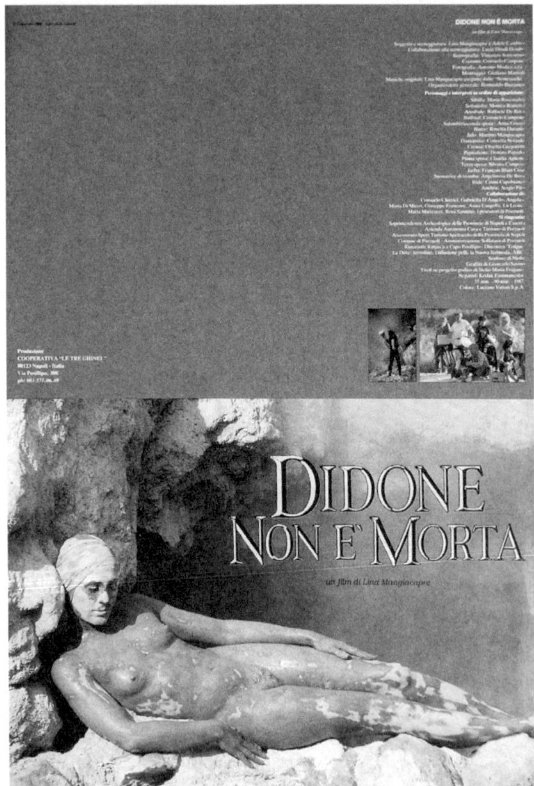

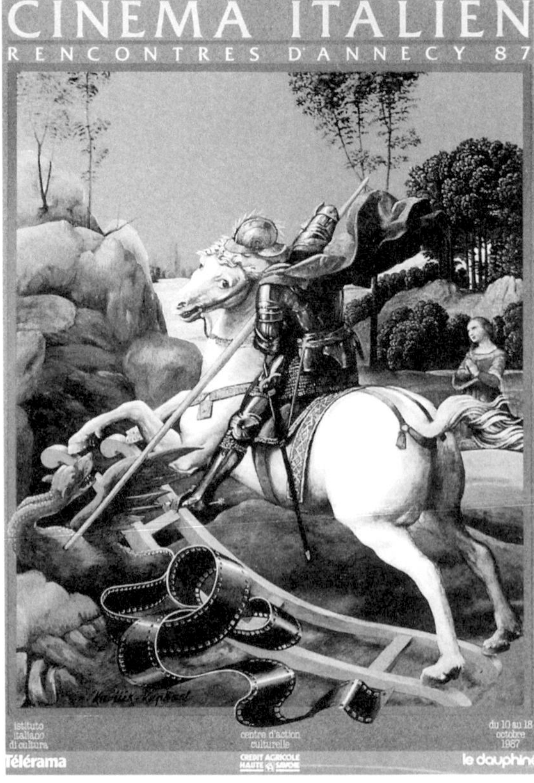

108
Faust Fausta, 1991. Video still, 35 mm, colore, suono, 90'. Scritto e diretto da / Written and directed by Lina Mangiacapre, prodotto da / poduced by Coop. Le Tre Ghinee

109
Faust Fausta, 1991. Video still. Nella foto / In the picture Conni Capobianco

110
Faust Fausta, 1991. Video still. Nella foto / In the picture Claudia Aglione

111
Faust Fausta, 1991. Video still

112
Eliogabalo [Elagabalus], 1982. Prove al / Rehearsal at Teatro Nuovo, Napoli / Naples. Nella foto / In the picture Claudia Aglione/ Elena, Anna Grieco/ Dafne. Scritto da / Written by Lina Mangiacapre e / and Adele Cambria, interpretazione e musica / performance and music by Le Nemesiache

113
Didone non è morta [Dido Is Not Dead], 1987. Video still. Foto di / Photo Teresa Mangiacapra/Niobe

114
115
Didone non è morta [Dido Is Not Dead], 1987. Video still. Foto di / Photo Teresa Mangiacapra/Niobe

116
117
Viaggio nel mito di Capri [Journey in To The Myth of Capri], 1992

118
119
Eliogabalo [Elagabalus], 1982. Foto di / Photo by Melita Rotondo. Scritto da / Written by Lina Mangiacapre e / and Adele Cambria, interpretazione e musica / performance and music by Le Nemesiache

120
Lina Mangiacapre sul set di / on the film set of *Faust Fausta*, 1991

121
"Vestizione di Didone" dal set di / from the film set *Didone non è morta* [Dido Is Not Dead], 1987. Foto di / Photo by Melita Rotondo

122
123
Didone non è morta [Dido Is Not Dead], 1987. Video still

124
125
Didone non è morta [Dido Is Not Dead], 1987. Video still

126
127
Donne Fiori, Donne Ortaggio [Women Flowers, Women Vegetables], 1988. Foto di / Photo by Lina Mangiacapre. Nelle foto / In the pictures Anna Grieco/Dafne

128
129
Donne Fiori, Donne Ortaggio [Women Flowers, Women Vegetables], 1988. Foto di / Photo by Lina Mangiacapre. Nelle foto / In the pictures Silvana Campese/ Medea, Conni Capobianco/Nausicaa

130
Faust Fausta, 1991. Video still

131
Didone non è morta [Dido is not dead], 1987. Locandina per proiezione / Poster for local screening

132
Vieni con me stasera? [Do You Come With Me Tonight?], Roma / Rome, 1980. Cinema delle donne a cura di / Women cinema curated by Le Nemesiache e / and Zanzibar

133
Faust Fausta, 1991. Locandina per proiezione / Poster for local screening

134
135
Lina Mangiacapre, *Cornucopia*, 1987-1988 collage

136
Didone non è morta [Dido Is Not Dead], 1987. Locandina per promozione del film / Poster for film promotion

137
Renconstres D'Annecy, 1987, locandina / poster

We Have Practices to Theorize, Rituals That Need to Be Revived and Reformulated
Abbiamo pratiche da teorizzare, rituali che vanno ripresi e riformulati

The Performative Politics of Le Nemesiache

Chiara Bottici

There is no doubt that we are in the middle of a new feminist wave. From the streets of Buenos Aires to those of Tehran, a transnational feminist movement is mobilizing bodies, ideas, and resistance among millions. The stronger the attack on what neo-fascists and neo-authoritarian populists often term "gender ideology," the louder becomes the feminist desire "to change everything."[1] In contrast to other waves of feminist organizing, the distinctive features of the current one include a shift toward a "transfeminist" project, namely an attempt to create bridges between the women's movement and the LGBTQAI+ cause by: showing that they are both "second sexes"[2] in comparison to "man," who still counts as both a specific gender and a name for the human in general; an intersectional lens, specifically a desire to situate feminist battles at the intersection between different axes of oppressions (gender, class, sexual orientation, race, and ecology, to name only a few); and a return to the subversive power of the body as a site

1 Verónica Gago, *The Feminist International: How to Change Everything* (London: Verso, 2020).

2 While the implicit reference is to Simone de Beauvoir's *The Second Sex* (1949), I have recently used the term in the plural precisely to signal that not only women, but LGBTQ+ folks as well, are "second" in comparison to straight cis men. Chiara Bottici, *Anarchafeminism* (New York: Bloomsbury, 2022).

of revolutionary potential, a potential that was eclipsed for a few decades by overemphasis on language and culture.

Looking with this scenario in mind at the work produced by the loose group Le Nemesiache, we cannot but be struck by their visionary character. The actions, images, and writings they produced in the 1970s and 1980s were in many ways ahead of their time, which also explains why this movement is overall less known than other contemporary second-wave feminist movements such as Rivolta Femminile. While in the 1970s there was a clear separation between feminism and the LGBTQ+ movement, Le Nemesiache explicitly adopted the term *transfemminismo* [transfeminism] to signal a more inclusive attitude. In this way, Le Nemesiache anticipated the current usage of *transfemminista* [transfeminist], the official terminology adopted by what is at this moment the most politically active feminist group in Italy, Non una di meno. And in their often-oneiric and dreamlike work, Le Nemesiache prefigured the reality of the current feminist transnational movement. It is not just a question of terminology, but also of conceptual apparatus. In "Il mito della donna guerriera" [The Myth of the Worrior Woman, 1988], for instance, we read: "The androgynous is a floating frontier that breaks away from the given sexual identities."[3]

3 Angela Putino and Lina Mangiacapre, "Il mito della donna guerriera," *Mani-Festa*, no. 0 (1988): 1–3. Unless otherwise noted, all original text are here translated in English by the author.

In this sense, the Italian terms *androgina* or *androgino* correspond to what in contemporary terms we would call "queer," meaning a form of being in the world that escapes given categories and established identities of sexual orientation. Le Nemesiache's "androgynous thinking" is very close to the conceptualization of queerness as futurity offered by a number of contemporary exponents of the queer movement, for instance José Esteban Muñoz. They write:

An androgynous thought is a thought that has its absolute strength in the present, but which is capable of recognizing the past, reaffirming it and reliving the myth and re-creating the future. This force invents the way of saying itself by saying itself in the metamorphoses.

Metamorphosis is a passage—not an overcoming of distinctions, but an affirmation of distinction in which the limit of closure, through which the intensity of force does not pass, breaks down.[4]

4
Putino and Mangiacapre, "Il mito della donna guerriera," 3.

An androgynous thinking, like queer, is not an identity to be claimed as a given, but the opening up of different possibilities, assuming the burden of the past that is deposited in the mythology we have inherited, but only in order to bring that process a step further, toward the illumination of a different future. Myth is not here understood as a simple story, as an object given once and for all, but as a process of retelling of a given narrative core, which can be reoccupied by the different circumstances and feminist strategies of our times.

Le Nemesiache's reappropriation of the old mythological reservoir, from the myth of the Sybil to fairy tales such as Cinderella, has thus the function of disclosing different possibilities for becoming a woman, away from the rigid roles and stereotypes imposed by the patriarchal

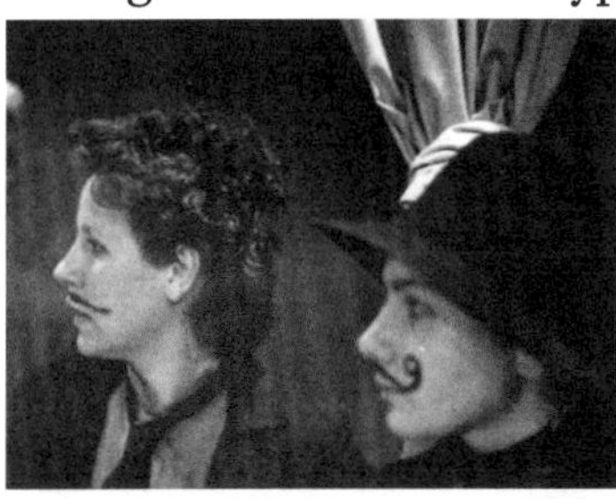

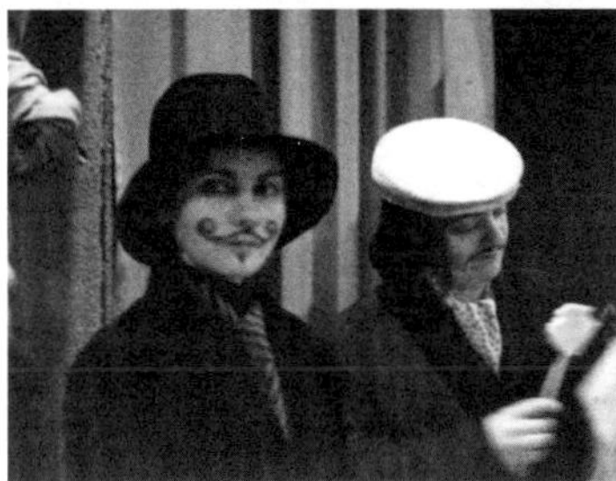

TransNemesiache, Castel dell'Ovo, Naples, 1982. Photo by Teresa Mangiacapra/Niobe

imaginary, as well as an invitation to keep that work through a reactivation of radical imagination. Against a rationalizing patriarchal society that imprisons women in an "impersonal power"[5] presented as inevitable and necessary for their own liberation, Le Nemesiache rejects any politics of emancipation that is simply aimed at seizing power. On the contrary, they see in juridical equality and entrance into the male world of waged labor nothing but a further tool of oppression.

5
Le Nemesiache, *Manifesto delle Nemesiache*, Napoli, 1970, mimeographed in-house.

In this anarchafeminist project, the recovery of the world of myth and dreams is a way to access a feminine space that has survived underneath, as a subterranean and karstic river, which has at times resurfaced as eruptions of radical imagination, but never stopped its underground work. In "Manifesto delle Nemesiache" (1970), for instance, they explicitly call for the need for a double fight: against the violence that women face daily in the external world, and for the research of that internal dream world (*mondo interiore di sogno*) that women have cultivated, with the purpose of giving it visibility and making it grow. As a consequence, the reference to the Greek goddess Nemesis functions here not as a contemplation of the past, but as a prophecy for the future: recovering "femininity" not as an already given identity but as "indomitable rebellious nature without any limits." More than revenge, a punitive form of justice, nemesis should therefore here be understood as a gesture of transformative justice, which by transforming the imaginary that nourishes patriarchal violence undoes the very

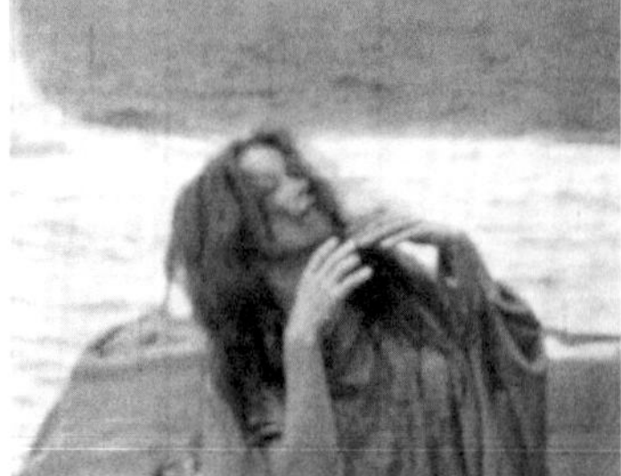

Lina Mangiacapre

TransNemesiache, Castel dell'Ovo, Naples, 1982. Photo by Teresa Mangiacapra/Niobe

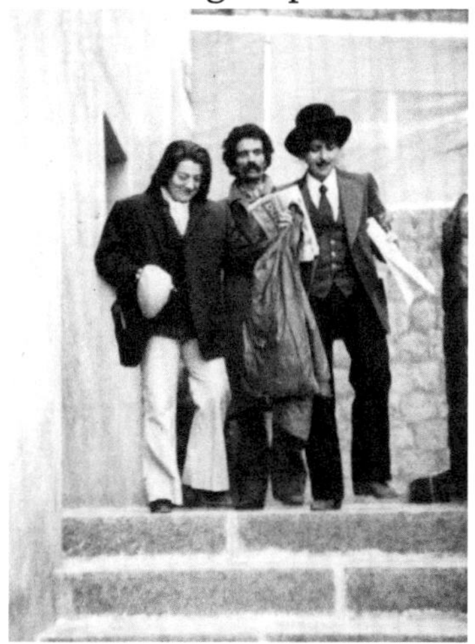

presuppositions for its emergence—as opposed to merely punishing the crimes it generates.

The term *transfemminista* suggests thus the need to rethink the image of femininity we have inherited, but also the transversal nature of feminist battles, operating as they do at the intersection of all the different domains of power in the internal and external worlds. It is in this sense that its anarchafeminist vocation rejects power politics in its entirety; the political work of this collective largely anticipates the intersectional nature of much contemporary feminist activism. Furthermore, whereas some contemporary feminist movements have difficulty perceiving how ecological battles are intrinsic to the feminist project itself, for Le Nemesiache a transfeminist approach also meant to embrace a trans-individual philosophy, namely one that perceives single bodies as processes of becoming at the inter-, infra- and supra-individual level in both a human and a "more than human" world. In this view, an ecological perspective has been included in the feminist project from its very inception.

The short movie *Le Sibille* [The Sibyls, 1977] begins with a reference to women reading tarot, but not simply as

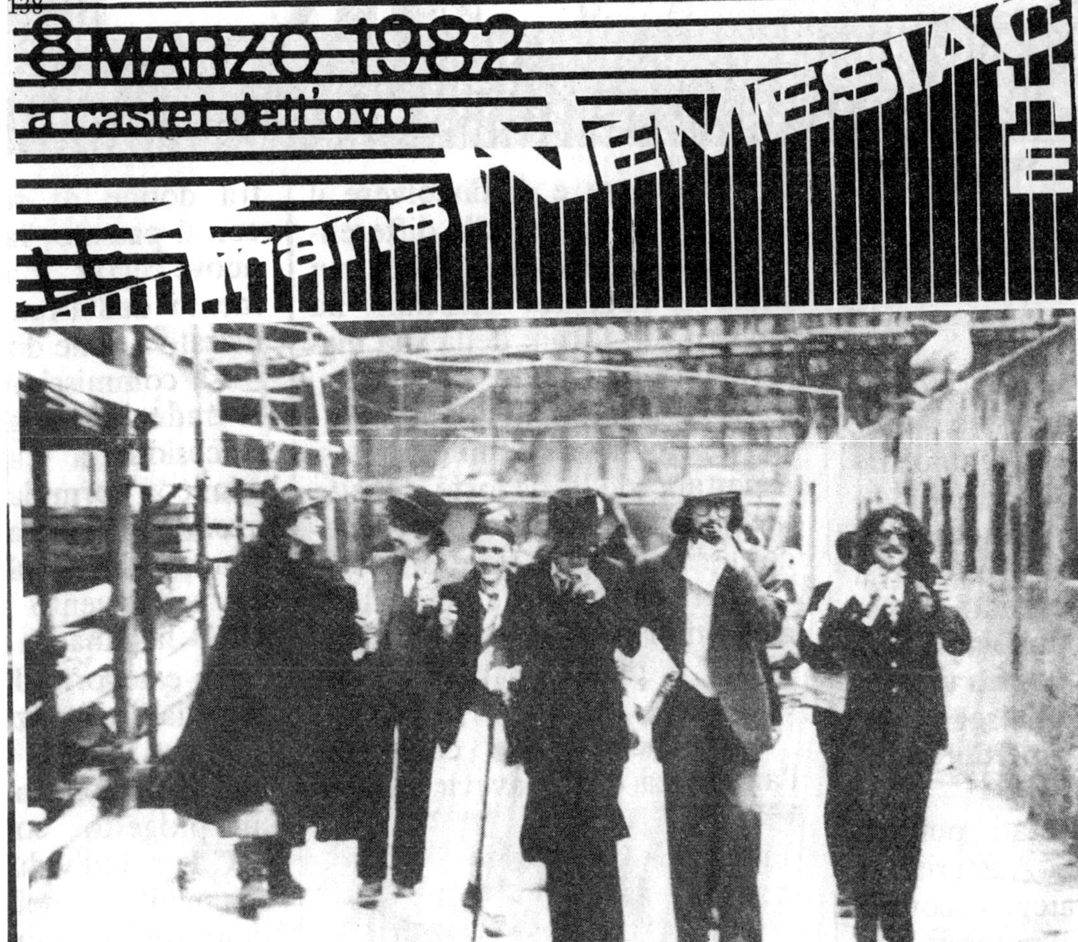
8 MARZO 1982
a castel dell'ovo
Trans
NEMESIACHE

a way to show inter-individual encounters among women around a divination table. Rather, the reference to the world of myth is a way to show the interconnected character of the entire cosmos, the fact that everybody individualizes themselves, becomes that specific body not *despite* others, but *through* others—including the other than human. Thus, the initial scene of women-fortune tellers around the table leads to a series of scenes of women's bodies on the shore, moving at the rhythm of ocean waves and music, with a narrating voice repeating the words: "Not only figure of woman. Not arms, but seagull wings." And while we watch the bodies' movements while listening to those words, we no longer perceive the simple contours of bodies, but rather their animal metamorphosis, their opening toward another possibility of being—one that questions the ontological hierarchy between the human and the animal.

Similarly, as we listen to the following refrains—"No, not just the figure of a woman. Not a single head, but the setting sun / No, not just the figure of a woman. Not hunched, tired shoulders, but hard, unexplorable, impenetrable rock"—and look at the movements of those bodies, we progressively abandon an anthropocentric gaze and the politics of domination that it generates and that underpins it. In sum, by questioning the idea of a hierarchy of being that placed man as superior to woman as superior to slaves as superior to animals as superior to rocks and inanimate matter, this short film indicates that the subjection of women is the result of a much deeper politics of domination that is rooted in Western metaphysics. And this is ultimately the reason why women cannot be free unless the entire planet is equally free from capitalist exploitation and androcentric politics of domination. From the very particularity of a collective that included as many as twelve women, and was very much rooted in the specificity of Neapolitan landscape, a general cry applicable to the entirety of the contemporary feminist movement emerges: either all of us, and even the entire cosmos, or none of us, will be free.

CHIARA BOTTICI is Professor of Philosophy and co-founder of the Gender and Sexualities Studies Institute at The New School for Social Research in New York. She is the author of *Imaginal Politics* (Columbia University Press 2014), *A Philosophy of Political Myth* (Cambridge University Press 2007), *Anarchafemminism* (Bloomsbury Academic 2022) and *A Feminist Mythology* (Bloomsbury 2021).

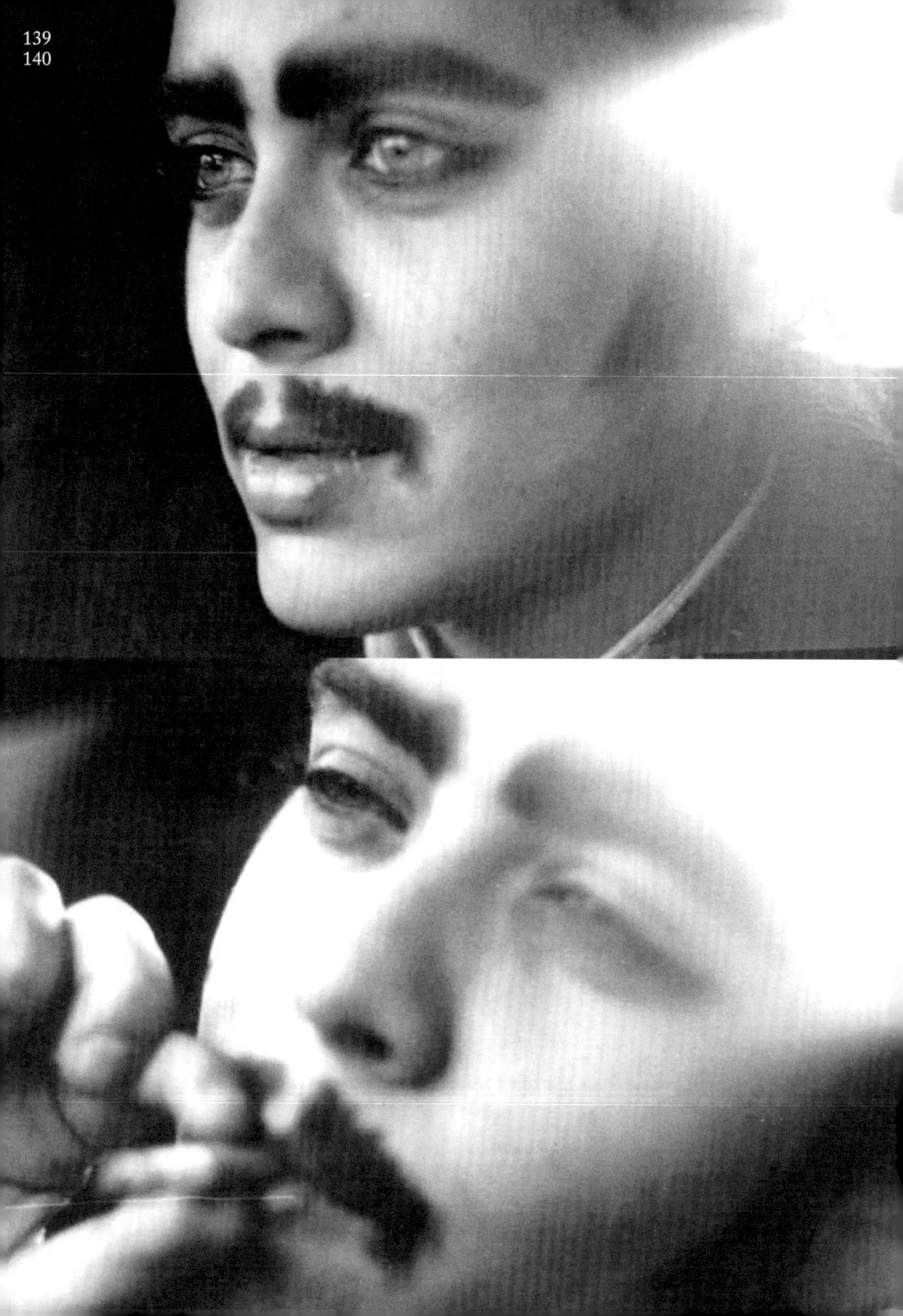

139
140

Trasfigurare la vendetta: Le Nemesiache e la giustizia trasformativa

Giusi Palomba

Le Nemesiache e il loro mondo di rituali e simboli sembrano tessere un filo ideale con altre visioni contemporanee della giustizia. Visioni in cui la consapevolezza e la responsabilità si sostituiscono alla punizione, in cui i riti di guarigione si incaricano di risanare le comunità. Dagli anni Settanta ai giorni nostri, continua il sogno di sospendere la società punitiva, così che la giustizia, per un momento, possa smettere di essere la fredda bilancia che divide il bene dal male, e diventare fuoco e memoria, atto di riparazione collettiva che rievoca voci e storie trascurate.

Le Nemesiache usavano l'arte per attuare il loro piano, includevano nella propria pratica il momento necessario del rituale, azione radicale e risposta politica all'oppressione patriarcale, ma senza affidarsi a una concezione astratta dell'arte, alienata dal contesto. Il gruppo lavorava nel territorio complicato e impoverito di Napoli, insinuandosi nel tessuto sociale con un intervento che non

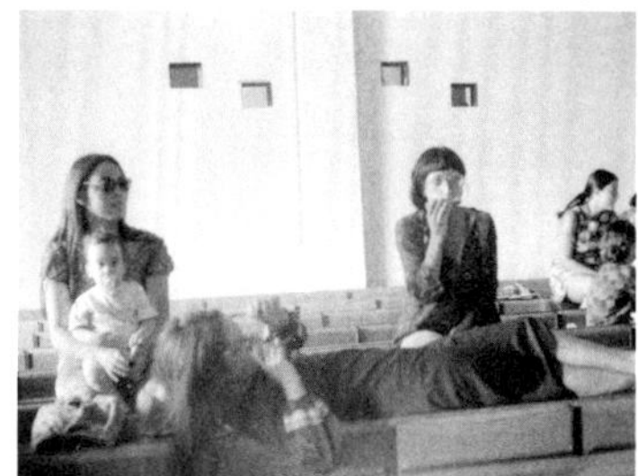

Lina Mangiacapre al Magistero, Roma, 1972

era semplice rappresentazione fine a se stessa, ma processo alchemico che trasformava dolore e invisibilità in presenza e resistenza. (Lina Mangiacapre, creatrice del gruppo delle Nemesiache, dirà che la sua laurea in filosofia diventava utile solo durante le sue escursioni al porto di Napoli, nell'incontro coi pescatori che la chiamavano Socrate, invece che nelle aule dell'università.)

Nci rituali delle Nemesiache, le voci inascoltate e i sogni soppressi diventavano il canto che ricuce frammenti di anime e, proprio come nei processi di riparazione, il dolore era il terreno fertile per rifondare legami. Ogni voce illuminava la strada verso una giustizia creatrice e riparatrice.

Se nel linguaggio comune la nemesi è diventata sinonimo di vendetta, in origine era la rappresentazione della giustizia nel senso di armonia ed equilibrio. Nemesi è allora la dea della giustizia scagliata contro l'arroganza e la tracotanza di chi ha turbato l'armonia del mondo. Nemesi non è risentimento, ma è contrappeso necessario a ripristinare l'equilibrio naturale. È richiamare chi ha inferto il danno e ricordargli la melodia che ha interrotto. La vendetta, a questo punto, è una azione simbolica che risveglia energie profonde e dà voce a chi è stata zittita. Non castigo, ma una trasformazione del trauma in memoria viva e in rito collettivo.

Sono numerosi i punti di contatto che si estendono nel tempo e nello spazio con le moderne pratiche di giustizia trasformativa, indagini ugualmente marginali, ma rivoluzionarie e impegnative. Entrambe le visioni intendono la giustizia come atto di trasformazione e rinascita, come irresistibile spinta creativa, animata da dedizione all'ascolto e al rinnovamento di significati smarriti.

La critica più frequente che si fa alle pratiche di giustizia trasformativa è che neghi la rabbia dopo la violenza. Si tratta di altro. La rabbia continua a esistere, ma è vissuta in collettivo. Viene trasfigurata, non negata. Il dolore diventa confronto e riconoscimento, non arma per ferire, ma ferita che si apre per essere risanata. Qui, come nella visione delle Nemesiache, la giustizia fa rivivere ciò che è stato represso e crea lo spazio in cui la comunità possa raccogliersi intorno al trauma per ascoltarlo. Punto focale di questo cerchio di cura è la sacralità della memoria del trauma e, soprattutto, il coraggio necessario a ritrovarsi.

"Non vogliamo arrivare alla vendetta come concetto di giustizia legale. Il nostro concetto di 'NEMESI', ristabilire l'armonia, è un concetto che si pone nel senso dei cicli cosmici della vita. Non c'è nessuna possibilità per nessuna legge di ridare la vita o di impedire una violenza già compiuta".[1]

Una voce solenne pronuncia queste parole, estratte da uno scritto delle Nemesiache e incluso nel documentario

1 Le Nemesaiche, *Tribunale internazionale delle donne contro i crimini degli uomini,* 8 marzo 1976, Bruxelles, documento ciclostilato in proprio.

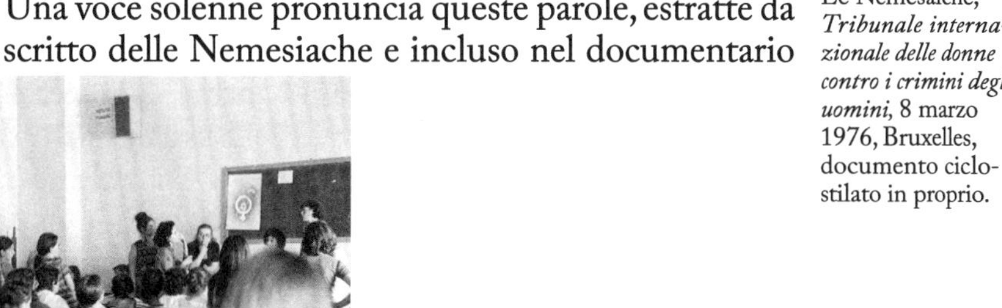

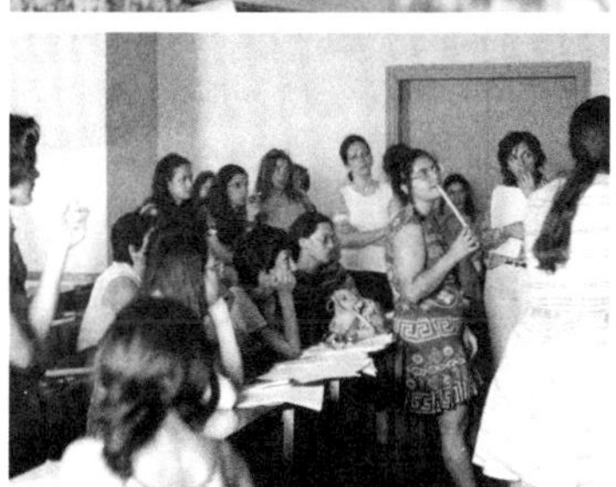

Lina Mangiacapre al Magistero, Roma, 1972

Le Nemesiache e il Gruppo della Creatività, *Siamo tutte priogioniere politiche*, Napoli, 1978

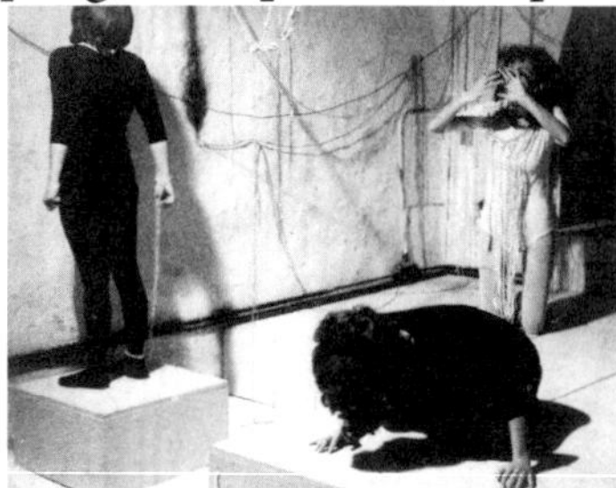

Lina Mangiacapre. Artista del femminismo (2015) di Nadia Pizzuti, dedicato all'artista napoletana, scomparsa nel 2002. Il brano citato risuona nella mia esperienza cinquant'anni più tardi. Le parole descrivono una giustizia che interroga le origini della violenza, le ragioni della disuguaglianza e le certezze di chi ha imposto e di chi si è abituato a pensare alla giustizia soltanto come punizione. Il riconoscimento degli squilibri di potere sta alla base di tutte le pratiche trasformative, contrapposte a quelle riparative, che livellano tutte le differenze considerando le parti sempre pari, e quelle punitive che invece riproducono l'abuso e la violenza in altre forme. Non è un caso che l'intervento di Mangiacapre e delle Nemesiache sia un segreto così ben nascosto nella storia della cultura e della politica italiana. Parlare di loro, come parlare di potere nello spazio collettivo sembra, ancora oggi, come sciogliere un incantesimo.

GIUSI PALOMBA è scrittrice, traduttrice e facilitatrice di gruppi. È autrice de *La trama alternativa. Sogni e pratiche di giustizia trasformativa contro la violenza di genere* (minimum fax, Roma 2023) e cura la newsletter *Trame alternative*. Originaria della provincia partenopea, attualmente vive a Glasgow, in Scozia.

SALARIO ALLA CASALINGA

Il rifiuto dei ruoli e la conseguente scelta dell'autonomia e della ricerca di una soluzione diversa della propria esistenza porta al bisogno dell'uscita di casa quindi centralizza l'importanza del problema economico come una possibilità dell'autonomia. Il problema economico è dunque in relazione all'uscita di casa. Ma la soluzione di per sè non è valida, deve inserirsi in una lotta per il mutamento culturale attraverso la ricerca degli strumenti come via via le esigenze richiedono. Un tipo di lotta settaria che assolutizzi i mezzi, i modi, le tattiche, ritenendo giuste solo le forme di lotta attinenti alla ideologia stabilita e condannando le altre forme non può essere valida.

La lotta per il salario alla casalinga non è la lotta di tutte le donne ma solo di quelle donne che si pongono come obiettivo principale ed immediato un migliore rapporto con l'uomo. Infatti per la donna che ha come esigenza principale quella di continuare a migliorare il rapporto con l'uomo, sulla base di una analisi dello sfruttamento che subisce in quanto casalinga, la richiesta del salario come casalinga diventa una possibilità di autonomia economica all'interno di un rapporto che non vuole eliminare e diventa nello stesso tempo una possibile soluzione all'alternativa del lavoro fuori casa che in ogni modo non eliminerebbe il lavoro in casa conseguente al rapporto con l'uomo.

A questo punto la richiesta del salario viene posta nei suoi giusti termini cioè come problema di una parte delle donne che scelgono come obiettivo di lotta principale il rapporto con l'uomo, mentre il centro del femminismo, e non a caso il metodo fondamentale da cui è nato il femminismo in tutto il mondo è L'AUTOCOSCIENZA è la ricerca dell'identità e quindi la ricerca del rapporto della donna con sè

TRIBUNALE INTERNAZIONALE DELLE DONNE CONTRO I CRIMINI DEGLI UOMINI

Noi, le Nemesiache, siamo presenti in questa denuncia contro la violenza, per partecipare IN QUESTO MOMENTO STORICO CON LA NOSTRA DIMENSIONE e porre come specificità della violenza che la nostra NEMESI combatte: la violenza sottile, la violenza alla nostra dimensione di armonia e di vita, la violenza contro la bellezza, la tenerezza, la violenza contro le sfumature dei colori, dei suoni, contro i ritmi interiori delle nostre esistenze. Testimoniamo al concreto e al positivo con il sole chiaro della nostra creatività, la dimensione del DIVERSO non è stata soppressa perchè noi la esprimiamo, è stata confinata esiliata violentata emarginata con la logica diadica con la razionalità astratta, con tutta l'organizzazione giuridica, con le battute volgari, con il ridicolizzare e disprezzare ogni dimensione considerata non efficente e produttiva. Questa forma di violenza che porta alla colonizzazione e alla vergogna della propria sensibilità e delle proprie intuizioni, questa forma di violenza che pone fin dall'infanzia la bambina a imitare i maschi e a ridere dell'altra, questa forma di violenza che ci getta nell'insicurezza e nell'imitazione del maschile non facendoci capire chi siamo.

Non crediamo nell'organizzazione giuridica perchè la violenza degli uomini tra loro non è certo meno reale perchè c'è una organizzazione che li tutela, anzi, si fanno le guerre per queste organizzazioni.

Non vogliamo arrivare alla vendetta come concetto di giustizia legale; il nostro concetto di "NEMESI", del ristabilire l'armonia è un concetto che si pone nel senso dei cicli cosmici della vita. Non c'è nessuna possibilità per nessuna legge di ridare la vita o di impedire la violenza già compiuta, la denuncia della violenza che penetra nella nostra autonomia o la infrange.

Noi denunciamo nell'imitazione dei metodi maschili una possibilità di violenza fra donne, non possiamo ignorare che la violenza dell'uomo è sostenuta dall'organizzazione sociale giuridica economica storica scientifica burocratica professionale ecc... Noi testimoniamo della forma specifica di violenza che abbiamo scoperto con l'autocoscienza: l'incapacità a parlare, la paralisi del nostro corpo, l'insicurezza che ci porta sempre a sostenere lotte che non sono nostre.

138
TransNemesiache, Castel dell'Ovo, Napoli / Naples, 1982. Estratto da / Excerpt from *Mani-Festa*, n. / no. 0, giugno / June 1988, p. 4

139
140
TransNemesiache, Castel dell'Ovo, Napoli / Naples, 1982. Foto di / Photo by Teresa Mangiacapra/Niobe. Nella foto / In the picture Consuelo Campone/Coca

141
Estratto da / Exerpt from *Salario alla Casalinga* [Wages for Housewife], Napoli / Naples, 1973. Ciclostilato in proprio / In-house mimeographed

142
Estratto da / Exerpt from documento per il / document for Tribunale internazionale dei crimini contro le donne / International Tribunal on Crimes against Women, 1976

My conception is equally expansive but of a different nature. For what it finds, in going beyond the periphery of the skin, is not a culinary paradise but a magical continuity with the other living organisms that populate the earth: the bodies of humans and the not-humans, the trees, the rivers, the sea, the stars. This is the image of a body that reunites what capitalism has divided, a body no longer constituted as a Leibnizian monad, without windows and without doors, but moving instead in harmony with cosmos.
—Silvia Federici[1]

The first time we heard about Lina Mangiacapre and the Neapolitan artistic group Le Nemesiache, we were in Positano, and it was winter. Through Marea, an international artistic residency and research project we established in 2021 in Praiano on the Amalfi coast, we had invited Sonia D'Alto and other members of the ◡ ᨓ σ́ ∇ ❋ collective. The study group sought to explore the intersection between feminism and the "southern question," reworking traditional myths and historical narratives from a present-day perspective to revive their political imagery. They were looking for spaces for female creativity, for life and meditation, for celebration and play the same spaces claimed by Le Nemesiache several decades earlier in places not very far from here.

From that moment on, the transformative symbolic power of Le Nemesiache swept over us like a crashing wave. We were fascinated by the overlap between our fields of research and sites of action, rooted as they were and are in southern Italy between Naples, Sorrento, and the Amalfi Coast, and motivated by the need to resurface knowledge and approaches outside official routes. It was a most felicitous validation when Sonia involved us in this project, and we participated with the greatest enthusiasm. We traced numerous similarities in the way our groups came together and worked as free and open organisms, and also in our rethinkings of forms and modes of artistic production different from those of a strictly institutional type. Like tides, we came together in a shared flow of practices, experiences, and intentions.

We truly hope that this publication will inspire a transgenerational continuity with contemporary artistic practices and research, becoming, in the words of bell hooks, a "site of radical possibility, a space of resistance."[2] Sonia's historical reconstruction, based on documents, manifestos, poetry, and photographs, some unpublished and from the archives, is accompanied by valuable contributions from a range of artists and researchers. The result is an original approach to artistic practice, at once poetic and political, that brings forth new alliances and new openings for collaboration in what had previously been submerged or unexpressed. Sonia's personal knowledge, her interactions with members of Le Nemesiache in Naples and Paris—Bruna Felletti, Claudia Aglione, Conni Capobianco, Fausta Base, and Silvana Campese—and her direct access to the domestic archive of Lina Mangiacapre, thanks to the kind collaboration of Martino Mangiacapra, help to convey the collective's full creative and imaginative power.

Following the actions of the group, we grasp the need to reappropriate relational and cultural ambits far removed from exploitative rationales and the male prerogative over creativity, so as to transform them into sites for experimental, collective forms of artistic creation and life. A fundamental anecdotal episode in the story of Le Nemesiache was the performance of the feminist psycho-fable *Cenerella* [Cinderella] in 1975 at the Arsenali in Amalfi, where the pamphlet publicizing the event stated, "We look forward to seeing all women. Men may enter only if accompanied by a woman who can vouch for them."

1
Silvia Federici, *Beyond the Periphery of the Skin: Rethinking, Remaking and Reclaiming the Body in Contemporary Capitalism* (Oakland: P.M. Press, 2020), 14.

2
bell hooks, *Yearning: Race, Gender and Cultural Politics* (Abingdon, England: Routledge, 2015), 149.

Through their films, performances, writing, painting, music, and poetry—in addition to actions, participations in protests, and occupations in public space—Le Nemesiache laid proud claim to the gestures, memories, and knowledge of women and places that had been subject to centuries of hetero-patriarchal oppression and extractive and colonial capitalism.

An intimate and deeply rooted bond with the territory of Naples, from the remains of the ancient city of Cumae to the volcanic territory of the Phlegraean Fields to the land of sirens between Capri, Sorrento, and the Amalfi Coast, was construed by the group's yearning to bring myth back into the world while rewriting it from a feminist perspective. Their decision to set their performances and films in sites of myth, amid ruins and ecological landscapes drenched with narratives from the archaic world, colluded with their urge to create a living political resistance for the liberation of all women and reclaim "the body of the sea." Eloquent in this respect was the poetry festival on the island of Gaiola in Naples in June 1978. Here, to instill a collective consciousness-raising about the violence that human beings were inflicting on the land, the sea, and the realm of fish, dressed in peplums and poem-dresses they acted out a representation of the androgynous ancestral feminine, universal and magical. After all, it was the sea that had called them.[3]

The creation of a feminist film festival—Rassegna Internazionale del Cinema Femminista "L'altro sguardo" (1976–95)—in the city of Sorrento was inextricably related. Here, film became a tool for recognition and consciousness-raising, aimed at expressing a multitude of repressed subjectivities and memories. The objective was to galvanize debate and discussion on transnational feminist issues while simultaneously opening up to a cosmological, magical, and ecological dimension. Over the course of their larger project, which spanned almost four decades of history, Le Nemesiache created numerous multi-temporal alliances through creativity that transcended national boundaries and combined art, eco-feminist activism, science fiction, and mythology.

Thus, we present this monograph like a field of happenings. It is also an invitation to adopt radical processes of positioning—political and poetic, ecological and feminist—from which to contemplate artistic creation and our territories, expanding narratives and building new outlooks. We are convinced that it can contribute to a generative power that re-stitches ecosystems and frees bodies, seas, and beaches, rebuilding relational and social interstices through transformation (in Mangiacapre's words) "from pain to consciousness, to protest, to revolt."[4] In this way we can share in the creative and generative power of Nemesis, Niobe, Medea, Marea, Arachne, Cassandra, Echo, Karma, and Nausicaa, re-finding ourselves in the joy of the struggle. Playing music and singing, we are swathed in the breath of the sea and dancing in the amniotic fluid of our rebirth like an expanded, cosmic, futuristic collective body, finally free to flow all together.

3
The reference here is to *Il Mare ci ha chiamate* [Summoned by the Sea] (1978), a Super 8.

4
Lina Mangiacapre, *Cinema al femminile* (Padua, Italy: Mastrogiacomo Images 70, 1980), n.p.

Editor's Note
Sonia D'Alto

Joy is our escape from time.
—Simone Weil[1]

Remember, you are heir to our struggles.
—Lina Mangiacapre[2]

Entering the world of what is perhaps the most radical and visionary artistic group of neofeminism and queer feminism—"the most glittering of the collectives"[3]—calls for immersion in a different dimension, one bursting with myth, celebration, and dreamlike poetry. Amid starry thoughts and orchids of desire, the linguistic tools and codes of patriarchal disciplines yield to the sweetness of cosmic harmony brought to light by the nemesis of the group. Encountering Le Nemesiache today means not only traversing the history of Italian and transnational feminisms, rereading Naples and the South, but also questioning ourselves in order to "expand the woman territory"[4] making power and gender structures visible so as to change the world, to forge new memories from ancient cosmogonies.

Le Nemesiache recovered an androgynous mythosophy to overcome art as representation and the feminine as a modern identity category. Despite being rooted in a profound critique of patriarchy, their collective joy went beyond the "other creativity" discussed by the art critic Anne Marie Sauzeau Boetti.[5] For the group, art was not merely a series of objects destined for galleries and museums, but chiefly the creative fabulation of a struggle to generate a new reality. Nor was their creativity fully comprised within Carla Lonzi's poetics of refusal. For Le Nemesiache, criticism coincided with change, with the possibility of dismantling gender colonialism.

The feminism of Le Nemesiache—and from the 1980s on, their transfeminism and from the 1990s their disidentification of the gender—was grounded on stances related to politics rather than identity. This choice enabled them to address the Southern question embedded in the class struggle, to consider ecology as a practice of solidarity beyond humanity, and to imagine forms of justice and creativity in continual transformation, beyond all categories and classifications, even those of feminist and queer languages.

The process-based and ephemeral nature of the group's ideas and actions was inhabited by a time that ruptures and erupts, carving out and containing the continuity of the movement, porously traversing places that guard oracular memories, the mystery of the rituals of mourning and of the revolutionary spirit that is never cooled or quenched. Conveying in a publication such a story overflowing with life calls for a magic spell: to hold out against what we are becoming and to imagine, to activate, the struggles of the past in the present. To recall for the future.

This monograph brings together a selection of historic archival material which, like most feminist archives, is of prevalently domestic and oral provenance. At the same time, this is activated as a feminist relational practice through the voices and testimonies of contemporary artists, writers, theorists, and activists. Each of the five sections of the book contains two essays and draws its title from the writings of Lina Mangiacapre and Le Nemesiache. These sections offer a multidisciplinary vision that explores the cosmogony of the group and the mythogenic potentials of feminisms.

"The Thread that Weaves Our Stories Beyond the Bonds of Space and Time" focuses on the collective's reappropriation of myth and history. My own essay unfolds four decades of their praxis, retracing the fabulous solidarities of their performances and actions, the situated and cosmic poetics of their struggles against marginalization, and the astrological and queer revolution of their androgynous feminism. The essay by Giovanna Zapperi

1 Simone Weil, *Œuvres complètes*. Vol. 6, Cahiers, tome VI, vol. 1: *Cahiers* (1933–septembre 1941), ed. André A. Devaux and Florence de Lussy (Paris: Gallimard, 1994), 105.

2 Lina Mangiacapre, *Faust-Fausta* (Florence: L'Autore libri, 1990), 31.

3 Adele Cambria, "Follia come poesia"(1980), newspaper clipping, Lina Mangiacapre's private archive, Posillipo.

4 Lina Mangicapre in conversation with the Mensa dei Bambrini Proletari women, unpublished undated text, from the Mangiacapre Archive, Posillipo.

5 Anne Marie Sauzeau Boetti, "L'altra creatività," *Data*, no. 16/17 (June–August 1975): 54–59.

casts light on the nonlinear quality of Le Nemesiache's history as a critical gesture in deconstructing the patriarchal narrative.

"Reclaiming the Sea Body" entwines marine and cinematic imagery. Elvira Vannini's essay adopts a cinematic slant in reconstructing feminist holidays and gatherings on the beach in the 1970s, during which Le Nemesiache fostered transnational exchanges starting from the South. My contribution analyzes the experimental, collaborative, and independent cinema of Mangiacapre and the group, shot through with mythologies and (spi)ritual claims to spatialites and memories.

"To See Ahead of Us Nothing but the Unbounded Horizon" reflects on the group's artistic and alchemical ecologies. Through the method of the psycho-fable and ritual creativity, Giulia Damiani explores the relation between body and territory in Cumae. Conversing with the same places, Cairo Clarke analyzes excerpts from texts and films by Le Nemesiache from the perspective of spiritual ecology, reactivating rituals of cosmic scope through her own writing.

"Poetry, We Will Bring You Back from Exile" investigates the link between poetry and struggle in the performative writings and the full-length films of Mangiacapre and the group. Avoiding fixed definitions for the members, starting from *Faust-Fausta* (1990), Arnisa Zeqo reflects on their dissidence vis-à-vis the gender system and their opening toward a plural vision of the cosmos. In a poetic reading of *Didone non è morta* [Dido Is Not Dead, 1987] Federica Bueti narrates Dido's refusal to accept a fate already sealed, imagining instead a different destiny for the Mediterranean and the women of the South politics if fugitive refusal.

The last chapter, "We Have Practices to Theorize, Rituals to Be Revived and Reformulated," addresses the group's commitment to both political philosophy and justice. The philosopher Chiara Bottici reflects on the performative scope of the collective's transfeminist and anarchic actions, which as far back as the 1970s prefigured the struggles of the present and the future. Giusi Palomba emphasizes that the memory of trauma is sacred, reflecting on new forms of transformative justice that were already embodied in the historic praxis of Le Nemesiache.

After years of intensive exchange with Naples and the places that were most intimate for the group, amid documents, slides, and films spanning different temporalities, this publication is not the result of expertise, but of a path grounded in listening and humble learning. It rests upon the shoulders and in the wombs of countless women, upon the waves of the sea, on the breath of volcanoes, among lullabies yet to be whispered and fairy tales to be re-written.

Note on the South

The commitment of Le Nemesiache to map out new mythological imaginaries from southern Italy to the Souths of the world relaunches a feminist and radical future vision. The South is not just a marginal space of resistance, but a cosmogonic origin from which to conceive and effect a different world. The South becomes an existential mode for imagining new alliances and creative constellations: "By 'south,' we mean all the forms of energy that are exploited in various ways that cannot be evaluated in economic terms, without all this being considered as exploitation."[6]

Note on the Chronology

Despite the timeline included in this book[7]—resulting from the work of several members of the group and the commitment of Teresa Mangiacapra after Lina's death—it is still hard to pinpoint an end date for Le Nemesiache. Their unique position is also thanks to the length of a story that continued for half a century, as compared to the short lives of most women groups, collectives, and artistic cooperatives, both national and international. The multi-temporal dimension of their practice is also reflected in the structure of this publication, in which the assemblage of the documents and images is associative rather than linear.

Note on the Title

Although "reclaim" has its roots in the ecofeminist tradition, a decision was deliberately made not to use the word "feminism" so as to avoid gender labels and simplifications. The term reclaim designates a way of reinventing imageries: creative power, regeneration, vital energy that brings all living creatures together. Just as Lina Mangiacapre invites us to "dig

6
Le Nemesiache, "Nemesi il cinema Naples, August 30, 1976," *Effe*, April 1977.

7
Largely drawn from at https://www.bnnonline.it/custom-content/lenemesiache/nemesiache_bio.php.html

down into themrselves and into the stones," the title *Reclaiming Mythological Rituals* summons not only all members of Le Nemesiache, but all wayward lives moving toward future cosmic and androgynous feminisms.

Note on the Images

Most of the images are previously unpublished. I had the privilege of spending a lot of time in Lina Mangiacapre's house, where she lived for many years with her sister Teresa and where the Neapolitan nucleus of Le Nemesiache frequently met. I also frequented the members of the group in different cities and different contexts, nourished by oral and material exchanges. For years I traveled with their documents, their journals, and copies of various kinds under my arm, conducting research based on the process even during the phases of historical reconstruction. The image selection, which I personally and entirely curated, focused on materials that convey not only the artistic practice of Le Nemesiache, but also what preceded and surrounded it: moments of preparation, behind-the film sets, places and intimate fragments of inspiration for the group's poetics.

Note on Language

The term "women" has never been homogenous and unitary. Le Nemesiache used "female" [femminile] not as an indication of gender, but as an anti-patriarchal stance.[8] The mythological figures that inhabit their imaginary express the contingency of gender in its manifold oppressions and differences, especially with reference to the women of the South or bodies that cannot be reduced to desires imposed by gender roles. From this perspective, the transfeminism introduced by Mangiacapre as far back as the early 1980s shatters into unstable utterances that evoke spatiality and memories of dreams and fantasies that challenge the gender system. A dimension that cosmically considers the "different" as creativity and a desire for liberty to come.

8
Marco Calogero Battaglia, "Il primo teatro femminista d'Italia, Lina Mangiacapre 1973–84" (MA thesis, Università della Svizzera Italiana, 2018–19), 57.

Le Nemesiache. Join Their Story, Let History Start Anew

Sonia D'Alto

[…] as a woman, I have no country.
As a woman I want no country.
As a woman my country is the whole world.
—Virginia Woolf, *Three Guineas*

From the time of their manifesto—drawn up in 1970 and circulated two years later in a science fiction magazine—Le Nemesiache launched from Naples a radical project: "We shall invent and create our struggle, as we shall our sexuality, as we shall our culture. […] Together we shall rediscover the trampled, ravished, and hidden path, our lost path."[1] The rage about the millennia of silence and repression suffered by women is transformed into a joyous collective *nemesis*: an act of creative and transformative justice, like rediscovered harmony, beauty, and truth. It was on this basis that the writer, philosopher, and artist Lina Mangiacapre/Nemesis (1946–2002) founded Le Nemesiache in Naples, together with her sister Teresa Mangiacapra/Niobe and other women. It was an open group[2] of friends and acquaintances, feminists and pacifists, active mostly in Naples and the surrounding area, though it also had offshoots in Paris and Rome. The group involved more than a dozen women over time, with a central core consisting of: Claudia Aglione/Helen, Fausta Base/Fausta, Silvana Campese/Medea, Consuelo Campone/Kore, Conni Capobianco/Nausicaa, Rosalba Conte/Tyche, Bruna Felletti/Karma, and Anna Grieco/Daphne, Michela Gusmeroli/Aracne, Maria Matteucci/Marea.[3]

Film, performance, music, writing, and visual art were fused in an interdisciplinary and existential project, in which play, creativity, and transformation came seamlessly together for a different way of doing politics. Through the embodiment of mythologies and collective rituals, Le Nemesiache created spaces of freedom that went beyond the limits of every medium. A new imaginary emerged: an antiauthoritarian cosmic life with a different set of values, founded primarily on creativity as a means of achieving women self-determination. To assure the continuity of a lost and forgotten cosmic world, the group embraced an ongoing commitment to the surrounding environment, and in particular the urban context of Naples, its geomorphological landscape, its archaeological ruins, and its mythological sites. This resulted in a performative praxis anchored in the local territory—including protests and the occupation of local buildings—conceived to express a feminism specific to southern Italy. In parallel, the group joined in with the international struggles through a boundless exploration of women's innermost desires and dreams, fostering solidarity among the oppressed in different contexts. In Sorrento they set up a transnational platform for women expression in cinema—the Rassegna del Cinema Femminista "L'altro sguardo" (1976–95)—conceived to stimulate the debate on moving images among women from all over the world. Art house cinema became their preferential language, a means that was capable of absorbing and rendering the cosmic energy of the group, an interlacing of image, music, ritual, and performative writing.

The subject of colonization—in relation both to the female body, the city of Naples, and the south of the world more generally—played a central role in the praxis of Le Nemesiache. A radical reconstruction of time and space made it possible to recover memories, histories, and culture buried by the centuries-long patriarchal order. They resorted to myth in order to return to a place resistant to colonization, especially by women who had never believed in a "cosmic system prior to the patriarchy." They adopted mythological names and personifications to reinvent themselves, they conjured struggles and fabulations, they claimed to rituals from the coasts of southern Europe to reappropriate the dual dispossession of being women and southern. As Lina Mangiacapre wrote, "while the entire Roman movement sought out the street, public

1
Le Nemesiache, *Manifesto delle Nemesiache* in-house mimeographed document, (Naples: 1970). Unless otherwise noted, original texts are here curated in English by the translator.

2
Le Nemesiache—or as they defined themselves a "group/non-group"—rejected the term "collective" due to its explicitly political connotation of the Seventies.

3
All Le Nemesiache adopted mythological names. As well as the women already mentioned, it is to remember Rosella Sannino and Elisabetta De Perini. Numerous others also frequented and collaborated in the group, including: Caroline Abitbol, Adele Cambria, Elena Coccia, Elsa De Giorgi, Lucia Improta, Lucia and Cinzia Mastrodomenico, Angela Putino, Elvira Reale, Melita Rotondo, and Stefania Tarantino.

protests, to fight at an external level in line with the trust in the ancient Roman Law; we, instead, followers and daughters of the siren Parthenope, preferred to seek out the origin and the rites of our Magna Graecia, by rejecting power we sought our own true power."[4]

As opposed to the Italian feminism based on the "pensiero della differenza," Le Nemesiache introduced sensual, ecological, hospitable, and transformative dimensions, proposing what we might define as an interdependent planetary architecture that embraces cosmic and poetic alliances. In the same article, Mangiacapre stresses their singular position:

Roman feminism was an aspect of feminism that was also linked to the grandiosity of the capital. Similarly the feminism of Milan was linked to analysis, in line with that of the other nations of the North [...] But the South accepts the diversities and the North defines them as inferior. I have struggled and will go on struggling as long as I live for Naples, for all the Souths, because the oppression of the South is linked to that of women. The South is exploited and devalued, robbed and derided, just like women [...] we follow our destinies of all the souths, we must take care not to forget our origins.[5]

These origins are not merely geographical but principally existential. The struggle they carried on was not just about sexuality, home, work, and survival in a subordinate context such as that of Naples, but was to give voice to the resistance from the margins, to repossess not only the physical spaces, but also the desire for what had been taken from them: "Now NEMESIS returns, now the origin returns."[6]

Attannurreta: the feminine, origin, magic, and life

The project of Le Nemesiache does not end with the denunciation of patriarchy, nor does it conform to the trajectories of identity politics. On the contrary, it presents itself as a reappropriation of emotional space and as a symbolic and celebratory dimension for the expression of otherness. It seeks to rewrite the world beyond the structures of power rooted in the pathriarcal *logos*.

After having studied the academic philosophy of the fathers, Mangiacapre rejected it to seek knowledge elsewhere: among the fishermen of Mergellina, in the gestures of mothers, in the spontaneous creativity of children. In these people, marginalized by Western society, she identified areas that were still free of patriarchal colonization, the seeds of a freedom to focus on. She recovered and reintroduced a "mythosophical" thinking, a form of knowledge that precedes writing and is passed on through oral tales, fables, myths and legends, relations with the stars and the tides, the cosmic cycles. This knowledge was brought back to life through sharing with other women and collective ritual. In 1973 this research gave rise to the "psicofavola" (psycho-fable), a method of bodily consciousness-raising that explores the entirety of the female experience, weaving it into everyday life, desires, and emotions. Through the body, movement, play, music, and dance, the psycho-fable became an instrument of transformation, denouncing falsity and realizing a different universe of values. Through the psycho-fable, Le Nemesiache rewrote local myths and fables from a feminist perspective, giving voice to unheard worlds and transforming suffering into a narration of resistance and the possibility of liberation. This praxis gave rise to *Cenerella, psicofavola femminista di Nemesi*, a revisitation of the story of Cinderella written and directed by Lina Mangiacapre and created collectively with the group of Le Nemesiache.

In the feminist rewriting, Cinderella casts off her traditional role as a woman destined to marriage and the search for her prince thanks to the help of a rebellious and independent fairy-witch called Attannurreta. She embodies the possibility of overturning the symbolic order imposed by patriarchal narrations, paving the way to future revolutions. While the Emancipated Woman represents the aspiration to recognition within the male system without questioning its foundations, Memory Woman instead embodies the collective memory that permits a fully conscious struggle. Alongside these two figures, Mangiacapre and Le Nemesiache choose Attannurreta as the turning point: it is she who uses her magic to break the chains of oppression, freeing repressed desire and opening up a space for new bodily revelations. Only Attannurreta, symbol of a present beyond time who embodies the desire for liberation and vision, can emancipate

4 Lina Mangiacapre, draft article for *Quotidiano Donna*, 1981.

5 Ibid.

6 Le Nemesiache, *Manifesto*.

Cinderella from the domination of her brothers Plato and Aristotle—personifications of patriarchal logos—and the illusion of the prince. In this way, the psycho-fable explodes all the repression visited on the emotions and the bodies of women, transforming pain into consciousness, denunciation and, ultimately, revolt.

The play, the first expressly feminist performance in Italy, was staged for the first time in Naples in 1973. This work displayed the reality of female creativity and confirmed the need, at that time, for an autonomy that extended to banning access to men. The same autonomy was expressed in the scenic design of the play: eight women with long hair dressed in tunics were on the stage, which was strewn with flowers like the rest of the theatre, while the atmosphere was evoked simply by a red paper lantern. The performance was inspired by the Greek chorus and the scenery and costumes were extremely simple, reflecting the group's rejection of masculine models and elaborate special effects. Theatre was not the goal, but the method through which feminine imagination is brought to life, overcoming the professionalism and roles imposed by the patriarchal order, such as competition, antagonism, and division.[7] The group drew on its own technical capacities to create its own psycho-costumes, psycho-music and psycho-lights in the quest for a "total expression" and a circular flow of energy that is expressed in the erotic rhythm of life. This was the vision that gave birth to Nemesis's first Super 8, *Cenerella* (1974), the transposition to film of an ancient Neapolitan oral tradition. Here too, Attannurreta is invoked again as a symbol of freedom and female solidarity based on creative sharing, so that through her magic new mythologies can be inhabited and every gesture can become history.

Solar solidarities

Le Nemesiache embodied a way of being in the world profoundly bound up with Naples, yet with a global perspective that eluded the usual folklorization of a city considered peripheral. The group developed a reflection on the South as a creative and critical geography with the potential for generating solidarity. These were the premises for the *Manifesto Metaspaziale* [Metaspatial Manifesto, 1973], in which they sought to go beyond the most oppressive patriarchal categories of space and time. By simultaneously anchoring and transcending space, what emerges is similar to what the theoretical feminist Paola Bacchetta defines as "situated planetarities"[8] understood as the possibility of newly imagining ordinary relations, identifying and following up alternatives to patriarchal and colonial rationales. In effect, the *Manifesto* invited women to act like so many Cassandras joined in the struggle, wrapping the concept of solidarity up in a mythological imaginary to bring forth the past from the present and retrieve erased realities. Like many other publications of the group, from the manifestos to the first periodicals, this one too is embellished by symbols and graphics in which mythosophic theory and practice are entwined. The symbol of Le Nemesiache combines the Earth and the Moon, which collaborate to submit and neutralize the serpent, transforming it into an innocuous presence. In this vision, the female archetypes of Mother Earth and the Moon become instruments for balance and protection. This same symbol recurs in the first pamphlets of the group, the *Cicli Lunari* [Lunar Cycles, 1973] and the *Cicli Solari* [Solar Cycles, 1975], both perceived as mythosophic, poetic, and graphic pathways. These are itineraries through the psychophysical conditions of women to seek out what has been buried: a memory inscribed in female bodies completely repressed and suppressed over time, in empathy with the archaeological ruins of Naples and its environs. The *Cicli Lunari* address the relation between sexuality and the cosmos, opening with a hymn to Astarte to end with a plunge into the waters of the moon. The *Cicli Solari* address the relationship between women in relation to solar energy, describing magical practices as a ritual capable of transferring energy from the individual consciousness, from the sun of the South of the World, so as to change it. According to the group, the processes of creation and the contents follow a clearly defined cycle: they are born in the south, land of the sun and of vital energy, and then move northwards, where they are rationalized and systematized. Once they have been transformed, these forms of knowledge return to the south, but by this stage as the property of the north, becoming engaged in dynamics of power and colonization. And so,

7 Le Nemesiache, *Il nostro gruppo, Naples*, in-house mimeographed, May 1973, p. 3, recto. Lina Mangiacapre's private archive, Posillipo.

8 Paola Bacchetta, "Situated Planetarities," in *A Lexicon for Bridging Decolonial Queer Feminisms and Materialist Feminisms*, in *Kohl*, Vol. 11, no. 1 (Winter/Spring 2025).

they decided to reverse these cycles and to perform the psycho-fable *Cenerella* again in Milan on February 9, 10, and 11, 1975, and then bring it south again, staging it at the Teatro degli Stracci in Naples on March 9, and then again at ancient Arsenali in Amalfi on June 28 and 29. It was with the same intentions that they organized the feminist gathering on the beach at Torretta di Crucoli in Calabria in 1973 and, a few years later in 1976, the national feminist convention at Paestum. Following the transformative significance of the cosmic cycles, they related to the experience of transmission of the heat of the sun, symbol of vital energy: "The sun returns beyond the darkness of memory."[9]

Filling with poetry at high tide

"I need space, I need space, I need space": this is the incipit woven into the hem of a napkin made by Silvana Campese in the artistic performance workshop *Bottega della Poesia* [Poetry Workshop] that Le Nemesiache opened in July 1978 in the Caffè Caflisch in Naples. Like a magic spell, the invocation repeats the same words in the cadenced rhythm of the expression of a wish, the embodied dream of claiming an injustice. Indeed, the *Bottega della Poesia* emerged as a collective invitation to reappropriate the desires that come from women's bodies and give them a space: "We shall recompose our culture, our history, the tatters of our existence […]. We shall live like the tides, our verses will return like our dreams and our reality."[10] The napkin, commonly considered by patriarchal knowledge as a mundane, trivial, and domestic object, is revalued through the beauty of poetry, being charged anew with the original significance of the ancient Greek term *poiesis,* meaning to make and transform the world. The napkin, as well as other objects and more humble materials such as fabrics, plastic, and paper, become expressions a language that made poetry figure prominently in the numerous protests, occupations, demonstrations, and initiatives organized to guarantee creative spaces for women in the city. A growing need was emerging among the women to have a place where they could come together: a space that wasn't neutral.

From 1973 on the number of feminist meetings in Naples gradually increased, culminating in the event held at the L'incontro bookshop. Through the influence of collectives originating from other contexts—such as that of Padua involved with the campaign for wages for housewives—this endorsed the beginning of the Collettivo Femminista Napoletano, which brought together many local groups. In 1976 the artist, art critic, and journalist Maria Roccasalva put at the disposal of the women of Naples her unused art studio, a large space located in her husband's house in via Cilea. It was here that Mangiacapre established the Gruppo della Creatività, which as well as Le Nemesiache also comprised artists such as Mathelda Balatresi and Rosa Panaro of Gruppo X, women from the Spazio Donna group founded by Anna Trapani, as well as women from the Mensa dei Bambini Proletari (MBP) [Canteen of Proletarian Children][11] who, in the meantime, had come into contact with Le Nemesiache.

In 1977 the L'incontro bookshop also hosted a show of collaborative works and works by women organized by the Gruppo della Creatività. During the show, the *Manifesto per la riappropriazione della nostra creatività* proposed by Le Nemesiache was also displayed, and was signed by many of the participants on March 8, 1977.

At the Centro Donna in via Cilea, it was decided to organize the protest for the symbolic occupation of the Salvator Rosa palace, a building under the tutelage of the Fine Arts Commission, but abandoned and unused. In Villa Comunale, Silvana Campese organized the creation of long banners for the march that traversed the city. On March 8, 1977, Le Nemesiache and Gruppo della Creatività wrapped one of these banners around the building, writing on it that Salvator Rosa could be "our space." After this symbolic occupation, Le Nemesiache and Gruppo Creatività, again together, performed the action *Reclaiming the Sea-body* during the Jannis Kounellis exhibition at Villa Pignatelli where, seated on the ground with a fluttering veil over their heads, they protested in the accents of Greek tragedy.[12] In this case too, the action was geared to raising the issue of the lack of spaces and the exclusion of women from all contexts, including that of art. In 1977 Centro Donna of via Cilea closed. At this point, interpreting the wishes of many other women, Le Nemesiache proceeded with the project of

9 Lina Mangiacapre, *Faust-Fausta*, (Florence: L'Autore libri, 1990), 58.

10 Le Nemesiache, *Bottega della Poesia* Coop. Le Tre Ghinee/Nemesiache, Naples, June 2, 1978.

11 Afternoon school founded in 1972 in the Montesanto neighborhood of Naples by journalist and feminist Lucia Mastrodomenico, her sister Cinzia and her partner Peppe Carini, and Geppino Fiorenza. It was an association that sought to address the issues faced by marginalized children, providing hot meals and pedagogical workshops—both theoretical and practical—on the theme of creative activities for the poorest children. In 1973 some of the women volunteers at the school founded the Donne MBP collective, and from 1975 on the school began to be used as a place for meeting and debate by the feminist collectives and groups of Naples. This was how Conni Capobianco and Consuelo Campone, historic members of Le Nemesiache, met the group, and went on to become two of its most active participants. From 1977 the MBP became the cooperative Lo cunto de li cunti.

12 Maria Roccasalva, *Paese Sera*, June 1977.

opening a bookshop for women, and founded the Cooperative Le Tre Ghinee/Nemesiache.[13]

In 1979 they had succeeded able to secure a space granted by the Municipality, and in the same year several visual women artists organized the *Donne e Antifascismo* [Women and Antifascism] conference, while artists such as Rosa Panaro and Tomaso Binga produced the exhibition *Resistenza X l'esistenza* [Resistance X for Existence]. However, very soon the need for a shared creative space soon became a broader demand. The mobilization for the evacuees from the Rione Terra of Pozzuoli at the end of the 1970s was followed by a more radical request open to women all over Italy: not only the struggle for a house, but the struggle for a house in "a women-sized city." After the earthquake of 1980, the feminists of the Neapolitan movement come together and organized a national protest with March 8, 1981. As the architect Donatella Mazzoleni noted, faced by the risk that women would once again be relegated to a marginal role in the reconstruction project,[14] a national and transdisciplinary feminist conference was organized, the slogan of which was "we want a house that is not a brick on a brick," attended by over six hundred women.

Le Nemesiache fight for the future, against emigrating, for following the path of redemption, coming together to rediscover the roots of the people—no longer reduced to the "masses" by middle-class culture—but people understood as the energy of the earth. They advocate for interventions and actions that combined artistic, environmental, social, political, and poetic approaches, in which "beauty must return, like poetry, to the people, and finally, its poem must begin."[15] The feminist journalist Adele Cambria, a historic friend and collaborator of Le Nemesiache, in a 1976 article explains the group's approach to beauty, describing how it had opened a workshop "to make room for women's manual creativity: knitting, crochet, embroidery, paper flowers. What was required to link them with the women from the working-class neighbourhoods of Naples, brutally exploited in domestic labor."[16] This gesture is emblematic of their vision: to celebrate life in the face of injustice. It is by no means casual that Le Nemesiache were among the very few Italian groups to take part in the International Tribunal on Crimes against Women, held in Brussels in 1976, where they declared that they were fighting against "the violence which is used against beauty, tenderness, against the nuances of colors and sounds, against the internal rhythms of our lives."[17] Their struggles often take the form of celebrations, where poetry became interwoven with life, where it was embodied and celebrated through beauty and music. An emblematic example was Festa della poesia alla Gaiola [Poetry Festival, held at Gaiola] in June of 1978. In the course of a Sunday walk along the Posillipo coast to rediscover the city—organized by the LineaContinua collective on the initiative of the Communist newspaper *Paese Sera*—Le Nemesiache, clothed in poem-dresses made by themselves, descended towards Gaiola to the rhythm of flutes and drums. Together with the Gruppo della Creatività and the women of the MBP, they invited the participants to repossess urban and natural spaces, transforming the event into a festival devoted to nature. A large group of adults and children spontaneously tagged along, following the flow of the music, the poetry, and the gestures of Le Nemesiache. This is how, by performing poetry along the descent to Gaiola, they "express the desire to live, breathe, to feel beautiful and young, like sap and sea, in harmony with nature". In this action, as in many others, Le Nemesiache reclaim a spatiality—in poetic terms, both in language and in the aesthetics of their activities—that is itself a dimension. They repossessed marginalized spaces and multiple temporalities, ritualistically challenging the boundaries between performance art, body art, political action, and visual poetry. By involving other women and collectives—such as the Gruppo della Creatività, the Gruppo del Frullone, Gruppo X, and the women of the MBP—they questioned even more profoundly the issue of authorship. Together, they became co-authors of new becomings, with which they could intermesh multispecies connections, like that with the sea and its living beings.

Sea
Tides
Oceans
Galaxies
Freedom
Beauty[18]

13 The cooperative was also the publisher of the journals and publications of the following years. In 1996 the cooperative became the cultural association Le Tre Ghinee/Nemesiache. This association was dissolved in 2018 after the death of Teresa Mangiacapra who had continued the activity after Lina's death together with other members of the group.

14 Enzo D'Errico, "Ricostruzione una città delle donne," *Paese Sera*, March 3, 1981.

15 Mangiacapre, *Faust-Fausta*, 30.

16 Adele Cambria, "Le 'Nemesiache' e il film feminista," *Il Giorno*, Milan, October 5, 1976.

17 "Le Nemesaiche, address to the International Tribunal on Crimes against Women, March 8, 1976, Brussels", in *Crimes Against Women: Proceedings of the International Tribunal*, ed. Diana E. H. Russell and Nicole Van de Ven (Berkeley, CA: Russell Publications, 1990), 124.

18 Lina Mangiacapre, extract from the poem contained in *Intervento alla Gaiola*, June 2, 1978.

In their ceaseless movement for the repossession of beauty, experienced as a revolutionary force in the everyday world, Le Nemesiache organized the encounter Musica poesia e immagini [Music Poetry and Images] for the Phlegraean Fields on the evening of March 16, 1987 at the Gran Caffé Gambrinus, as part of the "Marzo Donna" festival. Amidst dada actions and feminist cabaret, mythoscientific costumes, and music, Teresa Mangiacapra's color slides of the Phlegraean Fields were projected, while poems were recited by Elsa de Giorgi, Tomaso Binga, Amanda Knering, Hanya Khochaneky, Sandra Mennillo, Anna Santoro, Luigia Sorrentino and Paola Rego, after which they and the public transcribed them onto sky-blue plastic tablecloths. The event ended with the crowning of Annamaria Scardaccione as Papess, a ceremony "to fill Naples and the entire Galaxy with poetry at high tide."[19]

Astrological revolution: feminist creativity meets androgyny

"Starting from the self to expand the woman territory."[20] These words guided Mangiacapre in her reflections on the need to retrieve a creative dimension as a tool for transformation. Short film *Antistrip* (1976), produced by and featuring Le Nemesiache, presents a sensual and playful exploration of the female body and its sexuality, where desire intertwines with playfulness in an act of liberation and discovery. Unlike Orlan's *Strip-Tease Occasionnel* of the same year, characterized by elaborate scenography, *Antistrip* is set in an intimate ambience: Lina's house in Posillipo. Here the group acts out an *ante litteram* transfeminist cabaret, playing with identities, disguises, and stripteases, accompanied by a musical pastiche comprising the Flying Lesbians, Patty Pravo, Neapolitan songs, and Iranian melodies. The atmosphere, hovering between myth and rebellion, culminates in Lina's performance on the piano, in a gesture of liberation in which the body dissolves into the music and into the space. Play becomes the key to access a harmony in which it is possible to express the diverse, abandon social roles and transmit irreverence of desires. In 1982, with the same daring but this time in a public action, Le Nemesiache transformed themselves into "transNemesiache" through an operation called *Transfemminismo*, anticipating one of the most important currents of contemporary feminism. At a conference held during the "Marzo Donna" festival for the Convegno sull'Informazione at Castel dell'Ovo, they burst in by surprise dressed as men, pronouncing the pun, "E in mostra è il mostro!" [And on show is the monster].

Continuing with their mythological research, which in their films is embodied in the figures of Sibyls and Witches and in their music finds expression in the Sirens, Le Nemesiache also integrate an androgynous dimension. Emerging from this vision is *Eliogabalo* [Elagabalus, 1982], a play written by Lina Mangiacapre in collaboration with Adele Cambria, inspired by the work of Antonin Artaud, with production and cast by Le Nemesiache. The work aims to liberate androgyny from historic calumny through a symbolic use of color and a separation between voice, body, and the sound of the gestures. Subsequently also transposed into a short video, *Eliogabalo* expresses the idea that "the androgynous summons the desperate lineage of the Amazon."[21] This necessary liberty is rooted in a sophisticated philosophical theory that Mangiacapre developed with Angela Putino, exploring the myth of the female warrior and the figure of Penthesilea, fighting against the male heroes of Greek mythology. These reflections developed further in Mangiacapre's novel *Pentesilea*, written in the 1990s: an intense vision that, among other things, expressed, her frustration with the legacy of second-wave feminism. Already in the previous decade, in *Biancaneve* [Snow White, 1984], Le Nemesiache had also displayed forms of expression close to cyberfeminism. The fable is reinterpreted in a sci-fi key, exploring the relationship between Snow White and the Witch. After a nuclear catastrophe, the only survivor, the Witch, builds a robot: Snow White. It is not clear who Snow White really is: the Witch or the robot. Interposed between the two characters is the Magic Mirror, an experiment of fusion between human passions and the machine. Images of eternal ghosts scroll across the mirror, evoked by the Witch: specters of identity, reflections of Mangiacapre's own existential quest: "I am a ghost that wanders round the world looking for what is not, looking for the not woman, the not man. I am not an androgyne. I am not."[22] The elusiveness of gender

19 From the document *Musica poesia e immagini per i Campi Flegrei*, Le Nemesiache/ Coop. Le Tre Ghinee, March 16, 1987.

20 Lina Mangicapre in conversation with the women of the MBP, unpublished, undated text from the Mangiacapre archive, Posillipo.

21 Angela Putino and Lina Mangiacapre, "Il mito della donna guerriera," in *Mani-Festa*, no. 0, 1988: 1.

continues in Mangiacapre's novel *Faust-Fausta* (1990), and its film version (1991). Defined by the author as an androgynous work, the novel celebrates the desire for a continual metamorphosis of sexual identity, challenging the rigid fixity of gender binaries. As in the whole praxis of Le Nemesiache, in the novel the Sibyl, the incarnation of divination, represents access to another dimension of life in which time is perceived in its true depth: "The Sibyl repeated [...] you can talk to the other sisters, you can speak of other music, other dances, other divinations, prophecies, suns, flights, bodies in continual metamorphosis, of Sirens, of dawns free of laws, nature takes on a different meaning."[23] According to Mangiacapre, astrology can offer a tool to explore the link between psychology and the cosmos. In her words, "One type of science, of monotheist knowledge, has led to colonization, racism, misogyny. Astrology, as an attempt to affirm a vast personality diversity could serve precisely to expand the limits and finally destroy a type of psychological fascism that leads to any diversity being considered inferiority."[24]

The praxis of Le Nemesiache, expressed through an evolving bodily language, weaves together feminism, mythology, fable, and science fiction, offering a knowledge free from fixed identities. It calls for transformation, both individual and collective, nurturing a sense of community and intimate connections. It reopens a dialogue with an ancestral knowledge which in the archaic cultures frequently assumed playful forms, such as the sacred riddles.

An emblematic example is *L'Oracolo della Sibilla* [The Oracle of the Sibyl], a poetic and ironic response by Teresa Mangiacapra, which appears on the back of every number of *Mani-Festa. Il diverso della scrittura*, the quarterly journal founded by the group in 1989 which ran up to 1999. As the title suggests, *Mani-Festa* is a celebration of doing, a workshop of collective writing that involves numerous women, on topics related to cinema, philosophy, literature, poetry, and theatre. The subtitle of the journal, *Il diverso della scrittura* [the diverse of writing], reveals its essence: creativity becomes a tool for overcoming the snares of fixed identity, acknowledging change as part of one's itinerary. In her writings, Lina Mangiacapre explored identity like a shifting perimeter—"the androgynous is a flickering frontier"[25]—and, in collaboration with the feminist Angela Putino, delved into the myth of the woman warrior, embodying androgyny in the mythological figure of the Amazon. Knowledge is shattered and multiplies, as happens in her philosophical novel *Pentesilea* (1996), in which timeless Amazons are opposed to heroes of sexed identity.

The entire androgynous and feminist repertoire adopted by Mangiacapre and by Le Nemesiache—from creative and ritual personifications, through historic fabrication/fabulation, up to the performative writing and the use of moving images—became a mode of repossession for disidentified identities.[26] Through these practices, the group opened up a realm of possibility that went beyond the bounds of earthly reality, delineating a feminist cosmogony in which dreams, divinations, and creativity offer tools to bypass the snares of the fixed identity. Thus, new forms of community emerge in transformation and in play. This is the spirit in which the game of the oracle, guided by the Sibyl Niobe, comes to the surface during *Look Poesia*, an evening organized by Le Nemesiache at the KGB in the Sanità district in January 1990. *Look Poesia* represented poetry's challenge to plastic. Amidst the music and lights of the disco, Le Nemesiache, clothed in plastic costumes created by Coca and Medea, transformed the disposable material into timeless poetry, inviting the public "into the Realm where all is Poetry, while Sorceresses and Sibyls prophecy the year and Nymphs and Sirens return."[27]

Amidst siren-sounds, psycho-lights and mythoscientific garments, Le Nemesiache, psycho-fabulous and androgynous feminists in continual metamorphosis, enfleshed fluid and ephemeral choreographies of life. Through myth, the rewriting of history, and autonomy, they rejected the traditional professional models, transcending all artistic institutions that are not life. Their research was not restricted to the historic restitution of female identities oppressed and erased by history, but went beyond this in an attempt to reconstruct the entire world, with a precise historic and political consciousness, overcoming all barriers of identity.

22 Extract from Nadia Nappo's interview with Lina Mangiacapre in 1998 for the "Napoli Frontale" project, contained in the film *Lina Mangiacapre, artista del femminismo* (2015) by Nadia Pizzuti.

23 Ibid.

24 Lina Mangiacapre, undated text from the Mangiacapre archive, Posillipo.

25 Lina Mangiacapre and Angela Putino, "Androginia/Amazzone," *Mani-Festa*, no. 0, June 1988: 6.

26 José Esteban Muñoz, *Disidentifications: Queers of Color and the Performance of Politics*, (Minneapolis: University of Minnesota Press, 1999).

27 Extract from the invitation to the evening.

Le Nemesiache: Unmaking Patriarchal History

Giovanna Zapperi

Fais un effort pour te souvenir. Ou, à défaut, invente.
—Monique Wittig[1]

The woman is not the great-mother, the vagina of the world, but the little clitoris of her own liberation.
—Carla Lonzi[2]

In my film "Le Sibille" are my roots that I'm looking for, and the condemnation of the historic expropriation of the territory of Cumae, the territory of our female ancestors, canceled and reduced to myth.
—Lina Mangiacapre[3]

How to render an account of what has been erased, what is absent from history as it is told? More specifically: Is it possible to assert an autonomous female subjectivity if we must follow its traces through a history written following a patriarchal agenda, from which women's autonomy, their subjecthood, has been erased? Feminism in the 1970s forcefully posited the need for women to reconstruct interrupted female genealogies—interrupted, or outright stifled by prevailing understandings of history as some sort of universal and neutral narrative—and shine light on the heretofore under-observed. For Carla Lonzi history was precisely the result of the exclusion of women from the status of subject. The oppression of women had been concealed in the darkness, their story becoming nothing more than their "millennial absence from history."[4]

Lonzi was not the only one to propose a link between female oppression and the histories from which women had been structurally excluded. For her, as for other thinkers, conceiving of history as a homogenous and linear continuum, a mere succession of events, makes it impossible to realize the stratified temporality in which patriarchal oppression resides. Conceiving female subjectivity calls for a change of paradigm, or, put another way, "moving on another level."[5] In this sense, Lonzi's reflections resonate with the positions expressed in this same period by other feminists, some of them quite different from her, such as Monique Wittig for instance. Their writings opened up the political potential of fabulation; they began the Herculean task of rewriting history from a subjective angle, namely the perspectives of those who had been excluded from it.

In Naples, Le Nemesiache were more than aware of these happenings and shifts. Cinema was a means of expression particularly favored by the group as a testing ground for new creative and narrative forms capable of forefronting women as a subject whose history has been erased.[6] In their practice, historic female experience was reconsidered outside patriarchal historiography, in ways that favored anachronism and a nonlinear temporality. Their films freely appropriated Greco-Roman mythology, prehistory, folklore, legend—namely, aspects of culture that are generally relegated to the sphere of superstition and premodern irrationality.

The charismatic central figure of the group was the artist, philosopher, and film director Lina Mangiacapre. She directed most of Le Nemesiache's films, and she articulated the group's aesthetic and political ideas through a series of manifestos and programmatic texts that are themselves notable for their intertwinement of creative and political dimensions. Mangiacapre adopted the mythical name Nemesi, or Nemesis, after the goddess of justice, while the names of other members were drawn from a constellation of nymphs or minor heroines in Greek and Roman mythology: Echo, Niobe, Daphne, Cassandra, Medea.

The Nemesiache's interest in myth was linked to a more general rediscovery of forms

1 "Make an effort to remember. Or else make it up." Monique Wittig, *Les Guerillères* (Paris: Minuit, 1969), 127. Unless otherwise noted, original texts have been rendered in English by the translator.

2 Carla Lonzi, "La donna clitoridea e la donna vaginale" (1971), in *Sputiamo su Hegel: La donna clitoridea e la donna vaginale e altri scritti* (Milan: Scritti di Rivolta femminile, 1974), 118.

3 Lina Mangiacapre, *Cinema al femminile* (Naples: Pandora / Mastrogiacomo editore, 1980), 23.

4 Lonzi, *Sputiamo su Hegel*, 21.

5 Ibid., 54.

6 Mangiacapre, *Cinema al femminile*, 43.

of non-patriarchal spirituality, in particular imagery of the Goddess or Great Mother, which was widespread among feminist groups in the 1970s.[7] That said, feminist artistic practices centered on ritual, performance, and spirituality at this time have often been dismissed as essentialist, and goddess imagery as an ingenuous approach to female emancipation, as opposed to more theoretically sophisticated positions.[8] Nevertheless, research into archaic performances, in which the women imagined themselves as active subjects, gave rise to an exploration of female subjectivity that should be read for its multiplicity, beyond the false binary of an essentialist vision versus more sophisticated or deconstructionist approach to ancient myths.

From this perspective, Le Nemesiache constitute a case in which the search for a "primal" feminine coexisted with a critique of certain systems of representation and historicization. Further, Le Nemesiache assumed the actuality of the myth in the context of research that gravitated around the question of making history. Like certain of their contemporaries, they sought to (re)imagine a female spirituality based on a revitalization of the archaic and of premodern legend. Mangiacapre in fact considered mythical knowledge a "legacy of a different thought"[9] that would work against philosophical rationality. Rather than concentrating on the Great Goddess as a unitary figure, Le Nemesiache activated a multiple and fragmented subjectivity composed of a series of minor mythological figures, in a collective identification that consolidated the unity of the group. In rejecting the myth of the Goddess—the myth of the maternal—in favor of a reading "in a minor key," Le Nemesiache distanced themselves from Western rationality in its assignation of roles and identities.

Cinema made it possible to articulate the singular in the collective precisely because, much more than other forms of expression, film is premised on collective work and creativity. The fetishization of auteur cinema is indeed nothing more than a patriarchal attempt to narrow down the fundamentally collective dimension of cinema to the myth of an (inevitably male) creative genius.[10] For Le Nemesiache, cinema, as an always-already-collective ritual, celebrated female creative expression, in opposition to the rationality of the technical means of production, which, as Mangiacapre maintained, must be demystified, insofar as it is a distorting mirror.[11] Against the use of women's bodies in (male) cinema as an incoherent material to be manipulated so as to give it meaning, the Nemesiache proposed a collective rewriting of femininity based on multiple, not fixed, identity.

Moreover, in reactivating Greek and Roman mythology through the filmic medium, Le Nemesiache integrated their vision of a mythical past into the framework of present-day adversities. The city of Naples and its surroundings—at once the theater and the subject of the group's activities—thus became the metonymic embodiment of their transformative project; they reconfigured the city as an ecosystem capable of accommodating difference. The slogan on one of their banners at a demonstration in Naples on March 8, 1981, after the earthquake, read: "Let's build a woman-sized city."[12]

The reference to myth has indeed mapped a singular path in the context of Italian feminism, linking women's struggles to consciousness-raising regarding the environmental disaster brought about by the combined forces of extractive capitalism and the patriarchy. The Nemesiache conceived women's liberation as a cosmic enterprise, one that could not be reduced to issues of progress and equality because its politics—feminism—were conceived on a planetary scale.[13] Analogously, their departure from the patriarchal paradigm of history as a homogeneous and linear continuum was a fundamental step toward subverting the temporality of patriarchal oppression and triggering a collective process of becoming the subjects of their own history.

7
See for instance the special issue of *Heresies* dedicated to the "Great Goddess": "The Great Goddess," *Heresies: A Feminist Publication on Art and Politics* Issue 5, Vol. 2, no. 1, (1978).

8
Jennifer Klein, "Goddess: Feminist Art and Spirituality in the 1970s," *Feminist Studies* 35, no. 3 (Fall 2009): 575–602. On the issue of essentialism, see also Amy Tobin, *Women Artists Together: Art in the Age of the Women's Liberation* (New Haven, CT: Yale University Press, 2023), 140–62.

9
Lina Mangiacapre, "Il mito di Elena," *Mani-Festa* 3, no. 1 (March 1990): 1.

10
For a feminist deconstruction of art-house cinema see Geneviève Sellier, *Le culte de l'auteur : Les dérives du cinéma français* (Paris: La Fabrique, 2024).

11
Mangiacapre, *Cinema al femminile*, 34.

12
Maud Ann Bracke, *Women and the Reinvention of the Political: Feminism in Italy, 1968–1983* (London: Routledge, 2019), 174–79.

13
"Manifesto delle Nemesiache, Napoli, 1970" in *Interpreti e protagoniste del movimento femminista napoletano, 1970–1990*, ed. Conni Capobianco (Naples: Le Tre Ghinee, 1994), 13–18.

Au bord de la mer, j'ai vécu tout d'abord la nudité nouvelle d'un corps (le mien... le nôtre... le «corps collectif» ...) qui muait, qui se dansait («on» ne le dansait plus à sa place).[1]

Summer 1973. Torretta di Crucoli, Calabria. A photograph shows a group of four young women; they are relaxing on the beach, some seated, some lying down. We don't know what they're doing, maybe they're talking, listening, looking elsewhere. Three of them are naked, the one in the middle is Lina Mangiacapre and she's playing the flute, it's almost as if you can hear the sound of it, mixed with the breaking of the waves and the more impetuous sound of the wind from over the sea. This is one of the first feminist gatherings in Italy, organized by Le Nemesiache on the model of the international meetings at La Tranche-sur-Mer in 1972, which followed that of Bardolino in the same year.[2] Called by the "followers, sisters, and daughters of the Neapolitan siren", the meeting had to be held at the sea. This is how Maria Schiavo recalls it in the long account contained her political autobiography:

The closeness to the water of the sea, which was considered a maternal element, together with so many women, many of whom stayed on the beach all night talking, laughing, and joking, sleeping inside sleeping bags that moved around on the sand in the darkness as if they had miraculously come alive, gave me a sense of freedom. I had the impression that, like those sleeping bags, something was moving, from formless was beginning to take shape, despite the fact that the wind and the sea sand were instead calling to something indefinite and elusive.[3]

As had already happened in Vendée, the seascape of southern Italy merged with a female, almost primal, corporality. But more than a pre-symbolic, primordial body that precedes the branding of gender, it seems rather to inhabit that cultural void which, for Carla Lonzi, "is the prerequisite for rediscovering our body,"[4] for getting back to feeling it not as a sensory datum, that has always been repressed and disciplined, but in its cultural and structural nature: that of a political subject. Freeing the bodies also means allowing creativity to be liberated from patriarchal relations, devoting oneself to socialization with women and—in addition to the consciousness-raising and the political gesture of being with women—rebelling against the enforced destiny of motherhood, and the social roles imposed by the gendered organization of labor. The struggles for the legalization of abortion, against domestic exploitation and gender violence, have marched the streets and rallied in the squares. This is an intersubjectivity that eludes the assignations of the logocentric (and phallocentric) model, and that places at the top of the agenda not theories or representations, but reciprocal recognition, the discovery that together the bodies of the others, other women, become the collective body. Luisa Passerini, who participated at La Tranche, recalls:

I had been very struck there by a way of living that was based entirely on the body, on the relations between women, on the absence of an agenda, of something articulated, recognized and clear. This was a shock to my political traditionalism.[5]

This was the generative power of the radical women's movements and dissident subjectivities in the Italian context of the 1970s. It was put into practice in a series of major meetings and transnational encounters to activate "separate places and occasions of autonomous female sociality within society,"[6] constructed through "networks of friendship or acquaintance that were subjected to the torsion of

1 "On the seashore, the first thing I experienced was the new nudity of a body (mine ... ours ... the 'collective body' ...) that was changing its skin, that was dancing (no longer 'we' who were dancing in its place)". Taken from "Un bébé M.L.F. à la Tranche," *Le Torchon brûle*, no. 5, 1973: 17.

2 Le Nemesiache wrote about it in the first mimeographed journal *Cicli Lunari*, [Lunar Cycles] where they published a photo of the gathering (Bardolino, December 8, 1972), with the caption: "we were only women—it was in fact a feminist holiday or gathering"; document found in the Fondazione Elvira Badaracco, Milan.

3 Maria Schiavo, *Movimento a più voci. Il femminismo degli anni Settanta attraverso il racconto di una protagonista*, (Milan: Fondazione Badaracco–FrancoAngeli, 2002), 76.

specific feminist politicization."[7] In *Non credere di avere dei diritti* (1987) mention is made of a photocopied and undated document—possibly written around the end of 1975—titled "I luoghi delle femministe e la pratica del movimento" [feminist sites and the practice of movement], which states that the "substance of our political practice consists of the relations between women (as well as the history and the body of each of them)," and that this substance, which in the past was relegated to the private sphere, now calls for a "socialized life."[8] Hence, not only meetings and debates, but also—and more importantly—parties, dances, dinners, travels, and holidays, "in between there were friendships, love stories, gossip, tears, flowers, and gifts".[9] Passerini also offers valuable insights that bring us closer to these personal and political upheavals:

> [...]collective dancing, collective hugging, the all female party, but [...] also the sensation of being devoured by the group, of being eaten up by the other women and, at the same time, the sense of a challenge that promised to yield a great deal.[10]

It was enjoyable to talk together, to relate to the others and, in the spaces of separatism, the political debate was tied up with the invention of new forms of communal life and total coexistence through which sisterhood could be tested. As the collective of the Milan women's bookshop (the Libreria delle donne di Milano) put it, "It was an unusual approach to politics, and for many it was the discovery that the system of social relations could be changed."[11]

It was the Red Stockings group of Copenhagen that organized the first Women's camp on the Danish island of Femø in August 1971, which was attended by more than 700 women from various parts of Europe.[12] This was followed by the French meetings of Psychanalyse et Politique (Psych et Po), initially under the banner of the Mouvement de libération des femmes (MLF). The first of these was the one, already mentioned, at La Tranche which extended over a week (June 24–July 2, 1972), Then the following year at Vieux-Villez, close to Rouen, and at Châtheau-Coupigny. Numerous accounts of these rallies exist,[13] stressing the tangible aspects of the social aggregation, the joy of so many being together, the experience of nudity, of the creativity expressed in music and dancing in the moonlight, and the emotions triggered by it. The French groups, in a mixture of rigor, analysis, and hippie fantasy, were accustomed to living together and practicing a collective use of psychoanalysis. "The relation of the woman with another woman is the unforeseen of human culture. The female tool for transforming the world is the practice of relations between women":[14] this was both the invention and the extreme separatism of the Psych et Po group.

The account of her sojourn at La Tranche written by "una compagna di Milano" [a comrade from Milan] ends like this:

> And I became profoundly convinced that women, I myself, are not merely the oppressed caste that rebels, we are not capable merely of arriving at a correct analysis for an effective strategy, we are not merely comrades in a struggle for liberation (undoubtedly fundamental and structured on every node of capitalist and patriarchal society). Certainly there is all this, but it is, so to speak, leavened, rendered splendid and felicitous and powerful by the proof, which I experienced, that women for women can be creatures that you can trust, that you can rely on, that you can feel good with, that you can play flutes and tambourines with all night long, that you can enjoy dancing and talking with, making plans and then carrying them through.[15]

Or, in the narrative of another participant,

> The Parisians played bongos, they held hands and talked about Lacan and [...] I didn't actually take in a lot of the contents. I think that Lina Mangiacapre was also there, dancing to the sound of the Parisian bongos. It was a non-stop high, we never slept.[16]

Over 200 women, together for a week, without men and with about 30 children, in a summer camp isolated from the local reality: a scenario very different from the already mentioned meeting in Torretta di Crucoli. The latter was defined by Le Nemesiache as pure madness,

4
Carla Lonzi, "Itinerario di riflessioni," in *È già politica* (Milan: Scritti di Rivolta Femminile, 1977), 22.

5
Luisa Passerini in Piera Zumaglino, *Femminismi a Torino* (Milan: FrancoAngeli, 1996), 238.

6
Libreria delle donne di Milano, *Non credere di avere dei diritti* (Turin: Rosenberg & Sellier, 1987), 59.

7
Luisa Passerini, "Corpi e corpo collettivo. Rapporti internazionali del primo femminismo italiano," in *Il femminismo italiano degli Anni Settanta*, ed. Teresa Bertilotti and Anna Scattigno (Rome: Viella, 2005), 187.

8
Libreria delle donne di Milano, *Non credere di avere dei diritti*, 92.

9
Ibid., 47.

10
Passerini, "Corpi e corpo collettivo," 190.

11
Libreria delle donne di Milano, *Non credere di avere dei diritti*, 47.

12
This text was initially inspired by the discovery in the studio of Marcella Campagnano of an enormous quantity of extraordinary photographic records of the international feminist

as borne out by a range of documentary evidence referring to marked tensions in the collectivization of relations, the lack of solidarity, and shortcomings in the material aspects of organization.[17] Another issue was the patriarchal structure of Italian society which, compared to the "apparently free, instinctive and wild nudity practiced by certain women in that backward village in Calabria, became in this context almost asking for rape, whereas in a context of women only [. . .] it assumed the features of a rediscovery, of the revaluation of self and the other."[18] In many of the mimeographed communications, both during these meetings and in the debates that followed, Nemesiac feminism responded to the rhetoric about the retrograde imaginary of southern Italy, the colonization of the female body and of Naples, and of the South of the world in general.

On the All Saints holiday weekend (November 1–4, 1973), another large gathering was held on the Ligurian coast, and the participation was incredible. The document sent by the Turin feminist collective for an encounter at Varigotti with the French comrades of Psych et Po stated clearly, "we are not intending to organize a conference but a holiday so that we can get to know each other better."[19] Lina Mangiacapre was also present, and in a draft article for *Quotidiano Donna*, talked about music and madness which, if it is not appreciated in "serious meetings" will be sought elsewhere, as happened at Varigotti: "Le solite Nemesiache che suonano"[The same old Nemesiache playing music].[20]

We were at the seaside again, as in Calabria. But the situation was very different. This time, the French group had been expressly invited to Italy to talk about their practice. There was an intense debate. Torretta di Crucoli had represented above all an encounter with the South, with a beautiful and powerful nature that overwhelmed the bodies, suggesting nudism and transgression, and some of them had played there something of the role of moral voice. Now it was autumn. The sea was grey and our beach outings, favored by a still mild climate, were geared to reflection rather than swimming.[21]

From an ecofeminist perspective, the confusion between the sea and women's bodies continued to be a crucial node at these meetings, populated by non-hegemonic, crossbred and ancestral subjectivities, aligned with the forces of nature so as to re-enchant the world-system and reconnect with the environment. Like bringing the female psychiatric patients out of the asylum to contemplate the sea and immerse themselves in its nourishing and curative waters. In general, for Le Nemesiache, the gestural qualities of the female body are in dialogue with the fluidity of the seascape (*Follia come poesia, / Riprendiamoci il corpo mare*). In an undated, typewritten document conserved in the archives of the Fondazione Badaracco, they propose—in addition to the construction of a publishing project and a distribution network made up of meetings, fairs, cinema and theatre—the experimentation of groups for stimulating consciousness-rising through dance: "Just as they forbid our dialect at school, and our laughter in the streets, at Varigotti they wanted to paralyze our bodies."[22] Stressing the importance of the body for southern women, they suggest the experience of non-verbal communication in the form of theatre and dance, a language that speaks and expresses itself through gesture and corporality, and only at a later stage arrives at words.

The last conference-congress was held at Paestum during the holiday for the feast of the Immaculate Conception in 1976, and was actually the third national feminist meeting, following the previous two held on the Adriatic Coast at Pinarella di Cervia in 1974 and 1975. Opposed to the imposition of an official line in feminism, Le Nemesiache refused to take part at Pinarella, writing "We want to meet women not theories,"[23] always maintaining an independent position. Here, the leading Milan collective of via Cherubini wanted to adopt the "practice of the unconscious", thereby clashing with all the others, especially Lotta femminista, which wanted to talk about salaries, politics, and abortion. This clash reflected the contradictions and different orientations in the liberation agenda: working on oneself, on the one hand, and the social dimension and political action on the other. The following year a tidal wave of 1,500 women arrived in Paestum—which in summer shows itself as we all know it, an archaeological and tourist attraction shimmering with light, but

strategy meetings on the island of Femø in August 1974, which the artist had taken part in, as well as the other feminist meetings and holidays mentioned.

13
In addition to those already mentioned, for a reconstruction see: Lea Melandri, *Una visceralità indicibile. La pratica dell'inconscio nel movimento delle donne degli anni Settanta* (Milan: Fondazione Badaracco—FrancoAngeli, 2000); Luisa Passerini, *Storie di donne e femministe* (Turin: Rosenberg & Sellier, 2024); Federica Giardini, "Psicoanalisi e politica tra Francia e Italia," *Genesis. Attraversare i confini*, X/2 (2011): 59–76.

14
Libreria delle donne di Milano, *Non credere di avere dei diritti*, 42.

15
A camerade from Milan, "La Tranche un incontro internazionale, una vacanza al mare", in *Sottosopra. Esperienze dei gruppi femministi in Italia* (Milan: Libreria delle donne di Milano, 1973), 18–19. This article and the following one, "Nudità," are attributed to Antonella Nappi by Maria Schiavo in *Movimento a più voci*, 59.

16
Elena Biagini, *L'emersione imprevista. Il movimento delle lesbiche in Italia negli anni '70*

in winter is transformed into a rainy and desolate plain."[24] The meeting was proposed and organized by Le Nemesiache, with the involvement of groups and collectives of varied provenance, especially from southern Italy. The encounters and gatherings were held both in the open air, in the park and among the archaeological remains, and indoors, in a depot used as a dance hall during the season and the hall of a hotel. Lucia Improta recalls about this: "we had lots of places at our disposal and it seemed as though it had become our city, the city of women."[25]

As already stated in the editorial of the *Almanacco*,[26] the uncertainties, the gaps, and the blocks in the reconstruction of these events depend on the fact that political knowledge and practices "are not only theoretical experiences but experiences of life, means that they are not easy to transcribe"; their substance is elsewhere and, frequently, has been censored. There will be more gatherings on the beach, we hope there will be many of us. The power of the sea and its aquatic cosmogonies are revoked again in the finale of the psycho-fable *Cenerella* (1973)[27] through a choreography of bodies around the protagonist that begin to gyrate, spinning faster and faster as a chorus of voices is raised: "the struggle grows with the power of our blood, all the rivers come to the sea of rebellion" with the same overwhelming impact of today's transfeminist tide.

e '80 (Pisa: Edizioni ETS, 2018), 93.

17
Numerous mimeographed documents, recovered thanks to the help and valuable research of Sonia D'Alto, record the organizational and relational dynamics of the first meeting in Torretta di Crucoli.

18
Schiavo, *Movimento a più voci*, 75.

19
It further specified: "This wish to meet and spend a few days together emerged following the experience at La Tranche, then in Calabria, and in Bardolino last December." *Meeting in Varigotti with the feminist companions of the French group Psycanalyse et Politique*, document conserved in the Archivio Dalla Costa, Padua.

20
See also: From Naples, of Le Nemesiache who had organized the summer meeting at Torretta di Crucoli, the one who best represented them—Lina Mangiacapre—was present. She was always wrapped in skin-tight sheaths of black leather, her fine face shaded by large dark glasses. She looked rather like the comic character Barbarella. But beneath that bizarre and fantastic appearance was a woman of lively and passionate intelligence. She worked in cinema and in the 80s she directed, among other things, a historic film about Queen Dido and her defeat, interpreting her as a politician rather than a lover", Schiavo, *Movimento a più voci*, 86.

21
Ibid., 87.

22
Testimony taken from a mimeographed document written after the Varigotti meeting, conserved at the Fondazione Elvira Badaracco in Milan, undated.

23
Le Nemesiache, Untitled document, October 1974, in-house mimographed.

24
Libreria delle donne di Milano, *Non credere di avere dei diritti*, 117.

25
Testimony of Lucia Improta in Connie Capobianco, *Interpreti e protagoniste del movimento femminista napoletano, 1970–90*, (Naples: Coop. Le Tre Ghinee, 1994), 77.

26
L'Almanacco, luoghi, nomi, incontri, fatti, lavori in corso del movimento femminista italiano dal 1972 (Rome: Edizioni delle Donne, 1978), 5.

27
Lina Mangiacapre, "Cenerella. Psicofavola femminista," *Mimesis Journal* 10, 2, (2021): 255–74.

Sea, culture, cosmos, a dimension to be repossessed.
—Le Nemesiache[1]

Knowing is remembering.
—Lina Mangiacapre[2]

I have been woman
for a long time
beware my smile
I am treacherous with old magic.
—Audre Lorde[3]

Following the path of Le Nemesiache, distant memories come to the surface: the Sirens' song, the words of the Sibyls, the dance of the Nymphs, the battles of the Amazons, the madness and poetry of the Witches. Buried pasts re-emerge, weaving together experimental cinema, theatre and performance with second-wave feminisms, already in revolt towards new transformations.

Lina Mangiacapre and Le Nemesiache chose the expanded possibilities of images in movement—in shorts and feature films—as the space for repossessing history and myth: "Cinema is above all memory. Memory also of suppressed and deliberately erased realities."[4] Psycho-cinema, revenge cinema, new siren cinema: cinema became a tool for liberation in constant evolution, a process of transformation understood as a method of (trans)feminist research and a space of alterity. From the early 1970s, with "consciousness-raising through the camera"[5] and with the *psicofavola* (psycho-fable), Le Nemesiache gave life to a women's cinema that sprang from a shared need: to break the chains of perceptive conventions and the oppressive constraints of creation, so as to claim autonomy and independence. They staged the joy of collaborative feminist cinema and avant-garde[6] creativity, celebrating beauty as against marginalization and reawakening ancestral memories in the mythological sites of Naples and the Phlegraean Fields—the lands of Sibyls, Amazons, Witches, and Sirens. The female body became territory and rediscovery, in harmony with the stories it inhabits, while the camera became eye and memory, rewriting the history of women and other oppressed beings.

In 1976, they founded the Rassegna del Cinema Femminista "L'altro sguardo," one of the first international feminist film festivals in Europe, which continued up to 1995 in Sorrento. The first edition was held at the Cinema Filangieri in Naples, and was later conceived as a counter-program to the International Cinema Meetings in Sorrento. Involving women filmmakers from around the world, Le Nemesiache promoted the development of independent distribution networks and the production of feminist cinema, calling for the introduction of a mandatory quota of women professionals on every film set.[7] They presented a petition to the Naples City Council requesting the setting up of a creative and cultural center for women in the Posillipo district, which later came to house the Le Tre Ghinee Cooperative, which they founded the following year. The cooperative became crucial for the production of journals and cinema programs, as well as for the festival, to which they invited and/or showed films by Assia Djebar, Safi Faye, Matilda Landeta, Laura Malvey, Dacia Maraini, Annabella Miscuglio, Ulrike Ottinger, Psyco et Po, Fina Torres, Margarethe Van Trotta, and Chantal Akerman, among others. Although it was supported by local public funds, it was only by working together as a cooperative that the festival was able to survive and maintain its autonomy. The work of the cooperative was also essential for the production of Mangiacapre's films which, although they were written and directed by her, were always produced and distributed by Le Tre Ghinee/Nemesiache. These included six 8-mm short films (*Cenerella*, 1974; *Autocoscienza*, 1976; *Antistrip*, 1976; *Le Sibille, 1977*; *Il Mare ci ha*

1
Le Nemesiache, *Intervento alla Gaiola*, Napoli, June 2, 1978.

2
Lina Mangiacapre, *The Phlegraean Fields: Analyses and Cultural Prospects of a Territory, (Reading, and Mythology)*, 1978.

3
Audre Lorde, "A Woman Speaks" in *The Black Unicorn*, (New York: Norton & Company, 1978), 5. This poem recounts the experience of a black woman and embodies an intersectional feminism. It is interesting to note that Lina Mangiacapre, who was always committed to the struggle against the marginalization of Southern women and the working classes, published the collection *Donne e Unicorni* (1995) in the Cornucopia series produced with Le Nemesiache. Just like that of Audre Lorde, and several decades later, this book too devotes attention to mothers and children, to issues of revenge and betrayal, to gods and female warriors, interweaving the use of ancient magic into the

chiamate, 1978; *Follia come poesia*, 1977–79), one multimedia work (*Ricciocapriccio*, 1981) and three video (*Eliogabalo*, 1989; *Biancaneve*, 1982; *Io/il mistero/le S*, 1986).

In this vast production, sets, scenery, costumes, lighting, and soundtracks were all handcrafted by the group, with the members playing multiple roles as directors, actresses, editors, sound technicians and costume designers. The cine-fables of Le Nemesiache were a vibrant testimony to grassroots experimentation, aimed at forging connections between women and replacing patriarchal hierarchies with new forms of collaborative agency and mutual support. For instance, for *Didone non è morta* [Dido Is Not Dead, 1987], friends were involved in the production alongside the family, transforming Mangiacapre's father's carpentry shop into a workshop for the creation of costumes and props. As a result of this collective work, Le Nemesiache were the only Italian feminist group to produce 35 mm feature films[8]: *Didone non è morta* and *Faust Fausta* (1991). In both these films, myth becomes a pulsating energy that reappropriates the past and is projected towards the future. Starting from the end of the 1980s their "other" cinema embraced an androgynous, almost camp, identity, dissolving gender categories, breaking down ideological barriers and intertwining non-normative desires. In *Faust Fausta*, for instance, a trans artist with golden eyes is in search of harmony, a non-binary artist confronts the demon, a pansexual journalist renounces her lesbian lover. The film suggests how, within feminist art, lesbian desire can contribute to the creation of a fluid dimension. The characters appear like *tableaux vivants*, with interpretations more redolent of theatre than of cinema. In their physical presence, almost like tactile images, they play an active part in dissolving the binary, opening up a queer space, cinema in becoming, with subjects in constant metamorphosis.

The Neapolitan feminisms have been defined by their capacity "to being situated, to give life to a political practice based on theories not separated from the material context, from the knowledge and awareness in which one lives,"[9] and Le Nemesiache cinema is evidence of this. *Cenerella*[10] [Cinderella, 29'] was Lina Mangiacapre's first Super 8 film, produced in collaboration with the group. In the outdoor locations of the Acropolis of Cumae, Amalfi, and the surroundings of Villa Schifanoia in Florence, Le Nemesiache dressed in long pastel-colored tunics whisper fragments of mythologies, repeated in litanies and lamentations, like visions of a shared past wrested from its origins. The echoing invocation is an invitation to recollection. Amidst blades of grass, reefs, and beach pebbles, their bodies move in convulsed dances, accompanied by the sound of flutes, harps, and drums. The memory becomes ritual, an incarnate participation in which pain, rather than breaking, is recomposed in a collective act. Recollecting thus becomes a gesture of repossession and reincorporation, a memory of the future. Since historic consciousness is founded on a millennial patriarchal and colonial culture, it is Attannurreta—which in popular Neapolitan culture signifies both "back in time" and "now, immediately"—who is invoked to substitute pure memory: "Don't stop at the historic memory . . . the key is in the fantasy." From the erased memories, from the traumas caused by rape, violence, and immeasurable pain, in the energy of the dance and the collective ritual, to the creative rhythm of the music, Le Nemesiache are transfigured within the landscape in "a process of performative correspondence."[11] The grief of mourning for the physical and cultural violence suffered by women becomes a slow journey of recomposition. The lamentation is an encounter, proximity between human bodies and empathy with the territory and the natural elements. In the gestures of intimacy with the rocks, the sea, and the surroundings, through techniques of camouflage, concealment, and metamorphosis, the bodies of Le Nemesiache transform the dance into a "force of expression that becomes struggle,"[12] in which identities are in continual negotiation with the environment.

The magical and metamorphic qualities of the camera allowed the group to move between interior and exterior, successfully bringing consciousness-raising from the privacy of the home into the public space.[13] This is what happened at the feminist congress at Paestum. *Autocoscienza* [Consciousness-raising, 20'] is a video shot by Mangiacapre with Niobe and Karma and produced without editing. The camera becomes the third eye—the eye of

present to imagine a future for women.

4
Lina Mangiacapre, https://www.bnnonline.it/custom-content/lenemesiache/cinema_premio_lina_mangiacapre.php.html

5
Lina Mangiacapre, *Cinema al femminile*, (Padua: Mastrogiacomo Editore Images 70, 1980), 7.

6
In this context, the term "avant-garde" is not employed in its historicist sense, but rather as a cultural framework for analyzing the dialectic between art and life. I draw on the definition advanced by Indian art historian and critic Geeta Kapur, who shifts attention from Western avant-gardes to those of the Global South, situating them within processes of social transformation and political commitment.

7
Dalila Missero, *Women, Feminism and Italian Cinema: Archives from a Film Culture*, (Edinburgh: Edinburgh University Press, 2021), 45.

8
Lucia Cardone and Sara Filippelli, *Filmare il femminismo: Studi sulle donne nel cinema e nei media* (Pisa: Edizioni ETS, 2015), 88.

9
Donne protagoniste a Napoli. Un contributo alla ricostruzione del movimento

Parthenope—which captures the dances and the psycho-fabulous gestures of Niobe amidst the ancient temples of Paestum, allowing us to "perceive a woman who wants to take her territory, world sky sea sun moon, her cinema territory as an image of herself. To give birth to the world even with the eyes and hands, the world of life."[14] This is followed by close-ups of women's eyes and faces on round canvases painted by Màlina in the interior of her house in Naples—recalling the proverbial feminist circles of consciousness-raising—and the movements of Helen amidst the fumaroles of the Phlegraean Fields. The camera shifts to the coastline of Naples, framing the face and red hair of Helen contemplating the sea and Vesuvius. This still, which became the cover of a Rassegna Femminista publication, generates an identification as consciousness-raising and reappropriation of a mythical dimension: "a hole into the interior and an opening out of that center (the volcano)—both nurturing and destructive!"[15] In the film, the music of Le Nemesiache sounds out as if from a bottomless abyss or a harmonium carved directly into the rocks pummeled by the crashing waves, recalling the music of the Sirens and vocalizing a different future.

The theft of the Sirens' song is narrated in the cine-fable *Le Sibille* [The sybils, 25'], Mangiacapre's third Super8 work in collaboration with Le Nemesiache, which recounts the historic and territorial expropriation of a mythosophic knowledge reduced to legend. In the film, an old woman reads the tarot cards, opening up to the "stories buried in the memory, in the sea, in the fire, in the earth, in the air." The alchemical elements become the access to a genealogy to be repossessed: "We are in the land of Cumae, the territory of the Sibyls . . . we must find them again and find ourselves again."[16] The Sibyl was the ancient prophetess of Cumae, who became for Le Nemesiache a mythography from which to rewrite a buried history and civilization: that of women. The repetition and the evocative power of the Sibyl's prophecy symbolize the clairvoyance of the struggles, capable of foretelling the future. At the same time, it is an ancestral listening. From her cave, the Sibyl exhorts women to find each other through the stones. The act of memory and reincorporation challenges patriarchal taxonomies, excavating both oneself and matter to fill the temporal fracture. The female bodies curl up, followed by sequences of convulsed movements among the natural elements, culminating in a close-up: a woman's head, the hair waving like the snaky locks of a Medusa, the fierce and penetrating gaze that challenges the camera. What explodes here is a vibrant coexistence of experimental narration, feminist mythopoesis and consciousness-raising, swept up into an exultant dance in which they joyfully participate. It is the gaze of a new, shape-shifting and multiple subject waiting not recognition, but revelation. It is also the vertiginous climax of "to what extent progress kills civilization and how in this death the culture of women disappears"[17] comes to the surface. The rage and indignation about the repressed memories, the women burned at the stake, correspond to a civilization to be excavated—Cumae—and to supernatural personifications such as Sibyls and Witches. What is proposed is not a utopian neo-paganism or forms of ancient magic, but an embodied analysis of the colonialist destruction of women culture. While in the film the vanished traces of the female body resurface through the Greek myths present in Neapolitan oral culture,[18] for Mangiacapre the legacy of the women is to be found in the "relationship with the cosmos, the everyday like magic, the richness of a story from which women have not allowed themselves to be exiled."[19] These forms of archaic knowledge and precious wisdom, which reforge links with maternal sources, have often been interpreted as existentialist stances. On the other hand, attention has not been paid to the mythopoietic research through which Le Nemesiache rupture the account that compares the (southern) female body and the (southern) territory to colonial and extractive oppression: "Sea mother expropriation."[20] The (spi)ritual filiation between women and nature is not biological but creative, it generates something "other" and "different" from the real.

In the same period, while Hélène Cixous was describing the female body as sea and mother, an inexorable force from which to rewrite the world, Le Nemesiache went further, immersing themselves in the future of the queer waters of hydrofeminism. Indeed,

delle donne dagli anni Settanta ad oggi, ed. LeNove – studi e ricerche, "Casa della cultura delle differenze," 2013: 55. http://donnedinapoli.coopdedalus.org/wp-content/uploads/2013/07/rapporto-di-ricerca.pdf.

10 Screened in Rome, Brussels, and Paris.

11 Laura Levin, *Performing Ground: Space, Camouflage, and the Art of Blending In* (London: Palgrave Macmillan, 2014), 4.

12 Le Nemesiache, Untitled document, October 1974, in-house mimeographed.

13 Hilary Althea Emerson, "Reframing Madness with Avant-Garde Film: Lina Mangiacapre's Feminist Collaboration at the Asylum," *The Italianist* 41, no. 2, (2021): 323–337.

14 LeNemesiache, "Nemesi e il cinema," in *Non solo figura di donna, Documents of the Rassegna del cinema femminista organized by The Nemesiache*, I–II, 1967, 7.

15 Lyn Blumenthal et al, "Editorial Statement 13" *Heresies 13, Earthkeeping/earthshaking. Feminism and Ecology*, vol. 4, no.1 (1981).

16 Words pronounced by the tarot reader in the film *Le Sibille*.

they transformed the symbols and matter of the female body into a ritual practice entwined with ecological claims in solidarity with the sea creatures: "Reappropriating the territory, seeing it as ourselves; seeing in the destruction, pollution, and appropriation of the sea our own same destiny of being woman."[21] *Il Mare ci ha chiamate* [Summoned by the Sea, 18', 1978], shot between Posillipo, Mergellina, Gaiola, and Bagnoli, manifests this profound empathy for a territory that was already at the time threatened by privatization and pollution. Le Nemesiache speak out against the rubbish in the streets, the gates barring access to the beaches and the bans on bathing. In a chromatic fusion of natural light and fabrics in movement, their bodies thrash about in the waves, responding to the call of the sea as if to a collective dream. Through hydro/logical transcorporeality,[22] the film triggers radical and poetic images, inscribing the qualities of the cosmos in the permeability of bodies. More than in the words of protest, the rebellion is shown in the blurred images, in the fluid details and in the almost psychedelic music through which they evoke ecological justice. The sea becomes fluid memory and caring gesture, a space of resistance and reconnection with the female self and the expropriated communities.

In the film *Follia come poesia, riprendiamoci il corpo mare* [Madness as Poetry, Reclaiming the Sea Body, 40'], The Nemesiache liberate the female patients of the Frullone, the largest psychiatric hospital in Naples, and take them to the seashore. We see these woman bathing in the sea for the first time, dancing, playing music, and listening. All the methods of Le Nemesiache—the psycho-fable, the psycho-music and the psycho-cinema—are employed to offer a therapeutic proposal that claims the inmates' right to beauty. As Mangiacapre stated: "I believe that the time has come to say that the first to have the right to beauty, poetry, and music are the marginalized, all of them, from the so-called "lumpenproletariat" to the so-called mad people."[23] *Follia come poesia*[24] is indeed a significant testimony to the group's anti-psychiatry struggle: "a dual struggle, against the institution as a whole and against female marginalization."[25] The film stemmed from the group's three-year experience of struggle alongside the psychiatric patients of the sixth women's unit of the Frullone, with the support of the hospital workers and the director, Sergio Piro, a central figure in the Italian anti-psychiatry movement. In the film, produced in collaboration with the psychiatric patients, Le Nemesiache replaced the psychotropic drugs with poetry (the poems of Sylvia Plath), their threadbare clothes with transparent veils, the white coats with the colors they used to adorn the faces, physical constriction with the celebration of music and dance. Like Simone Weil, one of her most important theoretical mentors, Mangiacapre rejected the use of force. With Le Nemesiache, she instead proposed dream as the transversal tool for addressing and reinventing reality, even in the conditions of most extreme marginalization. In the landscape of Gaiola, where they brought the inmates, the desire for life did indeed resurface, despite it being "similarly subject to processes of psychiatrization, productivity violence and extractivism"[26] exactly like women's bodies.

Ricciocapriccio (44') is an oneiric and allegorical fable that recounts the environmental crisis and the marginalization of local wisdom, suffocated by progress and by the prevailing knowledge. Ricciocapriccio, daughter of the sea and friend of the fishermen, returns to die in the sea after having tried in vain to live and communicate on the land. The struggle for the survival of ancestral knowledge is embodied in the concept of the fisherman, which for Mangiacapre is an "archaic concept of respect, of expectation, of magic."[27] To the sound of flutes and a song that comes from the sea together with distant heartbeats, the camera navigates in the cosmic ocean to the verses of elegies for her land, for her sea, and for Ricciocapriccio herself. The choice of a fable in verse, evoking chants that recall the dirges of the ancient wailers, once again illustrates the commitment of Le Nemesiache to the most oppressed classes and identities. Like the fables, the dirges too give voice to anxieties, but also the desire for redemption, dimensions from which to launch charges against the injustices suffered, which in their rituality have been associated with forms of magic.[28] Ricciocapriccio's seventh dirge runs as follows: "in the immense desire/ for whirlpools/ for marine fantasies/ for deep oceans/

17 Mangiacapre, *Cinema al femminile*, 23.

18 Annabella Miscuglio, "An Affectionate and Irreverent Account of Eighty Years of Women's Cinema in Italy," in *Off Screen*, ed. Giuliana Bruno and Maria Nadotti (New York: Routledge, 1988), 157.

19 Lina Mangiacapre, *Faust-Fausta*, (Florence: L'Autore libri, 1990), 103.

20 Ibid., 104.

21 Le Nemesiache, *Intervento alla Gaiola*, Naples, June 2, 1978.

22 Cfr. Astrida Neimanis, "Idrofemminismo: diventare un corpo d'acqua," in *Embody* (Turin: Kabul Editions, 2022).

23 Adele Cambria, *Follia come poesia*, newspaper cutting, 1980, Lina Mangiacapre private archive, Posillipo.

24 The film ties in with the years of research into the mental hospitals of Italy carried out by Franco Basaglia, and with previous artistic and social actions at the Frullone, such as the collaboration between Franca Lanni and Renata Petti (1971–75), and by the A/Social Group.

25 Sergio Piro, director of the Frullone, in

Maria Roccasalva, "Il Frullone, la scuola, la musica, le donne," *l'Unità*, Rome, June 20, 1979.

for coral caves/ for witches/ for seahorse stars/ Ricciocapriccio leaves this land."[29]

In the vast imaginary of the sea, where every ego dissolves, the cinema of Le Nemesiache does not stop at representing reality, but becomes a Siren, seducing the gaze to reveal the mystery of the bodies and the archaic rituals. At the same time, it is also a Witch, who with the enchanting power of the broken word can oppose both the burnings of the past and the folly of modernity. And ultimately the subversive energy of the image in movement is intertwined with the Sibyls, guardians of a divinatory art that still lives on in the old women of Naples, challenging the marginalization that frequently marks female maturity. Therefore, Le Nemesiache's cine-fables can be seen as cinema-memory, where the search for beauty coincides with the struggle for social justice"[30] and where dreams, desires and yearnings are excavations of deep oblivion. If much of what we recall is incarnate, then the cinema is "total revenge" to reclaim the existence of a lost physical and psychic territory, a time inhabited by a female culture, now shattered and dispersed, unable to find space in the everyday life of the present. The fluid fabulations of experimental cinema instead create a present that is plastically modelled in the visions of the past and future. The cinema—a body-image union according to Mangiacapre—is also the battlefield for combating "violence, vulgarity, laws, abuses, roles, schema, power and racism."[31] Through the editing, cinema has the power to overturn world order. As Piera De Tassis observes, for the women directors who have always been relegated to the margins of the official circuits, the camera "becomes truly 'experimental' insofar as it triggers events, experimenting and modifying them as it films them."[32] The videos and films of Le Nemesiache are experimental but also radical, in an etymological sense: that is, they render explicit a rootedness or a return to the foundations. Their images in movement, tactile and porous, evoke the ephemeral visions of the Cuban artist Ana Mendieta, drenched in a spiritual ambiguity that opens a passage between the world of the living and that of the dead, between the supernatural and the human. While Mendieta draws on Santería, Le Nemesiache immerse themselves in the soul of Naples, with its culture of death, its ritualism, and the pre-Christian pagan traditions. This return to origins recalls elements of the visual grammar of Maya Deren, in which the identity reveals itself within a ritual dimension. At the same time, it also echoes the approach of the experimental documentaries of Cecilia Mangini, who in the 1960s wove together Ernesto De Martino's anthropological reflections of magic rituals and the cinema of Pier Paolo Pasolini from a feminist perspective. While in the 1970s, in *Penthesilea: Queen of the Amazons* (1974) Laura Malvey and Peter Wollen entwined psychoanalysis and semiotics in an avant-garde theoretical film, in the revenge cinema of Le Nemesiache the Amazons explode in all their potency: "the era of the return to the androgynous, to being whole and not separated. A thought in which the concept is not detached from the image but can traverse it with a physical and mental energy, electrical and chemical, to the point of transmutation."[33] Ritual and myth, ever-shifting tools of subversion, spark poetic acts that unravel order and disrupt the codes of gender.

In the almost devotional realm of Le Nemesiache, who emerge collectively from the screen to radically reimagine the rituals imposed by patriarchal society, a creative process unfolds, rich with personal transformation and collective liberation. For them "art is politics, a DIFFERENT way of doing politics,"[34] and so the connections of cosmic and galactic interdependencies intertwine with emotional, corporeal, and sacred memories. The cine-fables narrate the poetic incarnations of synchronic encounters through which Le Nemesiache forge a metaphysics of political struggle that coincides with a metaphysics of life itself. The ritually staged narrations construct identities in which women bodily processes, emotions, and experiences are honored so as to rewrite and remodel the roles of women within society, along with other oppressed and marginalized entities. In the infinite creative combinations of life, Le Nemesiache invoke the reclaiming of mythological rituals: "in the name of all women, in the name of the people, in the name of the fishermen, in the name of the proletariat, in the name of life, of liberty, of beauty, of poetry, in the name of harmony, of love, or justice, in the name of art, of creativity."[35]

26
Giada Cipollone, "Nemesi performativa, Scritture, corpi e immagini nella ricerca di Lina Mangiacapre e delle Nemesiache," *Mimesis Journal*, 10, no. 2 (2021): 46.

27
Mangiacapre, *Faust-Fausta*, 120.

28
Ernesto De Martino calls them *incantmentum*.

29
From *Ricciocapriccio*, 1981.

30
Cfr. M. Jacqui Alexander, *Crossing Pedagogies: Meditations on Feminism, Sexual Politics, Memory, and the Sacred* (Durham, NC: Duke University Press, 2006).

31
Le Nemesiache, *Nemesi e il cinema*, 6.

32
Piera De Tassis, "Cinema al femminile," in *Kinomata, La donna nel cinema*, ed. Annabella Miscuglio and Rony Daopoulo (Bari: Dedalo libri, 1980), 94.

33
Lina Mangiacapre, *Cinema al femminile 2*, (Naples: Mini-Manifesta 1994), 5.

34
From Lina's 1978 diary, January 7–8.

35
Mangiacapre, *Faust-Fausta*, 110.

Porosità ed eruttività a Cuma con Le Nemesiache

Giulia Damiani

Se nelle varie ideologie non è compresa una parte della realtà, ogni espressione di questa realtà esclusa e soppressa non è rappresentazione ma progettazione [...] e preparazione, ogni gesto è fatto storico.

Il TEATRO non è inteso come rappresentazione o interpretazione culturale di una realtà che si svolge altrove ma concretizzazione ed evocazione, come nei rituali magici l'evocazione della pioggia non è l'interpretazione della pioggia ma la preparazione all'evento, quindi la pioggia stessa.

In questa dimensione è da vivere la PSICOFAVOLA, realizzazione storica che contemporaneamente denuncia la falsità della riduzione dell'ideologia patriarcale e quindi della storia patriarcale, e costruisce e realizza il DIVERSO.[1]

Quando nel 2013 sono entrata in contatto con la produzione delle Nemesiache, fra i primi documenti in cui mi sono imbattuta c'era anche il loro manifesto, pubblicato nel 1975, da cui sono tratte queste citazioni. A Posillipo, a sedere nella prima sede del loro archivio con Teresa Mangiacapra (membra del gruppo e sorella della fondatrice, Lina Mangiacapre), mi soffermavo sulle immagini evocate dal manifesto e sulle foto delle performance che il collettivo aveva organizzato in luoghi chiusi e in spazi aperti, nella natura circostante.

Uno scatto iconico realizzato sul set del loro cortometraggio *Le Sibille* (1977) mi colpiva in modo particolare: tre performer sono in piedi su una formazione rocciosa nella zona vulcanica dei Campi Flegrei, a ovest di Napoli. Il fumo che esce da uno dei crateri vicini arriva quasi a sfiorare i loro corpi.[2] Benché i loro abiti colorati punteggino il paesaggio, gli elementi umani e sovrumani risultano in equilibrio visivo e creano una sensazione di armonia e appartenenza. A una giovane dottoranda appassionata di femminismi che sognava di realizzare performance collettive, la produzione di questo gruppo nato a Napoli, e difficile da rintracciare, rivelava le potenzialità di genealogie femministe che viaggiano nel tempo e che si materializzavano davanti a me – a tratti in modo travolgente – grazie ai ricordi di Mangiacapra. Trovandomi di fronte a quello che sembrava un vasto cosmo femminista radicato nel territorio, durante le prime interviste ai membri del gruppo diventavo una ricercatrice impaziente di comprenderne il linguaggio attraverso il contesto circostante. Come interpretare l'espressione dell'oppressione, declinata come "progettazione e preparazione", nei luoghi che avevano ospitato i lavori delle Nemesiache? In che modo il loro metodo della "psicofavola" produceva una realtà diversa?

In dieci anni di ricerca, e numerose esperienze con il gruppo, ho approcciato queste tematiche da una prospettiva teorica, esperienziale e basata sulla pratica artistica.[3] Imparare insieme alle Nemesiache ha comportato intraprendere un viaggio di tipo diverso, in cui il sapere si dipana nel tempo e non soltanto attraverso documenti, bensì grazie a un coinvolgimento diretto nella produzione del gruppo e nelle sue esperienze.[4] È importante sottolineare, per esempio, che non esiste uno schema per l'esecuzione del metodo della psicofavola. Mangiacapre e il gruppo l'hanno utilizzato in tutta la loro produzione (che comprende opere cinematografiche e teatrali) ma, benché i loro testi e le loro opere offrano molti spunti al riguardo, non l'hanno mai riassunto in una serie di istruzioni.

Nelle prime interviste fatte alle membre del gruppo (Mangiacapra, Silvana Campese e Conni Capobianco), ero impaziente di immergermi appieno nel sapere di questo metodo, ma i loro ricordi e i documenti che potevo leggere delineavano una missione di più ampio respiro, impossibile da cogliere rapidamente o facilmente. In alcuni momenti le intervistate non ricordavano date e la sequenza esatte di determinati eventi, tuttavia le loro

1 Le Nemesiache, *Cicli Lunari, Cicli Solari, 1973-1975*, pamphlet conservato nell'archivio di Lina Mangiacapre e delle Nemesiache.

2 *Le Sibille* (25') è stato prodotto dalla Cooperativa Le Tre Ghinee/Nemesiache e diretto da Lina Mangiacapre.

3 Si veda la mia tesi di dottorato, fondata sulla pratica, *Porous Places, Eruptive Bodies: The Feminist Group Le Nemesiache in 1970s–1980s Naples*, Goldsmiths University, 2022. La tesi era corredata da una serie di performance realizzate in collaborazione con il loro archivio, membri del gruppo (dal 2013) e altri artisti. Nel 2015, ho partecipato a "Nemesi Oltre / Nemesis Beyond", un programma di rievocazioni e proiezioni di materiali d'archivio organizzato da Teresa Mangiacapra a Napoli. Nel 2020 e nel 2022, attingendo all'archivio del gruppo, ho curato una mostra intitolata *From the Volcano to the Sea: The Feminist Group Le Nemesiache in*

storie prendevano vita attraverso le esperienze sensoriali che condividevamo, tramite udito, olfatto, vista e tatto.[5] Nella primissima intervista, Mangiacapra mi raccontava che avevano iniziato a mettere in pratica la psicofavola realizzando la prima performance teatrale, *Cenerella* (1973). Durante la preparazione a casa era capitato che urlassero, spaventando i vicini.[6] Tanti anni dopo, mi trovavo con mille interrogativi: com'erano arrivate, di preciso, alla psicofavola? È un metodo ancora valido per le femministe di oggi?

Man mano che le risposte a queste domande diventano più complesse, i messaggi delle Nemesiache riecheggiano nel presente in modo significativo. Nei prossimi paragrafi esaminerò lo scambio sensoriale e materiale fra il gruppo e il paesaggio della loro zona per sottolineare come il metodo della psicofavola abbia aiutato Le Nemesiache a scoprire se stesse come agenti creative e politiche, e a rinegoziare un dialogo con il loro contesto. La materializzazione di una realtà diversa dal patriarcato, pur svolgendosi in una geografia circoscritta, è riuscita a stabilire legami lontani nel tempo e nello spazio.[7] Per citare le parole di Mangiacapre: "Noi sentiamo Napoli come una dimensione che non è legata al concetto di città, qualcosa che è al di sopra dei suoi confini urbani, è una città cosmica [...]. È una specie di segnale quello che succede a Napoli, quello che succede a Napoli non si ferma qui, ma è il riflesso indicativo di quello che succede nel resto del mondo!"[8] La "progettazione e preparazione" del gruppo riguardava tanto gesti creativi, quanto il loro modo di incontrarsi abitualmente per sperimentare e giocare. Parlerò di come la psicofavola può essere meglio compresa come una forma rituale.

La psicofavola proposta dalle Nemesiache rappresenta un approccio specifico al teatro, incentrato sul corpo, secondo cui la repressione emotivo-intellettuale delle donne emerge attraverso strati fisici, affettivi e simbolici del corpo e attraverso i suoi gesti. Come sottolineato dal manifesto, nella pratica del gruppo la performance teatrale doveva evocare una diversa dimensione cosmica e rendere storico il momento: "Ogni gesto è fatto storico".[9] Questa dimensione era raggiunta tramite la reinterpretazione di vicende mitologiche, come quella della Sibilla Cumana, impersonate dalle partecipanti. Le performer maturano la consapevolezza della propria oppressione incanalando l'esperienza altrui. Ne *Le Sibille*, per esempio, le donne visitano l'antro della profetessa mentre, con gesti e passi di danza, evocano il loro legame con la Sibilla e la loro sofferenza. All'inizio del film, Mangiacapre descrive quella che sembra una seduta spiritica e le scene in cui le donne danzano su questa terra: "Non siete sole. Con voi si accompagnano storie sepolte nella memoria, nel mare, nel fuoco, nella terra, nell'aria [...]. Noi siamo nella terra di Cuma, territorio delle Sibille. Attraverso le pietre e se stesse dovremmo ritrovarle e ritrovarci".

La donna anziana nella seduta iniziale è la Sibilla, che ricompare in seguito sulla soglia della grotta. Da un lato la psicofavola accoglie l'immaginario mitologico e i passati dimenticati, dall'altro il corpo e le azioni delle performer. Le Nemesiache hanno messo l'accento sull'indole sperimentale del loro lavoro, pensato come una progettazione e una prova continua in vista di cambiamenti che avrebbero avuto luogo nella vita reale. Così facendo, rifiutavano la separazione fra arte e politica, rappresentazione e vita. Interpretare un ruolo significava offrire semplicemente un ritratto interessante della loro lotta, sminuendo così le potenzialità materiali della loro pratica. Lo scopo ultimo della loro pratica – il realizzarsi della differenza, che poteva essere vista come una diversa realtà politica o addirittura una dimensione diversa – prevedeva l'evocazione e una materializzazione costante di spazi ed epoche altri. Questo spazio-tempo nasceva da una condizione di oppressione (in questo caso femminile), ma non si è mai collocato in una dimensione normativa, come un concetto binario dell'identità di genere, con il "sesso femminile contrapposto al maschile".[10]

Nel corso degli anni di lavoro con le Nemesiache, visitando insieme ai membri del gruppo i luoghi delle loro azioni, sono arrivata a considerare Cuma come uno spazio liminale, una soglia che può contribuire a capire il rapporto sfaccettato che lega il collettivo al paesaggio. La grotta si trova nei Campi Flegrei ed è scolpita nel tufo, fatto di cenere vulcanica, e presenta diverse aperture su un lato. La struttura a cunicolo della grotta fu scoperta nel 1932 dall'archeologo Amedeo

1970s and 1980s Naples. È stata allestita in prima battuta in collaborazione con If I Can't Dance, I Don't Want to be Part of Your Revolution, al Rongwrong di Amsterdam, e successivamente al Chelsea Space di Londra.

4
Ibidem. Nella mia tesi di dottorato ho descritto questo processo come "apprendimento rituale".

5
Si veda Giulia Damiani (a cura di), *Ritual and Display*, If I Can't Dance, I Don't Want to be Part of Your Revolution, Amsterdam 2022.

6
Intervista fatta dall'autrice a Teresa Mangiacapra, settembre 2013, contenuta nella sua tesi di dottorato.

7
Il legame fra le Nemesiache e femministe di altre parti del mondo è attestato inoltre dal festival internazionale del cinema organizzato dal gruppo a Sorrento, la Rassegna del Cinema Femminista "L'altro sguardo" (1976-1995).

8
Alessandra Pacelli, Una *città a dimensione donna, intervista a Lina Mangiacapre per Napolicity*, marzo 1981, conservato nell'archivio di Lina Mangiacapre e delle Nemesiache.

Maiuri, che la identificò come l'antro della Sibilla Cumana seguendone la descrizione fatta da Virgilio nel sesto libro dell'*Eneide*.[11] Nell'opera, Virgilio definisce le aperture come le "cento bocche" della Sibilla.[12] All'epoca degli antichi greci e romani, le parole della profetessa visionaria risuonavano proprio dalla camera interna dell'antro; chi vi entrava per porre una domanda si fermava ad ascoltare il responso nello spazio più esterno.

Secondo i racconti popolari, le rivelazioni della profetessa erano spesso provocatorie e criptiche.[13] Scavata nella profondità della terra, e legata a antiche profezie delle donne e alle loro vicende dimenticate, Cuma è uno dei nuclei energetici della visione femminista di Mangiacapre; questa visone mirava a riappropriarsi di un luogo da sempre pervaso di fenomeni naturali, miti e magia, ma che veniva progressivamente distrutto dallo sfruttamento capitalista esercitato dagli uomini. Nella sua visione, il presunto divario fra natura e cultura, alimentato nei secoli dal patriarcato, doveva essere colmato dalla creatività femminista.[14] Gli interventi sul paesaggio delle Nemesiache sono stati mediati dal loro impegno femminista e creativo. Come sottolinea la citazione seguente, la loro sperimentazione era legata al corpo e si estendeva all'ambiente circostante: "Le donne intendono riprendersi insieme al proprio corpo il territorio-corpo della propria città".[15]

Anziché prendere in considerazione le produzioni del gruppo allestite nei teatri di tutta Italia nel corso degli anni Settanta e Ottanta, mi concentro sul loro rapporto con il paesaggio, quello che definiscono "territorio-corpo". Ritengo che, per comprendere la psicofavola e la produzione complessiva delle Nemesiache, si debba esaminare come la psicofavola e i suoi gesti hanno vissuto e reinventato il territorio-corpo. In un articolo sui Campi Flegrei uscito alla fine degli anni Settanta, Mangiacapre dichiara: "La mia ricerca si prefigge di ricomporre i miti e di reperire tutte le documentazioni possibili per il collegamento storico sulle origini della Sibilla, di Cuma e dei Campi Flegrei, e di cercare le tracce degli antichi riti".[16] *Le Sibille* torna costantemente in quel paesaggio vulcanico, e gli sbuffi di fumo sono stati immortalati nelle prime foto scattate dal gruppo, per esempio in quella intitolata *Psicofavola a Napoli* (primi anni Settanta).

L'iconica serie *Women and Smoke* di Judy Chicago (1970) può essere collegata a questa immagine. Se però nelle foto di Chicago il paesaggio brullo viene modificato dai fuochi d'artificio dell'artista, le azioni delle Nemesiache sono invece intrecciate alla materia già tangibile, storica e spaziale. Il fumo dei vulcani incontra la rinnovata coscienza delle donne e il loro potenziale di agire nel mondo. Il paesaggio umano incontra quello non umano e, all'interno di questo rapporto, sembra verificarsi una trasformazione liberatoria. L'etnografa Deborah Bird Rose ha lavorato sul concetto di permeabilità nell'ambito della ricerca su quello che ha definito il "sé ecologico situato", ovvero il sé che è materialmente insito in determinati luoghi, "oltre a essere consustanziale rispetto all'universo". Per citare le sue parole, "il luogo penetra nel corpo, e il corpo scivola nel suo luogo".[17] Il corpo-territorio permeabile delle Nemesiache è una presenza costante negli scritti di Mangiacapre. In un documento senza data che riassume la sua proposta per un'opera totale, l'artista dichiara: "Io genero cultura secondo natura cioè secondo realtà, la mia, quella delle mie cellule, delle mie radici, del mio corpo, dei miei capelli, alberi, lune, soli, galassie".[18] La produzione delle Nemesiache sembra collocarsi nel punto d'incontro poroso fra corpo e luogo, punto che si trasforma in uno spazio di espressione per la creatività femminista e di realizzazione di una realtà diversa.

Nella cornice di questo dialogo sensoriale con i luoghi, ho capito che la forma del rituale poteva racchiudere l'essenza della psicofavola. Nella pratica delle Nemesiache, le performance rituali sono diventate strumenti per approcciarsi in modo nuovo alla terra e al corpo; allo stesso tempo, hanno permesso di immaginare altri passati dimenticati e futuri imprevedibili. La critica d'arte Lucy Lippard ha individuato dei parallelismi fra i rituali delle artiste degli anni Settanta e le strutture del movimento di liberazione delle donne, tra cui l'autocoscienza e le riunioni senza gerarchie.[19] Le artiste usavano i rituali per riconciliare pubblico e privato, una traiettoria molto enfatizzata dall'argomentazione della seconda ondata femminista, secondo cui "il personale è politico".

Ecco come Lippard sintetizza la presenza del rituale nella pratiche delle artiste: "Il rituale e il ritualizzare, o il concepire la

9
Le Nemesiache, *Cicli Lunari, Cicli Solari*, 1973-1975.

10
Ibidem.

11
Alexander Gordon McKay, *Review: The Monuments of Cumae*, "Virgilius", 43, 1997, p. 78-88.

12
Herbert William Parke, *Sibille*, ECIG, Genova 1992, p. 99.

13
Ivi, p. 103.

14
Lina Mangiacapre, *Opera Totale*, conservato nell'archivio di Lina Mangiacapre, Posillipo, senza data.

15
Manifesto femminista nazionale per l'8 marzo 1981, conservato nell'archivio di Lina Mangiacapre e delle Nemesiache.

16
Lina Mangiacapre, *I Campi Flegrei. Analisi e prospettive culturali di un territorio (Letteratura e mitologia)*, conservato nell'archivio privato di Lina Mangiacapre, 1978.

17
Deborah Bird Rose, *Dialogue with Place: Toward an Ecological Body*, "Journal of Narrative Theory," 32, n. 3, 2002, p. 312.

18
Mangiacapre, *Opera Totale*.

19
Lucy R. Lippard,

creazione dell'arte come un processo rituale anche se il risultato finale non è promosso come tale, sono tentativi di reinvestire l'arte di un significato pubblico e privato. L'arte, come il rituale, può essere definita come la formalizzazione dell'esperienza del singolo per renderla familiare (vecchia) mentre viene però rinnovata".[20] Da questa citazione (e dalla produzione delle artiste indicate da Lippard, per esempio Mary Beth Edelson) emerge uno degli elementi centrali del rituale inteso come forma artistica: l'intimità che viene prodotta nel rinnovato rapporto tra pubblico e privato. Un altro elemento è la trasformazione che avviene nei rituali, che rende la propria esperienza "familiare (vecchia) mentre viene però rinnovata". Una lettura femminista del rituale suggerisce che questa trasformazione, interna ed esterna, sia necessaria affinché le donne possano estirpare i riferimenti patriarcali dalle loro vite individuali e dalla vita collettiva. Riferimenti nuovi (che comprendono profetesse, dee, sirene e streghe, ma anche elementi come pietre, sbuffi di fumo, lava e scogliere) sono stati introdotti per sfidare gli assunti patriarcali che si celano dietro a ciò che, nella produzione artistica e in ambito culturale, viene considerato "normale", professionale e neutrale. Queste identità non sono state accolte con una sensazione di nostalgia per un passato lontano, bensì come un progetto ingegnoso per raccontare, daccapo e nel presente, storie antiche; per creare nuovi riferimenti per il futuro. La missione individuale di diventare il proprio sé femminista si è unita all'impulso collettivo per ridefinire la struttura entro la quale le donne creano arte e riflettono sulla storia in senso ampio.

Al di là della trama, *Le Sibille* attesta l'unione rituale dei membri del gruppo. Tornare nel paesaggio di Cuma e danzare nei cunicoli della grotta, a più riprese nel corso degli anni, ha significato evocare sia la presenza della Sibilla sia nuove interpretazioni emerse dalle esperienze individuali e collettive delle Nemesiache. Durante le danze rituali, all'interno di un lessico condiviso di gestualità, fra le donne delle Nemesiache circolava un'energia delicata. Molte scene tratte dai loro film semplicemente testimoniano l'intimità e l'intensità del legame che le unisce. Ne *Le Sibille* una donna, Mangiacapra, seduta nei pressi di un cratere fumante a Solfatara, tende una mano, invitando un'altra performer ad avvicinarsi alla Sibilla. In questo atto delicato si può leggere il desiderio di creare connessioni e il modo collettivo di vivere questo paesaggio. La filosofa femminista Catherine Clément ha descritto come due figure femminili paradigmatiche (l'isterica e la strega) si esprimono in un gioco segreto. La teoria di Clément mirava a sfidare gli stereotipi femminili delineandone i poteri sovversivi in un sistema fallocentrico. Forse, guardando i film del collettivo, assistiamo proprio a questo gioco segreto. Clément definiva il corpo dell'isterica e della strega come un teatro che può svelare all'individuo segni e tracce bestiali, che si riversano poi nel mondo esterno.[21] I corpi possono essere intermediari, supporti, passaggi che conducono a un'eruzione verso l'esterno.

Nel corso del mio viaggio insieme al gruppo, sono arrivata a definire la psicofavola come il repertorio delle sue membre, come la modalità con cui, solitamente, si incontravano e sperimentavano; lo strumento con cui hanno sviluppato un lessico e una consapevolezza corporea. La creazione di questo repertorio condiviso ha reso possibili un ordine cosmico e una storia nuovi. Le membre delle Nemesiache hanno trascorso insieme tempo sufficiente a trovare una lingua comune, nata attraverso i loro corpi e l'ambiente in cui vivevano: questa è una delle idiosincrasie che rendono così peculiare la loro pratica. Spazi liminali come Cuma sono diventati soglie ricche di possibilità per esplorare una comprensione porosa di corpi e luoghi, ma anche il sapere trasformativo che nasce dagli incontri transcorporei che costituiscono il mondo. Nella produzione delle Nemesiache, la creatività femminista può essere vista come una ricerca attiva di porosità ed eruttività; di buchi, cunicoli e crateri che possono far scorrere una nuova visione del passato, spesso mitologico, verso un futuro cosmo femminista.

Quite Contrary: Body, Nature, Ritual in Women's Art, "Chrysalis", n. 2, 1977, p. 32.

20 *Ibidem*, p. 32.

21 Catherine Clément e Hélène Cixous, *The Newly Born Woman*, University of Minnesota Press, Minneapolis 2008, p. 10-26. Pubblicato originariamente in francese con il titolo *La jeune née*, Union générale d'éditions, Parigi 1975.

In quanti modi si può respirare?

Cairo Clarke

Per potersi liberare della tensione, un corpo deve respirare.

Respiri lunghi, lenti, profondi.

Respiri brevi, affannati, superficiali.

Me ne ricordo ogni volta che l'odore dello zolfo mi avvolge.

Quando le fumarole dei Campi Flegrei esalano sbuffi di vapore carico di zolfo nell'aria, mi ricordo del respiro.

Quando lo Scirocco sparge sulla terrazza un velo rosso, sottile e granuloso di sabbia del Sahara, la raccolgo in una piccola duna e mi ricordo del respiro.

Il lento innalzarsi del livello del suolo, noto come "bradisismo", sotto il tempio di Serapide rivela che la terra è un corpo che respira.

Ogni scossa e ogni terremoto mi ricordano la *livity*[1] della terra, i ritmi temporali contraddittori e uniti dal sacro respiro.

Ogni volta che mi stendo sul tufo riscaldato dai raggi del sole, esprimo eterna gratitudine verso la terra, per la sua capacità di ravvivare i sensi spenti e di riportarmi nel mio corpo.

Cos'è il corpo per il capitalismo, se non un oggetto di estrazione (specialmente nel caso di chi rappresenta la maggioranza globale, subisce razzializzazione, non si conforma al genere maschile o femminile, vive in povertà)? Cos'è un territorio per il capitalismo, se non uno spazio da dominare e sfruttare?

Quando il territorio viene sanificato e privato della sua *livity*, lo stesso accade a noi. Si trasforma in un luogo di violenza e di estrazione, da razziare. Il legame con i suoli (quello della terra, quello culturale, quello comune e quello spirituale)[2] viene reciso per poter regolamentare ricordi, narrare storie *ex novo* ed espellere gli individui dal proprio futuro.

Entrando in connessione con il respiro, trasferiamo la consapevolezza nel corpo.[3] Creando una connessione fra corpo e terra, evochiamo una sensazione di appartenenza condivisa, viviamo in un mondo fatto di legami in cui possiamo difendere noi stessi e la terra. Respiro e corpo uniti nell'atto rituale della testimonianza. Anziché parlare al posto della terra la ascoltiamo, parliamo con essa e ci prendiamo cura del suo corpo vivente per prenderci cura di noi stessi.

Com'è potente la testimonianza del respiro contro coloro che cercano di toglierci il respiro, toglierci la vita, renderci insensibili.

Rifletto su bell hooks, a quando dice che "l'allontanamento dalla natura e la scissione tra mente e corpo" rende decisamente più verosimile l'"interiorizzazione […] della supremazia bianca".[4]

Così mi immergo nelle acque termali del mare per assorbirne il sapere sedimentato.

Mi cospargo il corpo con l'argilla di una pozza collegata al lago d'Averno.

Curo le piante della terrazza e mi aggrappo alla natura, alle modalità resilienti con cui si presenta nella città.

Mi oriento fra le stelle, il mare, lo zolfo e la presenza incombente del Vesuvio.

Ricordo come vivevano i miei antenati e predecessori, alcuni dei quali nel 1962 si fermarono a Napoli, nel viaggio dall'India verso l'Inghilterra.

Stringo forte il biglietto con cui mia nonna si imbarcò sulla Flotta Lauro di Napoli e mi imprimo nella mente la foto che la ritrae sul Molo Beverello.

Creo alleanze cosmiche e poetiche con il mondo che mi circonda, rinnovo il mio rapporto con la terra, trovo il respiro nei portali porosi e nelle invocazioni corali a cui assisto.

In questo luogo fatto di donne e mito, il significato non nasce dai racconti degli uomini bensì dai segreti sacri della terra.

È impossibile toccare questa terra senza cambiare.

Inspira mentre conti fino a tre, trattieni il respiro ed espira mentre conti fino a tre…

1
Quello della "livity" è un concetto del Rastafarianesimo secondo cui in ogni essere vivente esiste un'energia, o forza vitale, che scorre al suo interno.

2
Munir Fasheh è un educatore palestinese che riflette su come alimentare ed essere alimentati dai "quattro suoli", che abbondano ovunque ma sono perlopiù corrotti e/o resi invisibili dalle moderne ideologie dominanti.

3
Si veda Édouard Glissant, *Sole della coscienza*, Meltemi, Milano 2022.

4
bell hooks, *Sentirsi a casa: una cultura dei luoghi*, Meltemi, Milano 2023.

Guardo sul portatile *Le Sibille* (1977), a 450 metri dallo stesso mare, animato da un mito diverso. Ogni incantesimo vocale si presenta come una preghiera. Colgo la pressione affaticata, inflessioni emotive. Sento i loro corpi contro il tufo e bramo quell'intenso odore minerale.

Dopo qualche tempo guardo *Il Mare ci ha chiamate* (1978), a 450 metri dalla riva dello stesso mare, non ancora travolto dalla privatizzazione. Mi sembra quasi di udire le onde irregolari del Tirreno che, fuori dalla mia finestra, incontrano le acque gemelle che si muovono nella pellicola. Il mio corpo si sincronizza con i loro ritmi tidalettici, e il respiro racchiuso dal cinema mi attira a sé.

La prossima volta in cui ti troverai vicino a uno specchio d'acqua, sincronizza il respiro con i suoi ritmi e osserva ciò che appare in quell'unione.

Un film può essere una testimonianza del respiro. "Ed il cinema, nuova Sirena",[5] evocata a livello spaziale, attraverso il movimento, nei paesaggi e fuori dall'inquadratura. Grazie a ciò che non si vede ma si sente soltanto, vengono stimolate nuove modalità per mettere in discussione la natura del vedere, percepire e avvertire le cose. Un esercizio di ricettività somatica.[6]

Il respiro cinematografico come disseminazione della preghiera, offerta attiva che prevede l'alchimia di pratica, rituale e collettività. Rappresenta le dimensioni che si trovano dentro di noi, ma anche fuori. Quelle che percepiamo, e che conosciamo nel non conoscerle.

Come il mito, come la poesia, la produzione cinematografica delle Nemesiache si presenta con un determinato aspetto mentre in realtà fa altro: modella un'immagine mentale sensibile ai nostri corpi che respirano; instilla il respiro nella pellicola e dalla pellicola lo preleva, per creare un'esperienza incarnata. La testimonianza della terra e di coloro che vi appartengono diventa comprensibile grazie al tormento di una voce soggettiva. Lo sguardo viene sospinto verso ciò che non si vede.

"Esserci, non esserci."[7]
Corpi senzienti del cinema.
Giustizia riparativa nei confronti di Nemesi.
Conoscere a fondo la terra.
Evocare la preghiera a Paestum, Pompei, Capri.

Anti-archeologico, eppure alla costante scoperta dei nostri paesaggi, affinché dal suolo venga rimosso ogni pensiero.

Uniti nel sacro respiro, creiamo una connessione fra spirito e materia. Diventiamo presenti in un mondo in relazione,[8] in cui il sapere non risiede nell'intelletto bensì nei nostri cuori. Lasciateci vivere come corpi che respirano, all'interno di corpi che respirano, corpi che creano storie e pratiche che rifiutano il determinismo temporale e vengono invece evocati da canti sotterranei.

Noi siamo nella terra di Cuma, territorio delle Sibille. Attraverso le pietre [...] dovremmo ritrovarle e ritrovarci.[9]

5
Lina Mangiacapre, *Nell'occhio di Partenope*, testo non datato.

6
Si veda Davina Quinlivan, *The Place of Breath in Cinema*, Edinburgh University Press, Edimburgo 2022.

7
Tratto dal film *Le Sibille* (1977) delle Nemesiache.

8
Édouard Glissant, *Poetica della relazione*, Quodlibet, Macerata 2019.

9
Tratto dal film *Le Sibille* (1977) delle Nemesiache.

Cosa c'è in un nome? Nemesiache, Uranista, Amazzone, Faust-Fausta. Neopaganesimo e desiderio tra persone dello stesso sesso intorno a Napoli

Arnisa Zeqo

I

ARACNE – ARETURSA – ASTREA – CAMILLA – CASSANDRA – COCA – DAFNE – ELSA/MAGA – CIRCE – ECO – FAUSTA – HELENA – ILIZIA – IPPOLITA – KARMA – MAREA – NAUSICAA –NIOBE – NEMESI

Medea – nome mitologico di Silvana Campese – elenca con meticolosità questi nomi e questi personaggi, scritti in lettere maiuscole, nel memoir storico-femminista *La Nemesi di Medea*, uscito nel 2019.[1] Il libro offre una prospettiva personale sulle attività e sulle imprese artistiche delle Nemesiache, e l'autrice me ne ha regalata una copia quando sono stata a casa sua, a Napoli, nel dicembre 2021. È stata Lina Mangiacapre (alias Nemesi, fondatrice del gruppo) ad attribuire questi nomi mitologici alle partecipanti del collettivo nei diversi momenti in cui si sono materializzati determinati aspetti delle loro personalità. Campese ricorda per esempio di aver ricevuto il nome Medea durante una breve vacanza al mare, in Calabria, mentre stava vivendo un difficile periodo personale. Assumere un nuovo nome è un atto di rinascita, un gesto con cui si includono estensioni diverse di sé. Cos'è un nome se non un *sigillo*, una nuova forza del linguaggio e l'affermazione di una potenzialità psicodinamica?

I nomi della mitologia e le pratiche neopagane si ritrovano in numerose opere artistiche delle Nemesiache, che spaziano dalle produzioni cinematografiche (*Le Sibille*, 1977, *Didone non è morta*, 1987, e *Faust Fausta*, 1991) a vari manifesti (come *Cicli Lunari* e *Cicli Solari*, 1973-1975), passando per la pièce teatrale *Eliogabalo* (1982) e le pubblicazioni di Mangiacapre, per esempio *Amazzoni e Minotauri* (2008). Mi sono imbattuta per la prima volta nella produzione delle Nemesiache all'American Academy di Roma nel 2018, e a colpirmi immediatamente sono stati i loro rimandi alle divinità greco-romane e allo specifico ruolo delle donne in queste articolazioni neopagane. Se da un lato, grazie alla formazione in storia dell'arte, avevo a disposizione una chiave di lettura, dall'altro avevo l'impressione che l'interpretazione di questi nomi andasse ben oltre i miei studi classici. Da bambina mi rifugiavo spesso nell'universo narrativo della mitologia greco-romana: ricordo che scoprire che Paride aveva preferito Venere ad Atena mi aveva spezzato il cuore. La lettura dei nomi DAFNE, NIOBE o CASSANDRA racchiude una conoscenza implicita, una ricerca di storie e genealogie speculative che collegano indirettamente il passato al presente e al futuro. La loro lettura è inoltre inequivocabilmente legata a tracce della presa di coscienza che in questi anni sta crescendo nei gruppi femministi di Napoli, Roma e Milano, oltre che in una più ampia costellazione internazionale.

L' elenco di nomi di Campese potrebbe essere tratto dalle opere, soprattutto da quelle sperimentali, di Monique Wittig, autrice e teorica femminista francese: penso per esempio a *Le guerrigliere* (1969), *Il corpo lesbico* (1973) o *Appunti per un dizionario delle amanti* (1976). Ne *Le guerrigliere*, romanzo letto in più occasioni dalle Nemesiache, Wittig scrive:

CIÒ CHE LE DESIGNA
COME L'OCCHIO DEI CICLOPI,
IL LORO UNICO NOME
OSÉE BILQIS SARA NICEA
IOLE CORÉ SABINE DANIELA
GALSWINTHE EDNA JOSEPHA[2]

In questo caso, l'autrice fa un uso esplicito della tipografia: la pubblicazione è infatti sistematicamente attraversata da pagine in cui compaiono lettere maiuscole ed elenchi di nomi.[3] Questo romanzo sperimentale racconta la storia di un gruppo di amanti e guerrigliere, donne che vivono insieme a stretto contatto con vegetazione, fuoco e acqua, e che si dedicano a spensierate pratiche erotico-sessuali. Il testo è principalmente composto da paragrafi di

1 Silvana Campese, *La Nemesi di Medea: Una storia femminista lunga mezzo secolo*, L'Inedito, Napoli 2019, p. 140.

2 Monique Wittig, *Le guerrigliere*, La Porta Terra di Donne, Bologna 2019, p. 8.

3 Lo stesso approccio si ritrova nelle sue opere *Il corpo lesbico*, costruito in modo simile – anche a livello visivo – a *Le guerrigliere*, e *Appunti per un dizionario delle amanti*, che assume la forma di un dizionario sperimentale delle genealogie immaginarie delle amazzoni.

duecento-quattrocento parole che illustrano varie narrazioni e pratiche ritualistiche delle loro esistenze. Di tanto in tanto entrano in scena gli elenchi di nomi, che portano nel testo corpi fisici e psichici. Sono dotati di voci diverse e diventano delle semi-divinità. Proprio come nel caso dei nomi delle Nemesiache, la loro esistenza temporale risulta antica, fugace e insieme futuristica. Chiedono soprattutto di essere ascoltate: ecco perché articolano la parola pronunciata come un incantesimo, come un'evocazione di forze. Dare voce a un nome è un gesto dalle caratteristiche magiche, si presenta come un'onda o come una fiamma eterna, e implica una dimensione mutata del linguaggio. Subito dopo le parole già citate, Wittig scrive: "C'è da qualche parte una sirena. [...] Dicono che dal suo canto non si sente che un O continuo".[4]

II

Scoprire all'improvviso che ho voglia di danzare
Scoprire di amare una donna
Piangere perché non è qui
Ricordare... ricordare
Cercare, cercare... nei ricordi...
.... la sua immagine
Sognare il viso...
...Ritrovarmi sola
E aver bisogno di lei...
—Anna Maria[5]

Nell'autunno del 2020, insieme a Giulia Damiani e Sara Giannini, ho tradotto dall'italiano all'inglese questi versi,[6] scritti (o meglio dipinti) a mano su una tovaglia composta da quattro gesti poetici firmati da Anna Maria, Niobe e Lucia. La tovaglia, su cui è indicato l'anno 1978, è stata realizzata nel corso di un laboratorio di poesia organizzato dal gruppo al Caffè Caflisch di Napoli. Il testo parla esplicitamente dell'attrazione verso una persona dello stesso sesso e del dolore causato da una storia d'amore lesbica. Per l'autrice, ammettere la sofferenza legata alla perdita dell'amore di una donna è un modo per ritrovare se stessa nel dolore. Il cuore spezzato ha provocato una specie di cataclisma, un'esplosione di subbugli interiori, e l'autrice si sente fragile. Anna Maria descrive una sensazione di impotenza e spiega di non voler vivere senza l'amata. La poesia è uno scorcio su ciò che prova, ma anche un gesto importante con cui l'amore omosessuale viene articolato e affermato attraverso il linguaggio artistico.

L'erotismo e le dinamiche emotive fra persone dello stesso sesso sono presenti in tutta la produzione artistica delle Nemesiache e richiedono un'analisi più approfondita. L'articolazione del desiderio omosessuale si accompagna alle dimensioni neopagane e mitologiche dei loro laboratori, dei loro film e delle loro opere letterarie. Su un tovagliolo realizzato nel corso di un altro laboratorio di poesia, una donna di nome Silvia ha scritto, usando la vernice dorata e toni che tendono al mitologico: "A te voglio donare/su di un prato di gigli/un vestito intrecciato/dei miei capelli..../e coprire giocando/con le dita[...][7]". Nel film *Faust Fausta* troviamo un personaggio bigender che ricorda Orlando e intrattiene relazioni sia con donne sia con uomini. Primula è una donna dai capelli scuri innamorata di Fausta che, mentre viene ritratta in un antico palazzo, la chiama "occhi d'oro" e le propone: "Scappiamo insieme, voglio vivere con te". Fausta però si mostra scettica e ribatte che non possono andare da nessuna parte, perché la famiglia non è l'unico ostacolo; il mondo intero è un ostacolo. Primula non capisce appieno la complessità della sua risposta e reagisce in modo emotivo: "Tu non mi ami"[8].

I rimandi all'amore lesbico e al dolore che provoca sono presenti in numerosi film, laboratori, produzioni artistiche e pubblicazioni delle Nemesiache. In molti casi emerge la volontà di opporsi a un'identità prestabilita dell'amore omosessuale, e vengono proposte molteplici modalità temporali e fisiche per esistere attraverso le dimensioni mitologiche. Gli scritti di Wittig offrono una chiave di lettura. Il film *Didone non è morta*, (1987) per esempio, si svolge in una psicogeografia (composta anche da vestiti, interazioni e ambiente naturale) amazzonica. Il libro *Appunti per un dizionario delle amanti* (1976), scritto con Sande Zeig sull'isola greca di Santorini, introduce la genealogia (immaginaria) delle amazzoni e unisce entità mitologiche come Artemide e Medea a gesti quotidiani come l'"alimentazione" e "lavarsi", a oggetti come "ascia" e "coperta", ma pure a concetti più contemporanei che appartengono alle comunità femministe lesbiche, come "California" o "butch". Secondo Wittig, le amazzoni sono "amanti" che esistono da millenni. Le autrici immaginano un'età dell'oro in cui le amazzoni

4
Wittig, *Le guerrigliere*, p. 9.

5
Il testo completo da cui sono tratti i versi: Ritrovare me sessa/Tra le pagine sperdute di un diario/Ritrovare me stessa/ Tra le vecchie foto di una bambina/ Scoprire all'improvviso che ho voglia di danzare/ Scoprire di amare una donna/ Piangere perché non è qui/ Ricordare... ricordare/Cercare, cercare... nei ricordi.../.... la sua immagine/ Sognare il viso.../...Ritrovarmi sola/E aver bisogno di lei.../ Impotenza che mi spinge verso la morte/Non ci riesco, non voglio/ Vivere per me e non per lei/ Scoprire le altre/ Io voglio essere qui.../...Ritrovare me stessa/E amarmi.../...Ritornare a /Pensare a/Te....

6
La traduzione collettiva è avvenuta durante i preparativi per la mostra *From the Vulcano to the Sea*, Rongwrong, Amsterdam (23 ottobre 2020-1 maggio 2021), basata sulla ricerca di dottorato di Giulia Damiani, su commissione di If I Can't Dance I Don't Want to Be Part of Your Revolution.

7
Il testo completo da cui sono tratti i versi: A te voglio donare/su di un prato di gigli/ un vestito

vivevano libere, in uno stato di flusso in cui mescolavano amore e non monogamia. In un secondo momento, con lo sviluppo delle città e dell'agricoltura, era stata introdotta la distinzione fra madri e figlie che aveva creato uno scisma nel mondo e nelle pratiche delle amazzoni.

È in questo scenario che si svolge il più importante film realizzato dalle Nemesiache. È un luogo in cui le tradizioni neopagane convivono con le necessità femminili del presente. Si tratta, d'altronde, delle amazzoni del Vesuvio, come si presentano sul periodico esplicito *Mani-Festa* (una celebrazione della creatività manuale e artigianale). L'attrazione fra donne viene celebrata al di fuori delle interpretazioni eteronormative dei rapporti monogami e, in altre parole, queste dinamiche rispecchiano da un lato le difficoltà incontrate quotidianamente dall'amore lesbico in Italia fra gli anni Settanta e Ottanta, e dall'altro una più ampia volontà di trovare un senso in un mondo che va oltre la prigione della monogamia e dell'identità individuale.

Vorrei infine porre l'accento sulla locandina, simile a un manifesto, realizzata per l'azione performativa *Siamo tutte prigioniere politiche* del 1978. Sulla locandina, scritta e stampata a mano, troviamo due serpenti che si guardano negli occhi. Le loro lingue quasi si sfiorano, e i loro corpi formano una sorta di triangolo in cui è racchiuso il testo, che interpreta la voce delle Nemesiache come un grido che squarcia la notte. In una ripetizione di nomi, fra cui quelli mitologici delle partecipanti, intreccia gesti specifici come "legare" e "sciogliere, esploderò". Una frase si ripete tre volte: "Rivoglio Conny". Conny se n'è andata? Chi, fra queste donne, ne invoca il ritorno? Potrebbe essere più di una a farlo? La cascata di parole all'interno del triangolo culmina con la parola "IO" e il disegno di un occhio sgranato.

III

Io sono uranista.
—Karl Heinrich Ulrichs

Nella notte fra il 5 e il 6 gennaio 1977, a Napoli, ebbe luogo una cerimonia particolare: un gruppo di corpi si riunì per celebrare la "nascita di NEMESI". In realtà il gruppo esisteva già dal 1970, ma nel 1977 assistette a una specifica epifania legata al nome. Il momento coincise con la rivoluzione solare di Lina Mangiacapre, e quell'anno vide nascere (o rinascere) un corpo che era allo stesso tempo singolare e plurale. Nemesi era una creatura notturna nata al di fuori della famiglia riproduttiva nucleare. Per l'occasione fu scritto un testo il cui scopo era complicare, desacralizzare e creare ex novo il gesto del parto. Non si trattava di un parto "naturale": il testo che accompagna il rito intendeva negare l'atto della "maternità naturale" collegata ai corpi femminili.

Il concetto di natura e di naturale viene quindi rifiutato e cancellato,[9] il parto è visto come una possibilità creativa di affermazione. In questo rito, gli atti del parto e dell'attribuzione di un nome diventano passi verso una riscoperta della sessualità come gioco, verso la riappropriazione del proprio corpo e la riappropriazione del parto stesso. Il rito è importante proprio perché espande i concetti del "parto" e del "nominare" intendendoli come eventi che accadono una sola volta. Libera dalle restrizioni temporali la nascita, o l'origine, del nome, inserendola però nella storia. In questo contesto, il nome particolare che emerge e il modo in cui viene scritto rimanda a molteplici affermazioni specifiche. NEMESIACHE o NIOBE materializzano nel linguaggio ciò che è stato annullato, cancellato, modificato senza un consenso informato. Crea legami fra pratiche pagane e alternativo-spirituali che circolano da secoli in Europa e a Napoli.

Nel suo memoir, Campese sottolinea l'importanza di una donna più grande di lei: Rita, o la strega. È il personaggio che, nella scena iniziale del film *Le Sibille*, legge i tarocchi ed evoca spiriti e divinità a Cuma, luogo dal forte significato spirituale e famoso appunto per la presenza della Sibilla. Rita è un importante collegamento intergenerazionale che mette in connessione l'ordine monoteistico e patriarcale e la spiritualità alternativa. Della vita di Rita – che era decisamente più anziana delle Nemesiache, e aveva doti profetiche e un fascino intenso – si sa poco o nulla. Femminista *ante litteram*, trascorreva spesso del tempo con le membre del gruppo e amava uscire di sera. Campese ricorda per esempio numerosi incontri serali in un piccolo bar in cui lavorava Bruna, una delle Nemesiache. Nel corso di questi appuntamenti, regolari e informali, che chiamavano "*piccerelle*" ("piccoline" in dialetto napoletano), Rita e le altre parlavano di quelle che potrebbero essere definite arti esoteriche, di misteriosi riti pagani e di quelli che si possono considerare come canali alternativi

intrecciato/dei miei capelli…./ e coprire giocando/ con le dite/i tuoi seni/le tue palpebre chiuse/Le tue mani di seta.

8
Salvo diversa indicazione, le traduzioni dei testi all'originale sono a cura della traduttrice.

9
Si veda Campese, *La Nemesi di Medea*, p. 110-111: "In questo senso questo rito per l'affermazione della propria nascita come fatto storico è l'affermazione che l'individuale diventa collettivo quando l'emarginazione copre una parte dell'umanità e cancella tutta una realtà politica confinandola e riducendola a naturale. Rifiutiamo il concetto di natura […]. Il parto della donna non è un fatto di natura se non per volontà politica culturale dell'uomo […]. Il parto è una possibilità creativa che la donna ha e che può esprimere in una volontà di fiducia e di affermazione della sua storia […]. Riscoprire la sessualità come gioco, riappropriarsi del proprio corpo, riappropriarsi della maternità, riscoprire la propria storia, affermare la propria creatività collegandola alla fisicità non condannandola alla fisicità, sono le tappe necessarie della nostra liberazione […]".

di trasmissione spirituale e conoscenze legate alla Sibilla. E sono proprio questi canali di vicinanza spirituale a comparire nelle svariate nascite del nome "Nemesi" e nella produzione artistica delle Nemesiache.

Se da un lato la vicinanza a rituali non monoteistici e spirituali è stata fondamentale per il gruppo, questi elementi si ritrovano anche in manifestazioni proto-queer europee di più ampio respiro antecedenti agli scritti di Wittig.[10] Per esempio il 28 agosto 1867, prima che il termine "omosessualità" entrasse a far parte del sistema legale e del linguaggio comune, Karl Heinrich Ulrichs – avvocato originario della Germania nord-occidentale – dichiarò in latino: "Io sono uranista". Ulrichs scrisse e parlò in pubblico degli ideali uranisti; per lui e per i suoi seguaci, la parola definiva una particolare tipologia di amore, di corpi e di creatività. Derivava dalla mitologia pagana, in particolare da Afrodite Urania, nata non grazie a un parto naturale ma dai testicoli recisi di Urano.[11] A differenza della parola "omosessuale", "uranista" lascia molto spazio per affermazioni linguistiche che si avvicinano a realtà bisessuali, intersex e trans. Per citare le parole di Paul B. Preciado, Ulrichs inventò "una nuova scena dell'enunciazione".[12] Per sfuggire alle persecuzioni in Germania, si trasferì in Italia e ottenne una laurea *honoris causa* dall'Università di Napoli nel 1895. Trascorse inoltre molto tempo sull'isola di Capri, dove molti artisti e uranisti (che si identificavano sia come donne, sia come uomini) si ritrovarono per creare un'esistenza utopistica. Non è chiaro se le Nemesiache fossero a conoscenza degli uranisti o se Rita li abbia canalizzati, tuttavia nel suo *Faust-Fausta* Mangiacapre scrive: "[Fausta] poteva essere paragonata a un androgino, ma disceso da Afrodite". E, più avanti, parlando del luogo in cui Faust e Fausta si incontrano e cercano di negoziare una vita proprio sull'isola: "Il profumo di Capri lo [*sic*] avvolse".[13]

È proprio in questo contesto e in quest'affermazione narrativa che interpreto e colloco la nascita delle Nemesiache: uraniste, amazzoni, Nemesiache.

IV

Sono un fantasma che gira per il mondo
a cercare ciò che non è, cercare la non donna,
il non uomo, il non-cane, io non sono.
—Lina Mangiacapre, primi anni Ottanta

Questa citazione è tratta da un breve video amatoriale girato al bar Zanzibar di Roma, precisamente a Trastevere, in via Politeama 8/8A. Fu il primo bar della città frequentato da sole donne, o destinato a una clientela lesbica, ed era opportunamente vicino alla Casa delle Donne. A giudicare dalle fotografie che abbiamo a disposizione, il locale si trovava all'interno di un appartamento: si vedono tavoli semplici, sedie di legno, un arco sopra il quale era appeso il poster di un immaginario paesaggio orientale con delle palme. Lo Zanzibar aprì nel marzo del 1978; nel 1979 ci fu un'irruzione da parte della polizia, ma il locale resistette malgrado le difficoltà fino al 1984. Un programma del 1982, più o meno nel periodo in cui venne ripresa Mangiacapre, annuncia diversi corsi: danza, videotape, recitazione e inglese. Nello spazio venivano inoltre organizzate piccole rassegne cinematografiche e mostre di fotografia, ma si trattava principalmente di un luogo in cui socializzare, ballare e conoscere altre donne.

Nel 1982 allo Zanzibar fu inaugurata una nuova serie di feste: "sotto il segno dello zodiaco", celebrazioni mensili astrologiche che iniziarono con quella dedicata allo Scorpione. Le Nemesiache frequentavano il locale, e a farlo erano soprattutto le partecipanti del gruppo che vivevano a Roma e Mangiacapre, che abitava a Napoli ma si fermava spesso nella capitale. Parteciparono inoltre ad alcune proiezioni, come dimostrano i materiali d'archivio. Per una ricercatrice che scrive nel 2025, è importante notare che queste parole di Mangiacapre sono state pronunciate nel luogo che ospitava lo Zanzibar, dov'era possibile immaginare dei futuri diversi. Le allusioni neopagane e l'inclusione dell'erotismo fra persone dello stesso sesso diede voce a qualcosa che, all'epoca, le parole "femminista" e "lesbica" non esprimevano appieno. Il discorso si applica in particolar modo a Mangiacapre, ad alcune azioni performative delle Nemesiache risalenti agli anni Ottanta e Novanta e al film *Faust Fausta*, e segna un'emersione linguistica che riguarda le restrizioni delle identità di genere in seno al dibattito femminista e queer.

Il libro *Faust-Fausta*, che servì da canovaccio per il film, si apre ricordando un corpo adolescente di nome Fausta che vorrebbe eliminare la lettera finale del proprio nome poiché rimanda al genere femminile, ed essere

10
È per esempio il caso di Wittig e della sua genealogia fittizia delle amazzoni, creature in grado di incarnare un passato non monoteistico e non patriarcale e, allo stesso tempo, di proiettare un futuro diverso.

11
Negli ultimi tempi, gli scritti di Ulrichs godono di un crescente interesse artistico-accademico: pensiamo a Paul B. Preciado e al suo libro *Un appartamento su Urano* (Fandango Libri, Roma 2020), o all'artista Philipp Gufler, che sta svolgendo ricerche approfondite su Urano e Capri, cui si ispirano le opere che sta realizzando per la mostra *The House of Uranus*, che inaugurerà al Moderna Museet e verrà curata da Hendrik Folkerts.

12
Preciado, *Un appartamento su Urano*, n.p.

13
Lina Mangiacapre, *Faust-Fausta*, L'Autore Libri, Firenze 1990, p. 13, 49.

chiamato invece Faust: "Sentiva il diritto di chiamarsi Faust". Questo giovane individuo si sente imprigionato dalla lingua associata al proprio nome e dalle sue implicazioni di genere: "Né donna né uomo. Non trovava pace, né padre né madre. Quale era la sua strada?!".[14]

Dopo aver incontrato Mefistofele sul potente Vesuvio, Faust-Fausta fa uno scambio: oggetto del baratto non è la sua anima, come accade nella narrazione tradizionale, bensì il suo genere, una sfida ai limiti dell'identità. Ecco che Faust (maschio) comincia a esistere, e Fausta (femmina) viene consegnata al diavolo (al posto dell'anima). Faust, nel suo corpo maschile, arriva a Roma e diventa un pittore di successo. Non è più interessato ad amare gli uomini e non desidera appieno le donne; ciononostante intreccia diverse relazioni con le donne, che spesso gli chiedono fedeltà. Lui però non è in grado di creare legami duraturi né di esistere in quella quotidianità che desiderano le donne che si innamorano di lui.

E Faust sente la mancanza di Fausta. Nel corso della narrazione, il/la protagonista continua a cambiare i pronomi con cui si riferisce a se stesso/a, oltre a fare numerosi riferimenti alla mitologia greco-romana. Per esempio, parlando con Anita, una delle sue amanti, il/la protagonista diventa allo stesso tempo Faust e Fausta. Fausta prende il sopravvento di fronte ad Anita: "Faust scompariva al tuo apparire e Fausta si impadroniva di me: il mio dolce volto il mio unico modo di amarti, ti ricordi il mio flauto? Lo avevo comprato per suonare la mia musica per te".[15] In un corpo del tutto maschile, il/la protagonista non si sente a proprio agio né in grado di amare, e durante la narrazione (anche cinematografica) cambia pronomi e aspetto. Sull'isola di Capri, Faust incontra Fausta e cerca di individuare una possibile relazione con lei. Ma la vicinanza fra loro è tutt'altro che semplice e la negoziazione fra il modello femminile e quello maschile si rivela complessa. Fausta vive con un gruppo di donne ("Sembra di essere tornato a Mitilene, Saffo tra le sue amanti")[16] e, in un passaggio che esprime l'esclusione, spesso radicata, dei corpi trans e agender da parte di lesbiche e di comunità femministe, l'autrice scrive: "Per me miserabile mortale di sesso maschile, chiaramente non c'è posto".[17] Il dialogo tra Faust e Fausta è un flusso costante fra mondo interiore ed esteriore. In un certo senso, il film può anche essere interpretato come un racconto circolare in cui Faust e Fausta sono sempre presenti e intercambiabili. Le scene mostrano un'estetica mitologica che si intreccia a un'estetica contemporanea; l'atmosfera è un mix di ambientazioni e abiti pagani, antichi palazzi e feste proto-queer i cui partecipanti indossano capi in pelle che ricordano il BDSM. La scena finale può essere vista come l'inizio della narrazione: Fausta parla con Mefistofele sul Vesuvio e gli chiede di diventare un uomo.

Quello che allo Zanzibar viene registrato agli albori, tra una festa dedicata a un segno zodiacale e una rassegna di pellicole femministe, diventa una voce molto chiara nel libro *Faust-Fausta*. Il film è segno aggiuntivo delle difficoltà legate ai corpi agender e della loro volontà di entrare a far parte del linguaggio artistico italiano a cavallo degli anni Ottanta e Novanta. Il libro o il film non offrono nessuna soluzione, se non quella che prevede che Faust-Fausta accedano a una pluralità di identità pur mantenendo un'unica coscienza.

Di recente, la performer e artista americana MPA ha osservato quanto sia cambiata la bandiera LGTBQ+: sulla sua superficie adesso compare una miriade di colori, ed è "una bandiera che continua a decolonizzarsi".[18] In modo analogo, la pratica artistica delle Nemesiache ha segnato l'enunciazione di una pluralità di nomi, narrazioni e genealogie. Tali enunciazioni sono piene di lacune e mancanze, che verranno reimmaginate dalle generazioni attuali e future. Queste lacune sono la testimonianza della cancellazione sistematica del dibattito lesbico e queer dalle storie artistiche italiane di quel periodo. Le stesse lacune e le stesse aperture creano inoltre lo spazio per l'articolazione del desiderio e dell'autodeterminazione in contrapposizione all'identità, in seno a una pluralità di trattative fra il maschile e il femminile. I film, i laboratori, le tovaglie e le pubblicazioni delle Nemesiache rivendicano la necessità di condizioni diverse in cui dare un nome e raccontare la propria storia. Cos'è un nome se non un *sigillo*, una nuova forza del linguaggio e l'affermazione di una potenzialità psicodinamica? È un gesto che fa nascere e rinascere nomi nuovi e antichi all'interno di realtà in fase di eruzione, che sono esistite in passato ed esisteranno in futuro. È ciò che il loro nominare celebra e sacralizza.

14 *Ivi*, p. 14-15.

15 *Ivi*, p. 20.

16 *Ivi*, p. 53.

17 *Ibidem.*

18 Conversazione con l'artista avvenuta durante un viaggio di ricerca artistica ad Amsterdam, agosto 2024.

Come scrivere dell'amore, di un amore splendido e allo stesso tempo tragico? Un amore che, al pari del fuoco, consuma e distrugge, e accende il cuore di desiderio? Come scrivere del fuoco dell'amore, dal nucleo fuso e duro come una pietra? Come scrivere del fuoco ostinato che anima chi non si rassegna alla sconfitta? Come raccontare una storia che coglie le sfumature di un amore, una storia in cui "amore" è sinonimo di "giustizia", una giustizia che si presenta come un gesto che onora tale amore? Una storia che parla delle tante eclissi dell'amore. Una storia che ama scomparire. Vorrei richiamare l'attenzione proprio sull'atto dell'eclissarsi e dello sparire, sulla sparizione come gesto d'amore che incarna anche un rifiuto; un rifiuto che crea le condizioni per vivere diversamente spazio e tempo, nelle sequenze di una poesia d'amore cinematografica che comunica, già nel titolo, una notizia scandalosa: Didone, bellissima regina di Cartagine, malgrado il suo amore o grazie a esso, non è morta.

Didone non è morta, ma non è neppure viva. Esiste in uno spazio liminale, sospesa come se lei stessa (o la storia) si trovasse nel regno degli immortali, nel luogo in cui la morte cessa di essere un orizzonte e diventa un punto di partenza. Il punto in cui è possibile immaginare la distruzione della morte. In effetti, Didone non rappresenta un'avventura con la morte, bensì un amore per la vita. Compare nella rivisitazione surrealista del mito mediterraneo diretto da Lina Mangiacapre, che ne ha anche scritto la sceneggiatura con la scrittrice e giornalista femminista Adele Cambria. La vicenda si svolge nel paesaggio magico, quasi mistico, dei Campi Flegrei, che nella loro aridità rocciosa somigliano a un pianeta alieno e a un mondo devastato dalla morte. Nel panorama cogliamo i "segnali" di un ritorno: la terra ribolle, sbuffi di gas esalano dalle crepe nel suolo, dalle grotte e dalle colline, fino a raggiungere l'orizzonte sconfinato del Mediterraneo, dove navi da carico e altre imbarcazioni attendono pazientemente fuori dal porto. Ondeggiano appena, cullate dai movimenti del mare, come in attesa di un segno o di un avvenimento che permetta loro di partire.

Il film *Didone non è morta* (1987) offre una rilettura in chiave femminista del mito dell'amore tragico fra Didone ed Enea. La Didone di Mangiacapre – che non è vittima di un abbandono né un simbolo di castità o umiltà – incarna un paradosso della creazione in cui chi ha vissuto una vita creativa e non teme di compiere un atto di fede (anche quando può sembrare un gesto suicida) viene ricompensato da una ricchezza inimmaginabile. Non si tratta di una promessa di felicità, bensì della materializzazione di un certo modo di camminare sulla linea sottile che divide ottimismo e pessimismo, vita e morte. Da un lato troviamo la *longue durée* della morte nella narrazione, ancora in divenire, della violenza storica; dall'altro, Didone diventa una cornice concettuale e una "struttura del sentire" che genera strumenti per esplorare lo spazio fra legge e anarchia, vita e morte.

È una conclusione che si presenta come un inizio nelle parole di un lamento che mira a trasformare i mali in creazioni.[1] Rifiutando di accettare un destino già scritto, Didone diventa una forza inventiva, in grado di creare storie che immaginano una sorte diversa per il Mediterraneo e per le donne del Sud.

Come ama e vive una donna del Sud?
In questo mondo la sua morte e i modi in cui ama riecheggiano diversamente?
La sua vita vale meno?
La sua sacralità è intoccabile?
La punizione è una reazione necessaria al suo atto di ribellione?

Scompare, in tutta la sua bellezza tragica: fiera, decisa, risoluta
per poi riapparire,
fra le macerie, coperta dalla polvere
degli edifici che crollano.
Parte del suo corpo è stata smembrata.

1 Henry Purcell, *Dido and Æneas*, opera in tre atti, libretto di Nahum Tate; versione italiana di Stefano Piana in Michele Girardi (a cura di), *Le Rire - Dido and Æneas*, La Fenice prima dell'Opera, Venezia 2010, Atto III, scena prima.

Eppure, si guarda attorno
come un animale ferito,
sa che la fine è giunta.
Nell'oscurità della notte
il crepitio di questo fuoco ostinato,
il suo amore incomprensibile agli occhi di molti,
come una pietra dal nucleo inscalfibile,
impossibile conoscere la profondità di questo amore,
questo amore incommensurabile,
esploso in mille pezzi
frammenti di proiettili
che le trafiggono il corpo.

Costretta ad abbandonare la Fenicia per sfuggire a morte certa, Didone si rifugia prima a Cipro e poi in Numidia (corrispondente al nord dell'attuale Algeria, poi estesa a Tunisia e Libia), fino ad arrivare a quella che oggi conosciamo come Tunisi, dove si stabilisce insieme alle persone che l'hanno seguita. Secondo il mito, si innamora dell'eroe troiano Enea, che ricambia il suo amore. Ma, quando Giove, con l'aiuto di Mercurio, lo convince a partire con l'inganno, Enea prepara in segreto la sua flotta; è deciso a dirigersi verso nord, verso quella che diventerà Roma. Didone, che non accetta quel tradimento della propria fiducia, si suicida gettandosi nel fuoco. Dopo aver chiesto che venga preparata una pira, in cui arderà anche il giaciglio che ha condiviso con Enea, scompare tra le fiamme.

Sulle prime il suo gesto può apparire tragico, eccessivo e incomprensibile. Ma, a uno sguardo più attento, capiamo che quella di Didone non è la storia di un amore romantico finito male, né quella del gesto disperato di una donna accecata dalla rabbia o dal patriottismo. Mangiacapre reinterpreta l'amore di Didone in un orizzonte di liberazione, in cui per poter amare – come scrive bell hooks – "dobbiamo ascoltare con disponibilità la verità dell'altro e, ancor più, affermare il valore della sincerità".[2] Ecco la verità della storia di Didone: la vita non cederà mai ai tentativi di confinarla entro i limiti della Legge. Se non accettiamo che la fine tragica di Didone sia l'unica conclusione possibile per questa storia, che tipo di verità rivela la sua sparizione, il gesto estremo con cui si consegna alle fiamme, la sua comparsa nel film di Mangiacapre? Le Nemesiache riscrivono il mito declinandolo nel tema del rifiuto, avvicinandosi alla tradizione della performance queer, che sfrutta la disidentificazione come strategia di invisibilità per contestare la rappresentazione egemonica di determinati personaggi. È interessante notare che, nella bozza di un articolo (rimasto inedito) per "Quotidiano Donna", Mangiacapre osservi che, fra le cose che ha imparato trasferendosi a Roma, ci sia "la mia bellezza di nero, come segno del Sud e come desiderio di essere invisibile per non essere ridotta".[3] Il linguaggio poetico, l'elemento surreale, magico e carnevalesco diventano le modalità con cui questa opacità della vita, in cui la differenza diviene profondamente intraducibile e molteplice, viene espressa nel film sotto forma di "eccesso": un eccesso che riguarda l'essere e l'amore, un dislocamento e una disidentificazione giocosi, un'ambivalenza, un'esitazione, un doppio senso. Un modo per rifiutare di essere ridotti a una "cosa".

Il rifiuto della riduzione in nome dello status quo si esprime sotto forma di desiderio per il "consono", ma anche sotto forma di indole trasgressiva che al consono vuole sfuggire. Didone manifesta una "inappropriatezza ribelle", in una tensione fra un immaginario regolato dalla legge, accompagnato dalla paura del caos, e una via di fuga anarchica e incomprensibile. E, sulla falsariga di questa inappropriatezza ribelle, questa "poesia per immagini" (è così che descriverei il film, che si oppone a un determinato tipo di narrazione che offrirebbe una spiegazione e una giustificazione per il dolore e la sofferenza inflitti a coloro che vengono considerati più deboli, cattivi, diversi) ama scomparire. Il desiderio di sparizione è un requisito dell'opera o, per citare le parole della poetessa Anne Boyer, "una serie di fondamenta, buchi, gallerie e passaggi instabili da uno strato all'altro".[4] E poi c'è il modo in cui si manifesta nella sua estetica: viaggiando nell'immaginazione e sfruttandola per aprire passaggi che conducono a gallerie e buchi segreti, Didone ci riporta a quel nucleo dell'amore, "invisibile" e duro come la pietra, che rifiuta di essere immobilizzato, posseduto, rifiuta di diventare un calcolo o un debito, di essere reso trasparente, di asservire il potere come annuncia la partenza di Enea.

Qui è la paura, non l'amore, la grande genitrice di tutte le azioni. Per la strada, il cane vi guarda con il terrore negli occhi.
—Etel Adnan[5]

2
bell hooks, *Tutto sull'amore*, il Saggiatore, Milano 2022.

3
Lina Mangiacapre, "Quotidiano Donna", 10 ottobre 1981. Tratto dall'archivio delle Nemesiache.

4
Anne Boyer, *Garments Against Women*, Penguin, Londra 2015.

5
Etel Adnan, *Sitt Marie-Rose*, Edizioni delle donne, Milano 1979, p. 62.

L'immaginazione gioca un ruolo fondamentale. Le Nemesiache, rivisitando e reinterpretando il mito, hanno tentato – come spiega Mangiacapre nella bozza del già citato articolo per "Quotidiano Donna" – di "ristabilire un rapporto tra il tempo, la storia e il mito".[6] Nel loro identificarsi con un "sud" definito da una duplice forma di oppressione (patriarcale e capitalista), Le Nemesiache hanno articolato le proprie forme e pratiche di resistenza e rifiuto nel teatro, nella musica, nell'arte, nella danza, nella performance e nei rituali; si sono confrontate con il "sud" inteso non tanto come luogo e non soltanto come posizionalità, bensì come struttura politico-immaginativa orientata verso un modo inedito di vedere e sognare. Uno dei loro obiettivi era traslare l'arte nella politica, e inventare una nuova politica. È in questo contesto che si può collocare *Didone non è morta*: il film può essere considerato un tentativo di immaginare un nuovo orizzonte politico in cui Didone ed Enea, l'Europa, l'Africa e l'Asia si vedono e amano a vicenda seguendo ognuno la propria fede.

Mangiacapre investe la figura di Didone del potere del rifiuto, che vede come una forma di amore e speranza, la speranza di un amore diverso, radicato nei valori che la civiltà europea ha distrutto inseguendo il desiderio di potere e possesso. Andando oltre l'amore parassitario e ingannevole, Didone diventa espressione di un nuovo rapporto fra Europa e Mediterraneo del Sud, un legame fondato sull'amore e sul rispetto reciproci, che si trasformano in bisogni psicopolitici. L'amore inteso come desiderio per l'oltre, oltre gli intenti di coloro che hanno creato, proclamato e scritto la Legge. Opponendosi a quest'immaginazione ossequiosa della legge, il mito offre alle femministe gli elementi per un immaginario fuggiasco e la possibilità di ragionare su una politica di rifiuto fuggiasco.

Didone non è né morta né viva, dato che le condizioni in cui si svolge la sua vicenda non sono cambiate, e anzi continuano a essere definite dalla violenza. Ecco perché afferma attraverso la negazione (con il "non" del titolo); non si tratta di un imperativo morale ma di una necessità emotiva e politica. Il gesto con cui diventa un tutt'uno con il fuoco è l'atto estremo con cui rifiuta di partecipare alla riproduzione della logica necropolitica del potere e della vendetta, per scegliere invece da sé il proprio destino. Riemerge nel mondo degli immortali con la sua rabbia e il suo amore furiosi, che si sono trasformati in poesie e canti; lo fa per esprimere qualcosa di meno intenso della speranza e di più sfumato della disperazione, e per chiedere conto del crimine commesso ai danni di chi si è ribellato all'oppressione.

I miei mali non dèstino
alcun tormento
Ricordati di me,
ma, ah! dimentica la mia sorte!
alcun tormento nel mio petto.
Ricordati di me,
ma, ah! dimentica la mia sorte!

Perché Didone non è morta? Perché la sua sofferenza e il suo amore continuano a esistere, scrive Mangiacapre in un commento al film. Mangiacapra vede la sua Didone nei tanti volti di chi lotta per l'autodeterminazione. Nei tormenti del popolo palestinese, nella guerra civile in Libano, nella dittatura di Mu'ammar Gheddafi: in tutti questi luoghi, scrive, "Didone è presente, presente con la sua ira e con il suo amore. L'amore per un mediterraneo [*sic*] in cui la lotta dei principi non sia la cancellazione o la riduzione del femminile, e l'amore non sia ridotto solo a consumo ma una potenza e un valore da perseguire al di sopra di tutto".[7] Didone è la personificazione di tutte le persone che amano liberamente. Mangiacapre la dipinge come una guerriera-amante, come Leila Khaled o Fatima Bernawi, come June Jordan e Nawal al-Sa'dawi, e come altre amanti e guerriere che ci hanno lasciato in eredità pratiche creative di resistenza all'insegna del femminismo decoloniale.

In questo presente tragico, Didone emerge come una figura di sfida e di amore. Nel suo gesto di resistenza e rifiuto, continua a essere espressione della "questione mediterranea", che riguarda tanto l'ammissione dell'influenza esercitata sulle comunità dalle storie di violenza patriarcali e coloniali, quanto la possibilità di creare (ricomponendo e raccontando *ex novo* le storie dell'archivio del Mediterraneo) forme di solidarietà fra le rive di questo mare, schierandoci con gli oppressi per schierarci a favore di un mondo che ha assistito all'abolizione del colonialismo, della violenza etnica e sessuale.

6 Lina Mangiacapre, "Quotidiano Donna".

7 Lina Mangiacapre, *Roma come Cartagine sotto le mura di Troia*, "Il Paese delle Donne", dicembre 1988. Dall'archivio delle Nemesiache.

La politica performativa delle Nemesiache

Chiara Bottici

Non c'è dubbio: stiamo vivendo una nuova ondata femminista. Dalle strade di Buenos Aires a quelle di Teheran, un movimento femminista transnazionale sta mobilitando corpi, idee e resistenza, coinvolgendo milioni di persone. Più forti sono gli attacchi contro quella che neofascisti e populisti spesso definiscono "ideologia gender", più si intensifica il desiderio femminista di "cambiare tutto".[1] A differenza delle altre ondate di attivismo femminista, quella attuale si distingue anche per la svolta "transfemminista", ovvero il tentativo di costruire un ponte fra il movimento delle donne e la causa LGBTQAI+, con varie modalità. Nonostante le rotture che a volte emergono, per esempio quelle create dal femminismo TERF, nella sua globalità il movomento femminista attuale è sempre più consapevole del fatto che sia le donne, sia le persone LGBTQ+ sono il "secondo sesso"[2] rispetto all'"uomo", termine che continua a indicare un genere specifico e l'essere umano in generale; inoltre, sempre più evidente mi pare anche l'adozione, più o meno esplicita, di una prospettiva intersezionale, che colloca le battaglie femministe nel punto d'incontro fra diversi assi di oppressione (genere, classe sociale, orientamento sessuale, etnia ed ecologia, per citarne solo alcuni). Questa svolta, infine, avviene anche tramite un ritorno al potere sovversivo del corpo, inteso come sito rivoluzionario, un potenziale che per decenni è stato messo in ombra da un'enfasi eccessiva posta su lingua e cultura.

Se osserviamo la produzione dalle Nemesiache tenendo a mente questo scenario, la loro indole visionaria salta inevitabilmente all'occhio. Le azioni, le immagini e i testi realizzati negli anni Settanta e Ottanta dal gruppo sono andati, sotto molti aspetti, ben al di là dei loro tempi; ed è forse uno dei motivi per cui questo movimento della seconda ondata femminista è, in linea generale, meno conosciuto rispetto ad altri coevi, come quello di Rivolta Femminile. Benché negli anni Settanta ci fosse una netta separazione tra femminismo e movimento LGBTQ+, Le Nemesiache hanno adottato esplicitamente il concetto di "transfemminismo" per indicare un atteggiamento più inclusivo. Così facendo, il gruppo ha anticipato l'uso attuale del termine "transfemminista", progetto che è stato ufficialmente adottato da Non una di meno, il gruppo femminista politicamente più attivo in questo momento storico. Si potrebbe dire che, nella loro produzione spesso onirica e vicina alla dimensione del sogno, Le Nemesiache hanno anticipato la realtà dell'attuale movimento femminista transnazionale. La questione non è strettamente terminologica, in quanto coinvolge l'intero l'apparato concettuale. Ne *Il mito della donna guerriera* (1988), per esempio, si legge: "L'androgina è una frontiera fluttuante che rompe con le identità sessuali date".[3]

In questa accezione, la parola "androgina/o" corrisponde a quello che oggi definiremmo "queer", cioè un modo di esistere nel mondo che sfugge a categorie prestabilite e a identità consolidate circa l'orientamento sessuale. Il "pensiero androgino" delle Nemesiache si avvicina infatti molto alla concettualizzazione della queerness come futuro proposta da numerosi esponenti contemporanei del movimento queer, per esempio José Esteban Muñoz. Scrive il gruppo:

> Un pensiero androgino è un pensiero che nel presente ha la sua forza assoluta, ma che è capace di riconoscere il passato, riaffermandolo e rivivendo il mito e ricreando il futuro. Questa forza inventa il modo di dire di sé dicendosi nelle metamorfosi. Metamorfosi è passaggio, non superamento dei distinti, ma affermazione di distinzione in cui salta il limite della chiusura attraverso cui non passa l'intensità della forza.[4]

Tale pensiero androgino, così come la "queerness" teorizzata da Muñoz, non è quindi

1 Verónica Gago, *La potenza femminista. O il desiderio di cambiare tutto*, Capovolte, Alessandria 2022.

2 Malgrado il rimando implicito a *Il secondo sesso* (1949) di Simone de Beauvoir, ho recentemente utilizzato l'espressione al plurale proprio per indicare che non soltanto le donne, ma pure tutte le persone LGBTQ+, sono "seconde" in confronto agli uomini cis. Chiara Bottici, *Manifesto anarca-femminista*, Laterza, Bari-Roma 2022.

3 Angela Putino e Lina Mangiacapre, *Il mito della donna guerriera*, "Mani-Festa", n. 0, 1988, p. 1-3.

4 *Ivi*, p. 3.

un'identità consolidata da rivendicare, bensì l'apertura di possibilità diverse; il peso del passato depositato nella mitologia che abbiamo ereditato viene accettato, ma solo per poter far avanzare il processo verso l'illuminazione di un futuro diverso. In questo caso, il mito non è da intendersi come una semplice storia, come un oggetto definito una volta per tutte, bensì come processo, un processo di rielaborazione di un determinato nucleo narrativo che può essere occupato e trasformato dalle circostanze mutate e dalle strategie femministe del nostro tempo.

La riappropriazione della mitologia antica (dal mito della Sibilla alle fiabe come quella di Cenerentola) attuata dalle Nemesiache ha quindi la funzione di rivelare diverse possibilità con cui diventare donne, lontano dai ruoli e dagli stereotipi rigidi imposti dall'immaginario patriarcale; è inoltre un invito a preservare quelle opere attraverso una riattivazione dell'immaginazione radicale. In opposizione a una società patriarcale improntata alla razionalizzazione che imprigiona le donne in un "potere impersonale",[5] spacciato come elemento necessario e inevitabile per la loro liberazione, Le Nemesiache rifiutano qualsiasi politica di emancipazione volta unicamente a conquistare il potere. Al contrario, per loro la mera uguaglianza giuridica significa semplicemente ingresso nel mondo maschile del lavoro retribuito e rappresenta quindi l'ennesimo strumento di oppressione.

In questo progetto anarcafemminista, la riscoperta del mondo del mito e dei sogni è invece un modo per accedere a uno spazio femminile che è riuscito a sopravvivere sottoterra, come un fiume carsico che a tratti è riemerso in eruzioni di immaginazione radicale senza mai interrompere il suo lavorio nascosto. Nel loro *Manifesto* (1970), per esempio, Le Nemesiache esprimono senza mezzi termini la necessità di una lotta duplice: contro la violenza che le donne affrontano ogni giorno nel mondo esterno, e a favore della ricerca di quel "mondo interiore di sogno" che le donne hanno coltivato, allo scopo di dargli visibilità e farlo crescere. Di conseguenza, il rimando alla dea greca Nemesi agisce non tanto come contemplazione del passato, bensì come profezia per il futuro: la "femminilità" è da riconquistarsi non come identità prestabilita, ma come "indomita natura ribelle senza alcun limite". Più che come vendetta, come forma punitiva di giustizia, in questo caso la nemesi andrebbe intesa come gesto di giustizia trasformativa, gesto che, modificando l'immaginario che alimenta la violenza patriarcale, ne annulla i presupposti (anziché limitarsi a punire i crimini che essa causa).

La parola "transfemminista" suggerisce quindi il bisogno di ripensare l'immagine della femminilità che abbiamo ereditato, ma pure la natura trasversale delle lotte femministe, dato che agiscono al punto d'incontro fra i diversi ambiti del potere, tanto nel mondo interiore quanto in quello esterno. È in questo senso che una filosofia anarcafemminista rifiuta la politica della forza nel suo complesso; l'attività politica di questo collettivo anticipa ampiamente l'indole intersezionale di gran parte dell'attivismo femminista contemporaneo. Inoltre, mentre alcuni movimenti femministi contemporanei faticano a capire che le lotte per l'ecologia sono intrinseche al progetto femminista stesso, per Le Nemesiache un approccio transfemminista doveva anche sposare una filosofia trans-individuale, ovvero una filosofia che considera i singoli corpi come processi in divenire a livello inter-, infra- e sovra-individuale, in un'ottica umana e più che umana. Se si guarda al lavoro svolto dalle Nemesiache non è proprio possibile separare il loro femminismo dall'ecologia. Si considerino i seguenti esempi.

Il cortometraggio *Le Sibille* (1977) si apre con un rimando alle donne che fanno i tarocchi, ma non è soltanto un modo per mostrare degli incontri inter-individuali fra donne sedute attorno al tavolo divinatorio. Al contrario, il riferimento al mondo del mito è un modo per mostrare l'indole interconnessa del cosmo intero, il fatto che chiunque tende a individualizzarsi, a diventare un corpo specifico non "malgrado" gli altri, ma "attraverso" gli altri (un'alterità che comprende anche il non umano). La scena iniziale con le cartomanti sedute attorno al tavolo è seguita da una serie di scene in cui dei corpi di donne si muovono al ritmo delle onde e della musica in riva al mare, con una voce narrante che ripete le parole: "No, non solo figura di donna. Non braccia, ma ali di gabbiano". E, mentre guardiamo i movimenti corporei e ascoltiamo queste

5 Le Nemesiache, *Manifesto delle Nemesiache*, Napoli, 1970, ciclostilato in proprio.

parole, smettiamo di percepire i semplici contorni di tali corpi; ne avvertiamo la metamorfosi animale, il loro aprirsi verso una nuova possibilità di esistere, una possibilità che mette in discussione la gerarchia ontologica presente tra umano e animale.

In modo analogo, ascoltando le frasi seguenti ("No, non solo figura di donna. Non testa, ma sole che tramonta / No, non solo figura di donna. Non spalle ricurve, stanche, ma roccia dura, inesplorabile, impenetrabile") e osservando i movimenti di quei corpi, abbandoniamo progressivamente lo sguardo antropocentrico e la politica di dominazione che esso genera e sostiene. In sintesi, mettendo in discussione il concetto di una gerarchia dell'esistenza secondo cui l'uomo è superiore alla donna, che è superiore agli schiavi, che sono superiori agli animali, che sono superiori alle pietre e alla materia inanimata, questo cortometraggio indica che l'assoggettamento delle donne è conseguenza di una politica di dominazione molto più profonda e radicata nella metafisica occidentale. E questo è, in ultima analisi, il motivo per cui le donne non potranno essere libere finché l'intero pianeta non sarà ugualmente libero dallo sfruttamento capitalista e dalle politiche androcentriche di dominazione. Dalla peculiarità di un piccolo collettivo, formato da dodici donne, un collettivo per di più estremamente radicato nella specificità del paesaggio napoletano, emerge un grido più generale, valido per l'intero movimento femminista contemporaneo: non potrà esserci libertà delle donne finchè l'intero pianeta non sarà ugualmente libero.

Le Nemesiache, and their world of rituals and symbols, appear to tie together an abstract thread with other contemporary visions of justice; visions in which consciousness and responsibility take the place of punishment, and rites of healing are engaged to restore communities. From the 1970s to the present, the dream of being able to pause punitive society continues, so that, just for a moment, justice would cease to be the blind scale dividing good and evil, and become hearth and memory, an act of collective reparation in which forgotten voices and stories return.

Le Nemesiache used art to implement their project, their practice comprising of the essential moment of ritual, radical action and political response to patriarchal oppression, without relying on the abstract concept of art for art's sake. The group worked in the complexity and poverty of Naples and its surrounds, becoming part of the social fabric through an operation that was not mere performance, but an experimental process that transformed pain and invisibility into presence and resistance. Lina Mangiacapre, the founder of Le Nemesiache group, was to say that her degree in philosophy only became useful during her excursions to the port of Naples, where she would meet with fishermen who referred to her as Socrates, a world away from stuffy university classrooms.

In the rituals of Le Nemesiache, unheard voices and suppressed dreams became the song that stitched together fragments of soul and, in the same way as the reparation process, pain became the fertile ground for re-establishing bonds. Every voice lit the path towards creative and restorative justice.

While in common language "nemesis" has become a synonym for revenge, originally it was the representation of justice, in the sense of harmony and balance. Nemesis is, therefore, the goddess of justice that is hurled against the arrogance and hubris of those who have upset the harmony of the world. Nemesis is not resentment, but the necessary counterweight to restoring natural equilibrium, recalling who has caused harm. It is a reminder of a melody that has been interrupted. At this point, revenge is a symbolic action that reawakens deep energies and gives voice to those who have been silenced. Not punishment, but trauma transformed into living memory and collective ritual.

There are numerous points of contact that extend over time and space with the modern practices of transformative justice, practices that are at the same time marginal, revolutionary and demanding. In these cases, justice is seen as an act of transformation and rebirth, as an irresistible creative urge, driven by dedication to listening and to moments of retrospective understanding.

The most common criticism directed at the practices of transformative justice is that it denies the anger that follows the violence. However, this is not the case. Anger continues to exist, but it is experienced collectively. It is transfigured, not denied. The pain becomes dialogue and recognition, not a weapon with which to wound, but a wound that is opened in order to be healed. Here, as in the vision of Le Nemesiache, justice brings back to life that which has been repressed, creating the space in which community can gather around trauma and listen to it. The focal point of this care circle is that the memory of the trauma is sacred, as well as the courage to find oneself again.

We don't want to arrive at revenge as a concept of legal justice. Our concept of "NEMESIS" is to re-establish harmony, a concept that exists within the cosmic cycles of life. No law can restore life or prevent the violence that has already taken place.[1]

A solemn voice pronounces these words, taken from a text by Le Nemesiache and included

1 Le Nemesaiche, address to the "International Tribunal on Crimes against Women, March 8, 1976, Brussels," in *Crimes Against Women: Proceedings of the International Tribunal*, ed. Diana E. H. Russell and Nicole Van de Ven (Berkeley, CA: Russell Publications, 1990), 124.

in the documentary *Lina Mangiacapre Artista del femminismo* (2015). Fifty years later, the cited passage resonates with my own experience. The words describe justice that questions the origins of the violence, the reasons for inequality and the certainties of those who have imposed—and are accustomed to thinking of—justice merely as punishment. Acknowledgement of the imbalance of power is at the core of all transformative practices, as opposed to restorative practices that consider the parties as always equals, thus not taking into account the nuances of any given situation, and punitive practices which instead reproduce violence and abuse in different forms. It is not surprising that the initiative of Mangiacapre and Le Nemesiache is such a well-concealed secret in the history of Italian culture and politics. To interpret their work, as well as to inspect power in the collective space, still feels today like breaking a spell.

MAREA ART PROJECT is an international research and artist residency program founded in 2021 on the Amalfi Coast by art historian Imma Tralli and cultural manager Roberto Pontecorvo, in dialogue with Stefano Collicelli Cagol (Director of the Centro per l'arte contemporanea Luigi Pecci) and in collaboration with Carol LeWitt (Chair of the Yale University Art Gallery Board). It aims to reframe the territory form a transient destination to a site for contemporary artistic research and experimentation.

SONIA D'ALTO is an independent curator, researcher, and writer. She is currently a practice-based Ph.D. candidate at HFBK in Hamburg and a lecturer in the Curatorial Studies Department at The Royal Academy of Fine Arts (KASK) in Ghent.

GIOVANNA ZAPPERI is Professor of contemporary art history at the University of Geneva. She is the author of three books: *L'artiste est une femme. La modernité de Marcel Duchamp* (Presses Universitaires de France 2012); with Alessandra Gribaldo, *Lo schermo del potere. Femminismo e regime della visibilità* (Ombre Corte 2012), and *Carla Lonzi. Un'arte della vita* (Derive Approdi 2017).

ELVIRA VANNINI is an art historian and critic with a PhD in Contemporary Art History from the University of Bologna. She teaches at NABA in Milan and has lectured at various institutions including IULM and Roma-Tre. Her writings appear in both academic and activist platforms such as *Machina, Opera-Viva Magazine*, and *Alfabeta2*. In 2017, she founded *Hot Potatoes*, a feminist blog exploring the intersections of art, gender, and politics.

GIULIA DAMIANI è un'artista, ricercatrice e scrittrice che lavora con la performance. Il suo ultimo progetto è *Heart Brake*, co-prodotto e presentato alla Centrale Fies, Italia, nel settembre 2024 e presso Rozenstraat ad Amsterdam nell'ottobre 2024.

CAIRO CLARKE è una curatrice e scrittrice il cui lavoro si concentra su pratiche decoloniali, ecologie spirituali e forme di sapere incarnate e caratterizzate dalla lentezza. Collabora con vari artisti utilizzando medium come cinema, performance, pubblicazioni e mostre, e ha lavorato con istituzioni fra cui ricordiamo LUX, invia e Villa Stück. Ha fondato *SITE* e curato *this broken piece of yard* (2022). Vive tra Londra e Napoli.

ARNISA ZEQO è scrittrice e curatrice con base nei Paesi Bassi. Nel 2011 ha co-fondato Rongwrong, uno spazio dedicato all'arte e alla teoria ad Amsterdam, e attualmente lavora come direttrice artistica del Kunsthuis SYB di Beetsterzwaag. Nel 2021-2022 ha partecipato ad una residenza di ricerca presso la Rijksakademie di Amsterdam, dove si è concentrata sulle pratiche artistiche che lavorano nell'intersezione tra (auto) fiction, performance e editoria.

FEDERICA BUETI è autrice ed educatrice; lavora anche come curatrice editoriale e con le immagini in movimento. È autrice di *Critical Poetics of Feminist Refusals: Voicing Dissent Across Differences* (Routledge, 2022) e *Imagination Besieged: Coloniality, Violence, and Feminism in Mediterranean Art and Literature* (Routledge, di prossima pubblicazione).

CHIARA BOTTICI è professoressa di Filosofia e cofondatrice del Gender and Sexualities Studies Institute presso The New School for Social Research di New York. È autrice di *Imaginal Politics* (Columbia University Press 2014), *A Philosophy of Political Myth* (Cambridge University Press 2007), *Anarchafemminism* (Bloomsbury Academic 2022) e *A Feminist Mythology* (Bloomsbury 2021).

GIUSI PALOMBA is a writer, translator and group facilitator. She is author of *La trama alternativa. Sogni e pratiche di giustizia trasformativa contro la violenza di genere* (minimum fax 2023) and she curates the newletter *Trame alternative*. Borned in the Neapolitan province, currently she is based in Glasgow, Scotland.

Le Nemesiache: Reclaiming Mythological Rituals

EDITED BY / A CURA DI
Sonia D'Alto

TEXTS BY / TESTI DI
Chiara Bottici
Federica Bueti
Cairo Clarke
Sonia D'Alto
Giulia Damiani
Giusi Palomba
Imma Tralli e Roberto Pontecorvo - Marea Art Project
Elvira Vannini
Giovanna Zapperi
Arnisa Zeqo

ARCHIVAL AND ICONOGRAPHIC RESEARCH / RICERCA ARCHIVISTICA E ICONOGRAFICA
Sonia D'Alto

PUBLISHING EDITORS
Ilaria Bombelli, Agnese Cantelmi (Mousse)

GRAPHIC DESIGN / PROGETTO GRAFICO
Gloria Favaro (Mousse)

PROOFREADING AND COPYEDITING / REVISIONE EDITORIALE
Agnese Cantelmi, Lindsay Westbrook

TRANSLATIONS / TRADUZIONI
Aelmuire Helen Cleary from Italian to English / dall'italiano all'inglese
Aurelia Di Meo from English to Italian / dall'inglese all'italiano

FIRST EDITION / PRIMA EDIZIONE
2025

PUBLISHED AND DISTRIBUTED BY/ PUBBLICATO E DISTRIBUITO DA
Mousse Publishing – Contrappunto srl
via Piercandido Decembrio 28,
20137, Milan–Italy

PRINTED IN ITALY BY / STAMPATO IN ITALIA DA
Grafiche Antiga

ISBN 978-88-6749-700-3
€ 30 / $ 35

CREDITS FOR IMAGES AND ARCHIVAL MATERIALS / CREDITI DELLE IMMAGINI E DEI DOCUMENTI D'ARCHIVIO
Unless otherwise specified, the photographic material presented here is sourced from the Lina Mangiacapre Archive, Posillipo, Naples / Salvo diversa indicazione, il materiale fotografico presentato nel volume proviene dall'Archivio Lina Mangiacapre, Posillipo, Napoli

The project is supported by the Directorate-General for Contemporary Creativity of the Italian Ministry of Culture under the Italian Council program (edition 13–2024) / Il progetto è realizzato grazie al sostegno della Direzione Generale Creatività Contemporanea del Ministero della Cultura nell'ambito del programma Italian Council (edition 13–2024)

PROJECT PROMOTED BY / PROGETTO PROMOSSO DA
Marea Art Project APS

CULTURAL PARTNERS / PARTNER CULTURALI
Museo Madre (Napoli), Centro Pecci (Prato), EURO-MEDITERRANEAN ARTS (Napoli), Museo MACTE (Termoli), AWARE – Archives of Women Artists, Research and Exhibitions (Paris), ifa Gallery (Berlin), NW, Open House for Contemporary Art and Film (Aalst, Belgium), e Kunsthuis SYB (Beetsterzwaag, Netherlands), The World of Wom:en Foundation Rome ETS

SUPPORTED BY / REALIZZATO CON IL SUPPORTO DI

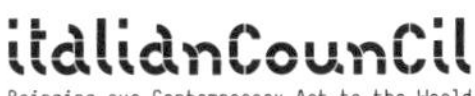

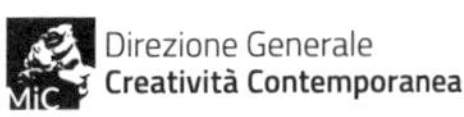

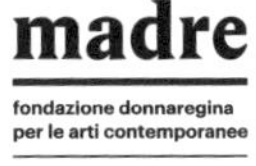

UN—TIE TO TIE

CENTRO PECCI PRATO

nw

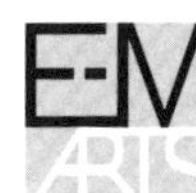

SYB

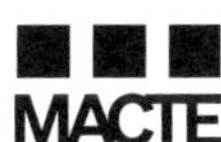

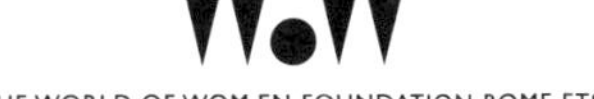

A Archives
WA of Women Artists
R Research
E & Exhibitions

THE EDITOR WISHES TO THANK / LA CURATRICE RINGRAZIA
The archive of Le Nemesiache, formerly the association Le Tre Ghinee, currently housed at the National Library of Naples, with its extraordinary and invaluable history, has been essential to the making of this volume, providing access to documents and key information. / L'archivio delle Nemesiache, ex associazione Le Tre Ghinee, attualmente consultabile presso la Biblioteca Nazionale di Napoli, con la sua straordinaria e preziosa storia, è stato fondamentale per la realizzazione di questo volume e per la consultazione di documenti e la reperibilità di informazioni.

A very special thanks goes to the members of Le Nemesiache: Claudia Aglione, Fausta Base, Silvana Campese, Conni Capobianco, Bruna Felletti, and Maria Matteucci — without whose interviews, conversations, reconstructions, and corrections, this work would not have been possible. / Un ringraziamento particolare è rivolto alle Nemesiache: Claudia Aglione, Fausta Base, Silvana Campese, Conni Capobianco, Bruna Felletti e Maria Matteucci — senza le loro interviste, conversazioni, ricostruzioni e correzioni, questo lavoro non sarebbe stato possibile.

Thanks also go to Consuelo Campone, Anna Grieco and Elisabetta de Perini for their contributions within the group and all the feminists, artists, and individuals with whom she established meaningful and essential dialogues during the development of this publication. / Ringrazia anche Consuelo Campone, Anna Grieco ed Elisabetta de Perini per il lavoro all'interno del gruppo e tutte le femministe, artiste e persone con cui ha stabilito dialoghi fondamentali nel processo di questa pubblicazione.

The Mangiacapra family, and in particular Martino Mangiacapra and Tonia Iliano—without their hospitality in the Posillipo house and their generous willingness to share, this volume would not have included the majority of archival documents and images. / La famiglia Mangiacapra e in particolare Martino Mangiacapra e Tonia Iliano – senza la loro accoglienza nella casa di Posillipo e generosità di condivisione questo volume non avrebbe avuto incluso la maggior parte dei documenti e delle immagini d'archivio.

For the support, professional trust, and personal encouragement / per il sostegno, la fiducia professionale e il sostegno personale, ringrazia anche Stefano Collicelli Cagol, Claudia Cellini, Luisa Fink, Andrea Mei, Raffaella Morra, Matteo Piccioni, Pietro Scammacca, Kathryn Weir.

The editor expresses sincere gratitude to the WoW Foundation for its generous support to this project and its commitment at the intersection of art and feminisms. / La curatrice esprime sincera gratitudine alla WoW Foundation per il generoso sostegno a questo progetto e per l'impegno all'intersezione tra arte e femminismi.

Friends of Le Nemesiache / le amiche e gli amici delle Nemesiache: Nino Daniele Giusto, Ornella Fiorillo, Titta Fiore, Bernardino Impegno, Patrizia Melluso, Marina Melogli, Mimma Sardella.

For the English translations of the manifestos (image 58 and image 7) / Per le traduzioni in inglese dei manifesti (immagine 58 e immagine 7) thanks to / si ringrazia Giulia Damiani, Sara Giannini, Arnisa Zeqo.

For the production of this book, we would like to thank the following individuals and organizations for their various contributions / Per la realizzazione del libro si ringraziano le seguenti persone e attività che hanno contribuito a vario titolo: Carol LeWitt, Antonio Sersale, Carla Paravicini Sersale, Giulia Sersale, Paolo Amadei, Margherita Mascolo, Liliana Mascolo, Gabriella Guida, Jill Reyes, Gian Maria Talamo, Fabio Frasca, Fabio Gambardella, Andrea Ferraioli, Suela Cimino, Vito Cinque, Maria Felicia Cavaliere, Daniele Esposito, Massimo Predieri, Marco Vuilleumier, Andrea Pansa, Andrea Esposito, Marco Casola, Gaetano Bove, Gaetano Ala, Aniello Cinque, Luigi Pio Irace, Antonella Scalera.

Hotel Le Sirenuse, Hotel Pupetto, Hotel Poseidon, Hotel Pasitea, Hotel Margherita, Hotel Tramonto d'Oro, Ristorante Da Armandino, Ceramica Casola, Tenuta San Francesco, Pasticceria Pansa.